高等院校经济与管理核心课经典系列教材

国际经济与贸易专业

新编国际货物运输与保险

INTERNATIONAL CARGO TRANSPORTATION & INSURANCE

（第五版）

应世昌 ◎ 编 著

首都经济贸易大学出版社
Capital University of Economics and Business Press
·北 京·

图书在版编目(CIP)数据

新编国际货物运输与保险/应世昌编著. ——5 版. ——北京：
首都经济贸易大学出版社，2020.9
　ISBN 978 – 7 – 5638 – 3114 – 2

　Ⅰ.①新… Ⅱ.①应… Ⅲ.①国际货运 ②国际货运 – 交
通运输保险 Ⅳ.①F511.41 ②F840.63

中国版本图书馆 CIP 数据核字(2020)第 152987 号

新编国际货物运输与保险(第五版)
应世昌　编著
Xinbian Guoji Huowu Yunshu Yu Baoxian

责任编辑	田玉春
封面设计	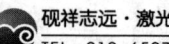
出版发行	首都经济贸易大学出版社
地　　址	北京市朝阳区红庙（邮编 100026）
电　　话	(010)65976483　65065761　65071505(传真)
网　　址	http://www.sjmcb.com
E – mail	publish@cueb.edu.cn
经　　销	全国新华书店
照　　排	北京砚祥志远激光照排技术有限公司
印　　刷	唐山玺诚印务有限公司
开　　本	710 毫米×1000 毫米　1/16
字　　数	378 千字
印　　张	21.5
版　　次	2006 年 9 月第 1 版　2011 年 8 月第 2 版 2014 年 7 月第 3 版　2017 年 9 月第 4 版 **2020 年 9 月第 5 版**　2022 年 7 月总第 11 次印刷
书　　号	ISBN 978 – 7 – 5638 – 3114 – 2
定　　价	39.00 元

图书印装若有质量问题，本社负责调换
版权所有　侵权必究

内容提要

本书围绕作为国际运输对象和国际货物运输保险标的的国际贸易货物，系统地阐述了国际货物运输、国际贸易和国际货物运输保险的基本理论、法律规定及它们在实践中的具体运用，并在揭示三者之间有机联系的基础上，对有关国际公约、规则和惯例做了详细的分析。尤其是通过对中英两国货物运输保险条款的逐条诠释和比较，说明我国货物运输保险市场应加快与国际保险市场接轨的步伐，以更好地为我国迅猛发展的进出口贸易和国际货物运输提供保险服务。

本书重视理论研究与实用性相结合，对相关知识的阐述深入浅出，通过比较分析解释实际业务中的操作要点、难点。

本书既能供国内高等院校的外贸、航运和保险等专业选用作为教材，也能供上述行业的理论工作者和专业人员在研究和业务工作中参考使用。

第五版前言

在庆祝中华人民共和国成立 70 周年之际,作者完成了对《新编国际货物运输与保险》的第四次修订,现在读者们读到的已经是本书的第五版。有句话说得好,叫"常改常新",本书正是通过这样的一次次修订,与时俱进,始终保持着"新"的特色。

本书这一次修订工作的背景是当前国际形势正在发生深刻而又复杂的变化,由美国单方面挑起的中美贸易争端对国际经济的持续稳定发展造成了巨大影响。针对国际上日益加剧的单边主义和贸易保护主义势头,我国政府采取了一系列应对措施,在有效维护国家核心利益的同时,也维护了以世界贸易组织为代表的多边贸易体制的权威性。作为国际贸易发展史上的一大创举,在上海举办的中国国际进口博览会,不但展现了中国扩大对外开放的坚定决心,展现了中国与世界互利共赢、携手前行的胸怀与担当,而且将推动全球贸易需求增加,为世界经济增添新动力。面临新的形势,作者与广大读者的想法一样,那就是大家应当齐心协力,一起来做好新时代我国对外开放的大文章。

与以往一样,作者依然恳请专家和读者对本书第五版中存在的疏漏或不当之处批评指正,同时对广大读者的支持和帮助表示衷心的感谢。

赵世昌

2019 年 11 月

前言

随着我国加入世界贸易组织和经济的全面改革开放,我国的进出口贸易取得了令世人瞩目的成就,与此同时,我国的外贸运输也进入了一个新的发展时期。2005年12月上海洋山深水港的开港,是我国从航运大国向航运强国迈进的重要标志。面对新形势的要求,我们必须进一步关注当前国际货物运输市场格局的变化,就进入21世纪后我国国际货物运输保险市场应如何更好地为我国的进出口贸易和外贸运输提供保险服务的课题展开深入的研究;同时,我们也需要有更多既有理论上的阐述又有实际分析的国际货运与保险的教材和专著问世。

作为一名任职于上海财经大学金融学院保险系,讲授海上保险和其他涉外保险课程的专业教师,作者在教学中深切地感受到,尽管国内有关国际货运或国际货运保险的教材和论著时有面世,但能较为系统地叙述国际货运与保险的基本理论、法律规定及它们在实践中的具体运用,揭示国际贸易、货物运输和货运保险三者之间的有机联系并加以深入浅出的说明解释的教材却不多。正是出于为高校保险、外贸和外贸运输等专业的教学提供这样一本教材,同时满足高校学生和专业人员学习需要的目的,作者编写了这本《新编国际货物运输与保险》。

全书凡11章,大致可分为两部分:第一至第六章叙述国际货物运输的理论及实务,详细讨论相关的国际公约、规则和惯例;第七至第十一章则讲解国际货物运输保险的内容,着重对中英两国货物运输保险条款进行比较分析,以此反映当前我国货运保险市场加快与国际保险市场接轨步伐的紧迫性。书后附有中英两国海上货运险条款,以供读者查阅。本书的特色可归纳为:一是内容结构安排合理;二是资料新颖;三是叙述深入浅出;四是注意比较分析;五是重视理论性与实用性相结合。

本书既能供国内高等院校的外贸、外贸运输和保险等专业选用作为教材,也能供上述行业的理论工作者和专业人员在研究和业务工作中参考使用。

本书的写成,得到了诸多专家的指点,也得到了作者早先授过课、现供职于"人保""太保""平安"等公司的学生的大力帮助,在此一并表示谢意。由于当前我国的外贸运输和货运保险业进入了一个新的发展时期,对国际货运与保险理论与实务的研究处于不断深入的动态过程中,加上作者水平有限,本书难免存在疏漏和不当之处,恳请专家和读者批评指正。

庄世昌

2006 年 8 月

目　录

第一章　国际货物运输　　1

第一节　国际货物运输概述 …………………………………… 1
第二节　国际货物运输方式 …………………………………… 3
第三节　国际货物运输的标的 ………………………………… 15

第二章　海洋货物运输　　28

第一节　海洋货物运输概述 …………………………………… 28
第二节　海洋货物运输的船舶、航线和港口 ………………… 36

第三章　集装箱货物运输　　64

第一节　集装箱货物运输概述 ………………………………… 64
第二节　集装箱货物运输方式 ………………………………… 67
第三节　集装箱货物运输的费用和单证 ……………………… 71

第四章　海上货物运输合同　　77

第一节　海上货物运输合同概述 ……………………………… 77
第二节　提单 …………………………………………………… 78
第三节　租船合同 ……………………………………………… 98

第五章　有关提单的国际公约　112

第一节　有关提单的国际公约概述 …………………………………… 112
第二节　《海牙规则》的主要内容 ……………………………………… 116
第三节　《维斯比规则》对《海牙规则》的修改 ……………………… 129
第四节　《汉堡规则》对《海牙规则》的修改 ………………………… 132
第五节　《鹿特丹规则》内容简析 ……………………………………… 140

第六章　国际贸易术语　143

第一节　贸易术语的国际惯例 ………………………………………… 143
第二节　国际贸易中最常用的几种术语 ……………………………… 149
第三节　三种术语的价格构成及其价格换算 ………………………… 162

第七章　国际货物运输保险　178

第一节　国际货物运输保险概述 ……………………………………… 178
第二节　国际货物运输保险的保障范围 ……………………………… 182

第八章　我国海上货物运输保险条款　205

第一节　海上货物运输保险的基本险别及其责任范围 ……………… 205
第二节　海上货物运输保险的附加险别及其承保责任 ……………… 214
第三节　海上货物运输保险的除外责任 ……………………………… 226
第四节　海上货物运输保险的责任起讫 ……………………………… 228
第五节　海上货物运输保险中的被保险人义务 ……………………… 232

第九章 我国与海上货物运输保险相关的其他货物运输保险条款   235

- 第一节 海上货物运输战争险和货物运输罢工险 …………………… 235
- 第二节 海上运输冷藏货物保险和海上运输散装桐油保险 …………… 239
- 第三节 我国陆空邮运货物保险 …………………………………………… 243

第十章 英美海上货物运输保险条款   253

- 第一节 英国协会货物保险条款 …………………………………………… 253
- 第二节 美国协会货物保险条款 …………………………………………… 271

第十一章 国际货物运输保险实务   280

- 第一节 国际货物运输保险的投保 ………………………………………… 280
- 第二节 国际货物运输保险的承保 ………………………………………… 286
- 第三节 国际货物运输保险的索赔和理赔 ………………………………… 294

附录一 我国《海洋运输货物保险条款》   312

附录二 我国《海洋运输货物战争险条款》   315

附录三 我国《货物运输罢工险条款》   317

附录四 英国《协会货物保险条款》   318

Table of Contents

Chapter 1　International Cargo Transportation　　1

Section 1　Overview of International Cargo Transportation ⋯⋯⋯⋯⋯⋯ 1
Section 2　Modes of International Cargo Transportation ⋯⋯⋯⋯⋯⋯⋯ 3
Section 3　Subject-matters of International Cargo Transportation ⋯⋯⋯⋯ 15

Chapter 2　Ocean Marine Cargo Transportation　　28

Section 1　Overview of Ocean Marine Cargo Transportation ⋯⋯⋯⋯⋯⋯ 28
Section 2　Vessels, Lanes and Ports in Ocean Marine
　　　　　　Cargo Transportation ⋯⋯⋯⋯⋯⋯⋯⋯⋯⋯⋯⋯⋯⋯⋯⋯⋯ 36

Chapter 3　Container Transportation　　64

Section 1　Overview of Container Transportation ⋯⋯⋯⋯⋯⋯⋯⋯⋯⋯ 64
Section 2　Modes of Container Transportation ⋯⋯⋯⋯⋯⋯⋯⋯⋯⋯⋯ 67
Section 3　Costs & Certificates for Container Transportation ⋯⋯⋯⋯⋯ 71

Chapter 4　Ocean Marine Cargo Transportation Contract　　77

Section 1　Overview of Ocean Marine Cargo Transportation Contract ⋯⋯ 77
Section 2　Bill of Lading ⋯⋯⋯⋯⋯⋯⋯⋯⋯⋯⋯⋯⋯⋯⋯⋯⋯⋯⋯⋯ 78
Section 3　Chartering Party ⋯⋯⋯⋯⋯⋯⋯⋯⋯⋯⋯⋯⋯⋯⋯⋯⋯⋯ 98

Chapter 5 International Conventions for Bill of Lading — 112

- Section 1 Overview of International Conventions for Bill of Lading 112
- Section 2 Introduction of "Hague Rules" 116
- Section 3 "Visby Rules" Amendments to "Hague Rules" 129
- Section 4 "Hamburg Rules" Amendments to "Hague Rules" 132
- Section 5 Content Analysis of "Rotterdam Rules" 140

Chapter 6 Terms of International Trade — 143

- Section 1 International Convention of Trade Terms 143
- Section 2 International Trade Terms in Common Use 149
- Section 3 Three Pricing Terms and the Conversion 162

Chapter 7 International Cargo Transportation Insurance — 178

- Section 1 Overview of International Cargo Transportation Insurance 178
- Section 2 Coverage of International Cargo Transportation Insurance 182

Chapter 8 China Ocean Marine Cargo Insurance Clauses — 205

- Section 1 Basic Risks and Their Scope of Cover 205
- Section 2 Additional Risks and Their Scope of Cover 214
- Section 3 Exclusions 226
- Section 4 Commencements to Termination of Cover 228
- Section 5 Duty of the Insured 232

Chapter 9 China Other Cargo Insurance Clauses — 235

Section 1 Ocean Marine Cargo War Risks Clauses & Cargo Strike Clause ······ 235
Section 2 Ocean Marine Insurance Clauses (Frozen Products & Woodoil Bulk) ·· 239
Section 3 Overland, Air & Parcel Post Transportation Cargo Insurance Clauses ·· 243

Chapter 10 British & American Ocean Marine Cargo Insurance Clauses — 253

Section 1 Institute Cargo Clauses (A)(B)(C) ································· 253
Section 2 American Institute Cargo Clauses ································· 271

Chapter 11 Practices of International Cargo Transportation Insurance — 280

Section 1 Application of International Cargo Transportation Insurance ··· 280
Section 2 Underwrite of International Cargo Transportation Insurance ······ 286
Section 3 Claim & Settlement of International Cargo Transportation Insurance ·· 294

Appendix 1 China Ocean Marine Cargo Insurance Clauses — 312

Appendix 2 China Ocean Marine Cargo War Risks Clauses — 315

Appendix 3 China Cargo Strike Clause — 317

Appendix 4 Institute Cargo Clauses — 318

第一章　国际货物运输

第一节　国际货物运输概述

一、国际货物运输的含义

所谓运输,概而言之,就是人和物的载运和输送。根据运送对象的不同,运输可以分为货物运输与旅客运输两大类。就货物运输而言,如果以运输的地域为标准来区分的话,它又可进一步划分为国内货物运输和国际货物运输。国际货物运输,是指货物在国家与国家、国家与地区之间的运输,包括国际贸易物资运输与国际非贸易物资运输两种,后者是指展览品、援外物资、办公用品、个人行李等非交易物品的国际运输。国际货物运输以国际贸易物资运输为主,国际非贸易物资运输仅属于附带业务。为此,国际货物运输通常被称为国际贸易运输,从一个国家来说,也就是对外贸易运输。

当代的国际贸易是整个世界范围内的商品交换,而这一商品交换离不开国际货物运输。一笔交易的货物从卖方手中到买方手中,路途远、时间长、风险大,而且手续繁多,权利和义务关系相当复杂。国际货物运输正是为适应国际贸易的需要而产生和发展起来的,它贯穿于国际贸易的整个过程:在签订国际贸易合同时,买卖双方须通过磋商,在合同中注明采用的运输条款;在合同签订之后,卖方要按照运输条款的规定,在约定的时间和地点并遵照约定的条件,采用一种或一种以上的运输方式,将交易的货物从其所在地运送至买方所在地,履行合同要求完成的交货任务,而买方则按照合同向卖方支付货款。显然,如果没有国际货物运输,没有国际货物运输为顺利交货所创造的条件,国际贸易根本无法进行,因此国际货物运输是国际贸易不可或缺的极其重要的环节。

随着世界各国经济的发展和国际贸易额的不断增长,国际贸易市场竞争越来越激烈,对交货时间、运输速度、运输质量、运输费用等也更为重视。国际贸易的发展,自然要求国际货物运输与其相适应。近数十年以来,国际货物运输通过不断改进和采用各种现代化运输工具,以及完善运输组织方法和加强经营管理,提高了运输速度和运输质量,增加了运载量,降低了运输成本。国际货物运输的发展,促进和扩大了各国间商品的交流,为开拓越来越广阔的市场提供了可能,反过来又有力地推动了国际贸易的发展。国际贸易与国际货物运输就是如此相互依存又彼此促进,存在着密切的关系。

二、国际货物运输的特点

国际货物运输和国内货物运输是以运输地域为标准来区分的两种货物运输,如果将它们加以比较的话,可以明显看出国际货物运输的以下特点。

(一)运输线路长,环节重重

国际货物运输一般运输距离较长,货物在运输过程中需要经过不同的国家和地区,跨洲越洋,少则数千里,多则万里以上。货物从起运地运抵目的地,往往需要使用数种运输工具,变换不同的运输方式,经过多次装卸和搬运,中间环节很多。各个环节之间只要有一处没有衔接好,运输过程中断,买卖双方的交货任务就无法完成。

(二)可变因素多,情况复杂

国际货物运输涉及的面相当广,货物在运输过程中必然要涉及有关国家或地区的运输部门、进出口部门、银行、保险公司、海关、商检机构、检疫机构以及各种中间代理人等,货主必须与这些部门、机构一一进行联系。与此同时,各个国家或地区的政策法规不一,金融货币制度各异,贸易、运输习惯和经营管理有别,再加上各种政治、经济形势和自然条件处于变化之中,势必会对国际货物运输产生影响。

(三)组织运输严,时间性强

国际货物运输的时间性特别强,无论是进口还是出口的货物都被要求及时运送到目的地,完成交货任务。如果交易的商品,尤其是一些鲜活易腐货物或季节性货物,因运输迟缓而未能及时运抵或未能及时交货,就有可能给交易双方造成重大的经济损失。为此,国际贸易合同极其重视货物的装运期和交货期,将它们列为条件条款,要求严格按照合同规定的时间组织安排好运输。

(四)运输风险大,保险"护航"

运输距离长、涉及面广、中间环节多、情况复杂多变,加上时间性特别强,对组织运输的要求非常严格,这一系列特点决定了国际货物运输的风险要远远大于国内货物运输。作为运输标的的货物和载运货物运行的工具,都有可能在运输过程中因风险的发生而遭受损失,所以应当通过办理相关的运输保险将风险损失转移给保险人。

第二节　国际货物运输方式

一、国际货物运输方式分类

国际货物的运输方式很多。就运输途径和运输工具而言,国际货物运输方式通常可以分为:陆上运输,包括公路运输和铁路运输;水上运输,包括内河运输和海洋运输,而其中的海洋运输又可分为沿海运输、近洋运输和远洋运输;航空运输;管道运输;邮政运输。除了这些基本运输方式以外,还有由两种或两种以上的基本运输方式组成的联合运输、集装箱运输以及在集装箱运输方式基础上发展起来的国际多式联运。

国际货物运输方式的分类如图 1 – 1 所示。

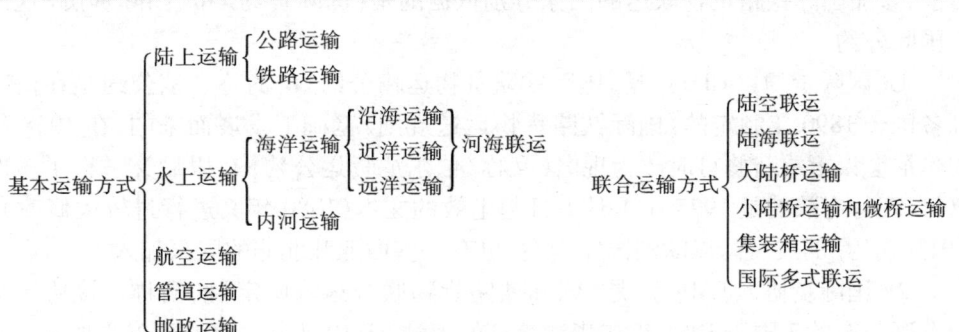

图 1 – 1　国际货物运输方式分类

二、各种基本运输方式概述

(一) 海洋运输

海洋运输(Ocean Transport),是指使用船舶通过海上航线在国内外港口之间进行货物运输的运输方式,具有载运量大、运输成本低、不受道路和轨道限制等优点。

在各种国际货物运输方式中,海洋运输是最主要也是被最为广泛采用的一种方式。有关海洋运输的内容,本书将安排专门章节(第二章)叙述。

(二)铁路运输

铁路运输(Rail Transport),是指使用铁路列车进行货物运输的运输方式,具有载运量大、行驶速度快、受气候因素影响小、安全可靠、运输准确性和连续性强等优点。在各种国际货物运输方式中,铁路运输是仅次于海洋运输的一种主要运输方式,事实上,海洋运输的进出口货物绝大多数是靠铁路运输进行集中和分散的。

铁路运输可以分为国际铁路运输和国内铁路运输两种。在国际贸易中,铁路运输主要是以联运方式进行的。

1. 国际铁路货物联运。国际铁路货物联运,是指两个或两个以上国家的铁路部门联合起来完成一票货物的铁路运输。它使用一张统一的国际联运票据,由国际铁路货物联运参加国的铁路部门共同承担经过两个或两个以上国家铁路的全程运输,在由一国铁路向另一国铁路移交货物时不需要发货人和收货人参加。

(1)两个国际公约。国际铁路货物联运一般是依据有关的国际公约进行的。目前,参加国际铁路货物联运的国家分别依据的是《国际货约》和《国际货协》这两个国际公约。

①《国际货约》(CIM),是《国际铁路货物运输公约》的简称。该公约是在由欧洲各国于1890年制定的《国际铁路货物运送规则》基础上发展而来的,在1938年伯尔尼会议上重新修订时改为现名(又称《伯尔尼货运公约》),以后又进行了多次修订,现行有效的是1975年1月1日起生效的文本(1980年又进行过较大修改)。《国际货约》的成员国以欧洲国家为主,也有一些西亚和北非的国家加入。

②《国际货协》(CMIC),是《国际铁路货物联合运输协定》的简称。该协定是由苏联与东欧7国于1951年在华沙签订的,我国于1954年1月1日正式加入。我国通过满洲里、绥芬河、二连、霍尔果斯、阿拉山口、丹东、凭祥等铁路口岸与俄罗斯、蒙古、哈萨克斯坦、朝鲜、越南等国开办直通国际铁路货物联运和过境运输,并通过这些国家与中亚各国和一些欧洲国家实现了国际直通货物联运。该协定自生效后经过多次修订,现行有效的是2015年7月1日起生效的文本。

(2)联运的范围。由于《国际货协》的一些成员国同时又参加了《国际货约》,《国际货协》国家的货物也可以通过铁路转运到《国际货约》的国家去,这就为沟通国际铁路货物运输提供了更为有利的条件。换句话说,国际铁路货物联运既适用于《国际货协》国家之间的货物运输,也适用于《国际货协》国家与《国际货约》国家之间双向的货物运输。我国是《国际货协》的成员国,凡经由铁路运输的进出口货

物均按《国际货协》的规定办理。联运的具体范围包括:

第一,《国际货协》国家或未参加《国际货协》但采用其规定的国家之间的货物运输。发货人使用一张《国际货协》的联运运单在发货站向铁路托运,即由铁路以连带责任办理货物的全程运输,在最终到达站将货物交付给收货人。

第二,《国际货协》国家与《国际货约》国家之间的货物运输。同样使用一张《国际货协》的联运运单办理至参加《国际货协》的最后一个过境国的出口境站,再由该边境站负责办理转发至《国际货约》国家的最终到达站的事宜。如果从《国际货约》国家向《国际货协》国家铁路发货,其继续转运发送事宜则由《国际货协》的第一过境国的进口境站负责办理。

第三,通过《国际货协》国家的港口向其他国家进行的货物运输。使用一张《国际货协》的联运运单办理至参加《国际货协》的某过境国的铁路港口,由该港口收转人负责办理转发至目的地的手续。

目前,我国对朝鲜、蒙古和俄罗斯,以及中东欧国家的进出口货物,大都是采用国际铁路联运方式运送的。1980年,我国开办西伯利亚大陆桥(又称第一亚欧大陆桥)集装箱国际铁路联运,通过西伯利亚铁路向西欧、北欧和伊朗运输货物;1992年,东起我国连云港,途经陇海、兰新、北疆铁路进入俄罗斯直达荷兰鹿特丹的新亚欧大陆桥(又称第二亚欧大陆桥)开始营运;2011年,起自我国重庆,经新疆边境阿拉山口,至德国杜伊斯堡的"渝新欧"铁路(又称第三亚欧大陆桥)正式开通,成为又一条连接我国与中东欧地区的国际铁路联运大通道。

(3)联运的种别。根据发货人托运的货物数量、性质、状态、体积等条件,国际铁路货物联运办理的种别分为整车、零担和大吨位集装箱三种。

按一张运单托运的一批货物,根据其体积或种类,需要单独车辆运送的,作为整车货物。

按一张运单托运的一批货物,重量不超过5 000公斤,而且根据其体积或种类,不需要单独车辆运送的,作为零担货物。但如有关铁路部门之间另有商定条件,也可不适用上述整车和零担货物的规定。

大吨位集装箱是指按一张运单托运的,用大吨位集装箱运送的货物或空的大吨位集装箱。

(4)联运的单据。国际铁路货物联运的主要运输单据是铁路运单和运单副本。它是参加联运的发送国铁路与发货人之间订立的运输合同,具体规定了参加联运的各国铁路和收货人、发货人的权利和义务。当发货人向始发站提交全部货物,并付清应由发货人支付的一切费用,经始发站在运单和运单副本上加盖始发站承运日期戳记,证明货物已被接妥承运后,即认为运输合同已经生效。运单副本于运输合同缔结后交给发货人,以便后者向收货人结算货款。运单正本则随同货物到达终点站,并交给收货人。

(5)联运的运输费用。国际铁路货物联运的运输费用一般由发送段、到达段和过境段三段铁路的费用组成。发送段即发送国铁路的运输费用,按发送国铁路的国内运价计算;到达段即到达国铁路的运输费用,按到达国铁路的国内运价计算;过境段即过境国铁路的运输费用,按《国际货协统一过境运价规程》的规定计算。

2. 中国内地对港、澳地区的铁路货物运输。中国内地对港、澳地区的铁路货物运输属于我国国内铁路运输的范畴,但在具体的做法上有别于一般的国内铁路运输。一般的国内铁路运输,是指我国出口货物经铁路运至港口装船或进口货物抵达我国港口卸船后经铁路运往各地,具体按《国内铁路货物运输规程》的规定办理。然而,对港、澳地区的铁路货物运输却采用一种特殊的"两票运输"方式。

(1)对香港铁路运输。其由大陆段和港九段两部分铁路运输构成,特点是"两票运输,租车过轨"。具体做法如下:

大陆段铁路运输由发货人按照《国内铁路货物运输规程》的规定,把货物从始发站托运至深圳北站,交由设在深圳北站的深圳外运公司。后者作为收货人接货(不卸车),而后以代理人的身份向深圳铁路局租车,交付租车费并办理出口报关等手续。

港九段铁路运输是原车经海关放行过轨后,由香港的中国旅行社有限公司(简称香港"中旅")作为深圳外运公司在港代理,由其在港段罗湖车站向港九铁路另行起票,办理港九铁路运输的托运、报关等手续。待货车到达九龙站后,由香港"中旅"负责卸货并交付收货人。

(2)对澳门铁路运输。和香港地区一样,对澳门地区的铁路运输同样分两段进行:先由发货人按照《国内铁路货物运输规程》的规定,把货物从始发站托运至广州南站,交由广东省外运公司。后者作为收货人接货后办理水路中转将货物运至澳门,货到澳门后由中国南光集团有限公司运输部负责接货并交付收货人。

(三)航空运输

航空运输(Air Transport),是指使用飞机或其他飞行器进行货物运输的运输方式,具有速度快、安全准确、货运质量高、飞行不受地面条件限制等优点,但运输成本较高、载运量受到限制的缺点也十分明显。虽然航空运输在各种基本的国际货物运输方式中并不是主要的一种,但由于它具有海洋运输和铁路运输不能与之相比的上述优点,因而特别适于运输某些急需的、贵重的和易腐鲜活等时间性强的货物,而且能满足远距离运输的需要。

1. 航空运输的方式。航空运输有班机运输、包机运输、集中托运和航空快递业务等四种方式。

(1)班机运输,是指使用有固定的开航时间,沿着固定的航线,而且有固定的始发站、目的站和中途停靠站飞行的飞机进行货物运输。由于班机具有定时、定航线和定站等特点,发货人和收货人可以确切掌握起运和到达的时间,这对于急需物品、鲜活易腐货物及节令性商品的运送是十分有利的。问题在于班机运输一般是客货混载(使用的是客货混合型飞机,只有一些大的航空公司在某些航线上开辟有全货机航班运输),货舱容量较小,且运价较贵,不能满足大批量货物出运的需要。

(2)包机运输,是指将整架飞机包租给一个包机人或几个包机人,从一个或几个航空站装运货物至指定的目的地。包机人指发货人或航空货运代理公司。如果是一个包机人包租整架飞机,称之为整包机;而几个包机人联合包租整架飞机,或者把一架飞机的舱位分别租给几个包机人(这里主要是航空货运代理公司),则叫做部分包机。整包机适合大宗货物运输,运价比班机运输要低。部分包机适合有多个发货人,且他们的货物到达站是同一地点的货物运输。通常在货物超过一吨但不足整机运输的情况下,采用部分包机比较合适。部分包机的运费比班机运输低,但运送时间较班机运输长。

(3)集中托运,是指航空货运代理公司把若干批单独发运的货物集中成一批向航空公司办理托运,填写一张将货物发运到同一目的站的总运单,货物运到目的站后,由航空货运代理公司在目的站当地的代理人负责收货、报关并将货物分别拨给各实际收货人。这种托运方式可争取到较低的运价,在节省运费的同时,又有利于收货人提早结汇,因此在航空运输中被普遍采用。

(4)航空快递业务,是由快递公司与航空公司合作,派专人以最快的速度在货主、机场、用户之间传送急件。该项业务有三种形式:一是"机场至机场"(Airport to Airport);二是"门至门"(Door to Door);三是派专人送货(Courier on Board)。航空快递业务具有快捷灵便、安全可靠、送交有回复、查询快而有结果等特点,特别适用于急需的药品、医疗器械、贵重物品、图纸资料、货样及单证等的传送,故有"桌至桌运输"(Desk to Desk Service)之称。

2. 航空运输的单据。航空货物运输的主要单据是航空运单。它是航空运输的承运人与托运人之间订立的运输合同,也是承运人或其代理人接收货物的依据。货物空运到目的地后,航空承运人向收货人发出货到通知,后者接到通知后应先办理进口报关手续,然后凭通知提货。

航空运单根据签发人的不同,分为主运单和分运单。主运单是航空承运人签发的,分运单则由航空货运代理公司签发。两种航空运单在内容上基本相同,法律效力相当,对于发货人、收货人来说,只是承担货物运输的当事人不同而已。

3. 航空运输的运价和运费。航空运输的运价和运费是关系密切的两个概念。

(1)航空运价。运价即费率,是航空承运人对所运输货物按规定的单位重量(或体积)收取的自始发地机场至目的地机场的航空运输费用,不包括提货、报关、仓储等其他费用。针对航空运输货物的不同性质与种类,航空承运人规定有特种货物运价或指定商品运价、等级货物运价、普通货物运价和集装货物运价等各类航空运价。

(2)航空运费。运费是指航空承运人将所运输的一票货物自始发地机场运送至目的地机场的航空运输费用,具体根据每票货物所适用的运价与货物的计费重量计算。计费重量是计算航空运费的重量,可以是货物的实际毛重,也可以是货物的体积重量,二者以高者为准。

一般来说,重量大而体积小的货物,用实际毛重作为计费重量;体积大而重量相对轻的货物,用体积重量作为计费重量。体积重量按每 6 000 立方厘米(或 366 立方英寸)折合 1 公斤计算,即体积重量 = 货物体积 ÷ 6 000 立方厘米。

举个例子说明:一批托运的货物实际毛重为 450 公斤,体积为 3 立方米(即 3 000 000 立方厘米),其体积重量为 500 公斤(= 3 000 000 ÷ 6 000)。根据上述确定计费重量的原则,即以实际毛重和体积重量二者中的高者为准,由于该批货物的体积重量大于实际毛重,所以计费重量应为 500 公斤。

4. 国际航空运输公约。现行的国际航空运输公约主要有《华沙公约》和《海牙议定书》两个。

(1)《华沙公约》(Warsaw Convention),全称是《关于统一国际航空运输若干规则的公约》,是 1929 年 10 月 12 日由德国、英国、法国、瑞典、日本、波兰等国在华沙签订的,于 1933 年 2 月 13 日起生效。它是最早的国际航空私法,也是目前为止为世界上大多数国家接受的航空公约。该公约规定了以航空承运人为一方和以旅客、货物托运人、收货人为另一方的航空运输合同双方的权利、义务关系,确定了国际航空运输的一些基本原则。我国于 1958 年 7 月 20 日交存加入书,同年 10 月 18 日该公约对我国生效。

(2)《海牙议定书》(Hague Protocol),全称是《关于修改统一国际航空运输若干规则公约的议定书》,1955 年 9 月 28 日在海牙签订,1963 年 8 月 1 日起生效。该公约对某些内容已与现实要求脱节的《华沙公约》进行了修改,主要是加大了航空承运人的责任并提高了承运人所承担的赔偿限额。我国于 1975 年 8 月 20 日向波兰政府交存批准书,同年11月8日该议定书对我国生效。

(四)公路、内河、邮政和管道运输

1. 公路运输。公路运输(Road Transportation),是指使用汽车在公路上运送货物的运输方式,具有机动灵活、简捷方便、可以直达公路所通往的各个角落、减少货物换装转运中间环节等优点,同时存在着载重量有限、运输成本高、运输风险大等不足之处。公路运输与铁路运输一样,也是陆上运输的基本运输方式。它既作为一个独立的运输体系,直接运进或运出国际贸易货物,又作为车站、港口、机场集散进出口货物的重要手段,配合铁路运输、海洋运输和航空运输最终完成两端的运输任务,帮助集装箱运输方式实现"门至门"的运输。

公路运输在我国对外贸易运输中占有重要地位,不仅是我国边疆地区与周边国家进行物资交流、开展边境贸易及加强彼此间的经济合作的主要手段,而且承担了我国内地与香港、澳门特别行政区之间的相当一部分的进出口货物运输。

有关国际公路货物运输的公约和协定有两个:一个是《国际公路货物运输合同公约》(CMR),于1956年5月19日由欧洲17个国家在日内瓦签订并通过;另一个是《国际公路车辆运输规定》(TIR),于1975年对先前由23个欧洲国家缔结且自1960年开始实施的《关于集装箱的关税协定》进行修订并改用现名,同年3月20日生效。前者主要统一成员国之间公路运输所使用的单证和明确承运人的责任,后者则对成员国经营集装箱公路运输的承运人规定具体的运输责任。尽管上述公约和规定的实施受到地区性的限制,但不能否认它们对当前国际公路运输发展的作用。

2. 内河运输。内河运输(Inland Water Transportation),是指使用船舶通过国内江湖河川等天然或人工水道进行货物运输的一种方式,具有运量大、航道建设投资少、运输成本低等优点。内河运输作为水上运输的一个组成部分,在加强内陆腹地与沿海地区的经济联系、运输和集散进出口货物,以及开展国际河流流经国家之间的货物运输等方面起着重要的作用。

我国有广阔的内河运输网,长江、珠江等一些主要河流的内河港口已对外开放,北方有黑龙江、乌苏里江和伊犁河等多条国际河流与邻国俄罗斯相通连,南方则通过湄公河(在我国境内叫澜沧江)这条重要的国际河流与缅甸、老挝、泰国、柬埔寨和越南等邻国进行物资交流。虽然我国内河的进出口货运量所占比例不大,但借江出海、江海联运既促进了内地边远地区各省的经济发展,也为发展我国外贸进出口货物运输作出了一定贡献。

3. 邮政运输。邮政运输(Parcel Post Transportation),是指各国邮政部门根据

彼此间签订的协定和公约,相互传递邮件包裹的运输方式,利用遍及世界各地的邮政机构为寄件人和收件人服务,手续简便,费用也不高。国际邮政运输具有国际多式联运和"门至门"运输的性质,在各种国际货物运输中是被广泛采用的运输方式之一。与其他运输方式相比,国际邮政运输对邮件的重量和体积均有限制,因此只适用于重量轻、体积小的货物,如精密仪器、机器零部件、药品、金银首饰,以及各种货物样品和零星物品等的传递。国际邮件按性质分为函件和包裹两大类。邮包通常分为普通包裹(除禁寄和限寄物品以外的一般邮递物品)、脆弱包裹(易破损的和需要小心处理的包裹,如玻璃器皿)和保价包裹(按寄件人申明价值承担赔偿责任的包裹,如金银珠宝)。

我国与很多国家签订有邮政包裹协议和邮电协议,并按这些协议的规定办理邮运。我国也于 1972 年参加了万国邮政联盟。万国邮政联盟(Universal Postal Union),简称"邮联",于 1874 年根据当时 22 个国家在瑞士伯尔尼签订的《关于创设邮政总联盟条约》(即《伯尔尼条约》)而成立,原称邮政总联盟;1878 年该联盟在巴黎修订原公约,定名为《万国邮政公约》,并将组织机构改为现名,一直沿用至今。1964 年"邮联"将原《万国邮政公约》分为《万国邮政联盟组织法》《万国邮政联盟总规则》《万国邮政公约》(含实施细则)。公约的内容包括适用于国际邮政业务的共同规则和有关函件业务的规定等。

4. 管道运输。管道运输(Pipeline Transportation),是指使用管道输送液体和气体货物的一种特殊的运输方式。与其他运输方式相比,它具有运输通道和运输工具合二为一、高度专业化和永远是单向运输等特点,因而其输送能力大、输送快、损耗少、费用省、运输成本低的优点十分明显,当然固定投资大的缺点也很突出。管道运输在欧美许多国家及石油输出国组织(OPEC)的石油运输方面起着相当大的作用。

我国的管道运输起步较晚,自 1970 年起,为适应我国石油出口贸易的需要,修建了各大油田直通海港的输油管道。随着我国石油工业的发展,我国的管道运输也得到了较大的发展,新的管道不断铺就,犹如一条条钢铁巨龙或腾空而起(架空管道),或潜入地下(地下管道),或蜿蜒于辽阔的大地上(地面管道),一个纵横贯通全国的石油管道网正逐渐形成。我国与朝鲜之间早就建有丹东至新义州的输油管道,对朝鲜的石油出口主要就是通过管道运输来完成的。2005 年 11 月竣工的总长 962.2 公里的中国—哈萨克斯坦石油管道(西起哈萨克斯坦的阿塔苏,东至我国新疆阿拉山口)则是我国首次以管道方式实现从境外进口原油。由中俄双方共同建设和运营、全长 999.04 公里的中俄石油管道(起自俄罗斯的斯科沃罗季诺,止于我国黑龙江大庆),作为俄罗斯远东石油管道即俄罗斯东西伯利亚—太平洋石油管道的一条支线,于2010年9月竣工,并自2011年1月1日正式投入运营。根据中俄两国间协定,俄罗斯通过该管道每年向我国输送1 500万吨原油,为期20年。随着该管道二线(全长932.1公里,自我国黑龙江漠河至大庆)的建成并于2018年1月1日正式投产,我国每年通过该管道从俄罗斯的原油进口从1 500万吨增至3 000万吨。

由于管道线路和运输是固定的,管道运输费用的计算较为简单,即按所运输油类的不同品种规格规定不同费率,而后以桶为计费单位,但也有以吨为单位来计算运费的。

三、各种联合运输方式

联合运输(Combined Transport)是指使用两种或两种以上的基本运输方式,完成一项进出口货物运输任务的综合运输方式。联合运输方式主要有:陆空联运、陆海联运、大陆桥运输、小陆桥运输和微桥运输、集装箱运输以及国际多式联运等。现将这些联合运输方式分述如下。

(一)陆空联运

陆空联运是指在国内的港口或铁路车站将出口货物先通过铁路运输方式运到航空港,再在航空港采用航空运输方式运至国外中转站(或目的地),然后通过公路运输方式最终运至目的地的一种联合运输方式。

我国从1974年开始就在进出口货物运输中采用陆空联运的方式,目前我国的陆空联运主要运输出口的工业制成品。

(二)陆海联运

陆海联运是指国内先将出口货物通过铁路运输方式运到海港,然后在海港采用海洋运输方式运往国外目的港的一种联合运输方式。

我国从1977年开始以这种方式运输通过香港中转的出口货物,具体的做法是:先由内地的出口公司把货物装上火车运往我国香港,抵港后再由香港的轮船公司安排船舶,将货物从香港经海路向国外目的港运送。

(三)大陆桥运输

大陆桥运输(Land Bridge Transport)是指使用横贯大陆的铁路或公路运输系统,把大陆两端的海洋运输连接起来的一种运输方式。形象化地说,就是两边是海运,中间是陆运,大陆像座桥把海洋连接起来,形成海陆联运,由于大陆在其中起着

"桥"的作用,故谓之"陆桥"。在形式上,大陆桥运输是"海—陆—海"的连贯运输,但在国际集装箱运输和多式联运的实践中已发展成多种多样的联运形式。事实上,大陆桥运输一般即是以集装箱为媒介,因此具有集装箱运输和国际多式联运的优点。

目前世界上主要的大陆桥运输线有以下几条。

1. 西伯利亚大陆桥(又称第一亚欧大陆桥)。这条大陆桥是以俄罗斯的西伯利亚铁路作为陆地桥梁,把太平洋远东地区与波罗的海和黑海沿岸以及西欧大西洋口岸连接起来。它东起俄罗斯符拉迪沃斯托克的纳霍德卡港,横贯欧亚大陆,至莫斯科,然后分为三路:北路至波罗的海沿岸再转船往西欧、北欧港口;中路至西部国境站,再转欧洲其他国家的铁路、公路直运欧洲各国;南路至黑海沿岸再转船往中东、地中海沿岸。可见,西伯利亚大陆桥采用的运输方式实际上有"海—铁—海""海—铁—公""海—铁—铁"三种。

2. 美国大陆桥。美国有两条横贯东西部,连接太平洋和大西洋两岸的大陆桥运输线:一条是从西部太平洋口岸至东部大西洋口岸的铁路(公路)运输系统;另一条是从西部太平洋口岸至南部墨西哥湾口岸的铁路(公路)运输系统。

3. 新亚欧大陆桥(又称第二亚欧大陆桥)。这条大陆桥东起中国山东青岛,经由青连、陇海、兰新铁路与哈萨克斯坦境内的土西铁路相接,出阿拉山口后可经三条线路抵达荷兰的鹿特丹港。它同样横跨亚欧两洲,连接太平洋和大西洋,穿越中国、俄罗斯、波兰、德国、荷兰等国,辐射30多个国家和地区。这条于1992年开通的、全长10 900公里(有4 134公里在中国境内)的新的国际运输大动脉,比西伯利亚大陆桥缩短陆上运距2 000~2 500公里,因此在运输时间和运费上均有所减少。

(四)小陆桥运输和微桥运输

1. 小陆桥运输(Mini Land Bridge)是指在美国的大陆桥运输过程中派生并形成的运输方式,它比大陆桥的"海—陆—海"缩短一段海运,成为"海—陆"或"陆—海"运输。美国的小陆桥运输,将美国西岸进口的货物通过铁路运输运到大西洋和墨西哥湾主要港口,再从这些港口通过公路运输转运到周围城市,即以陆上铁路(公路)作为桥梁,把美国西海岸与东海岸和墨西哥湾连接起来。

2. 微桥运输(Micro Land Bridge)类似于小陆桥运输,但比小陆桥运输更短,也就是海运加一段往返于海港和内陆城乡的陆上运输的运输形式。因为没有通过整条陆桥,而只是利用部分陆桥,所以微桥运输又被称作半陆桥运输。美国的微桥运输,将美国西岸进口的货物通过铁路(公路)运输运到芝加哥周围的大湖区等地。

(五) 集装箱运输

集装箱运输（Container Transport）是指把货物装入标准规格的集装箱内，然后利用陆运、海运、空运将货物运送到目的地的一种现代化运输方式。集装箱运输以集装箱为运输单位，并由有专门设备的运输工具装运，具有装卸快、效率高、费用省、货损货差减少等优点，可实现"门至门"的运输服务。这种新型的运输方式，特别是海运集装箱运输，当前已成为全世界普遍采用的重要的运输方式之一。有关集装箱货物运输的内容，将安排专门章节（第三章）叙述。

(六) 国际多式联运

国际多式联运（International Multimodal Transport）是在集装箱运输的基础上产生并发展起来的一种综合性的连贯运输方式。它一般是以集装箱为媒介，把陆运、海运、空运、公路运输、江河运输等互不关联的各种单一的运输方式有机地结合起来，组成一种国际性的连贯运输。构成国际多式联运应具备下列条件：一是必须有一份多式联运合同；二是必须使用一张包括全程的多式联运单据；三是至少有两种不同运输方式的连贯运输；四是必须是国际的货物运输；五是必须有一个多式联运经营人对全程运输总负责；六是必须采用全程单一的运费费率。

国际多式联运的主要特点是：不管路途多远，运输过程中的手续多么复杂，货主只要办理一次托运，支付一笔运费，取得一张联运单据，当货物在运输途中发生损失或灭失时只找一个负总责的多式联运经营人解决。与各种单一的运输方式或一般的联运方式相比，国际多式联运具有手续简便、运输迅速、安全准确、运费计算方便等优点，而且有助于提高货运质量，实行"门至门""门至场站""场站至场站""场站至门"等运输交货方式。

我国发展国际多式联运已有多年历史，采用多式联运方式办理进出口货物运输业务越来越多，形式也更为灵活多样，有采用陆海联运和陆空联运的，也有采用陆空陆联运和海空联运的，但以采用陆海联运和陆空联运的居多。此外，运输交货方式也能够按照国际上的通行做法，既有"门至门""门至场站"的，也有"场站至场站""场站至门"的。

以上所述的各种基本运输方式和联运方式各有自己的特点，具体选择哪一种运输方式，要根据进出口货物的性质、运量的大小、运输距离的远近、需要的缓急、运费的高低，以及运输途中遭遇风险的程度等因素来确定。同时还要结合装卸地的情况、气候和自然条件、运输技术的发展及国际政治局势的变化等，全面审慎考虑。

四、中欧班列

在学习了国际货物运输方式这一节内容之后,有必要再来了解一下我国和欧洲之间自2011年开始采用的一种铁路货运新模式——中欧班列。

中欧班列(CR Express),是由中国铁路总公司组织、往来于中国与欧洲国家之间的集装箱国际铁路联运班列,是欧亚大陆上国际货物运输除海运、空运、公路运输等之外的又一种方式。与前述的大陆桥运输不同,中欧班列是根据"干支结合、枢纽集散"的铁路运营组织方式和"五定"原则来运行的。所谓"五定",即定点(固定装卸地点)、定线(固定运行线路)、定次(固定班期和车次)、定时(固定到发时间)和定价(固定运输价格)。班列运行全程受监控,必须严格依照运行图规定的时间和地点运行,除规定地点停靠外,中途不得停车,不得上下货物,属于典型的"点对点"运输。

中欧班列依托新亚欧大陆桥和西伯利亚大陆桥,从2011年成功开行首列"渝新欧(中国重庆—德国杜伊斯堡)班列"开始,至今已形成"三大通道、五大口岸、五个方向"的基本格局。

"三大通道",分别是指中欧班列经新疆出境的西通道、经内蒙古出境的中通道和东通道。西通道由新疆的阿拉山口、霍尔果斯口岸出境,进入中亚后,向北经俄罗斯或向南经伊朗和土耳其到达欧洲[运行于西通道的班列通常被命名为"×新欧"班列,如"义(义乌)新(新疆)欧"班列、"汉(武汉)新(新疆)欧"班列];中通道由内蒙古的二连浩特口岸出境,经蒙古国和俄罗斯到达欧洲;东通道由内蒙古的满洲里或黑龙江的绥芬河口岸出境,经俄罗斯到达欧洲[运行于中通道和东通道的班列通常被称为"×欧"班列,如"蓉(成都)欧"班列、"苏(苏州)满(满洲里)欧"班列]。

"五大口岸",分别是指处在三大通道上的阿拉山口、满洲里、霍尔果斯、二连浩特和绥芬河,它们是中欧班列出入境的主要口岸。其中,班列出入量最大的是阿拉山口,其次是满洲里,二连浩特居第三位,霍尔果斯承接的班列数则在逐年增长。

"五个方向",是指中欧班列主要终点所在的五个地区,即欧盟、俄罗斯及部分中东欧、中亚、中东和东南亚国家。境外终点城市主要有:德国的汉堡、杜伊斯堡和纽伦堡,西班牙的马德里,荷兰的鹿特丹,波兰的华沙和罗兹,捷克的帕尔杜比采,俄罗斯的莫斯科、托木斯克和外贝加尔,白俄罗斯的克列斯特。

自开通以来,凭借其独特的运营模式,中欧班列发展势头十分迅猛,规模数量逐年翻番,尤其是随着"一带一路"倡议的提出,更是呈现井喷式的增长。截至2019年4月,中欧班列累计开行已超过11 000列,运行线路达到65条,通达欧洲

15个国家的44个城市,因而被喻为"一带一路"上的"钢铁驼队"。作为"一带一路"的重要载体,中欧班列促进了中国与沿线国家及其他欧洲国家之间的经贸合作,也推动了中国铁路货运的集装箱化、多式联运和国际合作等方面的大发展。

第三节　国际货物运输的标的

国际货物运输的标的是货物,其中绝大多数是国际贸易货物。作为买卖双方交易的对象和国际运输的标的,国际贸易货物包括原材料、工农业产品、商品和其他产品等。由于它们的性质和形态各不相同,对运输及与运输密切相关的装卸、储存和保管的要求也不一样。因此,要研究国际货物运输,做好国际贸易货物的合理运输,就有必要学一点商品学,知道货物在运输中的形态,了解货物的包装和标志,懂得货物的数量计算,掌握货物的性质及其在运输过程中的防护措施。

一、货物在运输中的形态

国际贸易货物在国际货物运输中,一般有散装、裸装和包装三种形态。

(一)散装货

散装货(Bulk Cargo),是指大宗的、廉价的、成粉粒块装的货物,以及不必要包装或不值得包装,可直接装入运输工具的货物。煤炭、矿砂、食盐、粮食、石油等疏散地装载在运输工具内,它们就是散装货。装运这些散装货的有专门的运输工具,如海洋运输中的散货船,装卸这些散装货的有专门的散装装卸机械。

(二)裸装货

裸装货(Nude Cargo),是指一些自然成件,能抵抗外在影响,无须外包装或略加捆扎即可成件的货物,它们在储存和运输中可以保持原有状态。裸装货如圆铁、钢板、木材等,为了便于装运,常用绳索、箍、夹等捆扎为束、叠、捆、堆等状态。为了适应机械化装卸,铝锭、锡块等一些裸装货也常被固定在托盘上,成为托盘组合,这更适合当前的国际运输条件。

(三)包装货

包装货(Packed Cargo),是指外面加包装成为包、箱、桶、袋、听、捆等形状的货物。国际贸易货物绝大多数是包装货。国际贸易货物中只有包装货才涉及包装。

二、货物的包装和标志

(一) 货物的包装

1. 货物包装的意义。货物包装的目的,主要是保护货物质量和数量上的完整,便于运输、装卸、搬运、储存、堆垛、保管、清点、陈列和整理,对某些危险品还有防止货物本身危害和扩散污染的作用。货物的包装是实现商品的价值和使用价值的重要手段之一。

2. 货物包装的种类。货物的包装根据其在流通过程中所起作用的不同,通常可分为运输包装和销售包装两种类型,以及一种特殊的中性包装。我们主要讨论与国际货物运输相关的运输包装。

(1)运输包装(Transport Packing),又称大包装、外包装。它是货物装入特定容器,或以特定方式成件或成箱的包装。运输包装是在储存和运输过程中使用的,主要作用在于:一是保护货物在长时间和远距离的运输过程中不被损坏和散失;二是便于货物的装卸、搬运和储存。

运输包装根据包装方式、包装材料和包装造型等的不同,可以进行不同的分类。

①按包装方式不同,运输包装可分为单件运输包装和集合运输包装。前者是指货物在运输过程中作为一个计件单位的包装;后者又称组化运输包装,是出于更有效地保护货物、提高装卸效率和节省运输费用的考虑,将若干数量的单件包装组合成一件大的包装或装入一个大的包装容器内,常见的有托盘、集装包和集装袋,以及集装箱等。

②按包装造型不同,运输包装可分为箱装、捆装、桶装、袋装,以及其他特殊形式的包装(如瓶装、篓装、筐装、坛装、罐装等)。箱装适用于包装那些不能紧压的货物,装货的箱子有木箱、纸箱、板条箱和金属箱等;捆装适用于包装可以紧压的货物,通常先将货物经机压打包,压缩体积后再以棉、麻、金属或塑料等织物包扎或捆扎;桶装适用于包装块状或粉状固体、糊状固体、液体及浸泡于液体中的固态货物,装货的桶有木桶、塑料桶、胶合板桶和金属桶等;袋装适用于包装粉状、颗粒状和块状的农产品及化工原料,装货的袋有麻袋、布袋、塑料袋、纸袋和人造革袋等。

③按包装材料不同,运输包装可分为纸制包装,金属包装,木制包装,塑料包装,麻制品包装,竹、柳、藤、草制品包装,玻璃制品包装和陶瓷包装等。

④按包装质地不同,运输包装可分为软性包装、半硬性包装和硬性包装。

⑤按包装程度不同,运输包装可分为全部包装和局部包装等。前者是指对整件货物全面予以包装;后者是指仅对货物需要保护的部位加以包装,其余部位因不

受外界的影响不予包装。

叙述运输包装,不能不提及包装的衬垫物。作为运输包装的重要组成部分,衬垫物形形色色,如纸屑、纸条、木屑、泡沫塑料、纸浆模塑、瓦楞纸板等,由高分子聚合物经发泡成型制成的内衬垫得到了广泛的应用。衬垫物对货物起到了防震、防碎、防潮、防锈等作用。

(2)销售包装(Selling Packing),又称小包装、内包装或直接包装。它是在货物制造出来以后,以适当的材料或容器所进行的初次包装。销售包装是在货物销售和使用过程中使用的,主要作用在于:一是保护货物;二是美化、宣传,便于陈列展售,吸引消费者认识、选购、携带和使用。

(3)中性包装(Neutral Packing),是指在出口货物的内外包装上不显示生产国别的一种特殊包装。这是在国际贸易中常采用的习惯做法。中性包装有无牌中性和定牌中性之分:前者在包装上既无生产地名和厂商名称,也无商标或牌号;后者在包装上仅有买方指定的商标或牌号,但无生产地名和出口厂商的名称。采用中性包装,是出口国家的厂商加强对外竞销和扩大出口的一种手段。

3. 对运输包装的要求。保护货物在储存和运输中不受损失,是对运输包装的最基本要求。一般来说,在运输包装上,国际贸易货物比国内贸易货物的要求更高。因此,在制作出口货物的运输包装时,具体应注意以下几点:

(1)选用包装材料应注意材料承受力大小及其性质是否适宜。如大型机械应当选用抗压性能强、负荷量适当的材料;易锈的金属制品应当选用防锈材料;食品应当用无异味、不吸湿的材料等。

(2)包装容器的结构要科学,包装造型要依照货物性质和形状来考虑。如价值较高、容易受损的货物最好用箱装;可紧压而品质不受损坏的货物可以机压打包,采用捆装;糊状固体、液体及浸泡于液体中的固态货物,还有粉状货物常用桶装;农产品和化工原料多用袋装。

(3)包装的重量和体积必须适合国内外堆垛、搬运,以及节省包装费用和运输费用的要求。如大型机械可采用拆装;形状规则的货物可采用套装;特殊形状的货物可通过合理排列以缩小体积。

(4)包装要适应国际运输条件。须考虑沿途的自然条件,并与各地装卸运输的机械化程度相适应,运往港口或车站运输设备差的地区或者需要转口的货物,应使用更牢固的包装容器。在国际上,运输包装现今正日益朝着轻便、集合装运的方向发展,因此运往装卸设备好或机械化程度高的地区的货物,应使用托盘、集装箱或集装袋装运的方式。

(5)包装一定要注意符合货物发往国家当地的规定。由于很多国家对进口货物的包装都有特殊规定,若包装与规定不符,或课以罚款,或不准进口。例如,在标志图案上,阿拉伯国家规定禁用六角星图案(因为与以色列国旗中的图案相似),德国禁用类似纳粹和军团符号标志;在使用的文种上,加拿大规定必须英法文对照,希腊要求用希腊文字写明公司名称、代理商名称及产品质量和数量等项目;在包装材料上,新西兰严禁用稻草、干草、麦草、谷壳或糠作为外包装或衬垫物,菲律宾禁用麻袋和麻袋制品等材料包装,澳大利亚要求木制包装必须经过熏蒸、防腐等处理。此外,各国对包装重量和体积也有不同的规定,如超过规定,要加收超重、超大或超长附加费,对危险品则规定使用一定标准的防爆、防毒、防腐蚀包装容器。

(6)包装必须牢固以适应长途运输的需要。托运人对其交付给承运人运输的货物没有按规定进行包装而造成包装不固,情况严重的,承运人应拒绝装运,情况较轻微的,可以在收受货物时在提单或运单上加以适当批注。承运人如果签发了加注有某些有关货物包装不固批语的提单或运单,就可以对包装不固所引起的货物损失不负赔偿责任。

(二)货物的标志

1. 货物标志的重要性。凡是国际运输的货物,除散装货以外,必须具有运输包装及包装上清晰可见的标志。货物标志是指用颜料或烙印的方法在运输包装上涂刷的文字、图形和记号。标志在运输包装中占有重要的地位。包装再完善,没有标志或标志不全,都被视为不合规定。货物标志的作用在于:一是便于识别货物,有利于装卸、分票、清点等理货工作,避免错发错运,便于收货人收货;二是保证货物的完整,提示装卸作业人员注意操作;三是保障人身和运载工具的安全,促使人们对危险品的搬运、装卸、存放和保管等保持谨慎和警惕。

2. 货物标志的区分。货物标志根据其在运输中用途的不同,可分为运输标志、指示性标志和警告性标志三种。

(1)运输标志(Shipping Mark),习惯上称作"唛头",即运输包装的外部标志,是国际贸易货物包装条件不可缺少的内容。运输标志一般包括:

- 主标志,这是识别货物批次的基本标志,用简单的几何图形配以收货人、发货人名称的英文字母代号表示。
- 件号标志,这是对同一主标志货物按顺序的逐件编号和列明总件数。
- 目的地标志,这是用来表示货物运往目的地的地名标志,须写出全称。若货物经由某地转运,还应列明中转地。

以上三个标志是运输标志必不可少的组成部分。除此以外,根据出口国或进口国的规定或者根据收货人的要求,还可加列体积标志、重量标志和原产国(地)标志等。

运输标志的实例说明如图 1-2 所示。

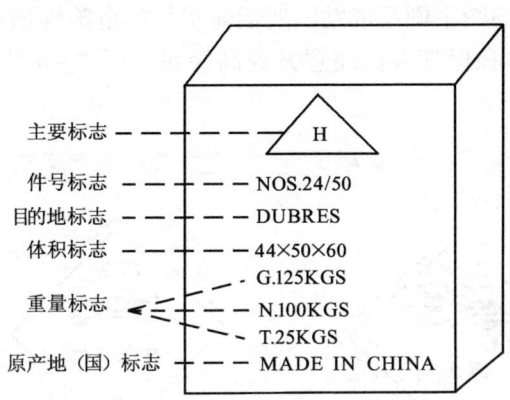

图 1-2 运输标志示例

（2）指示性标志（Indicative Mark），又称操作标志、注意标志，是根据货物的特性，对一些易碎、易损、易变质的货物，特别用简单、醒目的图形或文字在它们的包装上作出的操作指示标志，以提示有关人员在搬运、装卸、存放和保管过程中注意。每个国家都有其习惯用的标志，在对外包装上须同时用英文注明。图 1-3 所示是几种常见的指示性标志。

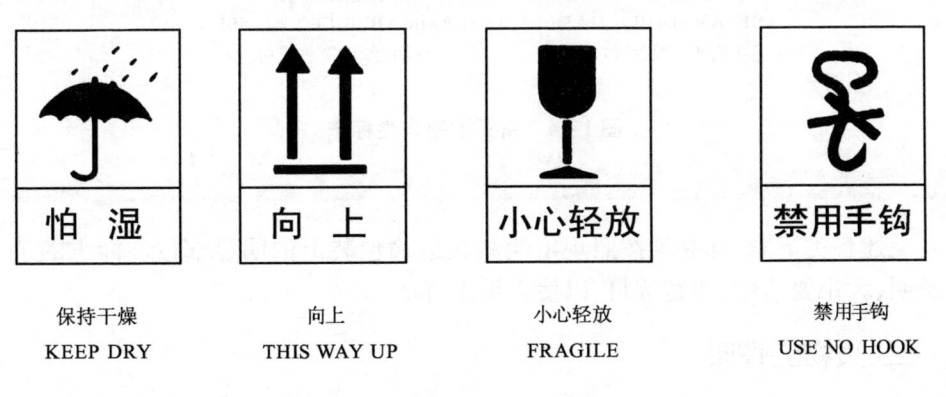

图 1-3 常见的指示性标志

（3）警告性标志（Warning Mark），又称危险品标志，是指在一些易燃品、爆炸品、有毒品、腐蚀性物品、放射性物品等危险货物的运输包装上，用简单的几何图形、文字说明和特定的图案刷写或粘贴所运输货物的危险性质和等级的标志，以示警告，促使装卸、运输和保管人员注意并提高警惕。图1-4所示是几种常见的警告性标志。

图1-4　常见的警告性标志

上述各类标志，都必须按照规定绘制在运输包装上的明显部位。标志的色泽要鲜明，大小要适中，清楚醒目，以使人易于辨认。

三、货物的性质

货物的性质极为复杂，每一种货物都有自己的特性。研究货物的性质，了解每一种货物的特性，对成交一笔货物买卖所涉及的国际贸易合同和国际货物运输合同当事人来说,是极其重要的。例如,货物的卖方只有了解货物的性质,才能提高货物的品质,采用科学的包装,把货物完好地交付给承运人运送,完成交货任务;承运人只有了解货物的性质,才能结合航程特点、气候条件来正确受载、堆放、配载、保管和运输货物,履行提单或运单规定的承运义务。

(一) 货物的一些主要性质

货物有各种物理机械性质和化学性质,我们仅择其中几种应当在储运保管中了解和掌握的介绍如下。

1. 吸湿性。吸湿性是指货物在干燥的条件下放出水分,而在潮湿的条件下又能吸收水分的性质。棉、麻、毛、丝等纺织品,茶叶、烟叶和谷物等都是强吸湿性货物,吸湿后易发霉变质。因此,各国有关政府部门或国际上的标准化组织所颁布的标准中,对这类货物均规定有最高含水量,如我国对出口粮谷的含水量规定一般不超过15%。

2. 吸收异味性。吸收异味性是指货物吸收周围环境中的异味气体的能力,吸附后难以除去。茶叶、烟叶和粮食都是吸收异味性较强的货物。它们如果吸收了不利于其品质的气味,就会发生变味,严重的甚至会失去食用价值。

3. 韧性和脆性。韧性是指货物在一定条件下能承受外力的作用而不破裂的性能。皮革、橡胶、针棉织品等都具有一定韧性,遭到一般的碰、撞、摔,影响不大,但不能拉扯和受过大的外力冲撞。脆性恰好相反,是指货物在一定外力作用下易于破碎的性质。如陶瓷、玻璃等制品受到碰、撞、摔和重压,就会"粉身碎骨"。

4. 化学稳定性。化学稳定性是指货物受空气、日光、热、水、酸和碱等外界因素的作用,在一定范围内,不易分解、氧化或发生其他变化的性质。化学稳定性不高的货物,如橡胶和橡胶制品在热、光等因素的影响下发生氧化,变硬变脆,老化变质;油脂与空气接触,或油脂含有水分并在光或热的作用下发生氧化或水解而酸败;水泥遇到硫酸铵、硝酸铵,由于氨的作用会很快凝固。

5. 毒性。毒性是指有些货物能侵入人体内部,与人体某部分组织发生化学和物理化学的作用,从而破坏人体正常的生理机能的性质。如某些剧毒农药和汽油、甲醇等化工产品都是有毒性的危险品。

6. 腐蚀性。腐蚀性是指有些货物接触人体能发生腐蚀、灼伤以致溃烂,或接触其他物品发生腐蚀破坏作用的性质。硫酸、硝酸就属于腐蚀性货物,伤害人体、破坏有机物和腐蚀金属等。

7. 燃烧爆炸性。燃烧爆炸性是指有些货物在与氧发生剧烈的氧化反应时,伴随着产生光和热,这种反应被称为燃烧。汽油、酒精和油漆都是可燃物。在极短时间内完成化学反应,并在化学反应过程中产生大量的气体和热量,因气体体积急剧膨胀,发生巨大的响声和冲击力,这种现象称为爆炸。炸药、鞭炮、汽油等都是易爆物。

(二)货物在储运中的质量变化及其防护

货物作为国际贸易的对象和国际运输的标的,种类繁多。由于各自的性质不一,并受外界因素的影响,它们在储存和运输期间会发生各种各样的质量变化。不同类型的货物发生的质量变化也不同。这些变化有物理、化学和生理生化等变化形式。

1. 货物的物理变化及其防护。货物的物理变化形式主要有以下几种。

(1)挥发。液体货物如汽油、酒精等的挥发,不仅会使数量减少,还严重影响货物的品质,甚至危及人体健康,发生爆炸、燃烧事故。因此,在储运过程中,应对它们采用密封的包装容器,要注意存放在温度较低的库房和专门的货车或货舱内,严格控制库房和车、舱内的温度,以防它们挥发。

(2)溶化。食糖、食盐以及化肥中的尿素都是易于吸湿溶化的货物。为此,在储运过程中,要注意它们的包装,保证仓库和车、舱内的良好通风,保持适宜的温度和湿度,防止它们吸湿。

(3)渗漏。香水、酒精、油漆和某些液体货物往往会由于包装不良等原因而发生渗漏。对这类货物,除改进包装容器外,还应加强入舱前的验收、检查和温湿度管理,并注意轻搬轻放,防止它们在储运中发生渗漏损失。

(4)串味。茶叶、烟叶和粮谷等被有腥味、臭味或其他气味的货物发出的异味污染后都不易散失,影响食用价值,甚至完全不能食用。因此,在储运过程中,要注意运输工具的卫生,不能将这些食品与有腥臭味的货物同车、舱存放和一起运输,以免降低质量或无法食用。

(5)沾污。丝绸、呢绒、服装由于包装不良,搬运中不慎,或车、舱不清洁等原因会沾上污物,从而降低外观质量。因此,在储运中,除了保证货物的良好包装外,还不能忽视仓库和车、舱的环境卫生。

(6)机械变化。玻璃、陶瓷制品在搬运中会因受到碰、撞、挤、压和抛掷而破碎;珐琅制品会脱瓷、凹瘪;铝制品会被划伤、压瘪而变形;粉状化肥如堆垛过高,会因货垛压力加大而结块等。因此,在储运中要注意包装质量完好,易碎物品要小心轻放,怕压商品不宜堆垛过高,粉末状货物的堆垛高度不应超过一定压力的限度。

由于货物某些形式的物理变化,加上在储运过程中一定的自然条件影响下,不可避免地会产生货物在重量和数量上减少的情况。例如,含水分多的货物由于长时间暴露在空气中而挥发、干耗；液体货物因包装容器渗漏而减量；粉状和粒状货物易通过包装空隙散失。只要减少的重量和数量在国际公认的标准之内，即被称作货物的自然减量，俗称途耗。自然减量的大小，还与货物装卸方式、装卸次数、运输时间长短等其他因素有关。当然，化学变化也会造成货物自然减量。对在国际上公认的自然减量范围内的货物短量，承运人免责。

2. 货物的化学变化及其防护。货物的化学变化形式主要有以下几种。

（1）氧化。纤维织品、橡胶制品、油脂类商品及某些化工原料易于氧化，不仅会降低质量，有的甚至会在氧化过程中产生热量，发生自燃乃至爆炸。所以，在储运中一定要注意存放仓库和车、舱内的环境因素，包括温度、空气中的相对湿度等，防止日光的直射。

（2）锈蚀。金属制品在潮湿空气或酸碱等的影响作用下，发生被腐蚀现象，不仅重量变小，而且会影响质量。因此，对金属制品、机器设备等，在储运过程中要注意尽量不采用裸装，不让它们遭雨淋和海水浸泡，保持车、舱内空气的干燥。

3. 货物的生理生化及其防护。粮食、蔬菜、鲜肉、鲜鱼、鲜蛋、水果等有机体货物在储运过程中，受外界条件的影响，往往会发生各种各样的生理生化变化，像粮食、果蔬因呼吸作用，分解出水分来，发生腐烂、霉变；鲜肉、鲜鱼、鲜蛋因微生物作用，引起腐败、发臭。要防止这些食物在储运中因发生生理生化变化而腐烂、霉变，就必须注意减少外界条件对它们的影响，如存放在空气干燥和通风条件良好的仓库和车、舱内，经常降温、降湿，采取抑制微生物繁殖和防治害虫的措施，对新鲜蔬果和鱼肉蛋则一定要在保持冷藏温度的条件下运输。

（三）危险货物在储运中的保管

具有毒性，或腐蚀性，或燃烧爆炸性的货物，统称为危险货物或危险品，其中大多数是化工产品。危险品由于具有上述各种不同的性质，对它们在储运过程中的保管必须比对一般性货物的防护更加严格。

随着国际货物运输中危险品的日益增多，各国对危险品的进出口批准及其在储运中的保管要求也越来越严。以海洋运输为例，联合国海事组织专门制定的《危险品装载规定》，对危险品的包装、装卸、配载堆放、运输管理等做了详细的规定，要求各国承运人切实严格执行。例如，对危险品所贴标志的尺寸规定至少为10厘米×10厘米，并须说明其主要危险性和附带说明其他危险性。有些国家还把危险物品分级，规定托运人必须明确把所托运危险品的性质及其分级告诉承运人，并在包装、标志上按要求做好处理，否则承运人可拒绝承运。比如英国把危险品分成以下9级：1级，指爆炸物品；2级，指可燃气体，包括被压缩的、加压而液化或溶解的；3

级,指易燃液体;4级,指易燃固体、自燃物品或因受湿而能引起燃烧的物品;5级,指氧化物和有机过氧物质;6级,指有毒物品;7级,指放射性物品;8级,指腐蚀性物品;9级,指其他各种危险物品。托运人若违反分级规定,或没有做到包装标志的要求,就要受到严厉的处罚。

按照一些有关国际货物运输的国际公约或规则的规定,托运人如果事先没有明确地把危险货物的性质告知承运人并得到其同意,他们就不可能将这些货物付运。承运人在不知和未同意情况下承运了危险货物,便有权将它们卸下、销毁或让其无害,而不必承担任何责任。即使承运人知道并同意承运,但在危险货物危及运输工具或其他货物的安全时,也可以同样那么处置,同样不负赔偿责任。

在国际货物运输过程中,由于货物处于承运人的控制和保管之下,承运人从签发出提单或运单以后,就要对其承运的货物承担一定责任。因未能掌握承运货物的性质,没有根据它们不同的特性做好有效的防护和照料,或者在配载和管理上出现疏忽过失,致使货物受损或短缺的,承运人不能推卸自己的责任。

四、货物的数量

所谓货物数量,是指在国际贸易中,以国际通用的或由买卖双方约定的一定度量衡表示货物的重量、件数、长度、面积、体积、容积等的量。由于国际贸易货物的种类繁多、性质各异,加上各国的度量衡制度存在区别,对货物的计量单位和计量方法自然也就不同。在国际货物运输中,要安排货载和计算运费,如果不了解货物的计量单位,不熟悉货物数量的计算方法,那是无法做好的。

(一)计量单位

在国际贸易中,通常使用的数量计算方法有按重量计量、按容积计量、按件数计量、按长度计量、按面积计量和按体积计量六种。具体采用哪一种,要根据货物的种类和性质来决定。

1. 按重量计量。按重量(weight)计量,是国际贸易中采用得最多的一种,适用于大宗农副产品、矿产品和工业制成品等的计量。

按重量计量的单位常用的有:盎司(Ounce, oz.)、克(Gram, g.)、磅(Pound, lb.)、千克(公斤)(Kilogram, kg.)、吨(Ton, t.)、公吨(Metric ton, m/t)、公担(Quintal, q.)、长吨(Long ton, l/t)、短吨(Short ton, s/t)等。

2. 按容积计量。按容积(capacity)计量,适用于小麦、玉米等谷物类,以及煤油、汽油、酒精、啤酒、天然瓦斯等部分液体或气体货物的计量。

按容积计量的单位常用的有:公升(Litre, l.)、加仑(Gallon, gal.)、蒲式耳

(Bushel,bu.)等。其中,公升、加仑用于对油类和酒类货物的计量。蒲式耳是美国用来作为各种谷物的计量单位,但每蒲式耳所代表的重量因谷物的不同而异:如大麦,每蒲式耳等于48磅;玉米,每蒲式耳等于56磅;小麦、大豆,每蒲式耳等于60磅。

3. 按件数计量。按件数(number)计量适用于文具、纸张、玩具、成衣、车辆、拖拉机和活牲畜等的计量,涉及大多数的工业制品,尤其是日用消费品、轻工业品、机械产品和一部分土特产品。

按件数计量的单位常用的有:只(Piece,pc.)、件(Package,pkg.)、双(Pair)、台、套、架(Set)、打(Dozen,doz.)、罗(Gross,gr.)、大罗(Great gross,g.gr.)、令(Ream,rm.)、卷(Roll,coil)、辆(Unit)、头(Head);还可用箱(Case)、捆(Bale)、桶(Barrel,drum)和袋(Bag)等计量。

4. 按长度计量。按长度(length)计量,适用于布匹、绸缎、电线电缆等货物的计量。

按长度计量的单位常用的有:码(Yard,yd.)、米(Metre,m.)、英尺(Foot,ft.)、厘米(Centi-metre,cm.)等。

5. 按面积计量。按面积(area)计量,适用于皮革、地毯、塑料地板、篷布、玻璃板和铁丝网等习惯按面积成交的纺织品和皮制品的计量。

按面积计量的单位常用的有:平方码(Square yard,yd^2)、平方米(Square metre,m^2)、平方英尺(Square foot,ft^2)、平方英寸(Square inch,in^2)等。

6. 按体积计量。按体积(volume)计量,适用于木材、天然气和化学气体等按体积成交的货物的计量。

按体积计量的单位常用的有:立方码(Cubic yard,yd^3)、立方米(Cubic metre,m^3)、立方英尺(Cubic foot,ft^3)、立方英寸(Cubic inch,in^3)等。

(二)计算重量的方法

在国际贸易常用的上述六种计量方法中,采用按重量计量的货物最多。按重量计量时,计算重量的方法主要有按毛重计重、按净重计重和按公量计重等多种方法。

1. 按毛重计重。毛重(Gross Weight)是指货物本身的重量加上包装物的重量。对价值很低的农产品和其他货物,一般以毛重当作净重计重,这在国际贸易中被称为"以毛作净"(Gross for Net)。

2. 按净重计重。净重(Net Weight)是指货物本身的重量,即扣除包装物后的货物实际重量。在国际贸易中,凡按重量计量的货物采用按净重计重的最多。在按净重计重时,对包装物重量(皮重)的计算,一般采用以下四种办法。

(1)按实际皮重,即将整批货物的包装物逐件称重,算出每件的重量后相加得出总重量。

(2)按平均皮重,即从整批货物中抽出几件,称其包装物的重量,除以抽取的件数,得出平均每件重量,再乘以该批的总件数得出总重量。

(3)按习惯皮重,即以市场公认的标准单件包装重量,乘以该批的总件数得出总重量。

(4)按约定皮重,即以买卖双方事先约定的单件包装重量,乘以该批的总件数得出总重量。

3. 按公量计重。公量(Conditioned Weight)是指货物的干净重(用科学仪器抽去货物中的水分后的重量),加上国际公定的回潮率与货物干净重的乘积所得的重量。公量的计算公式为:

$$公量 = 货物干净重 \times (1 + 公定回潮率)$$

按公量计重较为复杂、麻烦,主要适用于一些因具有较强吸湿性而使得水分含量极不稳定的货物,如棉花、羊毛、生丝等。

4. 按理论重量计重。理论重量(Theoretical Weight)是指规格一致、体积相同的货物,因其每件的重量大致相同,从而根据件数推算出的总重量。按理论重量计重适用于有固定规格和尺寸的货物,如马口铁、钢板等。

5. 按法定重量和实物净重计重。法定重量(Legal Weight)是指货物重量加上直接接触货物的包装物料(即内包装)的重量;实物净重(Net Net Weight)是法定重量再扣除直接接触货物的包装物料后的重量,又称净净重。有些国家海关在依法征收从量税(以货物的重量、件数、容积或面积等为标准征收的关税)时,规定按法定重量或实物净重来计重。

(三)货物在运输中的类别划分

1. 按重量与体积之比划分。在国际货物运输中,从妥善安排货载和计算运费的角度考虑,承运人往往以货物的重量与其体积比例的大小为标准,将货物划分为重量货物和体积货物两种。

(1)重量货物。根据国际上统一的划分标准,凡重量为1吨,而体积小于40立方英尺或1.132 8立方米的货物,属于重量货物。

(2)体积货物。凡重量为1吨,而体积大于40立方英尺或1.132 8立方米的货物,归入体积货物。这种体积大而重量轻的体积货物,通常被称为"轻货""轻泡货""轻浮货""泡货"。

2. 按运量划分。在国际货物运输中,承运人一般也根据货物运量的大小,将货物划分为大宗货物、件杂货物和笨重货物三种。

(1)大宗货物。同批货物的运量很大,称之为大宗货物,如煤炭、矿石、粮食、谷物和化肥等。其运输特点是以整船装运。

(2)件杂货物。大宗货物以外的货物,统称为件杂货物。件杂货物一般具有包装,可分件点数。

(3)笨重货物。单件重量或长度超过一定限量的货物,统称为笨重货物,如机车、石油钻台和钢轨等。在运输中,凡单件货物的毛重达到或超过规定的重量(一般规定单件毛重为3吨),即为重件货物或超重货物;凡单件货物的长度达到或超过规定的长度(一般规定单件长度为9米),即为长大货物或超长货物。在一般情况下,超长货物常常又超重,而超重货物大多也超长,为此将它们归为一类,叫笨重货物或长大笨重货物。

思考题

1. 简述国际货物运输的含义及其特点。
2. 国际货物运输方式是如何分类的?分别说出各种基本运输方式和联合运输方式的主要特点。
3. 目前世界上主要的大陆桥运输线有几条?构成国际多式联运应具备哪些条件?
4. 货物在运输中有哪几种形态?货物的包装如何分类?货物的标志可分为哪几种?
5. 货物的物理机械性质和化学性质主要有哪些?货物在储运中会发生哪些形式的质量变化?
6. 货物的数量计算方法有哪几种?分别适用于何种货物的计量?其中按重量计量的方法主要又有哪几种?

第二章 海洋货物运输

第一节 海洋货物运输概述

一、海洋货物运输的特点

在各种基本的国际货物运输方式中,使用海轮或其他水运工具跨越大洋运输货物的海洋运输是最主要也是采用得最为广泛的一种货物运输方式。现代国际贸易总量的三分之二以上是靠海洋运输来实现的。海洋运输的特点具体体现在以下几个方面。

(一)运载量大

海洋运输工具即船舶,其运载量远远大于火车、汽车和飞机等运输工具。随着造船技术的日益精湛,船舶更是向大型化发展,如50万吨~70万吨的超级油轮、16万吨~17万吨的散货船,以及箱位在5 000~6 000标准箱(TEU)的集装箱船,皆已出现在现代海洋运输中。海洋运输的巨大运力是其他运输方式无法比拟的。

(二)具有极大的通过能力

海洋运输具有极大的通过能力,可利用总面积共3.6亿平方公里、占地球表面总面积71%的海洋中的天然航道驶往世界各个港口,四通八达,除港口内和少数海峡以外,几乎无处不可通航,不像公路运输和铁路运输那样要受道路和铁轨的限制。如果政治、经济、军事等条件发生变化,船舶还可随时改变航线驶往有利于装卸的目的港。

(三)运输成本低廉

海洋运输的运费较低廉,这是因为船舶的航道天然构成,港口设备一般均为政府修建,加上船舶运载量大,使用时间长,所消耗的燃料及所支出的费用自然相对要少。据统计,海运运费通常约为铁路运费的1/5、公路汽车运费的1/10、航空运费的1/30。

(四) 对货物的适应性强

海洋运输基本上适应各种货物的运输,其他运输工具无法装运的超重大货物,如石油井台、火车、机车车辆等,船舶一般都可以装运。

(五) 航速慢、运输时间长

海洋运输也有明显的缺点,主要是易受港口结冰、海上风暴等自然条件和季节性因素的影响,体型庞大的船舶航行的速度一般要比其他运输工具慢,比如普通的杂货船的速度为 12~15 节①,即 22~27 公里/小时,大型的集装箱船的速度为 20~28 节,即 36~52 公里/小时,因而运输时间长。

(六) 运输风险较大

海洋运输还容易遭遇海上各种风险,由于海洋环境复杂,气象多变,航行在海上的船舶随时都有遇上狂风、巨浪、暴风、雷电、海啸等人力难以抗衡的海洋自然灾害的可能,安全性相对要弱。不仅如此,与其他运输方式一样,海洋运输同样存在着社会风险,也会受到战争、罢工、贸易禁运等因素的影响。

由于海洋运输的优点多,缺点少,而且缺点可以通过一定的科学方式予以克服(包括海上保险对运输货物在受损后的经济补偿),所以在国际贸易中,海洋运输的地位十分重要,绝大部分贸易商品的输出输入都采用这一运输方式,我国亦是如此。

二、海洋货物运输的经营方式

海洋运输是利用海轮在国内和国外港口之间通过一定的航线和航区进行的货物运输。从使用船舶的角度来说,海洋运输有班轮运输和租船运输之分,这是国际上目前普遍采用的两种主要的海洋运输经营方式。不同的经营方式适应了不同货源的特点和国际贸易的需要,也有利于远洋船舶运输能力的合理运用。与此同时,不同的经营方式对于船东与货主的权利、义务及风险承担的规定当然也有区别。

(一) 班轮运输

班轮运输(Liner Transport),是指货主通过向班轮公司订舱,利用班轮来运送

---

① "节"为船舶航行速度的单位,1 节 = 1 海里/小时 = 1.852 公里/小时。

货物的运输经营方式。所谓班轮(Regular Shipping Liner,简称 Liner),是按照预定的航行时间表,在固定的航线上和若干个固定的港口之间往返载运货物的船舶,又叫定期船,也叫邮船。

1. 班轮运输的特点。班轮运输的特点可以概括为以下三个。

(1)有"四个固定",即航线固定,港口(包括起运港、目的港和沿途停靠的装卸港)固定,船期(包括船舶到达和驶离各港口的日期)固定,运价固定。

(2)在规定的停靠港口,不论货物数量多少,都可以接受装运。

(3)根据航线、货源的特点,班轮上配备有特殊设备,以适应冷藏货、贵重物品、散装植物油和重件货等贸易货物的运输需要。

向班轮公司订舱装运货物,在装运时间、数量和卸货地点等方面都很灵活,在一般情况下,班轮运输对于装运数量少、批次多、交接港口分散的小额进出口贸易是比较适宜的。由于班轮公司大都将班轮船期表在报刊上公布,或印发给货主,货主就可以根据船期安排货物,及时办理订舱手续。此外,班轮运输还有利于货主事先根据班轮公司公布的运价表(费率表)核算运费和附加费用,从而能较为准确地进行比价和核算货物价格,并据以与交易对方洽谈贸易条件。

2. 班轮条件。班轮条件(Liner/Berth Term),是国际贸易合同中有关贸易术语之后所列的一种附加条件,目的是明确装卸货物由谁负责和装卸费用由谁承担。班轮运输规定的班轮条件,一般包括三方面的含义。

(1)由承运人负责装船卸船,装船后出具班轮提单,提单上列举详细的提单条款,作为确定承托双方权利义务和承运人对货损免责的依据。

(2)由承运人承担包括理舱费在内的装卸费用。

(3)班轮的装卸时间按照装卸港口的习惯确定,货主与承运人之间不计算滞期费或速遣费。这里有必要对这两种费用的含义作一说明:滞期费(Demurrage)是指在程租船情况下,因货物装卸作业超过租船合同中所规定的时间而延误了船期,给船舶出租人造成经济损失,根据合同有关条款规定,应由承租人向船舶出租人支付的罚金。速遣费(Despatch)是指在程租船情况下,如果承租人在合同规定的装卸时间之前完成了装卸工作,使船舶出租人节省了船舶在港的费用开支,船舶出租人须支付给承租人的奖金。按惯例,速遣费一般为滞期费的一半。

具体地说,按照班轮条件运输货物,由承运人在装货港船边或自己的码头仓库接运货物,在卸货港船边或自己的码头仓库交付货物,装卸作业、理货、堆垛等均由承运人负责并承担费用;承运人对货物所承担的风险责任从接运货物开始到交付货物时为止,在该期间货物的灭失或损坏,由承运人根据其在装船后出具的班轮提单上列举的提单条款承担赔偿责任。

3. 班轮运费的计算标准。班轮运费是承运人向托运人所收取的承运货物的报酬,根据班轮运价表计算。班轮运价表上对不同性质的货物规定了不同的班轮运费计算标准,即运费的计算单位。常见的计算标准主要有以下几种。

(1)按货物的毛重计收运费。一般以1公吨为计算单位,故称重量吨(Weight Ton)。在运价表中以"W"表示。

(2)按货物的体积计收运费。一般以1立方米或40立方英尺为计算单位,故称尺码吨(Measurement Ton)。在运价表中以"M"表示。

(3)按货物的毛重或体积从高计收运费。一般适用于机器及其零部件或小五金工具这类货物的收费,惯常做法是:如果1重量吨货物的体积超过1立方米,就按体积收费;若不足1立方米,则按毛重收费。在运价表中以"W/M"表示。

(4)按货物的价格计收运费,常称为从价运费。一般适用于价值较高货物的收费,因为承运人承运这类货物所承担的责任较大,他们需要采取一些必要的措施来做好货物的配载和保管,为此从价即按货物 FOB 价格的一定比例计收运费。在运价表中以"A. V"或"Ad Val."(即拉丁文 Ad Valorem 的缩写)表示。如果托运货物的货主要求承运人在发生货损时承担的赔偿责任超过提单规定的责任限额,他们除了按从价计付运费以外,还应当在托运单证上申报 FOB 价格,并另外加付货价1%的保值附加费。

(5)按货物的毛重、体积或价值三者中较高的一种计收运费。在运价表中以"W/M or Ad Val."表示。还可以先按货物的毛重或体积计收,然后再加收一定比例的从价运费。在运价表中以"W/M Plus Ad Val."表示。

(6)按货物的件数计收运费。一般适用于包装固定,包装内的数量、重量、体积也固定不变的货物的收费,即按每袋、每包、每捆、每箱等计算。

(7)按议价计收运费。一般适用于粮食、豆类、矿石、矿砂、煤炭等运量大、价值较低、装卸容易的大宗货物的收费。这类货物的运费在班轮运价表中不作出具体规定,由托运人在订舱时与承运人临时议定。在运价表中以"Open"表示。议价运费要比按等级计算的运费低。

(8)最低运费。这是指在提单上所列的货物按毛重或体积计算出来的运费,未达到班轮运价表中规定的最低运费额时,承运人按最低运费计收。

在了解上述班轮运费计算标准的同时,托运人还应当注意以下规定。

一是不同的货物应分别包装,如果把不同的货物混装在同一包装内,那么全部运费就要按其中的高者计收。

二是同一票货物应采用相同的包装,如果包装不同,它们的计费标准及等级也就不同。

三是对采用不同包装的货物应分列毛重及体积,以便分别计收运费,否则全部货物均按其中高者收取运费。

四是若同一张提单上有两种或两种以上的货物,则应分别列出各种货物的毛重及体积,否则全部货物均按其中高者收取运费。

4. 班轮运费的构成。班轮运费由基本运费和附加运费两部分构成。基本运费(Basic Freight)是构成全程运费的主要部分,它是指承运人对其承运的货物从起运港运到卸货港应收取的运费;附加运费(Additionals or Surcharges)则是在基本运费之外根据一些特殊的情况而另外加收的运费。附加运费的名目繁多,常见的有以下几种。

(1)超重、超长附加费,是指对超重货物或超长货物所加收的附加费。由于对这类长大笨重货物的装卸和配载比较困难,需要增加开支,为此要加收此附加费。

(2)绕航附加费,是指因某种特殊原因致使船舶不能按正常航线航行而不得不绕航,从而导致航运开支增加,为此所加收的附加费。一个最典型的例子就是苏伊士运河因1967年的中东战争爆发而关闭数年,原往来欧亚的船舶只得绕道好望角,在此期间班轮运费加收了10%的绕航附加费。但这是一种临时性的附加费,一旦正常航线恢复通行,该项附加费则立即取消。上例中,当苏伊士运河于1975年6月5日重新开放后,加收的绕航附加费即随之取消。

(3)转船附加费,是指因在中途港将货物转船运至目的港而增加费用支出,为此所加收的附加费。

(4)直航附加费,是指在一批货量已达到规定直航数量(如规定每港每次至少为1 000吨或1 500吨)的情况下,根据托运人的要求将这批货物直接运达非基本港卸货,为此所加收的附加费。

(5)选卸港附加费,是指因托运人出于贸易上的原因不能在办理托运手续时确定具体卸货港,而需要在几个卸货港中进行选择,为此所加收的附加费。

(6)变更卸货港附加费,是指因托运人根据贸易中的情况变化而要求改变原定的卸货港,为此所加收的附加费。

(7)燃油附加费,是指因燃油价格上涨而加收的附加费。

(8)港口附加费,是指某些港口的设备差,因而装卸效率低,或者港口收费高,从而增加航运成本开支,为此所加收的附加费。

(9)港口拥挤附加费,是指因港口拥挤,船舶不得不长时间等泊,从而造成船期损失,为此所加收的附加费。这也是一种临时性的附加费,一旦港口拥挤状况消除,该项附加费立即取消。

(10)货币贬值附加费,是指为弥补因计收运费的货币贬值而造成经济损失所收取的附加费。

除了上述主要的附加费以外,还有洗舱费、熏蒸费、冰冻费等各种附加费。附加费的计算办法主要有两种:一种按基本运费的一定比例计算;另一种则规定一个加收的金额。

班轮运费的基本计算公式如下:

$$运费 = 运输吨(重量吨或尺码吨) \times 基本费率 \times (1 + 附加费率)$$

举个实例说明:上海某进出口公司有批货物需经香港转船运往澳大利亚悉尼港,货物的体积为 300 立方米,毛重为 250 公吨;根据运价表中的货物分级,该批货物为 8 级,由于货物的尺码吨大于重量吨,所以按二者中的高者即尺码吨计算运费,计算标准为 M;根据运价表中的航线等级费率,M8 级货物自上海至香港的基本运费每吨为人民币 45 元,附加费率为 20%;自香港至悉尼的基本运费每吨为 180 港元,附加费率为 15%。该批货物的运费计算如下:

第一程(上海至香港)的运费 = $300 \times 45 \times (1 + 20\%) = 16\,200$(元)

第二程(香港至悉尼)的运费 = $300 \times 180 \times (1 + 15\%) = 62\,100$(港元)

(二) 租船运输

租船运输(Shipping Chartering),是指承租人向船舶出租人租赁船舶运送货物的运输经营方式。从广义来说,租船(Charter)包括租赁整船和租赁班轮的部分舱位两种情况,但一般指的是租赁整船。

1. 租船运输的特点。租船运输的特点可以概括为以下三点。

(1)与班轮运输的经营特点相反,租船运输没有预定的船期表、航线、港口,航行时间也不固定,承租人只根据自身的需要与船舶出租人商谈条件并签订租船合同来安排运输事宜,包括确定船舶的航线和停靠的港口、运送的货物及航行时间等。租船运输也因此被称为不定期船(Tramp)运输。

(2)没有固定的运价。租船运费或租金由承租人与船舶出租人双方在租船合同中约定,具体金额往往随租船市场供求关系的变化而变动:船多货少时运价就低,船少货多时运价则高。

(3)一般是整船洽租,而且以装运货物价值较低、成交数量较大的大宗货物为主。

在当前的海洋运输中,租船运输越来越占有重要的地位,这主要是因为国际货物运输中的一些大宗商品,如粮食、矿砂、煤炭、油类、化肥等的运输量日益增加,货主需要租用整船进行大批量商品的运输,而通过租船市场可以与船公司洽商租船运输条件,双方均可根据自己的需要选择洽租。由于租船运价是竞争价格,所以包租整船所需费用一般较班轮的运费低,加上运量大,单位运输成本相对要低,有利于大宗货物的运输。此外,租船运输没有固定的航线,只要船舶能安全出入的港口,租船都可以进行直达运输。以上一系列原因造就了国际租船市场的繁荣。

2. 租船运输方式。按照租船方式的不同,租船运输又可分为多种。在国际租船市场上,被广泛采用的租船方式主要有定程租船、定期租船和光船租船三种。

(1)定程租船(Voyage Charter),又称航次租船,简称"程租船",是指承租人按航程租赁船舶以装运约定的货物,并向船舶出租人支付运费的租船方式。

在程租条件下,船舶出租人将船舶按时开到承租人指定的装货港,由承租人负责装上一定数量的货物后,再开到承租人指定的卸货港,由承租人负责卸下货物,完成整个航程的运输任务;除了货物的装卸费用、船舶滞期费通常由承租人负担以外,其他的经营管理及船舶在航行中的一切开支,诸如船员工资、港口使费、船用燃料物料等,均由船舶出租人负担;承租人按租船合同的规定及时提供货物和支付运费。采用程租船方式,其船舶调度支配权在船舶出租人手中,所以只适用于货类单一、装卸港较少的大宗货物运输。由于租船市场上以运输大宗货物居多,程租船方式因而用得很普遍。

程租船按照不同的租赁方式,又可分为以下几种。

①单程租船,也叫单航次租船(Single Voyage Charter),是指租赁的船舶只装运一个航次,航程结束,租船合同随之告终。单航次租船的运费,是由船舶出租人和承租人双方根据租船时的市场行情议定。运费一般是以装运每吨货物为计算单位。

②来回程租船,也叫来回航次租船(Return Voyage Charter),是指租赁的船舶在完成一个航次任务后,再装运一个回程货载。来回航次租船的运费,按照去来航线上装运货物的不同分别计算。

③连续单程租船,也叫连续航次租船(Consecutive Voyage Charter),是指在同一去向的航线上连续装运几个单航次货载,或者来回连续装运几个航次货载。

④包运合同租船(Contract of Affreightment),是指由船舶出租人对一大批货物包下来承运,在约定的期限内分批、分期装运,直至完成运输任务,不具体规定航程次数。

(2)定期租船(Time Charter)简称"期租船",是指承租人按一定期限租赁船舶,在租赁期内按租船合同规定的条件和航行区域自行调度及安排船舶的营运,并按期向船舶出租人支付租金的租船方式。租期可长可短,短的几个月,长的几年、十几年乃至20年,用到船舶报废为止。

在期租条件下,船舶出租人需保证船舶适航和船级,配备船员承担船舶的驾驶责任，负责对船舶进行维护、修理；租期内，承租人取得船舶的使用权，可将租船作为班轮或程租船使用，负责船舶的经营管理，根据自己的需要安排营运和调度，安排停靠港；船舶在租期内航行所需的燃料、用水、港口费用、捐税、货舱检验费、货物装卸费、船员加班费和奖金，以及船舶额外的保险费等项费用由承租人承担，船舶出租人则负担船员的工资给养、船用物品、船舶正常的保险费、定期清洗船底与船舱的费用。期租船的租金按月（每30天或日历月）以每一载重吨为计算单位计收。租金一经双方议定，在租赁期内，不管租船市场租价涨落情况如何，皆固定不变。

在定期租船中，还有一种不规定租期，而是以完成一个航次货运任务的时间为限度的期租船，叫作航次期租(Time Charter Trip)。这种特殊的期租船方式实质上是一种航次租船与定期租船的混合方式。

（3）光船租船(Bareboat Charter)，也叫空船租船，是指承租人向船舶出租人租赁不配备船员和装备，或者船员和装备配备不齐全的光船，在合同规定的期限内，由承租人自己配备船员和船上所需物料、燃料的供应，在约定的航行区域内独立营运，并按期预付租金给船舶出租人的租船方式。

在光船租船的情况下，船舶出租以后，其所有权虽仍属于船舶出租人，但由承租人占有、使用和行使全部管理权，船员的配备、航线的选择和运载货类的决定等均由承租人负责，与船舶出租人无关。租船期间的船员工资给养和船舶营运管理所需的一切费用，当然也由承租人承担。

光船租船实质上是一种财产租赁，不属于海上运输租赁的范畴，与程租船和期租船不一样。在世界经济不景气，航运市场有大量船舶闲置的情况下，船东把船舶出租给承租人去经营，不但可以避免船舶的闲置，而且还可获得比较稳定的租金收入，这对不愿意自行经营的船东来说，无疑是有好处的；而从承租人的角度来看，不论他们是不愿在船舶造价很高时定购新船的航运经营者，抑或是在自有船舶发生事故受损后急需租船来完成所承运任务的船东，租借光船都是一件对他们有利的事。正因为光船承租人租赁船舶是为了经营货物运输，所以他们在航运过程中的身份在法律上视同船东。

第二节 海洋货物运输的船舶、航线和港口

一、海洋货物运输的船舶

海洋运输是通过航行于国与国之间,主要用于货物运输的海轮来完成的。这些海轮即货船,是国际货物运输的重要工具。我们在学习海洋运输的内容的同时,十分有必要了解一些有关海洋货运船舶的基本知识。

(一)船舶的构造

船舶有大小之分,但它们的结构基本上相差不多。货运船舶主要由以下几部分构成。

1. 船壳(Shell),即船舶的外壳,由多块钢板通过铆钉或电焊结合在一起组成,包括龙骨翼板、弯曲外板和上舷外板三部分。

2. 船架(Frame),是指为支撑船壳所用各种材料的总称,分为纵材和横材两部分。

(1)纵材,包括龙骨、底骨和边骨。其中,龙骨是位于船底正中线,自船首至船尾的整根方形或厚板状的长材;底骨是与龙骨平行,位于船底部分的钢制长材;边骨是位于船体两边的纵式钢制长材。

(2)横材,包括肋骨、船梁和舱壁。其中,肋骨即船框,是位于龙骨上的横骨;船梁是甲板的支架,与肋骨在两端之处相连接;舱壁是用以分隔船舱所用的隔壁。

3. 甲板(Deck),是指铺在船梁上的钢板,将船体分隔成上、中、下层。大型船舶的甲板数可多至6~7层,自下而上分别被称为最下甲板、下甲板、中甲板、上甲板、遮蔽甲板、散步甲板、救生船甲板和船桥甲板。甲板的作用是加固船体结构和便于分层配载货物。

4. 船舱(Holds and Tanks),是指甲板以下各种用途的空间,包括船首舱、船尾舱、货舱、机舱、锅炉舱和双层底等。其中,船首舱与船尾舱的结构特别坚固,以防船首或船尾与他船或他物发生碰撞损坏,海水流入其他舱使船沉没;货舱是用以装载货物的处所;机舱是设置机器的处所;锅炉舱是设置锅炉的处所;双层底是用以装载淡水、燃料或压舱水的处所,当船底损坏时也可防止海水侵入上层舱而影响船舱安全。

5. 船面建筑(Super Structure),是指主甲板上的建筑,供船员工作、起居及存放船具的场所,包括船首房、船尾房和船桥。其中的船桥上建有驾驶室、海图室、电报

室及高级船员的宿舍。

(二) 船舶的种类

海洋运输的船舶有许多种类,而且有不同的分类方法,这里我们只谈其中按用途的分类。货运船舶按照不同的用途,可分成干货船和油槽船两大类。

1. 干货船。干货船(Dry Cargo Ship),装载干货,吨位多在3万~4万吨以下,大型的不多。根据船舶结构和设备上的差别,以及装运货物的不同,干货船又可分为以下几种。

(1) 杂货船(General Cargo Ship),是最普通,适用性也最广的干货船。它们定期航行于货运繁忙的航线上,一般用于装载零星的有包装的件杂货,但也可用来装运谷物、煤炭、一般固体化工品和钢材等无包装的散裸杂货。这种船航行速度较快,船上配有起吊设备,船舶构造中有多层甲板把船舱分隔成多层货柜,以适应装载不同货物的需要。

(2) 干散货船(Bulk Cargo Ship),是专门用于装载无包装的大宗货物,如煤、砂、矿石、谷粮、糖、化肥等的船舶。这种船的船体一般较大,吨位较高,船舱都为直舱,且舱口大;大都是单甲板,船舱内不设支柱,但为防止货物在航行途中因遇风浪而在舱内移动,设有隔板;船上配有诸如抓斗等相应的装卸机械,且将机舱设于尾部,以便于装卸。按具体所装载的散装货物种类,这类货船又可细分为矿砂船(Ore Ship)、煤船(Collier)、粮谷船(Grain Ship)等。散货船一般以其吨位和适合航行的运河、海峡名称来分类,可分为灵便型散货船、巴拿马型散货船、好望角型散货船、大湖型散货船等几类。其中,灵便型散货船是指吃水较浅,世界上各港口基本都可以停靠,营运方便灵活的散货船,载重量为3.5万~4万吨;巴拿马型散货船是指在满载情况下可以通过巴拿马运河的最大型散货船,载重量一般为6万~7.5万吨;好望角型散货船是指载重量为15万~20万吨的散货船,由于尺度限制不可能通过巴拿马运河和苏伊士运河,需绕行好望角和合恩角;大湖型散货船是指经由圣劳伦斯水道航行于美国、加拿大交界处五大湖区的散货船,载重量一般为3万吨。值得注意的是近些年问世的一种叫卡姆萨尔型的新的散货船型,它因能与非洲西海岸几内亚卡姆萨尔港的最大通过宽度相适应而得名,载重量一般为8万~8.5万吨,实际上属于超巴拿马型船,由于具有身形庞大能装载更多货物,同时又可如巴拿马型船一样穿越巴拿马运河的两大优势,知名度提升迅速,成为热点船型。

(3) 冷藏船(Refrigerated Ship),是专门用于装载新鲜水果、肉类、鱼类等易腐货物的船舶。船上有适合冷藏货物的冷藏舱和大能量的制冷设备。制冷方式有适用于运输水果的冷风制冷和适用于肉类、鱼类运输的管路制冷两种。

（4）木材船（Timber Ship），是专门用于装载木材或原木的船舶。这种船的舱口大，舱内无梁柱及其他妨碍装卸的设备，船舱和甲板上均可装载木材；为防甲板上的木材被海浪冲出舷外，在船舷两侧一般设置不低于一米的舷墙。

（5）集装箱船（Container Ship），是专门用按统一标准制造、可反复周转使用的集装箱作为装载工具载运货物的货船。其结构要比一般货船复杂得多，通常设计成格槽形式以便固定集装箱，舱口宽大，与货舱宽度相等，没有中间甲板；为了保证船体强度，采用双层船壳。集装箱船又可分为部分集装箱船、全集装箱船和可变换集装箱船三种：①部分集装箱船，仅以船的中央部位作为集装箱的专用舱位，其他舱位仍装运普通杂货。②全集装箱船，全部用来装运集装箱，其构造与普通的杂货船不同，它的货舱内有格栅式货架，装有垂直导轨，便于集装箱沿导轨放下，四角有格栅挡着，防止倾倒。全集装箱船的舱内可堆放3~9层集装箱，甲板上还可堆放3~4层。③可变换集装箱船，货舱内装载集装箱的结构为可拆装式的，既可装运集装箱，需要时也可装运普通杂货。

集装箱船航速较快，通常为20~26节，也有高达33节的。有的集装箱船上设有负荷量在35吨以上的门式起重吊机，但大多数的船不备吊机，装卸作业全靠码头上的起吊设备，后一种集装箱船因此也被称为吊上吊下船。集装箱船运输由于具有装卸速度快、运输便捷、船舶和码头使用率高，以及能减少运输过程中的货损和节省外包装费用等的优点，已成为当前世界航运业广泛采用的运输方式。使用集装箱和集装箱船，要兴建集装箱船专用码头，要有集装箱的港口装卸和搬运等设备。

（6）滚装船（Roll on/Roll off Ship），又称滚上滚下船或开上开下船，是适宜于运载车辆和大型机械，也适宜于装载集装箱的船舶。这种船的结构特点是上层建筑高大，最上层的露天甲板平坦，无舷弧和梁拱，无起货设备；货舱内支柱少，只设有多层（一般为2~4层）纵通甲板，汽车或拖车可以通过坡道或升降平台进入各层舱内。这种船在装卸货物时不使用吊机吊上吊下，而是滚上滚下。也就是说，如果货物是装在运输车辆上的，车辆就直接开上开下；如果货物是装在集装箱内的，装卸时就把集装箱装在拖车上直接拖上拖下。

滚装船是在20世纪60年代后才逐渐发展起来的，由于它具有不依赖码头上的装卸设备、装卸速度快、灵活机动性大、装载效益高、船舶周转加快等优点，特别是能让装载集装箱的车辆直接开上开下，为集装箱运输提供了极大方便，有利于组织"门至门"运输，所以发展很快，数量日增。目前世界各大港口都已建有不少供滚装船和集装箱船停靠的专用码头，即集装箱船和滚装船码头（Container & Ro/Ro

Dock)。

(7) 载驳船(Barge Carrier),又称子母船,是一种可以同时搭载数十个规格相同的驳船,以适用于海河联运的船舶。这种船的船体很大,即为母船,所载驳船则是子船。母船上设有巨型门吊或船尾升降平台,船到港口停靠后,利用这些设施把子船降入水中。子船开抵内河装货,然后驶回,驳运货物完毕,再全部搭载上母船,开往货运目的港。抵达目的港后,子船又从母船上卸下,完成将货物驳运至内河卸货的作业。载驳船最适宜航行于两方都连接内河系统的港口。

载驳船的主要优点是不受港口水深限制,不需要占用码头泊位,装卸货物均在锚地进行,装卸速度快、效率高,加上子船覆盖严密,可保护货物从而减少残损等;缺点是对货源的组织和航运计划的安排要求高,而且载驳船吊上吊下方式的吊驳设备构造复杂易损坏,尤其是运输费用比传统货轮或集装箱船的费用要高得多。正因为如此,载驳船的发展比较缓慢。目前载驳船的类型主要有"拉希"型(LASH,又叫普通载驳船)、"西比"型(Seabee,又叫海蜂式载驳船)、"巴卡特"型(BACAT,又叫双体载驳船)和"巴可"型(BACO,又叫浮坞式载驳船)等4种,但常用的只有"拉希"型和"西比"型两种。这两种载驳船统称为袋鼠型船(Kangaroo Ship),它们的区别在于前者为单层甲板船,而后者为双舷、双底、多层甲板船,而且其子船船体要比前者的子船船体大,并且可装载集装箱。

2. 油槽船。油槽船(Tanker),是适用于运载液体货物的专用船舶。根据所装运货物的不同,油槽船又可分为以下两种。

(1) 油轮(Oil Tanker),是主要装运包括成品油、石化原料和原油等在内的液态石油类货物的船舶。它的特点是舱口小,封闭条件好,机舱都设在船尾,船壳本身被分割成数个贮油舱,有油管贯通各个油舱,并设有空气压缩设备,在装卸油料时以空气压力将油料通过管道推送至各贮油舱。油舱大都采用纵向式结构,货舱为一层,且设有纵向舱壁,以保持船舶的稳性,防止舱内油料因船未满载而随船倾侧,最终导致翻船。油轮一般以大吨位的居多,且日趋大型化,习惯上把20万吨以上、30万吨以下的称为大型油轮,把30万吨以上的称为超大型油轮。目前世界上最大的油轮载重吨位已达到60多万吨。

(2) 液化天然气船(Liquefied Natual Gas Carrier),简称"LNG船",是专门用来装运经过液化的天然气(主要是甲烷)的船舶。船上设有耐高压的液化气体罐,为保持罐内冷度及压力在一定范围内,还配有压缩机和冷凝器。

(三) 船舶的吨位和载重线

1. 船舶的吨位。船舶吨位(Ship's Tonnage),也叫船舶指标,是船舶大小的计量单位。其有重量吨位和容积吨位两种:前者是指船舶自身的重量和可能装载的货物的重量;后者则是指船舶自身的容积和可能容纳的货物的体积。

(1)重量吨位(Weight Tonnage),是表示船舶重量的计量单位,目前国际上多采用公制,以1 000公斤为1公吨。重量吨位又可分为排水量吨位和载重吨位两种。

①排水量吨位是船舶自身的重量,也就是船舶在水面所排开的水的吨数。它可以用来计算船舶的载重吨,作为造船时确定船舶重量的依据。排水量又分为轻排水量、重排水量和实际排水量三种。其中,轻排水量,也叫空船排水量,是船舶自身加上船员和必要的给养物品(不包括燃料)三者重量的总和,是船舶最小限度的重量;重排水量,也叫满载排水量,是船舶载货后达到最高载重线时的重量,即船舶最大限度的重量;实际排水量,是船舶每个航次载重后实际的排水量。

排水量的计算公式为:

$$排水量(公吨) = \frac{船入水部分的长 \times 宽 \times 吃水 \times 方模系数(立方米)}{0.975\,6(海水)或1(淡水)(立方米)}$$

式中,吃水(Draft)是指船体浸入水中的深浅程度,即从龙骨最低部至满载水平线之间的距离;方模系数(Coefficient of Fineness)是指船舶入水部分的体积与同等长宽深的长方形体积之比例。

②载重吨位是船舶可能装载的货物的重量,可用以表示船舶载运能力的大小,作为计算期租船月租金的依据,也可用作新船造价或旧船售价的计算单位。载重吨位又可分为总载重吨和净载重吨两种。其中,总载重吨是船舶根据载重线标记所能装载的最大限度的重量,即重排水量减去轻排水量之差;净载重吨是船舶所能装载货物的最大限度的重量,即总载重吨减去船舶航行期间必须储备的燃料、淡水及其他储备物资的重量之差。

(2)容积吨位(Registered Tonnage),是表示船舶容积的计量单位,又称注册吨,是各海运国家为船舶注册而规定的一种以吨为计算和丈量的单位,以100立方英尺或2.83立方米为1注册吨。容积吨位可分为容积总吨和容积净吨两种。

①容积总吨又称注册总吨或总吨,是船上甲板以下各种用途的船舱及主甲板上的舱面建筑所占用的空间(或体积)的总和,以100立方英尺或2.83立方米相除所得的商数。容积总吨是供统计用的,可用于国家对商船队的统计、船舶的注册登记,以及船舶保险费的计算等。

②容积净吨又称注册净吨或净吨,是船舶可用以装载货物的船舱容量,也就是容积总吨减去不能用来装载货物的空间之差。容积净吨是供船舶报关、结关,计算

船舶向港口缴纳的各种税捐用的,还是计算船舶通过运河时所缴纳运河费的依据。

2. 船舶的载重线。船舶载重线(Ship's Load Line),是船舶满载时的最大吃水线。在船舶左右两侧船舷的中央部位均刻有载重线标志,表明船体入水部分的限度,目的是限制超载,保证航海的船舶、船上承载的财产及船员的人身安全。船舶载重线标志,是由船级社根据船舶的用材结构、船型、适航性和抗沉性,以及船舶航行区域及季节变化等各方面因素而制定的。

船舶载重线标志,由甲板线、载重线圆盘和与圆盘有关的各条载重线三部分组成(如图2-1所示)。

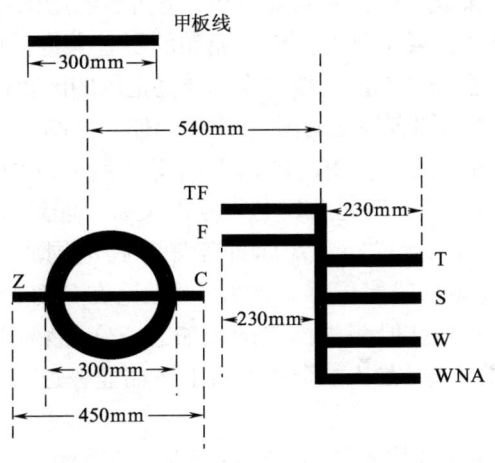

图2-1 船舶载重线标志示意

图2-1中,各条载重线含义如下。

(1)S表示夏季载重线(Summer Load Line),即船舶在夏季航行时,其总载重量的最大吃水限度。

(2)W表示冬季载重线(Winter Load Line),即船舶在冬季航行时,其总载重量的最大吃水限度。

(3)WNA表示北大西洋冬季载重线(Winter North Atlantic Load Line),即船舶在冬季月份航行于北纬36°以北的大西洋水域时,其总载重量的最大吃水限度。

(4)T表示热带载重线(Tropical Load Line),即船舶在热带水域航行时,其总载重量的最大吃水限度。

(5) F 表示淡水载重线(Fresh Water Load Line),即船舶在淡水中航行时,其总载重量的最大吃水限度。

(6) TF 表示热带淡水载重线(Tropical Fresh Water Load Line),即船舶在热带地区淡水中航行时,其总载重量的最大吃水限度。

上述是用英文字母表示各条载重线含义的符号,在我国则是用汉语拼音字母来表示的。它们依次为 X(代替 S)、D(代替 W)、BDD(代替 WNA)、R(代替 T)、Q(代替 F)、RQ(代替 TF)。

(四)船舶的船籍、船级、证书和文件

1. 船籍和船旗。船籍(Ship's Nationality)是指船舶的国籍,船旗(Ship's Flag)是指船舶航行中悬挂其所属国籍的国旗。船舶的所有人将其船舶通过向本国或外国的船舶管理部门办理所有权登记,取得本国或登记国的国籍证书并悬挂该国国旗,即意味着其所登记的船舶拥有该国的国籍,表明船舶与该国在法律上的隶属关系。

(1) 船籍和船旗的意义。船舶的国籍不同于自然人的国籍,船舶的国籍是物与国家的关系,而自然人的国籍是公民与国家的关系。船舶经依法登记,取得国籍证书后就可悬挂船籍国国旗航行。船旗即船舶悬挂的国旗,就是其国籍的标志。依照国际法的规定,商船是船旗国浮动的领土,无论在公海或在他国海域航行,均需悬挂船籍国国旗。凡悬挂船籍国国旗的船舶有权在船籍国领海、内水和在公海上航行,适用船籍国的法律,在从事合法的海上运输业务过程中受船籍国法律的保护和管辖。

(2) 船舶取得船籍和悬挂船籍国国旗的条件。当前世界上一些主要航运国家规定给予船籍的重要条件一般有三个:一是船舶为本国公民所有;二是船员为本国公民;三是船舶在本国制造。但是,各国在具体实行时实际上是有区别的。按照我国于1995年正式实施的《船舶登记条例》(以下简称《条例》)第2条的规定,准予在我国登记及取得我国国籍的船舶包括:在中国境内有住所或者主要营业所的中国公民的船舶;依据中国法律设立的主要营业所在中国境内的企业法人的船舶;中国政府的公务船和事业法人的船舶;中国港务监督局认为应当登记的其他船舶。《条例》第7条还规定,中国籍船舶上的船员应当由中国公民担任,确需雇用外国籍船员的,应当报国务院交通主管部门批准。对悬挂国旗,《条例》第3条的规定是:"船舶经依法登记,取得中华人民共和国国籍,方可悬挂中华人民共和国国旗航行;未经登记的,不得悬挂中华人民共和国国旗航行。"

船舶所有人申请船舶国籍,如果是航行于国际航线的船舶,按照《条例》第15条规定,除应当交验船舶所有权登记证书外,还应当根据船舶的种类交验法定的船

舶检验机构签发的各种有效的船舶技术证书,包括:国际吨位丈量证书、国际船舶载重线证书、货船构造安全证书、货船设备安全证书、乘客定额证书、客船安全证书、货船无线电报安全证书、国际防止油污证书、船舶航行安全证书和其他有关技术证书。凡依照《条例》规定申请登记的船舶,经核准后,船舶登记机关发给船舶国籍证书。船舶国籍证书的有效期为5年。

(3)方便旗船问题。虽然世界上大多数航运国家对船舶取得本国国籍都规定有一系列具有实质性内容的限制条件,实行的是严格船舶登记制度,但与此同时,由于一些国家实行开放船舶登记制度而产生的方便旗船却在国际航运市场上大量存在。

所谓开放船舶登记制度,是指有些国家在赋予船舶国籍方面不规定任何条件或者规定相当宽松的条件,准许非本国公民的船东在本国的港口办理船舶登记,从而取得本国国籍和悬挂本国国旗。这些国家也因此被国际航运界称为开放登记国,而轻易取得这些国家国籍并悬挂其国旗的船舶则被叫作"方便旗船"(Ship of Flag of Convenience)。显然,方便旗船事实上与方便旗船国(即开放登记国)没有真正的联系,无论是船舶所有权、船员还是船舶制造地均与方便旗船国无关。说得更具体些,就是船舶所有权并不属于方便旗船国公民所有,船上的船员也不一定是方便旗船国的公民,船舶更不是在方便旗船国制造的。

这种"名实不副"的方便旗船一般是经营不定期运输的船舶。方便旗船的产生可以追溯到16世纪,当时这样做主要是为了方便国际贸易交往。经过几个世纪的发展,尤其是在进入20世纪20年代以后,方便旗船逐渐遍及整个国际航运市场,数量以惊人的速度增加。尽管因其对航运业、保险业的负面影响而屡屡遭到国际舆论的批评指责,方便旗船始终没有放缓它的数量增长势头。据统计,目前世界商船队中已经有65%左右的船舶悬挂方便旗经营,包括丹麦"马士基"(Maersk)和我国"中远海运"(COSCO SHIPPING)等在内的一些世界级航运公司都有为数不少的船舶属于方便旗船。

应该承认,方便旗船是在一定历史条件下,国际经济、政治、各国航运立法等因素的综合性产物。促使方便旗船产生和发展的原因很多。从方便旗船国的角度来谈:这些国家(主要是一些发展中国家,如巴拿马、巴哈马、百慕大、塞浦路斯、利比里亚、马耳他、洪都拉斯等)通过实行船舶"开放登记",以给予仅收取低廉的登记费和财产税、不课征所得税及规定非常宽松的入籍条件等优惠,来吸引外国船东的船舶去他们那里登记并悬挂其国旗。这样做可以使他们在赚取外汇和扩大国际影响的同时无须承担任何义务,既不限制方便旗船对船员的雇用,更不过问与干涉方便旗船的经营管理。至于前去方便旗船国登记的外国船东(主要是一些发达国家和地区如美国、日本、德国以及中国香港地区等的船东）的动机则是：通过将自己的船舶"移籍"，一可以逃避在本国办理登记需缴纳的高额税款，达到降低营运成本、增强船舶国际竞争力的目的；二可以摆脱本国对船舶技术安全的严格检验监督和有关国际公约的要求；三可以自由雇用到薪水低廉的外国船员。这种种好处自然引得不少航运业发达国家和地区的船东趋之若鹜，乐意让自己的船舶悬挂方便旗经营，从而造成这些国家商船队中的方便旗船比例越来越大，甚至一度呈泛滥之势，如日本的这一比例高达85%，美国78%，德国77%，韩国70%。

至于我国船舶的开放登记情况是：中资船舶悬挂方便旗始于20世纪50年代，发展于80年代，兴盛于90年代。据来自我国交通运输部的统计数据，截至2015年1月1日，我国海运船队的运力为1.90亿载重吨，其中方便旗船占62.1%，也就是说，目前悬挂五星红旗的中资船舶占总载重吨位的比例已不足40%。随着我国商船队规模的不断扩大，中资船舶在境外注册、悬挂方便旗的比例呈上升之势。中资船舶悬挂方便旗经营海运的原因很复杂，节约入籍成本和绕开对船舶的资质限制是两个主要的原因。

不可否认，方便旗船在国际航运、避税和降低营运成本等方面具有一定优势，其存在和发展确有其积极的一面，但其弊端也是极其明显且相当严重的：这些船舶正是因为在登记时规避了严格的检验，登记之后在技术安全上又缺少必要的监督，其船况势必不佳，进而导致它们在海上航行的事故率不可避免地上升。据劳氏船级社的统计，全世界因海事灭失的船舶中，方便旗船要占到40%～50%，最高达57%。尤其令人不安的是，方便旗船中的单壳油轮占了相当一部分比例，它们在航行中一旦发生搁浅、触礁、碰撞甚至沉没等事故，除了本身受损、灭失以外，因原油泄漏造成出事海域被污染、生态环境遭破坏的严重后果更是让人忧心忡忡。方便旗船给世界航运经济带来的其他负面影响，还反映在船员工资不高、他们的社会福利没有保证、船东身份不易确定、因缺少有效的管辖和控制而导致海运欺诈频频发生等方面。

方便旗船问题很早就受到国际航运界人士的严重关注。从1974年起，联合国贸发会议航运委员会先后召开了一系列专门会议，深入研究和分析方便旗船给世界航运带来的各种不利影响，并就"将（船舶）开放登记转为正常登记"、船舶必须与船籍国有"真正联系"等提案进行讨论。1986年109个联合国成员国和24个国际组织的代表在日内瓦签订了《联合国船舶登记条件公约》，进一步要求船籍国对其所属船舶切实施行有效的管辖和控制。

然而，国际社会的努力并未取得成效，方便旗船问题非但没有得到解决，各大航运公司船舶"移籍"的现象反而有增无减，悬挂方便旗的单壳油轮泄漏原油的事故发生得更为频繁。例如,2002年11月13日,在巴哈马注册的希腊"威望号"单壳油轮在西班牙西北部海域遇8级大风后触礁沉没,船上所载7万吨原油中有5 000吨泄漏,严重污染了西班牙西北部约350公里的海岸,并对葡萄牙、法国海域和非洲大陆造成严重的生态威胁。又如,2011年10月5日,悬挂利比里亚国旗的4.7万吨级"雷纳"号货轮在新西兰北岛附近海域触礁搁浅,所携带的1 700吨作为燃料的重油大量外泄,所装载的2 100个集装箱部分落海;3个月后,该货轮的船体在风暴中断裂,逐渐沉入海中,漏油恶化,造成严重的海洋污染。这些重大的海难事故发生后,国际社会舆论一片哗然,更引起航运界和保险界人士对方便旗船的密切关注,要求严加管制方便旗船、淘汰单壳油轮的呼声越来越高涨。

(4)对管控船舶"移籍"新途径的探求。近些年来,国际航运界人士在继续主张严控船舶登记以防止方便旗船泛滥的同时,面对日益加剧的国际航运市场竞争现状和发展趋势,也逐渐认识到要想让方便旗船在航运市场上"绝迹"是不现实的,必须探求管控船舶"移籍"的新途径。对于同样存在着本国船东将船舶移籍海外问题的欧美海运国家来说,推行严格登记和开放登记这两种登记制度以外的第二船籍登记制度是它们为促使方便旗船回归而采取的主要手段。

所谓第二船籍登记制度,是指一个国家在不改变原有的严格登记制度的情况下,面向本国船东而新设的另外一种类似开放登记制度且与原有登记制度平行的船舶登记制度。"第二船籍"的含义,就是已经在其他国家注册过的船舶,仍可以在另外一个国家注册登记和取得船籍。该登记制度兼具严格登记和开放登记两种制度的优点,又能弥补它们各自的不足:它放宽了船舶登记条件,在提供一些类似开放登记的优惠(低税收和允许雇用外国船员)的同时,也强调对登记船舶进行有效的管辖和控制。这种符合现代航运发展要求和趋势的第二船籍登记制度,也被称作半开放型船舶登记制度。按登记注册地的不同,第二船籍登记制度又分为离岸登记制度和国际船舶登记制度两种形式,前者是在本土之外的属地开设境外登记处(如英国以马恩岛为境外登记处),而后者是在本土开设主要针对本国国际航运船舶的登记处(如挪威最早于1987年就在本国开设)。包括英国、美国、日本和挪威在内的诸多航运国家各自根据本国特点选择登记制度形式,都取得了不小的成效。

我国与一些主要海运国家一样,也一直在努力采取各种措施促使流失海外的中资远洋船舶"回家"。主要措施有:

一是实施船舶回国登记的税收优惠政策。根据我国交通运输部2007年6月12日颁布的中资国际航运船舶特案免税登记政策规定,凡是在2005年底前已在境外登记的、船龄达到一定年限(油轮4~12年、散货船6~18年、集装箱船或杂货船

9~20年)且向中国船级社办理了入级手续,符合规定技术条件的中资方便旗船,若在从2007年7月1日起的两年内报关进口,免征关税和进口环节增值税,并可回国在上海、天津或大连办理登记,选择其中一个为船籍港。该项政策分别在2009年、2011年两次延长实施期限,直至2015年12月31日。2017年9月22日,我国财政部会同交通运输部等其他相关部委又进一步优化调整对船舶回国登记的税收政策:将船舶先前在境外登记的时间从2005年底调整为2012年底;取消对各类船舶的船龄范围限制;取消原先规定的相关技术要求;延长实施期限至2019年9月1日。2019年1月29日,我国交通运输部再发通知,允许享受回国登记税收政策的中资方便旗船转挂五星红旗后从事国内水路运输,自2019年2月1日起执行,有效期5年。

二是探索建立具有中国特色的国际船舶登记制度。2012年3月6日,我国正式启动保税船舶登记,即延用我国"境内关外"的保税港区政策,在上海洋山保税港区设立第二船籍登记机构,将洋山港作为一个特殊的中国籍国际航运船舶登记港,对注册在保税港区的企业开展保税船舶登记业务。这些企业的船舶在进行保税船舶登记后即取得中国国籍和悬挂五星红旗,但只在境外营运,不从事国内运输;作为保税船舶,不属于进口,无须缴纳进口关税和增值税;船舶若在国外发生纠纷或利益受侵害,将受到中国法律的保护。除了上海洋山保税港区以外,我国试行第二船籍登记制度的另外两地是天津东疆保税港区和大连大窑湾保税港区。

三是在上海自贸区实施更加开放的国际船舶登记规则和程序。于2013年9月29日正式挂牌成立的中国(上海)自由贸易试验区[China(Shanghai) Pilot Free Trade Zone],经我国交通运输部批复同意,正式推行开放程度更大的国际船舶登记制度,具体体现在:放宽登记船舶所属法人注册资本中的外资比例(可高于50%);在现行船龄标准基础上对登记船舶放宽两年船龄;允许登记船舶在向上海海事局报备后雇用外籍船员;设置两个船籍港(若船舶处于保税状态,登记为"中国洋山港",若船舶处于完税状态,则登记为"中国上海"),二者均享受国际船舶登记制度的各项政策便利;在现有登记种类的基础上增加船舶融资租赁登记。

有理由相信,我国采取的上述一系列符合现代航运发展要求的政策措施,将有利于吸引更多的中资方便旗船回归,壮大我国五星红旗船队规模。

2. 船级与船级社。船级和船级社是两个密切相关的概念。

(1) 船级(Ship's Classification)是表示船舶技术状况的一种指标,即通过对船舶的船壳、船上机器设备、吃水标志等项目和性能的检验,确认其技术状况完全符合船舶入级机构规定的标准所划分的等级。船舶入级是对船舶进行经常性技术监督和检查的重要手段。船舶获得和保持船级对其从事国际海洋运输有很大影响：可保证船舶的航行安全；促使航运企业或船舶经营者对船舶进行良好的保养和管理；有利于国家对船舶进行技术监督；便于托运人和承租人按照自身的需要选择船舶订舱或租船；也有利于保险人在承保船舶或货物时确定费率的高低。

在国际航运界，凡注册总吨在100吨以上的船舶，都必须由某个船级社根据船舶入级规范进行入级检验，检验合格并确定等级后发给船级证书。由船舶所有人申请并由船级社进行的旨在使船舶获得船级或保持船级的检验，即称为入级检验。入级检验可分为获得船级的检验和保持船级的检验两种。在我国，获得船级的检验，包括建造中入级检验和现有船舶（指未在船级社监督下建造的船舶）初次入级检验；保持船级的检验，包括循环检验、年度检验、锅炉检验、坞内检验、螺旋桨检验和尾管轴检验、临时检验等。

船级证书（Certificate of Classification）是证明船舶在强度结构和技术质量上已达到一定级别的标准，在抵御海上自然灾害和意外事故方面已具有一定的能力，在安全航行方面已具备一定的保障的文件。船级证书的有效期为4年，期满时须再申请检验以决定是否保持原船级。不论是在以下哪一种情况下，原授予船级的船舶都将失去船级：船舶未按检验程序的规定按时交验；在发生海损事故后至满足船级社修复要求之前，并未征得船级社的同意而任意改变船舶原有结构、尺度，或改变主要设备；没有船级社发给的适航证书。失去船级的船舶必须重新申请恢复船级的额外检验。

（2）船级社（Register of Shipping 或 Bureau of Shipping 或 Classification Society）也称验船协会，是办理船舶检验和入级的机构。世界上许多国家都有船级社，有的是政府组织，但一般为民间组织。船级社的主要业务包括：对船舶进行技术检验并授给相应证书；根据检验业务的需要，制定相应的技术规范和标准；办理船舶登记和船舶入级，以及船舶公证检验；受本国或他国政府委托，代表其参与海事活动。成立于1760年的英国劳埃德船级社（通常称英国劳氏船级社，Lloyd's Register of Shipping，缩写为LR）是世界上成立最早、最著名的船级社。该船级社机构庞大，历史悠久，在世界船舶界享有盛名，是国际公认的船舶界权威认证机构。英国劳氏船级社每年编印一本有关世界各国商船的登记册，叫《英国劳氏船舶登记册》，它几乎将世界上注册总吨在100吨以上的商船均记录在内，主要记录的项目涉及船名、吨位、国籍、制造年份、船级社、制造地点、船壳和轮机的类型等。这本登记册是海洋运输和海上保险有关各方不可缺少的重要资料。

除了英国劳氏船级社以外，世界上其他主要的船级社还有：成立于1828年的法国船级社（Bureau Veritas，缩写为BV）；成立于1861年的意大利船级社（Registro

Italiano Navale,缩写为 RINA);成立于 1862 年的美国船级社(American Bureau of Shipping,缩写为 ABS);成立于 1864 年的挪威船级社(Det Norske Veritas,缩写为 DNV);成立于 1867 年的德国劳氏船级社(Germanischer Lloyd,缩写为 GL);成立于 1899 年的日本海事协会(Nippon Kaiji Kyokai,缩写为 NK);成立于 1913 年的俄罗斯船舶登记局(Russian Maritime Register of Shipping,缩写为 RS);成立于 1960 年的韩国船级社(Korean Register of Shipping,缩写为 KR)。

中国船级社(China Classification Society,缩写为 CCS),是我国交通部所属的船舶检验及技术监督机构,是被授予从事船舶入级检验业务权力的专业机构。它成立于 1956 年,对内名称原为中国船舶检验局,为适应远洋运输船队迅速发展的需要,1986 年更名为中国船级社。该机构依据国家有关法规和国际公约、规则,为船舶、海上设施、集装箱及相关工业产品提供技术规范和标准,提供入级检验、鉴证检验、公证检验、认证认可服务,以及经中国政府、外国(地区)政府主管机关授权,开展法定检验和有关主管机关核准的其他业务。

中国船级社于 1988 年加入国际船级社协会(International Association of Classification Societies,缩写为 IACS),1992 年建立中国船级社质量管理体系并获得了 IACS 颁发的质量体系符合证书。截至 2012 年 12 月 31 日,中国船级社检验船队总数为 12 123 艘,总吨位达 8 080 万总吨,在 IACS 中排名第六。中国船级社还是国际独立油轮船东协会和国际干散货船东协会的联系会员。中国船级社加上前面提及的 9 家船级社,都是 IACS 的正式成员。IACS 是国际海事组织(IMO)中负责拟定统一的船舶技术规则和要求,公布有关船舶安全营运和维修准则,为世界上 90%的商船定级,以及受政府委托处理各种事务的非政府组织。迄今,IACS 的正式会员已达 13 家,即前述 10 家,以及波兰船级社(Polish Register of Shipping,缩写为 PRS)、印度船级社(India Register of Shipping,缩写为 IRS)和克罗地亚船级社(Croatian Register of Shipping,缩写为 CRS)。凡是由这 13 家船级社检验和登记的船舶,均被英国劳氏船舶登记册收录。

3. 船舶证书和文件。船舶在完成技术检验和法律登记之后,就可获得能够证明船舶所有权,能够证明船舶结构、载重线、稳性、抗沉性、吨位、装船设备、消防设备、起货设备、主辅机械设备、锅炉和受压容器、电器设备、无线电通信设备和信号设备等符合有关国际公约和船舶规范要求的各种证书和文件,至此,方可参加营运。

船舶应具备的证书和文件,一般由船旗国参照其缔结的国际公约自行规定。国际航行的船舶通常应具备的证书和文件,除了船舶国籍证书和船舶船级证书以外,主要有:表明船舶的储备浮力,以及船舶的强度、稳性和抗沉性符合《国际船舶载重线公约》所提出要求的国际船舶载重线证书;表明船舶的吨位丈量符合《国际船舶吨位丈量公约》所提出规定的船舶吨位证书;表明船舶构造强度符合《国际海上人命安全公约》所提出要求的货船构造安全证书、货船设备安全证书和货船无线电安全证书等。此外,还有船舶起货设备证书、防火安全操作手册、国际防止油污证书、国际防止生活污水污染证书、国际防止空气污染证书和其他证书,以及航海日志、轮机日志、无线电台日志、航行签证簿、船员名册、油类记录簿和主管机关认为需要的其他文件。船舶应具备的上述这些技术安全证书均为法定证书,它们有各自的有效期,如船舶载重线证书有效期为 5 年,货船构造安全证书为 4 年(可展期 1 年),货船设备安全证书为 2 年,无线电报安全证书为 1 年。证书期满,便须再申请检验。

二、海洋货物运输的航线

航线是海洋运输路线的简称,即指船舶在两个或多个海港之间进行货物运输的路线。航线有不同的分类方法,其中按照船舶经营方式的分类和按照航程远近的分类这两种主要的航线分类方法是必须了解的。

(一)定期航线和不定期航线

定期航线和不定期航线是按照船舶经营方式不同所区分的两种航线。

1. 定期航线。使用固定的船舶,根据事先排定的固定的船期,在各个固定的港口泊靠,以相对固定的运价进行运输,即以班轮经营方式从事运输业务的航线,称为定期航线,亦叫班轮航线。

定期航线的经营,以航线上各港口能有持续和比较稳定的往返货源为前提条件。定期航线的船公司作为公共承运人,承揽货载以多数托运人为对象,载运的货物以件杂货为主。由于载运的货物种类繁多,性质各异,包装尺寸不一,船公司在装船时需要根据货舱舱容和货物性质进行合理的安排,按积载图装舱。所谓积载图(Stowage Plan),是表明船舶所载货物在船上各货舱内或甲板上装载实际情况的示意图,也称配载图。

2. 不定期航线。与定期航线正好相反,使用不固定的船舶,根据运输需要而不断变更船期,在各个不固定的港口泊靠,以租船市场的运价进行运输的航线,称为不定期航线。

不定期航线的船舶,除船东装运自己的货物以外,多以租船方式经营。不定期航线的船公司具有个别承运人的性质,通过船舶经纪人出租船舶,由承租人承揽货载,根据运输需要在任何航线上航行。载运的货物以运费负担能力低、对运输要求也低的大宗货物、液体货物为主。

(二)国际海洋航线和沿海航线

国际海洋航线和沿海航线是按照航程的远近所区分的两种航线。

1. 国际海洋航线。不同国家港口之间的运输路线,叫作国际海洋航线。它还可以区分为一个国家的港口跨越大洋至其他国家港口之间的远洋航线和一个国家的港口至邻近国家港口之间的近洋航线。前者如我国各港口经过三大洋航行至欧洲、非洲、北美洲、拉丁美洲和大洋洲各国港口的航线;后者如我国各港口东至日本海,西至马六甲海峡,南至印度尼西亚沿海,北至鄂霍次克海的各国港口的航线。

2. 沿海航线。同一个国家的两个港口之间的运输路线,叫作沿海航线。如我国上海北至大连、南至深圳等航线。

要说明的是,有些国家幅员辽阔,其众多港口位于不同大洋海区,但尽管如此,这些港口之间的运输路线仍属沿海航线。例如,美国从位于大西洋沿岸的纽约港南下,通过巴拿马运河西行后北上,至其位于太平洋沿岸的旧金山之间的航线即属沿海航线;又如,俄罗斯从位于大西洋北部的内海——波罗的海的圣彼得堡西行,经英吉利海峡南下后又折向东,通过直布罗陀海峡进入地中海,穿越苏伊士运河后经红海进入印度洋,再过马六甲海峡进入太平洋,北上直至其远东符拉迪沃斯托克之间的航线同样属于沿海航线。沿海航线专供本国船舶航行,外国船舶除非经过该国政府的允许,否则是不得使用这些沿海航线的。

(三)世界主要海运航线

1. 国际大洋航线。大洋航线是指贯通一个或数个大洋的国际航线。它们是世界性的航线,各国船舶都可以在大洋航线上自由航行。在大洋航线上行驶的都是大吨位的能航行远程的船舶。国际大洋航线包括太平洋航线、印度洋航线和大西洋航线。通过巴拿马运河和苏伊士运河的航线也属于大洋航线,尤其是起自大西洋沿岸通过地中海、印度洋到达太平洋区域横贯三大洋的航线,更是具有代表性的国际大洋航线。

三大国际大洋航线及其支航线主要有:

(1)太平洋航线。太平洋是世界最大和最深的海洋,面积约为1.8亿平方公里,占世界海洋总面积3.6亿平方公里的一半,平均深度为4 028米。太平洋区域具有发展国际贸易和航运事业的优越条件。

太平洋航线主要是指在太平洋区域横跨北太平洋的航线和东亚、东南亚与大洋洲之间的航线,主要有6条:①远东—北美西海岸航线;②远东—加勒比、北美东海岸航线(①②两条航线统称为北太平洋航线);③远东—南美西海岸航线;④远东—东南亚及印度洋航线;⑤远东—澳大利亚、新西兰及西南太平洋岛国航线;⑥澳大利亚、新西兰—北美东、西海岸航线(又被称为南太平洋航线)。此外,还有澳大利亚、新西兰—南美西海岸航线,北美东、西海岸—南美西海岸航线,等等。

(2)印度洋航线。印度洋面积为0.75亿平方公里,是三大洋中面积最小的一个海洋,但它处于亚洲、非洲和大洋洲之间,距欧洲也仅隔着一个地中海,因此在横贯世界东西方交通上居于重要地位。

印度洋航线以3条石油运输线为主:①波斯湾—好望角—西欧、北美东海岸航线;②波斯湾—东南亚—日本航线;③波斯湾—苏伊士运河—地中海—西欧、北美东海岸航线。此外,还有横贯印度洋东西的大洋航线,包括远东—东南亚—东非航线,远东—东南亚—地中海—西北欧航线,远东—东南亚—好望角—西非、南美航线,印度洋北部地区—亚太航线,印度洋北部地区—欧洲航线,等等。

(3)大西洋航线。大西洋面积为0.93亿平方公里。在国际大洋航线中,大西洋航线上的货运居于首位,这主要是因为世界上一些主要的经济发达国家大都面向大西洋或靠近大西洋,它们彼此间的贸易往来一般是通过大西洋运输来进行的。此外,这些国家在从世界各地取得原料资源的同时又向各地推销产品,基本上也都是通过大西洋运输。

大西洋航线以美国东岸为中心,由北美东岸、五大湖—西北欧、地中海之间的航线组成,主要有6条:①西北欧—北大西洋—北美东海岸航线(又被称为北大西洋航线);②西北欧、北美东海岸—加勒比航线;③西北欧、北美东海岸—地中海、苏伊士运河—亚太航线(又被称为亚欧航线);④西北欧、地中海—南美东海岸航线;⑤西北欧、北美东海岸—好望角—远东航线;⑥南美东海岸—好望角—远东航线。

2. 世界主要海运航线。目前世界上比较繁忙的海运航线有8条,它们的分布和走向大致如下(括号内是具体航线途经的重要港口)。

(1)北大西洋航线:西欧(鹿特丹、汉堡、伦敦、哥本哈根、圣彼得堡)、北欧(斯德哥尔摩、奥斯陆)—北大西洋—北美东海岸(纽约、魁北克)、北美南海岸(新奥尔良)。

(2)亚欧航线,也叫苏伊士运河航线:东亚(横滨、上海、香港)—台湾海峡、巴士海峡—东南亚(新加坡、马尼拉)—马六甲海峡—印度洋—南亚(科伦坡、孟买、加尔各答、卡拉奇)—曼德海峡(亚丁)—红海—苏伊士运河(亚历山大)—地中海(突尼斯、热那亚)—直布罗陀海峡—英吉利海峡、多佛尔海峡—西欧各国。

(3)好望角航线:西亚(阿巴丹)—波斯湾、霍尔木兹海峡—东亚、东南亚、南亚—印度洋—东非(达累斯萨拉姆)—莫桑比克海峡—好望角(开普敦)—大西洋—西非(达喀尔)—西欧。好望角航线主要是为载重量在 25 万吨以上的巨轮开辟的,因为这些巨轮无法通过苏伊士运河,需绕过非洲南端的好望角再北上至西欧各港口。

(4)北太平洋航线:东亚、东南亚—太平洋—北美西海岸(旧金山、洛杉矶、温哥华、西雅图)。

(5)巴拿马运河航线:北美东海岸—巴拿马运河(巴拿马城)—北美西海岸。

(6)南太平洋航线:亚太地区(悉尼、惠灵顿)—太平洋(火奴鲁鲁)—南美西海岸(利马、瓦尔帕莱索)。

(7)南大西洋航线:西欧—大西洋—南美东海岸(里约热内卢、布宜诺斯艾利斯)。

(8)北冰洋航线:东亚(符拉迪沃斯托克)—太平洋—白令海峡—北冰洋—北欧(摩尔曼斯克)—大西洋—西欧。

上述 8 条航线中,前 4 条最为繁忙,尤以北大西洋航线为甚,而好望角航线则是石油运量最大的航线,被称为西方国家的"海上生命线"。

3. 世界集装箱海运干线。随着集装箱运输的兴起和迅速发展,一些重要的国际大洋航线已实现集装箱化,成为世界性的集装箱海洋运输主干航线。它们有 6 条。

(1)北太平洋航线:由远东—北美西海岸航线和远东—北美东海岸航线组成,主要的干线有日本—加利福尼亚航线,日本—西雅图、温哥华航线,日本—纽约航线等。

(2)北大西洋航线:由欧洲、英国—北美东海岸航线,地中海—北美东海岸航线,北美五大湖区—欧洲航线等组成。

(3)欧洲航线:由欧洲—澳大利亚航线,远东—欧洲、地中海航线等组成。

(4)远东—澳大利亚、新西兰航线。

(5)澳大利亚、新西兰—北美航线。

(6)欧洲、地中海—西非、南非航线。

这 6 条集装箱海运干线把目前世界上经济发达程度高、适箱货物丰富的 4 大集装箱贸易区,即北美、西欧、远东和澳大利亚联结在一起,加上分布于全球各地区的许多集装箱海运支线,构成了国际集装箱海运网络。

4. 我国主要海运航线。我国对外贸易海运航线遍布三大洋五大洲。对这些航线,我国习惯上以亚丁港为界来划分:凡去亚丁港以西,包括红海两岸和欧洲及南北美洲广大地区的航线划为远洋航线,而去亚丁港以东地区的亚洲和大洋洲的航线称作近洋航线。

(1)远洋航线,主要有9条:①中国至红海航线;②中国至东非航线;③中国至西非航线;④中国至地中海航线;⑤中国至西欧航线;⑥中国至北欧航线;⑦中国至南、北美西海岸航线;⑧中国至加勒比、北美东海岸航线;⑨中国至南美东海岸航线。

(2)近洋航线,主要有14条:①中国至朝鲜、韩国航线;②中国至日本航线;③中国至俄罗斯远东地区航线;④中国至越南航线;⑤中国内地至香港地区航线;⑥中国至菲律宾航线;⑦中国至新加坡、马来西亚航线;⑧中国至泰国、柬埔寨航线;⑨中国至印度尼西亚航线;⑩中国至北加里曼丹航线;⑪中国至孟加拉湾航线;⑫中国至斯里兰卡航线;⑬中国至阿拉伯海、波斯湾航线;⑭中国至澳大利亚、新西兰航线。

(四)世界海运中的运河和海峡

在叙述世界重要的海运航线时,有必要提及一些被誉为"世界航运咽喉"的运河和海峡。正是这些运河和海峡沟通了三大洋,缩短了大洋与大洋之间的航程,对国际大洋航线的形成起到了至关重要的作用。

1. 国际通航运河。沟通三大洋的国际通航运河主要有苏伊士运河、巴拿马运河和基尔运河三条。

(1)苏伊士运河(Suez Canal)。该运河位于埃及的东北部,是亚、非两洲的分界线。运河贯通苏伊士地峡,连接地中海和红海,于1859年开凿,1869年建成通航。运河北起地中海的塞得港,南至红海苏伊士湾的苏伊士城,全长195公里(包括南北两端伸入海中的航道),河面宽300~350米,平均水深20米,可通过满载15万吨或空载37万吨的油轮,平均通过时间为12~13个小时。运河通航后从北大西洋沿岸各国到印度洋之间的航程比绕道非洲好望角缩短5 500~8 000公里,从地中海沿岸各国到印度洋可缩短8 000~10 000公里,因而成为世界上最繁忙的国际通航运河,有"东西方海上捷径"的美称。

苏伊士运河自修建以来,先后共进行过8次大规模的整修和扩建,各种航运设施也得到不断更新。为了更好地适应国际航运日益发展的需要,埃及政府以及苏伊士运河管理局于2014年8月在原苏伊士运河东边开工修建一条长达72公里与原有运河平行的新航道,并于一年后竣工。新苏伊士运河已于2015年8月6日正式通航,过往大型船只可双向通行,通过时间大幅缩短,日均通航船舶数量增至近百艘。

苏伊士运河为世界第一大国际通航运河,通过船舶及其货运量在国际各运河中都居首位。

(2)巴拿马运河(Canal de Panama)。该运河位于中美洲巴拿马共和国的中部。运河贯通巴拿马地峡,沟通太平洋和大西洋,于1881年起开凿,1914年完工,1920年通航。运河呈东南—西北走向,从东南(太平洋一侧)的巴尔博亚至西北(大西洋一侧)的卡提伐尔港,全长81.3公里,水深13.5米至26.5米不等,河面宽152~304米,可以通航7.6万吨级的船舶。由于运河连接的两大洋水位相差较大,运河大部分河段的水面比海面高出26米,为了调整水位差,运河上设有6座船闸,所以它属于水闸式运河。船舶通过运河需编队穿行,由运河管理局派出的引水员上船引航,过船闸时,采用闸面机械牵引和拖轮助推方式。船舶通过运河全程一般需要9个小时。运河的开通使太平洋与大西洋之间的航程比绕道南美洲合恩角缩短了5 000~13 757公里,从欧洲到亚洲东部或澳大利亚可缩短3 200公里。

巴拿马运河由于"连接南北美,沟通两大洋",而被称为"世界的桥梁",是仅次于苏伊士运河的世界第二大国际通航运河。美国、中国和日本是巴拿马运河最大的三个使用国。

对巴拿马运河来说,狭窄的航道无法让大吨位货轮通过是其通航能力提高的关键瓶颈,目前运河船闸的宽度为33.5米,长度为305米,深度为25.9米,允许通过船舶的最大级别是巴拿马限制级,所谓超巴拿马型集装箱船和其他超大型船舶只能止步于运河的船闸前。面对运河不能适应运力迅速增加的新形势,以及来自尼加拉瓜等邻国的竞争(尼加拉瓜政府已批准修建一条航运能力远超巴拿马运河的尼加拉瓜运河),巴拿马政府于2006年提出了运河扩建计划。根据这一计划,巴拿马运河的两端各修建一个三级提升的船闸和配套设施;新建船闸的宽度为55米,长度为427米,深度为18.3米,可以让超巴拿马型船轻松通过。运河扩建工程于2007年正式开工,2016年竣工并启用。

(3)基尔运河(Kiel Canal),亦称北海—波罗的海运河(Nord – Eastsea – Canal)。位于德国北部日德兰半岛上,呈西南—东北走向,从西南易北河口的布伦斯比特尔科克港至东北基尔湾的霍尔特瑙港,沟通波罗的海和北海。运河于1887—1895年开凿建成,后又经过多次加深和拓宽的改扩建工程,现全长98.26公里,平均深度11米,河面宽102.5~162米,建有8座船闸和7座净空高度皆达42米的桥梁,最大通航能力为3.5万载重吨。船舶通过基尔运河,由北海直接进入波罗的海,避免了绕道丹麦海峡,使航程缩短了756公里之多,该运河也因此成为两海之间最安全、最便利、最短和最经济的水上通道。

基尔运河是波罗的海通往大西洋的捷径,尽管由于规模及主要河道的水深所限,大型的货轮尚不能通过运河,然而因其地处经济、商贸异常发达的欧洲地区,所以相对于苏伊士运河和巴拿马运河而言,它成为世界上通过船舶最多、最繁忙的国际通航运河。

2. 国际航道上的海峡。众所周知,在地球上广阔连续的水域称为海洋,海洋的中心部分叫洋,海洋的边缘部分叫海,而两端连接海洋的狭窄水道就被称为海峡。全世界的海峡有 1 000 多个,其中可通航的仅有 130 多个,重要的则有 40 多个,大都具有国际航运价值。这里有选择地介绍 11 个扼三大洋之咽喉、连接五大洲航运要道,在国际货物运输中具有战略地位的海峡。

(1) 马六甲海峡(Strait of Malacca)。它位于亚洲马来半岛与印度尼西亚苏门答腊岛之间,西北连安达曼海,东南经新加坡海峡通南海,沟通太平洋和印度洋,是欧、亚、澳、非洲之间的海运要道。该海峡自西北的韦岛通往东南的皮艾角,全长 1 080 公里,西北部宽 370 公里,东南部宽 37 公里,最窄处仅 5.4 公里,呈明显的喇叭形。海峡的一般水深为 25~27 米,自东南向西北递增,最深处达 200 米,可通行 20 万吨级油轮。马六甲海峡是北太平洋沿岸国家通往孟加拉湾、阿拉伯海、红海、地中海最短航路的必经之地,年通过船只达 10 万艘次(大多数为油轮),是世界上最繁忙的航道之一。由于海运繁忙及地理位置独特,马六甲海峡被誉为"海上十字路口"。

(2) 直布罗陀海峡(Strait of Gibraltar)。它位于南欧伊比利亚半岛南端与非洲西北角之间,北为西班牙,南为摩洛哥,是沟通大西洋和地中海的唯一通道。海峡东西长约 57 公里,宽 12~43 公里,水深 50~1 181 米,东深西浅。直布罗陀海峡的战略和贸易地位极其重要,是西欧、北欧各国的船只经地中海、苏伊士运河通往印度洋的咽喉要道,有"西方海上生命线"之称。

(3) 霍尔木兹海峡(Strait of Hormuz)。它位于波斯湾东口、阿曼半岛与伊朗之间。海峡东西长约 150 公里,宽 55~59 公里,水深 10~219 米。霍尔木兹海峡是波斯湾通往印度洋的唯一水道,具有十分重要的经济和战略地位。该海峡锁住了波斯湾周边伊拉克、科威特、沙特、巴林、卡塔尔、阿联酋和阿曼等 7 个国家的出海口,是海湾地区石油输往世界各地的唯一海上通道,因此被誉为西方的"海上生命线""世界油阀""石油海峡"。

(4) 曼德海峡(Bab el Mandeb)。它位于阿拉伯半岛西南端与非洲大陆之间,连接印度洋的亚丁湾和红海。海峡长 50 公里,宽 26~32 公里,平均水深 150 米。入口处有丕林岛将海峡分为两部分:亚洲一侧的东水道宽 3.2 公里,水深 30 米,称小峡,为航运要道;非洲一侧的西水道宽 25.95 公里,水深 323 米,称大峡,多暗礁,不利航行。曼德海峡在阿拉伯语中意为"泪之门",因古代船只通过时在此遇礁失事者颇多而得名。该海峡是红海中最狭窄的地段,是红海北上通苏伊士运河及东边的亚喀巴湾、南下通印度洋的咽喉要道,地理位置十分重要,被称为连接欧、亚、非三大洲的"水上走廊",现今是国际上主要的石油通道。

(5) 黑海海峡(Karadeniz Bogazi),又称土耳其海峡。它位于土耳其的亚洲部分和欧洲部分之间,包括博斯普鲁斯海峡、马尔马拉海和达达尼尔海峡,全长361公里。由于黑海水位较高,海水盐度低,密度小,表层10~20米的水流向地中海;地中海水位较低,海水盐度高,密度大,低层的水流向黑海。该海峡是黑海—爱琴海—地中海之间的唯一通道,平均每年有4万多艘包括商船和军舰在内的船只通过海峡,经济和军事地位十分重要。

(6) 博斯普鲁斯海峡(Strait of Bosporus),土耳其称其为伊斯坦布尔海峡。它是黑海海峡的组成部分,位于小亚细亚半岛西北端和巴尔干半岛东南端之间,沟通黑海和马尔马拉海。该海峡长30公里,北口最宽3.7公里,中部最狭处仅747米;水深在各地段不一,最深处120米,最浅处27.5米。博斯普鲁斯海峡为欧亚两洲分界线之一段,与马尔马拉海和达达尼尔海峡相连接,成为乌克兰、格鲁吉亚、罗马尼亚和保加利亚等黑海沿岸国家出外海的唯一通道,也是俄罗斯通往大西洋和印度洋的咽喉要道。处于海峡南口的伊斯坦布尔有两座博斯普鲁斯公路大桥(分别于1973年和1998年建成),大桥横跨海峡,把欧亚两大洲连接在一起。

(7) 英吉利海峡(English Channel),在法语中称拉芒什海峡。它位于英国和法国之间,西通大西洋,东北通北海。如果把其东面的多佛尔海峡(Strait of Dover,又称加来海峡)算在一起的话,英吉利海峡长约560公里,最宽处220公里,最狭处33公里,平均水深53米,最深172米。该海峡是国际航运要道,西北欧10多个国家就是通过它与世界各国进行运输往来的。虽然由英法两国共同建成的英法海峡隧道(也称英吉利海峡隧道、欧洲隧道)已于1994年5月正式通车,这条全长50.5公里(其中海底部分长37公里)的海底铁路隧道将横亘在英法两国之间的英吉利海峡变成了通途,使英伦三岛与欧洲大陆连在了一起,但是英吉利海峡作为一条国际航运要道,其对国际货物运输的重要性并不因此而受到影响。

(8) 龙目海峡(Selat Lombok)。它在印度尼西亚龙目岛与巴厘岛之间,北接巴厘海,南通印度洋,处于太平洋和印度洋交通要冲。该海峡长80.5公里,南口宽65公里,北口宽35公里,大部分水深在1 200米以上,最深处(在北口)1 306米,可通航50万吨级油轮。来往于波斯湾与远东之间的巨轮如果不能通过马六甲海峡的,均取道于此,再经望加锡海峡北上,可见其战略地位的重要。

(9) 佛罗里达海峡(Strait of Florida)。它位于北美洲东南部佛罗里达半岛与古巴岛、巴哈马群岛之间,沟通墨西哥湾和大西洋。该海峡长约 480 公里,宽 80～240 公里;南深北浅,北部最深 868 米,西南部最深逾 2 000 米。佛罗里达海峡是西北欧、北美东海岸各港口进入墨西哥湾,抵达美国南部、墨西哥及加勒比海诸国港口的航运要道。

(10) 莫桑比克海峡(Mozambique Channel)。它位于非洲大陆东南岸与马达加斯加岛之间,是世界上最长的海峡。该海峡长 1 670 公里,平均宽 450 公里,最窄处 386 公里,北端最宽 960 公里;大部水深在 2 000 米以上,最深处 3 533 米。莫桑比克海峡是南太平洋与印度洋之间的航运要道,波斯湾中的很大一部分石油都是通过这里运往北美、欧洲等地的,战略地位十分重要。

(11) 斯卡格拉克海峡(Skagerrak)。它位于丹麦日德兰半岛和挪威南部之间,西通北海,东经卡特加特、厄勒、哈姆勒内等海峡通波罗的海。该海峡长约 300 公里,宽 110～130 公里,东端最窄处宽仅 65 公里;南浅北深,南部水深约 100 米,北部最深处达 809 米。斯卡格拉克海峡是波罗的海沿岸国家通往北海及大西洋、北冰洋的重要通道。

三、海洋货物运输的港口

要保证货物运输的顺利进行,离不开港口提供的种种服务。港口是指位于江、河、湖、海沿岸,具有一定的设备和条件,供船舶往来停靠、办理客货运输或其他专门业务的场所。港口的范围包括进港航道、港口水域及其周围的陆域。港口按用途可分为商港、渔港、军港、工业港、避风港等。这里所谈的自然是为海洋货物运输服务的港口,即商港。

(一) 商港的概念及分类

1. 商港的概念。商港,是指供包括货船在内的商船往来停泊,办理客货运输业务的港口。作为水陆运输的枢纽和货物的集散地,商港必须具有停靠船舶、上下客货、供应燃料物料和修理船舶等所需要的各种设备和条件。对现代化商港的要求更高,它们除了必须具有上述的设备和条件以外,还需具备供货物储存、加工、装配、制造和转运的各种设施和条件。

2. 商港的分类。商港可以从不同的角度进行分类。下面是几种主要的商港分类方式。

(1) 按地理位置来分,商港可以分为海湾港、河口港和内河港。

①海湾港,是指面临海湾且踞于海口的港口。如日本的横滨港(位于日本东南部、濒临东京湾西侧)和我国的大连港(位于我国辽东半岛南端、濒临大连湾)就是

两个典型的海湾港。

②河口港,是指位于河流入海口处的港口。如我国的上海港(位于长江入海口南岸)和英国的伦敦港(位于泰晤士河入海处)是两个世界著名的河口港。

③内河港,是指位于内河沿岸,距海口尚有一段距离,但一般与海港都有航道相通的港口。如我国的南京港(位于长江下游的南岸)和比利时的安特卫普港(位于其国内斯海尔德河下游,距北海88公里)。

(2)按开发工程来分,商港可以分为天然港和人工港。

①天然港,是指港湾自然条件符合商港的需要,除了添置水上或陆岸各种设备以适应船舶停泊及货物装卸、搬运的需要以外,基本上可利用港湾航道水深等天然地理气候条件的港口。也就是说,这些商港建筑在海岸上,得天独厚,具有天然的防护屏障,不受海风巨浪的影响,故称为天然港。如我国的秦皇岛和青岛俱是著名的天然良港。上述的河口港及内河港也大都属于天然港。

②人工港,是指港湾停泊地区纯系人工自陆上开挖而成的港口。与天然港相比,人工港没有天然防护,须通过修建防波堤等人工防护建筑,防止大风巨浪影响船舶停靠和货物装卸。如法国的马赛、意大利的热那亚等都是人工港。

(3)按海运地位来分,商港可以分为世界大港、国际港和地区港。

①世界大港,是指一些面对大洋,或位居世界海运航线的要冲,世界各地的货物汇聚于此,并通过它们转运至世界各地的商港。列入世界海运大港的商港如鹿特丹港、汉堡港、安特卫普港、釜山港、神户港、新加坡港和上海港等。

②国际港,只是作为同一海域国家之间或相邻海域国家之间进行货物运输的商港,如地中海的贝鲁特港、西非的达喀尔港等。

③地区港,只供所在国家的船舶出入,作为本国沿海航运的港口,一般不允许外国船舶进出或停靠。

(4)按国家政策来分,商港可以分为自由港、开放港和国内港。

①自由港,是指划在一国关税国境以外的港口或海港地区。进出这些自由港的外国货物全部或大部分免征关税,并被允许在港内进行加工、贮藏、销售或转运他国,但外国船舶必须遵守有关法律规章。如新加坡就是一个著名的自由港。

②开放港,是指出于对外贸易的需要,依照有关条约或法令对外开放,允许任何航行于国际航线的外国船舶在办理了手续以后进出港口,但必须接受当地航政机关和海关的监督。

③国内港,是指专供本国船舶出入,不让外国船舶随意驶入或停靠的港口。只有在遭遇天灾或意外事故的情况下,或经所在国政府特许,外国船舶方被准许进入国内港。

（5）按用途来分，商港可以分为存储港、转运港和经过港。

①存储港。作为内陆和港口货物集散的枢纽，这些位于水陆交通衔接处的港口具有完备的设施，十分方便进出口货物的存储和转运。

②转运港。这些港口同样位于水陆交通衔接处，主要办理转运业务，即一方面将陆运货物集中后转由海路运出，另一方面将海运货物转由陆路疏运。

③经过港。这些港口地处航道要冲，专门供过往船舶作短暂停泊，以添加燃料、补充给养和淡水。

（6）按受潮汐的影响大小来分，商港可以分为开敞港和闭合港。

①开敞港。有些商港直接建在开敞的海岸上或海岸附近，港口内水域与海面直接相通，水位变化因此较小，潮汐涨落不致影响船舶的进出，故被称为开敞港。

②闭合港。有些商港建在潮差甚大的海岸上或海岸附近，落潮时，因港内水位过浅，船舶进出受到影响，为保持港内水位，一般在港口修建闸门与海面隔离，故被称为闭合港，或潮差港。

（7）按冬季冰封与否来分，商港可以分为冻港和不冻港。

①冻港。位于北寒地区的港口，每到冬季都要冰封，如果没有破冰的设备，船舶在冰冻期间只得停航，这些港口因此被称为冻港。高纬度国家如加拿大的港口、斯堪的纳维亚国家在波罗的海的港口，还有俄罗斯在北海和黑海的港口都是冻港。

②不冻港。与冻港相反，冬季不结冰，四季可以通航的商港，则被称为不冻港。如我国的港口都是不冻的良港。

3. 我国的世界海运大港。依照海运地位的分类标准，商港可以分为世界大港、国际港和地区港。我国有很多世界海运大港，在2018年全球分别按货物吞吐量和集装箱吞吐量排名的两份世界十大港口榜单上，中国港口均占有7席，而且位居榜首的皆为中国港口。按货物吞吐量排名，上榜的7个中国港口是宁波舟山港（排名第一）、上海港、天津港、香港港、广州港、苏州港和青岛港；按集装箱吞吐量排名，上榜的7个中国港口则是上海港（排名第一）、宁波舟山港、深圳港、广州港、香港港、青岛港和天津港。众所周知，港口是衡量一个国家综合国力的重要标志，中国港口的崛起和成长反映了中国正在由海运大国向海运强国迈进的事实，而两个超级世界大港——宁波舟山港和上海港可谓代言了中国整个航运港口体系跃升的能力。

宁波舟山港位于长江三角洲和东部沿海要冲，背靠长三角广阔经济腹地，是我国沿海和长江流域走向世界的主要海上门户。该港作为上海国际航运中心的组成部分，现已发展成为长三角和长江流域进口、中转、储存能源和原材料的重要枢纽。宁波舟山港完成的货物吞吐量于2009年超越上海港，跃居世界第一大货运港并连续10年保持第一位置,2017年起更成为世界唯一的超10亿吨大港(2018年完成货物吞吐量10.8亿吨,与第二名上海港拉开3.5亿吨的差距);宁波舟山港完成的集装箱吞吐量自2008年跻身全球前十(位列第八)之后,排名逐年提升,2018年位居世界第三(完成集装箱吞吐量2 635万标准箱),仅次于上海港和新加坡港。

上海港位于长江三角洲前缘,濒临东海的西侧,踞中国大陆海岸线的中点、扼长江入海口,地处长江东西运输通道与海上南北运输通道的交汇点,对内可以辐射长江流域、整个长三角区域乃至全国,对外接近世界环球航线,因此是世界各港联系中国的最佳门户,也是中国仅有的在世界12个航区都有航线、航班的港口。上海港作为一个综合性、多功能、现代化的大型国际枢纽港,进入世界大港之列的时间更早。2005年,上海港完成的货物吞吐量就已赶上新加坡港,坐上世界"老大"的席位,直至2009年被宁波舟山港取代,排名座次降为第二;上海港是在1998年跨入全球十大集装箱港口"俱乐部"大门的(位列第十),随后迅速加快前进步伐,2003年即已名列第三,2007年排名又升为第二,2010年终于赶上新加坡港,荣膺全球集装箱吞吐量第一大港且连续9年坐稳了世界第一宝座(2018年完成的集装箱吞吐量是4 201万标准箱,领先排名第二的新加坡港541万标准箱)。

(二)商港的结构

商港由航道、码头、港池三个部分组成。这是为保证船舶的安全进出和稳妥停靠,保证运输货物得以迅速安全装卸而要求商港所必须具备的。至于存放货物的仓库或货场,陆上交通线,供应船舶的燃料和淡水设备,修理船舶的船坞,以及提供驳船、拖船等服务设备,则是一个完善的港口应具有的设备要求。

1. 航道。航道(Channel Narrows),是指在江河、湖泊、海湾等水域中,供船舶进出港口和安全航行的通道,常常利用天然地形布设而成,也有用人工开挖而成的。航道应当具有与通航船舶相适应的深度、宽度,及比较平稳的水流。航道转向处,应有适当而缓和的曲度,并应适当加大其宽度。优良的航道,应该可以保证船舶在不良的气候中不受水位、风力、波浪的限制,能够安全地航行无阻。所以,在航道上一般都设有保障航行的航标等导航设备,配备有疏浚航道的船只,以及配备引领船舶安全进出港口的引水员。

2. 码头。码头(Quay 或 Wharf 或 Dock),是指专供停靠船舶、上下旅客和装卸货物的水上建筑物。它把船舶与海岸连接起来。码头的结构形式常采用岸壁式、栈桥式和浮式等,因而有建造在岸边随水面升降的浮码头,也有建筑在岸边的固定码头。固定码头又分成沿岸边修建的顺岸码头和由海岸伸入水面的突堤码头。供装卸货物的设备一般就都装置在码头上，一些大型的起重设备甚至固定在码头上，成为码头的组成部分。有些设施较好的港口，陆上交通线直接建造在码头上，进出港口的货物可以直接运到船舶边上，或者从船上卸下直接运走。

3. 港池。港池（Basin），是指码头前供船舶安全停靠、驶离和回转的水域。港池有的是人工堤坝筑成的，有的是天然防护体形成的。港池内要求风浪小、水流稳定、有足够的水深。港池内常设有浮筒，以备码头泊位满额时或需要在锚地过驳时作为临时系船用。

（三）港口费用

港口费用（Port Charges），亦称港口使用费。这是对进出港口的船舶和货物所征收的规费、服务费等的总称。港口费用由港口管理机构和提供服务的部门分别向船舶和货物所有人收取。港口费用包括两大类：一类是与船舶有关的费用；一类是与货物有关的费用。

1. 与船舶有关的港口费用。船舶进出港口时，按规定应向港口海关或其他行政管理部门缴纳船舶吨税、港务费和灯塔费等，并向提供相关服务的管理部门分别缴纳引航费、拖船费、停泊费、移泊费、解系缆费、开盖舱费等。这些与船舶有关的港口费用，除期租船是由承租人负责支付的以外，一般都应由船方承担。

2. 与货物有关的港口费用。货物在进出港口时，按规定同样应缴纳货物港务费，由提单持有人向港口行政管理当局支付。此外，还应向有关部门缴纳搬运费、装卸费、理舱费、平舱费、租赁设备费、保管费、驳船费及其他劳务费用。至于这些费用具体由谁支付，则要根据买卖双方在签订交易合同时商定的价格条件、租船（订舱）方式及运费条件来确定。例如，按 FOBS 价格（即船上交货并理舱价格）成交的货物，装货费和理舱费均由卖方负担。

3. 几种重要的港口费用。港口费用中重要的有以下五种。

（1）港务费（Harbour Dues）。它是指港口管理当局对进出港口的船舶所征收的，用于保持港口航道的经常畅通，以及对港口各种设备进行维护与保养的费用。港务费一般按船舶的注册总吨数计收。

（2）引航费（Pilotage）。它是指引领船舶进出港口所发生的费用。为了维护自己国家的主权和国防机密，保障港湾、航道和船舶的安全，许多国家对进出本国港口的外国船舶实施强制引航。为此，规定外国船舶进出港口前须向港口管理当局申请，由港口引水员引领进出港口，并应照章缴纳引航费。目前，各国港口对船舶引航的规定不一：大多数港口规定对进出本国港口的外国船舶强制引航，但也有少数港口规定非强制引航,还有一些港口则规定进港强制引航、出港非强制引航。

引航费一般按照船舶吨位和吃水计算征收,也有少数港口按每艘船只收费。在许多港口,对平日与节假日的引航费、白天与夜晚的引航费区别对待,规定不同的收费标准。

(3)码头捐和码头费(Dockage & Wharfage)。码头捐是指船舶停靠码头,按天、按注册吨数或按船舶长度向港口管理当局缴纳的费用;码头费则是由货主按装卸货物的运费吨数缴纳的费用。除此以外,港口管理当局对装卸的货物堆存码头要按吨数、按天收取储存费。一般规定有免费期,也就是说,在运货船舶到港之前的若干天内货物先发送至码头待运,或者在货物抵港并卸下船后在码头上堆存若干天内,免收费用;如果超过期限,则征收按天计算的码头迟误费(Wharf Demurrages)。

(4)拖船费(Towage)。它是指在许多港口,当停泊或离泊的船舶须移泊时,规定需由拖船拖带而产生的费用。拖船费按被拖带船舶的吨位及使用时间计收。

(5)驳船费(Lighters Fee)。它是指使用驳船装卸货物所支付的费用。载货船舶有时因故不能进入港内,只得通过驳船来回港内外装卸货物;或者由于港内码头泊位满额,载货船舶系于浮筒装卸,这时同样需要使用驳船。驳船费按装卸货物的运费吨数计收。

思考题

1. 海洋货物运输有哪些优缺点?目前国际上普遍采用哪两种海洋运输经营方式?
2. 什么叫班轮运输?它有哪些特点?班轮条件包括哪三个方面的含义?说出班轮运费主要的几种计算标准。
3. 什么叫租船运输?它有哪些特点?在国际租船市场上主要有哪几种租船方式?
4. 分别解释程租船和期租船的含义。何谓光船和光船租船?光船租船是一种什么性质的租赁?光船租船人在航运过程中具有怎样的法律身份?
5. 按照用途不同,海洋货运船舶可分为哪几类?
6. 解释船舶重量吨位和容积吨位的含义,并说出它们各自具体分类的名称。什么叫船舶的载重线?
7. 什么叫船级?入级检验的含义是什么?船级证书是一种什么样的船舶

证书？

8. 何谓航线？分别说出其按船舶经营方式和按航程远近的分类。了解世界主要的海运航线、国际通航运河和具有国际航运价值的海峡。

9. 何谓商港？对其如何分类？谈谈我国的世界海运大港。

第三章 集装箱货物运输

第一节 集装箱货物运输概述

一、集装箱货物运输的特点

集装箱货物运输(以下简称"集装箱运输")是目前国际航运业普遍采用的一种重要的货物运输方式。它是以集装箱为运输单位进行货物运输的,概略地说,就是将货物在起运地装进标准规格的集装箱内,而后用运输工具把集装箱运至专用的集装箱码头、车站或机场,再以专门的运输设备将集装箱迅速地装上海上、陆上或航空运输工具,平稳而整齐地堆置好,运至目的地后,又同样迅速和安全地卸下,再用运输工具把它们运至储存地点,完成货运任务。这种现代化的运输方式可适用于海洋运输、铁路运输、公路运输、内河运输乃至航空运输,以及国际多式联运等。

与传统的各种货物运输方式相比,集装箱运输的特点是十分明显的。

(一)装卸快速,装卸效率提高

集装箱运输是把分散的单件货物集合成组,装进集装箱内,成为一个规格化的大的运输单位,使用专门的机械设备快速地将它们装卸、搬运和堆存的运输方式。集装箱放在船上无疑是货舱,放在火车上等于车皮,放在卡车上则相当于货车。装在箱内的货物随着集装箱从一种运输工具直接方便地换装到另一种运输工具上,途中不需要开箱移动货物,装卸效率因而大大提高。

(二)简化手续,运输时间缩短

集装箱运输简化了货运手续,货物从内陆发货人的工厂或仓库装入箱内,经验关铅封后,不论采用何种单一或多式运输方式,运输途中都不用再开箱检验,一直运到内陆收货人的工厂或仓库。由于减少了运输环节,可以进行门至门的运输,货运速度加快了,货物在运输途中的时间相应缩短。

(三) 减少货损，运输质量保证

集装箱运输采用的是能够长期反复使用、坚固且密封的集装箱装运货物，货物在集装箱的保护下，即使没有牢固的外包装，也用不着担心受外界物体的挤压碰撞，在采用其他运输方式时货物经常遭遇到的诸如雨淋、沾污、偷窃或钩损等损失也较少发生，因此，既节省了货物的运输包装，又减少了运输过程中的货损货差，保证了运输的质量。

(四) 简易配载，充分利用舱容

集装箱运输采用的是规格标准化的集装箱，由于尺寸划一、形态整齐、密封性强，尽管装载的干杂货在种类、性质、形状、体积、重量和包装形态上千差万别，积载系数各不相同，但在箱内配载要容易方便得多，能充分利用舱容，减少亏舱的发生。

(五) 加速周转，降低运输成本

集装箱运输极大地提高了装卸效率，车船等运输工具停留码头、车站的时间减少了，运输时间因而缩短。运输时间的缩短又加速了车船的周转，进而减少了营运费用，最终使运输成本明显低于采用传统货物运输方式的运输成本。

综上所述，集装箱运输的特点可以概括为"快速、高效、省钱、安全"八个字。这些特点及其给国际贸易和航运业带来的显著的经济效益，使得这一最早出现于19世纪后期但直至20世纪五六十年代才真正拉开发展序幕的现代化运输方式以惊人的速度发展起来，并引导国际航运业进入了一个全新的发展阶段。现今，集装箱运输已为世界上大多数国家在航运中广泛采用，件杂货运输集装箱化在美国、日本等国以及欧洲等地已基本实现，而且在世界范围内将成为一个发展趋势。随着国际集装箱运输体系的初步形成，以海上集装箱运输为主的国际集装箱运输在21世纪必将获得更大的发展。

二、集装箱的含义及其种类

(一) 集装箱的含义

集装箱(Container)，原义是指一种容器，一种专供周转使用并便于机械操作和运输的大型货物容器。由于其形状像一个箱子，又可以把货物集中装进去，故而被形象化地称为"集装箱"，或"货柜""货箱"，集装箱运输也因此有"箱运化运输"的叫法。

国际标准化组织(International Organization for Standardization,缩写为 ISO)从集装箱在装卸、堆放和运输过程中的安全需要的角度,给集装箱下了个定义,在定义中提出了集装箱作为一种运输设备应具备的五个基本条件。具体如下:

一是具有足够的强度,能长期地反复使用。

二是途中转运,不用移动容器内的货物,可直接换装。

三是可以进行快速装卸,并能从一种运输工具直接而方便地换装到另一种运输工具上。

四是便于货物的装满和卸空。

五是每个容器具有 1 立方米(即 35.32 立方英尺)或以上的容积。

(二)集装箱的种类

国际上对集装箱的规格标准都有明确规定,以干货集装箱为例,目前通用的集装箱宽度一律为 8 英尺(2.438 米);高度有 8 英尺、8.6 英尺(2.591 米)和 8 英尺以下三种;长度有 40 英尺(12.192 米)、30 英尺(9.125 米)、20 英尺(6.058 米)和 10 英尺(2.991 米)四种。其中,数 8 英尺×8 英尺×20 英尺的最为常见,被称为标准箱,通常以 TEU(Twentyfoot Equivalent Unit)表示,意思是"相当于 20 英尺单位"。

为适应运输各类货物的需要,集装箱有许多种类。按其用途不同,集装箱主要可分为下列 8 种。

1. 干货集装箱。干货集装箱(Dry Cargo Container),又称杂货集装箱(General Cargo Container),是指适于装载不需要调节温度的件杂货的集装箱,使用范围很广。通常装载的件杂货有纺织品、工艺品、文化用品、日用百货、机械、仪器、医药等,这是最常用的标准集装箱。

2. 保温集装箱。保温集装箱(Keep Constant Temperature Container),是指专门装载需要冷藏或保温的货物如新鲜水果、肉类、鱼类等的集装箱。又可细分为箱内附有冷冻机的冷藏集装箱、具有充分隔热结构的隔热集装箱,以及在箱壁上设有通风口的通风集装箱等几种。

3. 散货集装箱。散货集装箱(Dry Bulk Container),是指用来装载谷物、豆类、种子、化肥等各种散装的颗粒或粉末状货物的集装箱。这类集装箱顶部的装货口设有水密性良好的盖,以防箱内的货物因箱外的雨水、海水渗入而遭湿损。

4. 框架集装箱。框架集装箱(Flat Rack Container),是指用来装载不适于装在干货集装箱内的重型机械、钢管、钢材等长大笨重货物的集装箱。这种集装箱没有箱顶和箱壁,只有箱底和四个角柱来承受货载;装卸作业可以从上方,也可以从侧面进行。

5. 平台集装箱。平台集装箱(Platform Container),是指比框架集装箱还要简化,仅保留箱底的一种特殊结构的集装箱。这种集装箱其实已经不是容器,而成为平台,平台的长度和宽度与国际标准集装箱的箱底尺寸相同。当需要运输一些超长、超重货物,而它们的尺寸和重量又超过了一个集装箱的承载能力时,就可以把两个这样的集装箱(也就是平台)连接起来使用。

6. 罐式集装箱。罐式集装箱(Tank Container),是指适于装载酒类、油类及化学品等液体货物的集装箱。这种集装箱结构特殊,是一种圆桶型的槽罐(有单罐和多罐两种),上下有进出口管。

7. 汽车集装箱。汽车集装箱(Car Container),是指专供运输小轿车的集装箱。这种集装箱的结构也比较特殊,通常没有箱壁,在箱底上安装一个钢制框架,有单层和双层两种。之所以会出现双层,这与小轿车的高度与标准集装箱的高度不一致有关:标准集装箱的高度一般为 8 英尺(2.438 米),而小轿车的高度是 1.35~1.45 米,车装在标准集装箱内,就高度而言,要浪费不少空间,设计双层正是为了解决这个问题。双层汽车集装箱的高度有两种:一种是 10.5 英尺(3.200 米),另一种是 17 英尺(5.182 米)。可见,汽车集装箱的规格与标准集装箱有异。

8. 牲畜集装箱。牲畜集装箱(Live Stock Container),也是一种专用集装箱,专门用来运输活牲畜。这种集装箱的箱壁是金属网,下方有清扫口和排水口,还附有饲料槽。

第二节　集装箱货物运输方式

一、集装箱货物运输方式的特点

集装箱运输方式与传统的运输方式相比,在具体业务中的做法有很多不同,最明显的差别反映在货物的装箱方式、交接方式这两个方面。

(一)集装箱货物的装箱方式

集装箱货物根据装箱的货量和方式不同有整箱货和拼箱货之分。

1. 整箱货。整箱货(Full Container Load,缩写为 FCL),是指一个集装箱内的货物装载量达到其容积的 75%,或者一个集装箱内的货物重量达到其负荷量的 95%,箱内货量只要达到这两个标准中的任何一个,即为整箱货。整箱货是由货主用向承运人或集装箱租赁公司租借得来的集装箱(也有自己置备的),在海关人员的监管下,在工厂或仓库将货物自行装入箱内并铅封后,以箱为单位托运,直接运到集装箱堆场(Container Yard,缩写为 CY)交给承运人装运,货到目的地(港)后,收货人可直接从目的地(港)集装箱堆场提走。整箱货是一个发货人发交一个收货人。

2. 拼箱货。拼箱货(Less Than Container Load,缩写为 LCL),是指箱内货量达不到上述整箱货的容积或重量标准的,只能由货主送交集装箱货运站(Container Freight Station,缩写为 CFS)或内陆转运站拼装成箱,即为拼箱货。拼箱货由承运人在集装箱货运站或内陆转运站收下后,按照货物的性质和运送的目的地(港),负责进行分类整理,将去同一目的地(港)的货物集中到一定数量后装入集装箱内,拼装成整箱发运,货到目的地(港)后,由承运人拆箱后分拨给各收货人。拼箱货由不同发货人发交不同收货人。

(二)集装箱货物的交接方式

集装箱货物的交接方式可以分别从货运量的角度和从买卖双方对交接地点安排的角度来进行分析。

1. 按货运量的交接方式。集装箱货运有整箱和拼箱两种情况,既然货运量不同,在交接方式上自然也就有差别。目前,国际上按货运量的交接方式区分,集装箱货运大致有以下四种。

(1)整箱交/整箱接(FCL/FCL),是指发货人整箱交货,收货人整箱接货。在这种交接方式下,发货人把货装满后整箱交给承运人,承运人负责将整箱运到目的地,让收货人整箱接货。货物的装箱和拆箱全都由货方负责。

(2)拼箱交/拆箱接(LCL/LCL),是指发货人拼箱交货,收货人拆箱接货。在这种交接方式下,发货人将货物运往起运地或装箱港的集装箱货运站交给承运人,由承运人负责拼箱后运到目的地或卸箱港的集装箱货运站,拆箱后,让各收货人凭单接货。货物的装箱和拆箱全都由承运人负责。

(3)整箱交/拆箱接(FCL/LCL),是指发货人整箱交货,收货人拆箱接货。在这种交接方式下,发货人把货装满后整箱交给承运人,承运人负责运到目的地或卸箱港的集装箱货运站,拆箱后,让各收货人凭单接货。货物的装箱由货方负责,而拆箱由承运人负责。

(4)拼箱交/整箱接(LCL/FCL),是指发货人拼箱交货,收货人整箱接货。在这种交接方式下,发货人将货物运往起运地或装箱港的集装箱货运站交给承运人,由承运人负责拼箱后运到目的地,让收货人整箱接货。货物的装箱由承运人负责,而拆箱由货方负责。

2. 按买卖双方对交接地点安排的交接方式。根据买卖双方在贸易合同中的约定,集装箱货物的交接地点安排可以有以下 9 种情况。

(1)"门至门"(Door to Door),即从发货人工厂或仓库至收货人工厂或仓库。

(2)"门至场"(Door to CY),即从发货人工厂或仓库至目的地或卸箱港的集装箱堆场。

(3)"门至站"(Door to CFS),即从发货人工厂或仓库至目的地或卸箱港的集装箱货运站。

(4)"场至门"(CY to Door),即从起运地或装箱港的集装箱堆场至收货人工厂或仓库。

(5)"场至场"(CY to CY),即从起运地或装箱港的集装箱堆场至目的地或卸箱港的集装箱堆场。

(6)"场至站"(CY to CFS),即从起运地或装箱港的集装箱堆场至目的地或卸箱港的集装箱货运站。

(7)"站至门"(CFS to Door),即从起运地或装箱港的集装箱货运站至收货人工厂或仓库。

(8)"站至场"(CFS to CY),即从起运地或装箱港的集装箱货运站至目的地或卸箱港的集装箱堆场。

(9)"站至站"(CFS to CFS),即从起运地或装箱港的集装箱货运站至目的地或卸箱港的集装箱货运站。

3. 上述两种交接方式相结合的交接方式。把上述两种交接方式结合,可以出现不同的情形。

(1)如果把上述两种交接方式结合起来,在采用按货运量的各种交接方式下,买卖双方对交接地点安排的交接方式可以有以下四种情况。

①在整箱交/整箱接的交接方式下,可以采用门至门、门至场、场至门和场至场四种交接地点安排的交接方式。其特点是装箱和卸箱均不经过集装箱货运站,发货人和收货人都是一个人。

②在拼箱交/拆箱接的交接方式下,只可以采用站至站一种交接地点安排的交接方式。其特点是装箱和卸箱均须经过集装箱货运站,发货人和收货人都不止一个人。

③在整箱交/拆箱接的交接方式下,可以采用门至站和场至站两种交接地点安排的交接方式。其特点是发货人是一个人,收货人则不止一个人。

④在拼箱交/整箱接的交接方式下,可以采用站至门和站至场两种交接地点安排的交接方式。其特点是发货人不止一个人,收货人则是一个人。

(2)如果把上述两种交接方式结合起来,在采用按买卖双方对交接地点安排的各种交接方式下,适宜采用的按货运量的交接方式同样可以出现以下四种情况。

①门至门,在这种交接地点安排的方式下,整个运输过程全部采用集装箱运输,没有货物运输,所以最适宜于整箱交/整箱接的交接方式。

②门至场站,在这种交接地点安排的方式下,整个运输过程分为两部分:从门至场站采用集装箱运输,而场站至门采用货物运输,所以适宜于整箱交/拆箱接的交接方式。

③场站至门,在这种交接地点安排的方式下,整个运输过程也是分为两部分:从门至场站采用货物运输,而场站至门采用集装箱运输,所以适宜于拼箱交/整箱接的交接方式。

④场站至场站,在这种交接地点安排的方式下,整个运输过程分为三部分:从门至场站采用货物运输,从场站至场站采用集装箱运输,而从场站至门还采用货物运输,所以适宜于拼箱交/拆箱接的交接方式。

二、集装箱货物运输体系

集装箱运输方式有其不同于传统货物运输方式的特点,在其成长、发展的过程中,逐渐形成了一个适应这些特点的运输体系。这个运输体系既有集装箱货物的承托双方,还包括为这一现代化运输方式提供有关运输服务的中介方。

(一)集装箱货物的承托双方

1. 实际承运人。实际承运人是指拥有或掌握运输工具,负责承运集装箱货物的船公司、联营公司、公路集装箱运输公司、航空集装箱运输公司等。之所以称其为实际承运人,是为了区别于并非承运人的无船承运人。

2. 托运人。托运人是指把集装箱货物托付给承运人运输的货主,即进出口贸易公司。

(二)集装箱货物运输的中介方

1. 无船承运人。无船承运人,是指并不掌握运输工具也不负责承运,而是在集装箱运输中经营揽货、装箱、拆箱、内陆运输,以及经营中转站或内陆站业务的专业机构。无船承运人并不是承运人,而是为促成承托双方的集装箱货运交易提供辅助作用的中介人。

2. 集装箱出租人。集装箱出租人,是指专门经营集装箱出租业务的集装箱租赁公司。

3. 集装箱码头(堆场)经营人。集装箱码头(堆场)经营人,是指具体办理集装箱在码头或堆场的装卸、交接、保管的部门。他们既接受托运人或其代理人的委托,也接受承运人或其代理人的委托,为承托双方提供各种集装箱运输服务。

4. 集装箱货运站。集装箱货运站,是指专门提供集装箱交接、中转或其他运输服务的场所,大都设在内陆交通方便的大中城市。

5. 保险人。这里的保险人,除了承保集装箱运输保险业务的保险公司以外,还有一种叫联运保赔协会的保险机构。联运保赔协会是由船公司自行组织起来的互保组织,专门对集装箱运输中可能遭受的一切损害进行全面的统一承保。它是随着集装箱运输的发展,为满足经营集装箱货运的承运人将那些不能获得商业保险保障的风险转移出去的迫切需要而产生的新型的保险组织。

第三节　集装箱货物运输的费用和单证

一、集装箱货物运输的费用

集装箱运输的费用构成和计算方法与传统的货物运输方式有很大不同。

(一)集装箱运输费用的构成

集装箱运输费用主要是由海运运费和各种与集装箱运输有关的费用两大部分构成的。

1. 海运运费。海运运费是集装箱运输费用的主要组成部分。有关海运运费的计算,我们将在稍后细述。

2. 与集装箱运输有关的各种费用。这类费用可以细分为下述四种。

(1)堆场(码头)服务费,包括起运港堆场(码头)服务费和目的港堆场(码头)服务费。起运港堆场(码头)服务费主要是指接受整箱货、堆场存放、搬运到装卸桥下的费用;目的港堆场(码头)服务费则是指在装卸桥下接受整箱货、搬运至堆场堆存的费用。这两种堆场(码头)服务费,前者由发货人支付,而后者由收货人承担。

(2)拼箱服务费,是指根据所提供的拼箱服务项目,包括接受、存放和保管货物,将空箱从起运港堆场搬运至货运站,装箱,将拼装好的实箱从货运站搬运至装箱港,以及将实箱从目的港堆场搬运至货运站,拆箱,分配,存放和保管,将空箱从货运站送回堆场等收取的费用。拼箱服务费因服务的对象不同分别向发货人、收货人收取。

(3)集装箱及设备使用费,是指在发货人为装箱而向承运人租用空箱的情况下,发货人从领到空箱开始到拆箱后返还空箱为止这一期间使用集装箱及设备所应支付的费用。这里说的是发货人使用承运人提供的集装箱这一情况,如果集装箱是发货人自己置备的,则无须支付使用费。

(4)内陆或装箱港市内运输费,这里是指由承运人负责内陆运输或装箱港市内运输而向货方收取的运输费用,如果是货方负责上述运输,相关费用则由货方自己承担。

(二)集装箱海运运费的计算

集装箱海运运费的计算方法基本上有两种:一种是传统的件杂货运费计算方法,即以每运输吨为计费单位,加上相关的附加费;另一种是包箱费率运费计算方法,即以每个集装箱为计费单位。前一种计算方法较为适宜用于计算拼箱货运输的运费,而后一种计算方法比较适宜用于计算整箱货运输的运费。从总的趋势来看,在国际集装箱运输中,包箱费率运费计算方法正在逐步取代传统的件杂货运费计算方法。

1. 件杂货运费计算方法。目前,对拼箱货运费,各船公司基本上还是采用这一传统的计算方法来计收的。具体做法是:先按照公司各自的运价表规定的 W/M 费率(即按货物的毛重或体积从高计收运费)计算出基本运费,再加上各种附加费,包括传统件杂货运输所收取的常规附加费,如超重或超长附加费,以及与集装箱货物运输有关的附加费,如拼箱服务费等。

2. 包箱费率运费计算方法。对整箱货运费,目前仅有不多的船公司依然按照上述的件杂货运费计算方法来计收,大多数船公司已采用包箱费率运费计算方法计收运费。

包箱费率由各船公司根据集装箱的类型自行制定,不同航线制定不同的包箱费率。按包箱费率计算出来的运费,包含集装箱货物的海上运输费用,以及在装箱港和卸箱港码头的装卸费用。包箱费率有两类:一类是按货物的类别、等级和箱型制定的货物包箱费率,另一类则是不考虑货物的类别,只按箱型制定的均一包箱费率。

目前常见的包箱费率有 FAK 包箱费率、FCS 包箱费率和 FCB 包箱费率三种。

(1)FAK 包箱费率(Freight for All Kinds),是指不分货物类别、等级,也不计货量(但须在重量限额之内),只按箱型制定每个集装箱统一收取的运价。这就是上面提到的均一包箱费率。

(2)FCS 包箱费率(Freight for Class),是指按不同货物类别和等级制定的包箱费率。船公司通常将集装箱货物分为普通货物、非危险化学品、半危险货物、危险货物和冷藏货物等几大类。以普通货物为例，普通集装箱货物的等级划分与传统运输中的件杂货一样，也是划分为1~20级，但集装箱货的费率级差要比件杂货的费率级差小得多。就一般而言，等级低的低价集装箱货费率要高于传统件杂货费率，等级高的高价集装箱货费率要低于传统件杂货费率，同一等级的集装箱货按重量吨计费的费率要高于按尺码吨计费的费率。船公司之所以如此制定费率级差，意图很明显，就是鼓励货主把高价货和体积货装箱托运。FCS包箱费率与下面将要讨论的FCB包箱费率均属于货物包箱费率。

（3）FCB包箱费率（Freight for Class and Basis），是指按不同货物类别、等级以及计算标准制定的包箱费率。FCB包箱费率不同于FCS包箱费率之处在于：船公司在制定这种费率时，除了像FCS包箱费率一样要考虑货物的类别和等级以外，还进一步在此基础上根据货物是按重量还是体积作为计算单位来加以区分。因此，当船公司采用FCB包箱费率对装有同一类别、同一等级货物的整箱货计收运费时，按体积作为计算单位的费率与按重量作为计算单位的费率是不相同的。

（三）最低运费与最高运费的计算

我们在第二章叙述传统的班轮运输内容时曾提及班轮运费有最低运费的规定。作为承运人的船公司规定海运的最低运费，目的是保证其营运收入不低于营运成本。出于同样的考虑，经营集装箱运输的船公司不论是对整箱货运输还是对拼箱货运输也都制定了最低收费标准。除了最低运费的规定以外，集装箱运输还规定有最高运费。

1. 最低运费。在承运拼箱货的情况下，船公司的最低运费规定与班轮运输的最低运费规定差不多，即在运价表中订有最低运费，规定任何一批货运，只要运费金额未达到运价表中规定的最低运费额，就按最低运费计收。

在承运整箱货的情况下，船公司规定最低运费的方式是：对不同类型和不同用途的集装箱，分别按重量吨（W）和尺码吨（M）规定最低的装箱吨数，并以二者中的高者（W/M）作为装箱货物的最低运费吨。如果由货主（发货人）自行装箱的整箱货没有达到规定的最低计费标准，也就是当实际运费低于最低运费时，运费按最低计费标准计收，由此产生的亏箱损失由货主（发货人）自负。

2. 最高运费。最高运费的规定是集装箱运输所特有的。集装箱运输实务中存在这样一种情况：一个集装箱内所装的货物有好几种类别，其中部分类别货物的计费资料由于货主在托运时没有提供，而这部分货物的计费等级和费率又是不相同的，要在如此情况下计算它们的运费无疑是个难题。为此，船公司试图通过规定最高运费来解决缺少资料的货物的运费计算问题。最高运费的标准是运费吨，而且只对体积货物规定,所以最高运费吨就是尺码吨。各船公司一般根据集装箱容积的 85% 规定最高运费吨。按照目前国际上对最高运费吨的规定,20 英尺集装箱的最高运费吨是 31 立方米,40 英尺集装箱的最高运费吨是 67 立方米。当实际装箱货物的尺码低于上述规定时,就按规定的最高运费吨计收运费,如若实际装箱货物的尺码超过上述规定,则超过部分不计运费。规定最高运费的好处是明显的:一来能够促使货主提高集装箱内货物积载技术,鼓励他们通过改进外包装和合理积载以最大限度地利用箱容,在不超重的前提下尽可能多装载货物,从而节省运费;二来也有利于船公司借以吸引更多的整箱托运的货物,同时并不会因缺少计费资料而少收运费。

在承运整箱货的情况下,如果货主对箱内部分货物提供了计算运费的资料,而其余部分货物的计费资料没有提供,船公司对前一部分货物按规定的等级和费率计收运费,对后一部分货物则按最高运费吨减去已提供资料的货物运费吨计收运费;如果这部分货物的计费等级或费率又有差别,则按其中最高运费计算。

至于船公司为什么只对体积货物规定最高运费吨(尺码吨)而不对重量货物规定最高运费吨(重量吨),这主要是因为集装箱内的货物重量可以通过地秤计量,而且重量货物有最大载重量的限制规定,超重是不允许的。

二、集装箱货物运输的单证

集装箱运输的单证与传统运输的货运单证并不完全相同。

(一)集装箱出口货运的主要单证

集装箱出口货运的主要单证有订舱单、设备交接单、装箱单、场站收据、装货清单和提单等六种。我们着重叙述其中最能反映集装箱运输特点的装箱单、场站收据和设备交接单。

1. 装箱单。装箱单(Container Load Plan,缩写为 CLP),是指记载装箱货物的具体装运资料、交付方式及箱内积载情况的单证。装箱单由负责装箱的人,即自行装载整箱的货主和负责拼箱的集装箱货运站填写,是发货人、集装箱货运站与集装箱堆场之间的货物交接单,十分重要。

集装箱装箱单一式 11 联,分发对象是:填写该单证的发货人或集装箱货运站;集散港或集散点代理人;船公司集装箱管理处;装箱港代理公司;船长;装箱港装卸区堆场;装箱港海关;卸箱港代理公司;卸箱港货运站;卸箱港海关;卸箱港装卸区堆场。

2. 场站收据。场站收据(Dock Receipt,缩写为 D/R),是指承运人委托集装箱堆场或集装箱货运站在收到集装箱货物后签发的单证。场站收据由发货人填制，随货物一起运至集装箱堆场或货运站，后者应审核收据上的记载是否与收到的货物实际情况相符，若发现有不一致的地方，就必须修改，若发现货物或箱子有损坏，则在收据上加以批注，签字后交还给发货人。该收据经场站签字后，即表明承运人已经收到货物，自此开始对收到的货物承担责任。

集装箱场站收据一式 9 联，各联的送交对象及作用如下。

(1) 正本联，由集装箱堆场在验收整箱货后，或由集装箱货运站在验收拼箱货后签发给发货人。此联作为收货凭证是发货人据以向船公司换取提单的依据。

(2) 通知船长联，此联相当于代理公司签发的装船通知，发给船长保存，作为随船提单副本。

(3) 签发提单联，此联由代理公司签发提单的部门保存，以便与提单核对。

(4) 运费计算联，此联交代理公司运费计算部门使用。

(5) 运费收据联，此联作为代理公司的运费收取通知。

(6) 海关联，此联作为海关凭以验关、放行使用的依据，发给海关保存。

(7) 卸箱港代理公司联，此联由装箱港代理公司交卸箱港代理公司使用。

(8) 场站联，此联由集装箱堆场或集装箱货运站留存。

(9) 非出口港联，此联由内陆城市货运站或非出口港集散点保存。

3. 设备交接单。设备交接单 (Equipment Receipt)，是指集装箱所有人或经营人委托集装箱堆场、货运站或内陆站与集装箱使用者交接 (出借和回收) 集装箱以及底盘车、台车和电动机等设备的凭证。

(二) 集装箱进口货运的主要单证

集装箱进口货运的主要单证有提货单和交货记录、卸货清单、理货单证、集装箱催提单和催提进口货清单、拆箱单等几种。这里我们只阐述其中的提货单和交货记录。

提货单 (Delivery Order) 和交货记录 (Delivery Record)，是指收货人据以向卸箱港装卸区或货运站提货的凭证，也是船公司对卸箱港装卸区或货运站交箱交货的通知。该单证由船公司或其代理公司收到正本提单后签发给提单持有人。提货单上的内容应与提单记载的相符，有船名、交货地点、集装箱号码、铅封号、货名、收货人名称等。

提货单一式 5 联，各联送交对象及作用如下。

第一联是提货单正本，收货人据以向卸箱港装卸区或货运站提货。

第二联是交货记录，由收货人留存。

第三联是交货记录,由卸箱港装卸区或货运站留存。
第四联是提货单,由收货人留存。
第五联是换货单,由船公司或其代理公司留存。

思考题

1. 与传统运输方式相比,集装箱运输有何特点?
2. 按照用途不同,集装箱可作如何分类?它们分别适合装运什么货物?
3. 集装箱货物的装箱方式有哪两种?集装箱货物的交接方式如何分类?具体说出按货运量的交接方式的分类和按对交接地点安排的交接方式的分类。
4. 集装箱货物运输中的中介方都有哪些?说出这些中介方各自的职能。
5. 集装箱货物运输的运费如何计算?解释最低运费和最高运费的含义。
6. 集装箱出口和进口货物运输中都涉及哪些单证?

第四章 海上货物运输合同

第一节 海上货物运输合同概述

一、海上货物运输合同的概念

海上货物运输合同,是指承运人或船舶出租人负责用船舶将货物从起运港经由海路运至目的港交给收货人,而由托运人或船舶承租人支付约定运费的合同。海上货物运输合同的当事人以承运人或船舶出租人为一方,托运人或承租人为另一方。承运人或船舶出租人履行用船舶将货物经由海路从起运港运抵目的港交给收货人的责任,有权按合同从托运人或承租人那里收取约定的运费;而托运人或承租人承担按合同约定提供货物和及时缴付运费的义务,享受在货物装船后取得提单并凭以在目的港提货的权利。

二、海上货物运输合同的种类

海洋运输按照船舶的经营方式主要有班轮运输和租船运输两种,海上货物运输合同也相应有提单和租船合同两类。

(一)提单

提单(Bill of Lading,缩写为 B/L)是指在班轮运输中,承运人与托运人之间订立的,规定双方在货物运输过程中的权利、义务、责任和免责的合同。由承运人在港口船边或承运人自己的码头仓库收受和交付托运人托运的货物,负责装船卸船,承担装卸费用,而后按规定的运价表向货方收取运费。班轮运输亦即提单运输是海洋运输的主要经营方式,提单因而是一种重要的海上货物运输合同的证明。

这里需要说明的一点是:提单作为一种运输单据,从广义上说,应当包括海运、陆运、空运和邮运等各种运输方式的提单,但是,习惯上将铁路运输和航空运输的运输单据称为运单,将邮政运输的运输单据称为邮单,提单通常是指海运提单。

(二) 租船合同

租船合同(Charter Party)是指在租船运输中,承租人与船舶出租人之间订立的,载明双方权利和义务的货运合同。租船合同根据租船方式和货运种类的不同,又可区分为定程租船合同和定期租船合同:前者由承租人按航次租赁船舶以装运约定的货物,并向船舶出租人支付运费;后者则由承租人按一定期限租赁船舶,根据合同规定的条件和航行区域自行调度及安排船舶的营运,并按期向船舶出租人支付租金。

第二节 提单

一、提单的概念和性质

(一) 提单的概念

何谓提单?货主向船公司或其代理人洽订舱位,委托船公司将他的一批货物运送到某个地点去,双方签订海上货物运输合同,货主与船公司就构成了海上货物运输合同的双方当事人:货主是托运人,船公司则为承运人。货物装上船以后,承运人要开一张收据给托运人,表明他已接受了货物,货物现已在他的掌管之下,他将负责照料货物。等到货物运到目的地,收货人(或是托运人,或是这张收据的持有人)便凭这张收据去提取货物。这张收据就是提单。因此,可以概略地说,提单就是由承运人或其代理人签发的,用来证明海上货物运输合同已经成立,货物已由承运人接受或装上船并据以在目的地把货物交付给收货人的凭证。

(二) 提单的性质

作为有关提单的国际公约之一的《汉堡规则》(《1978年联合国海上货物运输公约》)在其第1条第7款中规定:"提单,是指用以证明海上运输合同和货物已经由承运人接收或者装船,以及承运人保证据以交付货物的单证。"我国的《中华人民共和国海商法》(以下简称《海商法》)第71条借用了《汉堡规则》对提单的定义。

根据这一定义,可以明确地看出提单具有以下一些性质。

1. 提单是货物收据。提单是承运人或其代理人出具给托运人,表明已经收到货物的收据。承运人签发给托运人提单,即确认他已收到提单上所记载的货物并已经装船("已装船提单"),或是他已接收了货物以待装船("备运提单")。

提单正面记载的事项中有货物的品名、标志、件数、重量和体积，以及货物的表面状况等，都是收据性的文字。提单是承运人按照提单上记载的事项收到货物的初步证据，如果提单被托运人转让给善意的第三者，提单便不是初步证据，而是终结性的收据。承运人对提单受让人不能就提单上所记载的事项提出异议。

2. 提单是货物运输合同证明。承运人与托运人为运输货物而订立的合同称为货物运输合同。提单究竟是货物运输合同还是货物运输合同的证明？对此，学者们看法尚不一致。按照英国学者的观点，提单应是货物运输合同的证明。因为托运人为运输货物而在与承运人办理托运手续时，货物运输合同即已成立，也就是说，货物运输合同成立于签发提单之前，而提单是在执行货物运输合同以后即在装船以后才签发的，它只是货物运输合同已经成立的证明。

提单背面印有具体的运输条款，其中有承运人责任条款、免责条款、赔偿限额条款等，它们反映了承运人在运输中的权利和义务。如果这些条款与承运人和托运人双方事先约定的一致，或者除提单外并无其他协议或合同，那么提单就是承运人与托运人双方同意的运输条件和条款的证明。承运人有按照提单上所载条款完成运输任务，将货物交付给托运人或提单持有人的义务。但是，在提单转让给善意的受让人或收货人以后，提单就是他们与承运人之间的货物运输合同。因为他们不是承运人和托运人双方订立合同的当事人，无法知道承、托之间除提单以外的合同关系，他们只知道自己手中持有的提单，只能以此作为货物运输合同。

3. 提单是物权凭证。物权凭证，也就是所有权凭证。提单是货物所有权的凭证，直接代表着提单上所记载的货物，或者说，是票证化了的货物。谁持有提单，谁就拥有该提单所载货物的所有权，并享有货物所有人应享有的一切权利。提单这种物权凭证的属性，使得国际市场上货物的转卖变得十分方便。只要在载货船舶到达目的港交货之前直接转让提单，货物所有权就可随即转让。当提单被转让后，承运人与提单受让人之间的权利义务将按提单规定而确定。一旦发生货损货差，收货人可以直接凭借提单向承运人索赔，完全不需要经过该提单的签订者即托运人的授权。

4. 提单是提货凭证。提单是收货人在目的地提取货物的凭证，也是承运人据以交付货物的凭证。我国《海商法》第71条规定："提单中载明的向记名人交付货物，或者按照指示人的指示交付货物，或者向提单持有人交付货物的条款，构成承运人据以交付货物的保证。"提单持有人凭借提单享有提货的请求权，承运人有责任按照提单上所载内容，在目的港将货物交付给提单持有人，而无须查问后者的权利依据。提单持有人可能是记名提单中的记名人，可能是指示提单中的被背书人，也可能是不记名提单的持有人，不管他究竟是不是托运人所签的买卖合同中的买方或收货人,他都有权凭提单提货。即使是真正的收货人,只要提交不出提单,就不能提货。承运人若在不知情的情况下把货物交付给实际上对货物没有占有权利的提单持有人,即因凭提单交货而产生错交,其对托运人也不负责任。与此同时,承运人不能把货物交付给非提单持有人,否则承运人要对托运人承担由此而产生的一切责任。承运人若对提单持有人的收货人身份有怀疑,可要求对方提供银行担保。总而言之,承运人交付货物是"认单不认人"。

5. 提单是有价证券。在国际贸易中,提单作为一种有价证券被广泛地应用。除了可以背书转让以外,提单还能被其持有人据以向银行抵押取得贷款,以及被卖方凭以向银行办理押汇,即议付货款,当然前提是在货物运抵目的港之前进行。提单作为有价证券,其性质体现在以下几个方面:第一,它是使用权与占有权不可分离的证券;第二,它是与交付货物有同样效力的交付证券;第三,它是不能任意变更所记载法定事项的要式证券;第四,它是必须根据所记载内容来处理有关货物的处理证券;第五,它是可以背书转让的指示证券(除提单上写明禁止背书转让的以外)。

如果对提单的上述性质加以归纳,可以说,提单是承运人接收货物的收据,是收货人在目的地提货的凭证,是承托双方签订的货物运输合同的证明,是物权证书,是可以转让和流通的有价证券。此外,提单还是处理海事纠纷的法定文件,以及投保海上货物运输保险的凭证。

二、提单的种类

提单的种类很多,目前在国际货物运输中使用的有数十种,其内容格式繁杂。一般可以从各种不同的角度对它们进行分类,这里只叙述主要的几种分类方式。

(一)按货物是否装船分类

按货物是否装船来分,提单可以分为已装船提单和备运提单两种。

1. 已装船提单。已装船提单(Shipped B/L 或 On Board B/L),是指货物已全部装船后,承运人凭大副收据(Mate's Receipt)[①]出立给托运人的提单。在这种提单上,除载明其他事项以外,必须注明装货的船名和装船日期。提单正面写有"已由某船装运"的字样。由于已装船提单对收货人按时收货有保证,因此在国际贸易合同中,买方一般都要卖方提供已装船提单,议付银行也要求使用已装船提单

---

① 大副收据是货物装船后船上大副代表船方签署给托运人的作为船方已收货并已装船的证明,又称收货单。

结汇。

2. 备运提单。备运提单(Received for Shipment B/L),也叫收妥待运提单,是指承运人在接收货物以后但尚未装船之前,签发给托运人的提单。提单上写有"收到待运"的字样。由于这种提单上没有明确装货的船名和装船日期,买方无法估计货物到达卸货港的日期,从而要冒货物装船前可能遭受损失的风险,所以买方一般不愿意接受这种提单,银行结汇一般也不接受备运提单。通常的做法是:待货物装上船后,托运人可凭备运提单换取已装船提单,或者由承运人在备运提单上加注船名和装船日期,并签字盖章使之成为已装船提单。作为有关提单的国际公约之一的《海牙规则》承认这种提单与已装船提单有同等效力。

(二)按运输方式分类

按运输方式来分,提单可以分为直达提单、转船提单、联运提单和多式联运提单四种。

1. 直达提单。直达提单(Direct B/L),也叫直运提单,是指由承运人签发的用同一艘船舶将货物从起运港直接运达目的港的提单。在这种提单上要明确写上起运港、卸货港的名称,还要加上"不得在中途转船"的批注。有的提单如果在提单条款内列有承运人有权转船的"自由转船"条款,但没有有关转船的批注,这种提单也被视为直达提单。对货主来说,直达提单当然要比转船提单有利,所以只有在没有直达船的情况下,货主才无奈同意转船。凡贸易合同及信用证规定不准转船的,结汇时必须出具中途不转船的直达提单。

2. 转船提单。转船提单(Transshipment B/L),也叫转运提单,是指货物在起运港装船后不能直接运往目的港,需要在中途其他港口换船转运至目的港时,由承运人签发的具有这一内容的提单。在这种提单上一般注有"在××港转船"等字样。由于货物在中途港转船,不仅会增加费用和受损的风险,而且还会因为等候换装船舶而延误到达卸货港的时间,这显然是不利于收货人的。因此,买方一般都争取直达运输,避免转船。但是,根据银行信用证的习惯,凡信用证未明确规定不得转船的,即视为可以转船。

3. 联运提单。联运提单(Through B/L),是指需要采用两种运输方式联运的货物,由第一程承运人在起运地签发的运往货物最终目的地的提单。这种提单用于海陆联运,或陆海联运,或海河联运,或海海联运。签发联运提单的第一程承运人收取全程运费,但只对第一程运输负责。货物到达转运地后,由第一程承运人代为将货物交给第二程承运人继续运往目的地。当货物转到第二程运输工具上后,第一程承运人即处于发货人的代理人的地位。第二程承运人在转运地签发第二程海运提单,交给第一程承运人作为分清两个承运人之间运输责任的依据,也就是说,他只对第二程运输负责。收货人仍凭第一程承运人签发的联运提单在目的地提货。在采用海海联运方式的情况下,联运提单事实上与转船提单没有什么两样。

4. 多式联运提单。多式联运提单(Multimodal Transport B/L),是指承运人或多式联运经营人对采用多式联运方式的货物出具的提单。该种提单主要用于集装箱运输,全程可涉及远洋运输、铁路运输、航空运输、内河运输、公路运输等多种运输形式,以实现"门至门"的服务。多式联运提单与联运提单不是一回事,注意不能混为一谈。

首先,二者的适用范围不同:多式联运提单要求货物必须经过两种以上的运输方式,而联运提单则不强调这一点,二者均可以适用于海陆、陆海、海空及海海的联运方式。

其次,二者的签发人所承担的责任不同:多式联运提单由一个多式联运经营人签发,他对全程运输都以承运人的身份总负责,不论货物在何地发生属于承运人责任范围内的损失,他均须直接负责;联运提单由第一程承运人签发,但他仅对第一程运输负承运人的责任,当货物转到第二程运输工具上后,他即处于发货人的代理人的地位,并不代表第二程承运人向发货人负责。

(三) 按收货人抬头分类

按收货人抬头来分,提单可以分为记名提单、不记名提单和指示提单三种。

1. 记名提单。记名提单(Straight B/L),也叫收货人抬头提单,是指托运人在提单上的收货人栏内具体填明指定的收货人名称的提单。这种提单由于规定只能由提单内指定的收货人提货,不能用背书方式转让,不能流通,所以又叫不可转让提单。按照有些国家的惯例,记名提单的收货人甚至可以不凭提单提货,只要在"到货通知单"上背书即可提货。这样,记名提单便失去了货物转让流通的作用,银行一般不愿接受记名提单作为议付凭证。因此,在国际贸易中,记名提单很少使用,通常在托运金、银、珠宝、古玩一类的贵重物品,以及援助物品和展览品时才使用。

2. 不记名提单。不记名提单(Bearer B/L),也叫空白提单,是指在收货人栏内不填写收货人名称,只填写"货交提单持有人"字样的提单。提单持有人仅凭提单提货,承运人也只凭提单交货。这种提单可以不经背书即转让,手续简便,流通性极强。但由于对收货人无任何特殊保护,一旦提单遗失,很难区分提单的非法获得者和提单的善意受让人,容易引起纠纷。正因为不记名提单风险较大,所以在国际贸易中很少使用。

3. 指示提单。指示提单(Order B/L),是指在提单的收货人栏内不填指定的收货人,只填写"凭指示"或"凭某人指示"字样的提单。指示提单可以是记名指示,也可以是不记名指示。

(1)记名指示提单。它是在提单的收货人栏内填写"凭某人指示"(To the Order of ××)字样的提单,即标明指示人,指示人可以是托运人、收货人或银行。根据发出指示的人的不同,记名指示也就相应分为托运人指示、收货人指示和银行指示。

①托运人指示(To the Order of the Shipper)提单,要求承运人按照托运人的指示交付货物。这种提单在收货人栏内填写"凭托运人某公司指示",托运人可以作指定背书,也可作空白背书。

②收货人指示(To the Order of the Consignee)提单,要求承运人按照收货人的指示交付货物。这种提单在收货人栏内填写"凭收货人某公司指示",收货人可以背书后自行提货,也可以背书后转让。

③银行指示(To the Order of the ××Bank)提单,要求承运人按照进口方银行的指示交付货物。这种提单是因为进口方银行为防止进口商无力偿还垫款,而作为提单指示人,在收货人栏内填写"凭某银行指示"。通常在进口商付款后,银行在提单上背书,然后将提单转交给进口商,由其提货或背书转让。这种提单是作为向银行贷款的抵押,而不是将货物所有权转让给银行。

(2)不记名指示提单。它是在提单的收货人栏内未写明按谁的指示交货,只填写"凭指示"(To Order)字样,即不标明指示人的提单。提单持有人可作空白背书,也可作指定背书。

空白背书和指定背书是背书的两种方式:空白背书,即仅由背书人(提单转让人)在提单背面签字盖章,而不注明被背书人(提单受让人)的名称;指定背书,也叫记名背书,即背书人(提单转让人)除了在提单背面签字盖章外,还须注明被背书人(提单受让人)的名称。指定背书的提单受让人若需再转让提单,必须再加背书。

指示提单是一种可转让的单据,提单持有人可以背书的方式转让给第三者而无须征得原提单签发人的同意。其中空白背书的不记名指示提单,也就是"凭指示"空白背书提单,习惯上被称作"空白抬头、空白背书"提单,背书即可转让,其功能类似于不记名提单,但又不同于后者。由此可见,指示提单不但转让方便,有一定的流通性,而且要比不记名提单安全,所以目前在国际贸易中使用得最为广泛。

(四)按有无不良批注分类

按有无不良批注来分,提单可以分为清洁提单和不洁提单两种。

1. 清洁提单。清洁提单(Clean B/L),是指货物装船时表面状况良好,未被承运人加注任何明确宣称货物及包装状况有缺陷的条款或批语的提单。承运人签发清洁提单仅确认货物装船或待运时凭目视所及的范围,其外观良好,但对其内在质量并不负责。在国际贸易中,一般都明确规定卖方提供的已装船提单必须是清洁提单。银行在办理结汇时,要求提交的也必须是清洁提单。

2. 不洁提单。不洁提单(Unclean B/L 或 Foul B/L),是指承运人明确对装船时的货物包装不良或存在缺陷等情况加以批注的提单。若托运货物的外表状况不良,货物件数、重量与货运单证记载不符等,则承运人可在提单上加注"包装破裂""松捆""表面污渍""有漏损"等批语,以免除自身对货物所负的责任。买方一般不接受不洁提单,不洁提单也不能用于银行结汇。

(五)按提单格式分类

按提单不同的格式来分,提单可以分为全式提单和略式提单两种。

1. 全式提单。全式提单(Long Form B/L),是指既有正面必要的事项,背面又列有承运人和托运人双方权利义务的详细条款的提单。这是正规格式的提单,国际贸易业务中经常使用的就是全式提单。

2. 略式提单。略式提单(Short Form B/L),也叫简式提单,是指仅保留全式提单正面的必要事项,而略去背面全部条款的提单。这种提单正面列出的项目包括船名、货名、标志、件数、重量或体积、起运港、目的港、托运人名称、收货人名称与地址、运费预付或到付等。它多用于租船合同项下所签发的提单,在提单上还往往注有"所有条款与条件按照×月×日签订的租船合同"字样。如果在班轮运输条件下签发的略式提单,则一般会在提单上加注"各项条款及例外条款以本公司正规的全式提单内所印的条款为准"的字样。略式提单与全式提单在法律上具有同等效力,按惯例可以被银行接受用于结汇。

(六)按运费支付方式分类

按运费支付方式来分,提单可以分为运费预付提单和运费到付提单两种。

1. 运费预付提单。运费预付提单(Freight Prepaid B/L),是指托运人在其货物尚在起运港装船时,即在承运人签发提单之前就向承运人支付运费的提单。以 CIF 或 CFR 贸易术语成交的国际贸易业务,按惯例应由卖方租船或订舱,并承担相应的运输费用,所以其运费是预付的。这种提单的正面必须注明"运费预付"(Freight Prepaid)的字样。

2. 运费到付提单。运费到付提单(Freight Collect B/L),是指托运人在其货物运抵目的港后或在提货之前,即在承运人已签发提单以后才向承运人支付运费的提单。以 FOB 贸易术语成交的国际贸易业务,按惯例应由买方(当然也可由买方委托卖方)租船或订舱,并承担相应的运输费用,所以其运费是到付的。这种提单的正面必须注明"运费到付"(Freight Collect)的字样,以明确收货人须承担支付运费的义务。

(七)按提单的时间性分类

按提单的时间性来分,提单可以分为正常提单、过期提单、倒签提单和预借提单四种。

1. 正常提单。正常提单(Current B/L),是指在信用证条件下,卖方在信用证规定的交单期内提交给银行议付货款的提单。如果信用证未规定交单期,卖方则必须在提单签发后 21 天内提交给银行,这时提交的提单同样属于正常提单。

2. 过期提单。过期提单(Stale B/L),有两种情况:一种是指在信用证条件下,卖方超过提单签发日期 21 天后才向银行提交议付的提单;另一种是由于航线较短或银行单据流转速度太慢,致使比货物到达目的港的时间还要晚的提单。对第一种过期提单,如果信用证没有特别的规定,银行将拒绝接受,所以在实践中应尽量避免这种过期提单产生。对第二种过期提单,因常出现在近洋运输贸易中,有的通过采用电子提单来代替目前的提单,以不让提单晚到的情况发生,有的则通过在贸易合同和信用证中订明"过期提单可以接受"的条款来解决问题。

3. 倒签提单。倒签提单(Anti-Dated B/L),是指承运人应托运人的要求,在货物装船后签发比实际装船完毕日期较早的日期,即倒填签发日期的提单。按规定,提单是在装船后签发的,它的签发日期一般可作为装船日期的证明。提单日期不仅对买卖双方有着重要作用,而且与银行向收货人提供垫款和向发货人划账,与海关办理延长进口许可证,以及与海上货物运输保险合同的生效密切相关。之所以会出现倒签提单,一般有三个原因:一是信用证规定的装船日期已到;二是因港口拥挤,货物一时难以装船,发货人担心合同被解除;三是船期延迟,承运人为了多揽货载。当这三个原因中的某一个发生时,卖方在既不能在贸易合同或信用证规定的装船日期内装运,又来不及修改信用证的情况下,为方便结汇,往往在装船期限过后要求承运人倒签日期。这种倒签提单实际上是承运人与作为托运人的卖方串通一气所做出的非法欺诈性提单。承运人签发这种提单,应负法律责任。

4. 预借提单。预借提单(Advanced B/L),也叫无货提单,是指承运人应托运人的要求并在其出具保函后,在装船期限已到而货物却未装船的情况下,签发的已装船提单。这里有必要解释一下保函。所谓保函(Letter of Indemnity),又称赔偿担保书,是指由托运人出具给承运人的一种保证文件,保证因货物表面状况不良或有缺陷而由承运人签发清洁提单,或者因货物事实上未装船而由承运人签发已装船提单(即预借提单)所引起的一切损失,当收货人向承运人提出索赔时,由托运人承担责任。使用保函,在国际贸易和航运界是一种习惯的做法,但其法律效力常常被否定。事实上,保函对收货人是无效的,承运人不可因为有了保函而对收货人提出的货损索赔不负责任。保函只是承、托之间的协议,是为了防止因签发清洁提单或预借提单会给承运人的利益带来损害而由托运人负责的一个保证,与收货人并不发生任何联系。

预借提单与倒签提单一样,属于托运人和承运人串通作弊的非法欺诈行为。对承运人来说,预借提单比倒签提单的风险更大,因为货物在装船前完全有可能由于某种原因发生损失、灭失或退关等情况,而此时提单已经签发,承运人对善意的提单持有人交付货物的义务已经存在,而保函的法律地位在很多情况下是不确定的,有时根本不被承认,所以他将很难根据保函来免除自身的赔偿责任。

(八) 按使用的有效性分类

按提单的使用有效性来分,提单可以分为正本提单和副本提单两种。

1. 正本提单。正本提单(Original B/L),是指提单上有承运人、船长或其代理人签字盖章并注明签发日期的提单。这种提单在法律上和商业上都是公认有效的单证。为以示有别于副本提单,正本提单上必须注有"正本"(Original)字样。

2. 副本提单。副本提单(Copy B/L),或称提单副本(B/L Copy),是指提单上没有承运人、船长或其代理人签字盖章,而仅作为参考文件用的提单。这种提单在法律上并无正本提单的效力,不能转让。同样,为有别于正本提单,副本提单上一般注有"副本"(Copy)或"不能转让"(Non negotiable)的字样。副本提单不能凭以提货,但如果正本提单迟于货物抵达目的港,可以利用副本提单向船公司办理担保提货,即由买方提供担保提货书后提货,一俟正本提单寄达,应持以向船公司换回担保提货书,了结手续。

(九) 其他种类提单

1. 舱面提单。舱面提单(On Deck B/L),也叫甲板货提单、舱面货提单,是指承运人对装在舱面(甲板)上的货物所签发的提单。这种提单上必须注有"装于舱面"(On Deck)的字样。众所周知,货物装在舱面上,风险较大,《海牙规则》因此将舱面货排除在承运人所负责的"货物"范畴之外,规定承运人对舱面货在海上运输中发生的灭失或损坏无须承担责任。然而,针对特大件货物和危险货物装在舱面上的必要,尤其是集装箱运输的需要,《汉堡规则》的第9条和我国《海商法》的第53条对舱面货做了专门规定:只要"同托运人达成协议,或者符合航运习惯,或者符合有关法律、行政法规的规定",承运人可以将货物装在舱面上,并承担运输责任。《汉堡规则》第9条还规定:"如果承运人与托运人已经商定,货物应当或可以在舱面载运,承运人必须在提单或其他作为海上运输契约证明的单证上作出相应的说明。"

银行一般不愿意接受舱面提单,但是,在信用证中规定有"允许货物装在舱面上"条款的情况下,舱面提单可以被用于结汇。

2. 运输代理人提单。运输代理人提单(House B/L),是指由运输代理人签发的提单。运输代理人将不同出口商发运的货物集中在一张提单上托运,以简化手续、节省费用,而承运人签发给运输代理人成组提单。由于提单只有一份,无法让每个出口商都拿到,为此,就由运输代理人向他们分别签发装运证明或运输代理人提单。这种提单从法律上讲并不是一种提单,因为它不是一种可以转让的物权凭证,而只是运输代理人收到托运货物的收据。

银行一般也不愿意接受运输代理人提单,除非信用证中另有规定。此外,当运输代理人是作为承运人或某个承运人的代理人签发提单时,这种运输代理人提单是被银行接受的。

3. 租船提单。租船提单(Charter Party B/L),也叫包船提单,是指承运人根据租船合同签发的提单。租船提单一般是由程租船的船舶出租人出具的,因为采用程租船方式,船舶的营运由船舶出租人负责。期租船则不同,由于船舶的营运全由船舶承租人负责,提单多由租船人出具,所以常使用班轮提单。租船提单通常是一种略式提单,只列入船名、货名、数量、起运港、目的港等必要项目,不列详细的提单条款,而且,在提单上往往注明"所有条款与条件按照×月×日签订的租船合同"的字样。显然,租船提单并不是一种海运提单。

由于租船提单要受租船合同条款的约束,不是完整、独立的文件,所以除非信用证另有规定,银行是不愿意接受的。如果信用证允许提交租船提单,银行在接受时也要求承租人提供租船合同的副本。

除了上面所介绍的各种提单以外,还有不同批量的货物合并在一张提单上的并装提单,同一张货单上的一批货物分在几张提单上的分提单,对实际运费低于最低收费标准的零星货物按最低运费计收的最低运费提单,以及由于贸易上的需要,在起运港签发提单后在中途港或中转港另行换发的作为该批货物自中途港或中转港出运证明的交换提单,等等。目前在国际航运中使用的提单尽管达数十种之多。然而,作为可以转让、流通的有价证券,作为银行结汇、银行信贷的物权凭证,以及作为海上货物运输保险的凭证,必须是已装船的清洁提单。而已装船的清洁提单,也只有在载货船舶未驶抵目的港之前,才可以作为物权证书和有价证券在市场上转让和流通。

为便于了解和掌握海运提单的分类,现将它们主要的9种分类列示如表4-1所示。

表4-1　　　　　　　　　海运提单的分类

提单分类的标准	该分类的提单种类
按货物是否装船	已装船提单、备运提单
按运输方式	直达提单、转船提单、联运提单、多式联运提单
按收货人抬头	记名提单、不记名提单、指示提单
按有无不良批注	清洁提单、不洁提单
按提单格式	全式提单、略式提单
按运费支付方式	运费预付提单、运费到付提单
按提单的时间性	正常提单、过期提单、预借提单、倒签提单
按提单使用的有效性	正本提单、副本提单
其他种类	舱面提单、运输代理人提单、租船提单、并装提单、分提单、最低运费提单、交换提单

三、提单的主要条款

提单作为国际海洋运输及国际贸易最重要的单证之一,是明确承、托双方权利和义务关系的主要依据。各国船公司所制定的提单大都是以《海牙规则》和《维斯比规则》这两个有关提单的国际公约为基础的,尽管在格式和文字表述上存在着一些差异,但它们的主要内容和条款基本上是相同的。下面以中国远洋运输集团公司(下称"中远公司")[①]提单的格式和内容为例对提单的主要条款加以叙述。

提单条款分正面条款和背面条款两大部分。

(一)提单正面主要条款

提单正面记载的主要是与货物和货物运输有关的事项,其中既有法定必须记

[①] 中国远洋运输集团公司已与中国海运集团公司合并重组,于2016年2月18日正式成立中国远洋海运集团有限公司,简称"中国远洋海运"(COSCO SHIPPING)。

载的,也有承运人出于自身业务需要而记载的,可以分别把它们称为法定条款和任意条款。

1. 法定条款的内容。根据我国《海商法》第73条的规定,提单的法定条款(即正面法定记载的事项)应有11项,但如果缺少其中一项或几项,并不影响提单的性质。这11项法定条款可以分为由托运人填写的和由承运人填写的两个部分。

(1) 要求托运人填写的部分,具体包括以下三项。

①托运人的名称。托运人是与承运人订有运输合同的人,必须在提单上写明全称及地址。写明托运人,十分重要:一是一旦发生事故,船舶驶入避难港口,将货物卸下而放弃航程时,承运人需要及时通知托运人处理货物;二是如果承运人签发的是托运人指示提单,只能按照托运人的指示交付货物,提单上的托运人名称是必不可少的。

②收货人的名称。收货人是有权提取货物的人,在提单上自然是要写明的。前面在叙述提单分类时,已说明提单按收货人抬头,可以分为记名提单、不记名提单和指示提单三种,这三种提单收货人栏内的填法不同:在记名提单中,必须填明指定的收货人名称;在不记名提单中,只写"货交提单持有人",可不写收货人名称;在指示提单中,同样不填写收货人的具体名称,只填写"凭指示"(包括"凭收货人指示")交付货物。

③货物的名称、标志、包装、件数、重量或者体积,以及运输危险货物时对危险性质的说明。这是关于所托运货物的说明,其中标志是识别件杂货的重要记号,包装要符合国际货物运输的要求,件数、重量或者体积是计算运费的依据,至于危险货物的性质更是承运人为在同意承运后做好对它们的有效防护和照料而必须掌握的。

托运人必须如实填写上述内容,并对其所提供资料的正确性负责。按照规定,凡是因托运人填写错误而给承运人造成的损失和增加的费用,应当由托运人负责赔偿。

(2) 要求承运人填写的部分,具体包括以下六项。

①承运人的名称和主营业所。承运人是与托运人订立运输合同的当事人,承运人的名称是必须写明的,因为这关系到承运人的法律地位和性质。写明承运人的名称,有利于区别承运人究竟是船舶所有人还是船舶承租人,了解他们的公司是股份公司还是合伙企业。一旦涉讼,承运人的法定名称和性质将是很重要的。

②船舶名称。船舶是指装载提单所载货物的船舶,由于提单一般是在装船后签发的(除多式联运提单以外),船名是必须写明的,因为这涉及运输责任的问题。如果签发提单的承运人不是装货船舶的船东,装货船舶的船东是接受签发提单的承运人的委托实际承运提单所载的货物,则装货船舶的船东被称为实际承运人。

实际承运人要和承运人一样承担运输责任。

③装货港、转运港和卸货港。装货港是货物装上船舶起运的港口;转运港是货物自装货港起运后在中途换船转运至卸货港的港口;卸货港是最终卸货的港口。这些港口承运人必须仔细填写清楚,这关系到承、托双方责任的起始,在多式联运的情况下则是区分各程承运人责任的根据。装货港、卸货港还涉及合同履行地的问题,对运输合同的法律适用有很大影响。在填写卸货港时,特别要注意同名港口后必须加注国名或州(省)名,以免错卸的事故发生。例如,美国有两个波特兰港(Portland),一个在东部的缅因州,另一个在西部的俄勒冈州;又如,澳大利亚的悉尼港(Sydney)举世闻名,岂不知加拿大也有一个悉尼港。如果不具体写清楚,就可能造成货物卸错港口,增添不必要的麻烦。

④运费的支付。运费是获得运输服务的货方向承运人支付的货币数额,提单上除了写明运费的数额以外,更应填写清楚运费的计算和支付方式。运费的支付方式一般有预付运费和到付运费两种。前者是在装船后提单签发之前支付,后者是在到达目的港或提货前支付。

⑤提单的签发日期、地点和份数。提单的签发日期一般以装船日期为准,具体日期要与货物装船完毕的日期一致。无论是签发日期比实际装船完毕日期早的倒签提单,还是在货物未装船情况下签发已装船的预借提单,都是违法的。提单的签发地点可以明确货物的接受或装船地点,也是承运人责任期间的开始,是必须明确记载的。提单有正副本之分,经托运人要求,正本提单一般签发三份,副本若干份。收货人凭提单正本中的任何一份提货,承运人完成交付货物后,其余各份失效。提单副本是供承运人及中转港、目的港代理人参考的货运文件之一,份数不限,但不作为提货凭证。

⑥承运人或者其代表的签字。提单应由承运人或船长或其授权的代理人签字。船长在提单上签字是代表船东的行为,因此其责任应由船东负责。

承运人同样要对自己所填写的上述各项内容负责。

2. 任意条款的内容。除了法定条款以外,提单正面还有由承、托双方通过协商达成特别约定的任意条款。任意条款不能违反法定条款的规定,否则是无效的。任意记载的条款一般有下列五种。

(1)装载提单所载货物船舶的航次号,以明确开船的日期。

(2)船长姓名。

(3)被通知人。在指示提单上写明被通知人,是为了便于处理货物。被通知人可能是收货人,也可能是卸货地的银行或运输公司。

(4)提单号码。为便于处理货物和单据,一般对正、副本提单编制顺序号码。

（5）盖章免责条款。对一些易碎和易腐烂的货物和水果，承运人在提单上加盖"不负破碎责任"或"不负腐烂责任"的字样，以免除自己的责任。

3. 提单印就的文字条款。在提单的正面，还有一些由承运人事先印就的用来表明承、托双方对所承运货物状况确认的文字条款。这些事先印就的文字条款同样是提单正面条款的组成部分。文字条款主要有三项。

（1）外表状况良好条款。印就的文字是："上列外表状况良好的货物（另有说明者除外）已装在上列船上，并应在上列卸货港或该船所能安全到达并保持浮泊的附近地点卸货。"在承运人没有在提单上对货物装船时的表面状况加注任何不良批语的情况下，该文字条款即表明货物已以"外表状况良好"的条件装船。

（2）内容不知条款。印就的文字是："货物的重量、尺码、标志、号数、品质、内容和价值是托运人所提供的，承运人在装船时并未核对。"承运人因没有合适手段来确认装船时由托运人提供或申报的货物的详细情况，通过该文字条款，用"并未核对"限制性的措辞来适当保护自己。

（3）承认接受条款。印就的文字是："托运人、收货人和本提单的持有人兹明白表示接受并同意本提单和它背面所载的一切印刷、书写或打印的规定、免责事项和条件。"该文字条款表明托运人在与承运人订立运输合同之前已同意并接受了提单的各项内容，包括承运人对其承运货货物的免责事项，从而避免今后双方有可能在提单内容和条款上产生的纠纷。

（二）提单背面主要条款

提单背面都是印就的条款，它们规定了承、托双方之间的权利、义务和责任豁免，是双方处理运输合同争议的主要法律依据。中远公司提单的背面条款共有27条，这里只介绍其中主要的13条。

1. 定义条款。该条款对提单中的货方予以定义，明确"货方包括托运人、受货人、发货人、收货人、提单持有人和货物所有人"。

2. 管辖权条款。该条款对审理提单争议的法院做出规定，明确"凡根据本提单或与其有关的一切争议均应按照中国法律在中华人民共和国的法院解决或在中华人民共和国仲裁"。

3. 承运人责任条款。该条款对承运人所承担的责任及所享有的免责事项做出规定，明确"有关承运人的义务、赔偿责任、权利及豁免应适用《海牙规则》，即1924年8月25日在布鲁塞尔签订的《关于统一提单若干法律规定的国际公约》"。我国因为不是《海牙规则》的缔约国，也没有使该国际提单公约生效的国内法，所以有必要在提单上将承运人责任应适用《海牙规则》的规定作为合同条款列入。

4. 责任期间条款。该条款对承运人履行义务、承担责任的时间范围做出规定,明确"承运人的责任期间应从货物装上船舶之时起到卸离船舶之时为止。承运人对于货物在装船之前及卸离船舶之后,发生的灭失或损坏不负赔偿责任"。这与《海牙规则》对运输责任时间的规定是一致的。

5. 包装和标志条款。该条款对托运人所托运货物的包装和标志做出规定,明确"在装船之前,托运人应对货物加以妥善包装,货物标志必须正确、清晰,并须以不小于5厘米长的字体将目的港清晰地标明在货物的外部,上述标志须能保持到交货时仍然清楚易读。由于包装和标志的不足或不适当所产生的一切罚款和费用应由货方负担"。

6. 运费和其他费用条款。该条款对运费的具体支付做出规定,主要明确以下几点:一是预付运费应在装船时连同其他费用一并支付,如已有约定而未预付,应由货方支付,并自通知缴费之日起按年息5%加付利息;二是到付运费连同其他费用应在船舶抵达目的港时一并支付;三是预付运费或到付运费,无论船舶和货物或其中之一遭受任何灭失或损坏,都应毫无例外地全部付给承运人,不予退回和不得扣减;四是一切与货物有关的捐、税或任何费用应由货方支付。

7. 装货、卸货和交货条款。该条款对双方在装、卸货和交货上的责任做出规定,主要明确以下几点:一是无论港口的习惯如何,货方都应以船舶所能装卸的速度不间断地提供和提取货物,并对因违反此规定所引起的损失(包括滞期费)承担赔偿责任;二是承运人可以不预先通知就开始卸货,并在收货人不能及时从船边提走货或拒绝提货,或发现无人认领货物的情况下,有权将货物卸在岸上或其他适当场所,而由货方负担全部风险和费用;三是如果在一合理的时期内无人认领货物或者货物将变质、腐烂或失去价值,承运人可按其留置权自行予以变卖、抛弃或处置该货物而不负担任何责任。

8. 留置权条款。所谓留置权(Lien),是指承运人占有属于货主的货物,在货主未清偿债务之前对其货物进行留置的权利。留置权条款对承运人留置货主货物的权利做出规定,明确规定发生应收而未收的运费、空舱费、滞期费和其他费用时,承运人可将货物或任何单证行使留置权,并有权出售或处理货物。如果出售货物所得不足抵偿应收款额和引起的费用,承运人有权向货方收回其欠额。承运人行使留置权是为了收取其所承运的货物在运输过程中发生的费用。货主如果为承运人要求其支付的运输费用提供担保,以代替被留置的货物,留置权随之消失。若货物被留置以后,货主未交付担保,承运人可依法等待一定期限以后,将留置货物拍卖或取得其所有权。

9. 灭失或损坏通知、时效条款。该条款对货方的损失通知和索赔时效做出规定,主要明确以下几点:一是如果货物发生灭失或损坏,货方应在承运人交付货物之前书面通知承运人;二是如果灭失或损坏不明显,损失通知应在交付货物的三天内提交;三是如果货方因货损而向承运人提起诉讼,应在从交货之日或应交货之日起的一年内,承运人和船舶对超过诉讼时效的货损索赔不负责任。

10. 赔偿金额条款。该条款对承运人所负赔偿责任限度做出规定,明确"该赔偿金额应按货方的净货价加运费及已付的保险费计算",但"应限制在每件或每计费单位不超过人民币 700 元"。不过,如果在承运人接受货物之前,托运人以书面申报的货价高于此限额,而且已经填入提单并按规定支付了额外的运费,则承运人按申报价值赔偿。当每件或每一计费单位的货物的实际价值超过申报价值时,则其价值按申报价值,承运人的赔偿责任将不超过申报价值,而且任何部分灭失或损坏均应按申报价值比例计算。

11. 转运、换船、转口货物和转船条款。该条款对承运人的自由转船做出规定,明确承运人签发的虽然是直达提单,但如有需要,仍可以自由转船,包括"将货物交由属于承运人自己的船舶或属于他人的船舶,或经铁路或以其他运输工具直接或间接地驶往目的港,转船、驳运、卸岸、在岸上或水面上储存以及重新装船起运"。转船等费用由承运人负担,但风险由货方负担。承运人的责任仅限于其本身经营的船舶所完成的那部分运输。

12. 舱面货、活动物和植物条款。该条款对舱面货的风险由货方承担做出规定,明确"舱面货、活动物和植物的接受、装载、运输、保管和卸载均由货方承担风险,承运人对其灭失或损坏不负赔偿责任"。

13. 共同海损和新杰逊条款。该条款包括两项内容:一是对共同海损理算所采用的规则做出规定,明确"共同海损应在中华人民共和国根据 1975 年《中国国际贸易促进委员会共同海损理算规则》(即《北京理算规则》)进行理算"。二是对属于同一船公司的两条船舶之间发生的救助行为做出规定,明确"其救助费用应犹如该救助船舶系为第三者所有一样,全额支付",也就是说,当遇到救助船舶和被救助船舶均为承运人所有或由其经营的情况时,应将救助工作视为由第三者船舶所为,而由被救助船舶全额支付因此所产生的救助费用,这笔具有共同海损性质的救助费用最终由货方与承运人一起分摊。该项规定即被称作"新杰逊条款"(New Jason Clause)。

以上所叙述的是提单背面的主要条款,还有一些条款也很重要,如错误申报条款,驳船费条款,集装箱货物条款,双方有责碰撞条款,战争、检疫、冰冻、罢工等条款,以及地区条款。其余的条款则涉及具体运输的货物,如危险品、违禁品条款,冷藏货条款,木材条款,铁和钢条款,散装货、一个以上收货人的货物条款,重货和笨件条款,熏蒸条款,选港货条款,等等。

四、提单在跟单信用中的地位

(一) 国际贸易无法采用当面交货付款方式

去商店购物或者在当地进行货物交易,常常采用的是"一手付钱、一手交货"的方式。所谓一手付钱、一手交货,就是买卖双方通过当面交货付款做成交易:卖方把货物交给买方,而买方向卖方支付货款,银货两讫,完成交易。然而,国际贸易无法采用这种交易方式,因为国际贸易业务的买卖双方是不同国家(比方说是 A 国与 B 国)的商人,处于两地,远隔重洋。在签订贸易合同以后,卖方也就是 A 国的出口商需要通过某种运输方式(如海运)将货物向 B 国发运,载货船舶千(万)里迢迢,越洋过海,经过一段时日(比如 30 天)才运抵 B 国,然后把货物交付给买方也就是 B 国的进口商。货物交付了,货款在什么时候支付却成了一个"麻烦"问题:B 国的进口商究竟是在 A 国出口商起运货物即 30 天之前就先支付货款,还是在 A 国出口商将货物运到即 30 天以后才支付货款?如果是前者,即先付款后取货,对 B 国进口商来说,是由他先承担了这笔货款 30 天;如果是后者,即先交货后收款,对 A 国出口商来说,则是由他先承担了这笔货款 30 天。货款是先由进口商承担抑或先由出口商承担,都必然会给交易双方中的某一方带来财务上的问题。

正是因为无法采用一手付钱、一手交货的方式,当今国际贸易变买卖货物为买卖单证,并由银行进行资金融通,也就是通过跟单信用证来完成国际贸易业务。

(二) 国际贸易中使用的跟单信用证

信用证(Letter of Credit,缩写为 L/C),简单地说,是银行应买方的请求,开给卖方的一种银行保证付款的凭证。在国际贸易中,通常是开证银行根据进口商的请求和指示,授权出口商凭所提交的符合信用证规定的单据,开立以该行或其指定的银行为付款人的不超过规定金额的汇票向其或其指定的银行收款,并保证向出口商或其指定人进行付款,或承兑并支付出口商开立的汇票。可见,信用证业务是一种单据买卖,开证银行只凭合格的单据付款。

根据付款凭证的不同,信用证可分为跟单信用证和光票信用证。这里只谈国际贸易货款结算主要使用的跟单信用证。

跟单信用证(Documentary Credit)是指凭跟单汇票(附有货运单据)或仅凭货运单据付款、承兑或议付的信用证。在国际贸易中,跟单信用证的收付程序大致包括订立合同、申请开证、开证、通知、交单议付(买单付款)、持单索偿(收单偿付)、付款赎单(交单收款)共7个环节。现简略地分述如下。

1. 订立合同。贸易双方先就买卖货物的交易条件进行磋商,达成交易后订立国际贸易合同,明确规定买方以信用证方式支付货款。

2. 申请开证。买方即进口商在贸易合同规定的时限内向所在地的银行申请开立信用证。进口商作为开证人在填写开证申请书时,应注意所列内容不能与贸易合同规定的条款相矛盾,所列条款内容的表达必须符合国际商会《跟单信用证统一惯例》(Uniform Customs and Practice for Documentary Credit)的规定。

3. 开证。开证行接受开证人的开证申请书后,必须按申请书规定的内容向指定的受益人即出口商开立信用证,并将信用证直接邮寄或用电讯通知出口地的代理银行(通知行)转递或通知受益人。

4. 通知。通知行在收到信用证后,应即核对开证行的签字与密押,经核对证实无误,尽快将信用证转交受益人。

5. 交单议付(买单付款)。受益人在收到通知行转来的信用证后经审查无误,便可根据信用证的规定发运货物,在货物发运完毕后缮制并取得信用证所规定的全部单据,开立汇票与发票,连同信用证正本在信用证规定的交单期和信用证的有效期内,递交通知行或信用证指定的银行(议付行)办理议付。

议付(Negotiation),即由议付行向受益人购进其出立的汇票及所附单据,实际上,也就是议付行在受益人提交符合信用证条款的单据的前提下垫款给受益人。议付行办理议付后成为汇票的善意持票人,如果发生开证行拒付的情况,有权向受益人进行追索。

6. 持单索偿(收单偿付)。议付行根据信用证规定,凭单据向开证行或其指定的银行(偿付行)请求偿付。

开证行收到议付行寄来的汇票和单据后,经核验认为与信用证规定相符,应向议付行付款。如信用证指定代付行或偿付行,则由该指定的银行向议付行进行偿付。

7. 付款赎单(交单收款)。开证行履行偿付责任后,应即向开证人提示单据,开证人核验单据无误后办理付款手续。开证人付款后,即可从开证行取得全套单据,其中包括可凭此向承运人提取货物的提单。如果此时货物已经到达,便可凭提单立即提货;如果货物尚未运达,应先查询到货日期,一俟货到即凭单提货。

以上的信用证收付程序可由图4–1表示。

从跟单信用证收付的流程,可以很清楚地看到国际贸易是怎样变货物买卖为通过银行进行单据买卖的过程,包括提单在内的单据买卖就代表着进出口货物的买卖。原来A国的出口商需要在发货30天后才能收到货款,现在通过银行融通,他可以在发货后即取得货款;而原来B国的进口商需要提前支付货款后过30天才

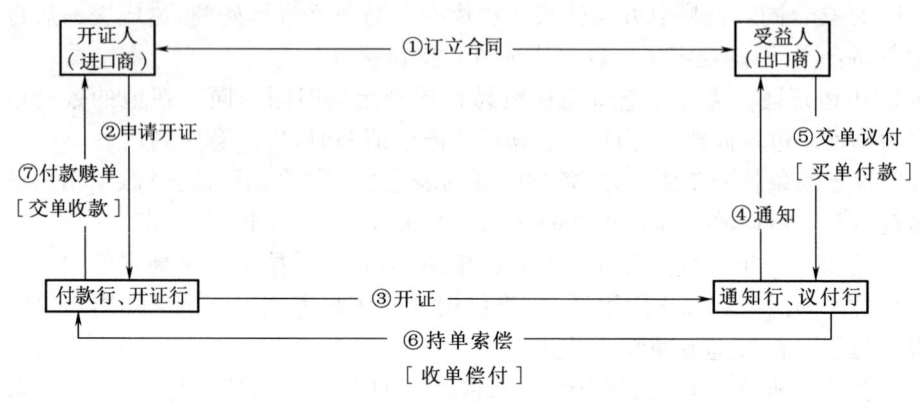

图 4-1

能提取货物,通过银行融通,他就可以在购得货运单据时才付款并凭单提货。信用证方式在国际贸易结算中起到了安全保证作用和资金融通作用,适应了国际贸易发展的需要。

(三) 提单在跟单信用中的签发、流转过程

提单在上述跟单信用中的地位是十分突出的,它作为货物收据、运输合同的证明及物权凭证,在通过银行买卖的货运单据中是最重要的一种单据。为此,信用证对提单有严格的规定,例如要求必须是清洁提单、已装船提单和全式正本提单等。下面以一笔采用 CIF 贸易术语成交并采用信用证方式结汇的国际贸易业务为例,对交易的整个过程和提单在其中的流程作一介绍和分析,以说明其在跟单信用中的重要地位。

1. 买卖双方订立贸易合同。出口商与进口商订立国际贸易合同,合同中规定采用 CIF 贸易术语及买方以信用证方式支付货款。

2. 承托双方订立班轮运输合同。出口商根据贸易合同规定的要求寻找班轮运输公司预定舱位,以托运人的身份将进口商所购货物托付给船公司运往约定港口,双方订立运输合同。

3. 承运人将货物装船后签发提单。船公司作为承运人接受托运人即出口商所交运的货物,办理有关手续后装船,并由装货船舶的大副出具大副收据,托运人凭大副收据向承运人换取由其签发的已装船提单。

4. 出口商转让提单给议付行取得货款。出口商取得提单及信用证所规定的其他必要单据(如商业发票、海上货物运输保险单等)后,将它们提交给由进口商当地的开证行在信用证中指定的议付行进行议付,而议付行根据开证行的授权买下提单等单据并把货款支付给出口商。

5. 议付行持单索偿并把提单交给开证行。议付行按照信用证的规定,再凭所持有的提单等单据向开证行请求偿付,而开证行在确认所有单据满足信用证规定的要求后支付货款给议付行并取得提单等单据。

6. 开证行通知进口商付款赎回提单。开证行按照与开证人即进口商在申请开证时达成的协议,通知进口商办理付款手续,后者在付款给开证行后取得提单等单据。

7. 进口商凭提单向承运人提货。进口商作为提单上的收货人接到承运人发出的货到通知后,按照承运人的指示在指定的时间和地点,凭正本提单提取货物。

8. 承运人交付货物后收回提单。承运人将货物交付给收货人或提单持有人,同时收回正本提单,完成运输合同规定的货运任务,提单的流转过程亦告结束。

以上的提单流转过程可如图 4-2 所示。

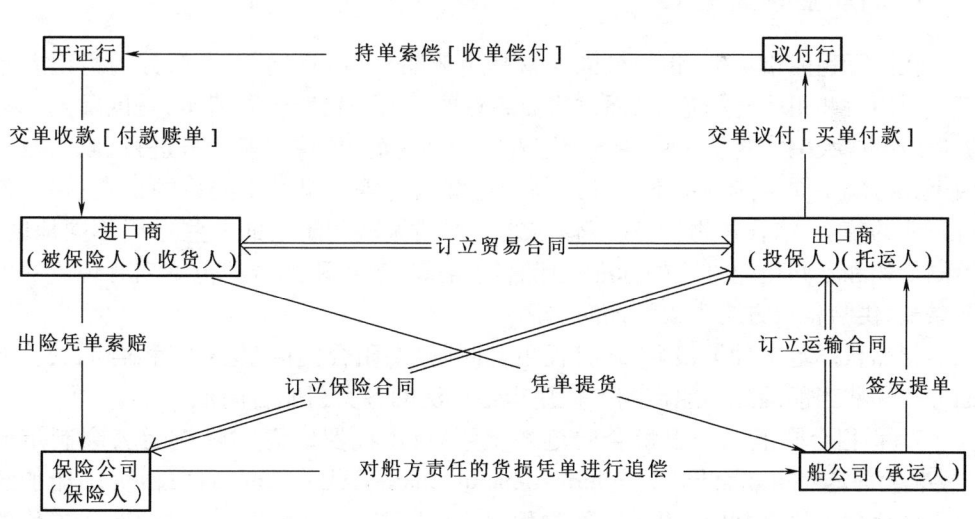

图 4-2

第三节 租船合同

一、租船合同的概念及合同范本

(一)租船合同的概念

租船合同是指在租船运输经营方式下,船舶出租人与承租人按照契约自由的原则,就租船交易达成协议而订立的一种海上货物运输合同。船舶出租人作为运输合同的一方当事人把船舶提供给承租人使用,承租人则以运输合同另一方当事人的身份支付给船舶出租人一定的运费或租金。双方当事人的权利与义务、责任与免责等事项以条款形式在运输合同中加以规定。

租船合同按照租船方式的不同,可分为航次租船合同、定期租船合同和光船租赁合同。这三种基本类型的租船合同都属于要式合同,船舶出租人与承租人通过洽谈、协商,在明确双方的合同权利和义务并取得一致意见的基础上,必须以书面形式签订合同。

(二)租船合同范本

在国际租船市场上,租船合同通常是由船舶出租人和承租人双方的经纪人参考或引用一些租船合同范本,通过协商签订的。所谓租船合同范本,是国际上一些航运组织或大宗货物贸易商会从节省双方洽商时间、加快租船业务进行,以及减少因事先考虑不周可能制定不合理条款或遗漏内容等情况发生的目的出发,根据各自行业的特点,结合货物种类、运输航线及习惯做法所制定的一些适用不同地区、不同货物和不同租船方式的标准租船合同格式。这些租船合同范本列有现成的主要条款,供洽租双方当事人洽商时选用。

租船合同范本种类很多,既有程租合同的、期租合同的,也有光租合同的。下面介绍一些当前国际租船市场上使用得最广泛的各类租船合同范本。

1. 程租合同范本。程租合同范本主要有:由波罗的海国际航运公会制定的"标准杂货定程租船合同"(Uniform General Charter,代号 Gencon);由美国船舶经纪人和代理人协会制定的"北美谷物租船合同"(North America Grain Charter,代号 Norgrain);由美国船舶经纪人和代理人协会制定的"油船航次租船合同"(Tanker Voyage Charter,代号 Asba tank voy)。此外,还有"澳大利亚谷物租船合同""波兰煤炭租船合同""铁矿石租船合同""波罗的海木材租船合同"等。

2. 期租合同范本。期租合同范本主要有：由波罗的海国际航运公会制定的"标准定期租船合同"（Uniform Time Charter，代号 Baltime）；美国纽约土产交易所制定的"纽约土产定期租船合同"（New York Produce Exchange Time Charter，代号 Nype）；由中国租船公司制定的"中国租船公司期租合同"（China National Chartering Corporation Time Charter Party，代号 Sinotine）。

3. 光租合同范本。光租合同范本主要有：由波罗的海国际航运公会制定的"标准光船租赁合同"（Standard Bareboat Charter，代号 Barecon），还有"纽约土产光船租赁合同""日本海运集会所光船租赁合同"等。

二、航次租船合同的主要内容

（一）航次租船合同的定义和特性

1. 航次租船合同的定义。航次租船合同，根据我国《海商法》第 92 条的规定，是指船舶出租人向承租人提供船舶或者船舶的部分舱位，装运约定的货物，从一港运至另一港，由承租人支付约定运费的合同。航次租船合同又称定程租船合同，简称程租合同。

从上述定义可以看出，航次租船合同的承租人在向船舶出租人租用了船舶以后，并没有占有和控制船舶，船舶仍由船舶出租人掌管，承租人只是在装货港交付货物，由船舶出租人负责将货物运往目的港。

2. 航次租船合同的特性。航次租船合同与班轮运输合同即提单相比，二者既有相同之处，也存在不少区别。相同之处有三：一是均属于海上货物运输合同；二是均由船舶出租人全面负责船舶的营运，完成货物的运输任务；三是均由承租人支付约定的运费。

二者的区别也正体现了航次租船合同的特性，具体有以下几点。

（1）航次租船合同的船舶出租人是专门承运人。作为班轮运输合同一方当事人的承运人，定航线、定船期，运输经营面向所有的托运人，承运所有托运人托运的货物，因此被称为公共承运人（Common Carrier）。航次租船合同的船舶出租人只同与其签订了租船合同的承租人打交道，只负责该承租人所交付货物的运输任务，所以被称为私营承运人或专门承运人（Private Carrier）。

（2）航次租船合同是议商合同。班轮运输合同属于附合合同，托运人只能就承运人事先已拟订的合同条款作出接受或不接受的决定，一般不能对合同的内容提出修改要求。属于议商合同的航次租船合同则不然，船舶出租人和承租人双方在平等自愿的基础上，对合同的内容可以逐条逐款进行商讨，自由议定，任何一方皆不能将自己的意志强加于对方，即使那些供参考选用的程租合同范本也是非强制性的，其中的条款可以被双方达成协议的其他条款所代替。

(3) 航次租船合同的运费随行就市。在班轮运输合同中，托运人所承担的运费是根据承运人事先制定的运价表，按所载运货物的吨数或体积乘以运价计付。航次租船合同的运费则由双方根据市场行情洽定，具体的计算办法有两种：一种是按实际或约定吨位数计算，另一种是规定一个总金额，即所谓包干运费。要注意的是：如果承租人是租用整船或全部舱位的，不管货物实际上是否装满，都应按约定的包干运费或约定吨位数计费。

(4) 航次租船合同的装卸费用由双方洽定。班轮运输合同为了适应定期班轮的要求，一般规定托运人把货物交至承运人指定的码头或仓库，货物的装卸由承运人负责安排，装卸费用由承运人承担。航次租船合同的装卸货物要由承租人自己负责，承租人通过与船舶出租人的协商，洽定装卸的安排及装卸费用由谁承担的问题，他可以选择采用或由船方负责装卸，或船方管装不管卸，或船方管卸不管装，或船方不管装不管卸，或船方不管装卸及平舱、理舱等方式。

(5) 航次租船合同订有装卸时间及滞期费、速遣费条款。班轮运输合同因为是由承运人负责装卸货物，通常只要求托运人按港口的惯常速度交货，收货人按港口的惯常速度提货；在碰到港口拥挤的情况时，承运人可通过向托运人收取港口拥挤附加费来解决，因此合同中一般不订入有关装卸时间及滞期费、速遣费条款。航次租船合同就不一样了，因为装卸货物要由承租人自己负责，而装卸时间的长短与船舶出租人的利益有关，原因就在于程租合同是按航程租船，船舶出租人会因承租人装船或卸船超过一般的装卸时间而遭受经济损失。为此，装卸时间及滞期费、速遣费条款成为航次租船合同的重要条款之一。

(二) 航次租船合同的重要条款

航次租船合同用于大宗货物的国际海洋运输，不同的货物可能有各自的标准合同范本，但尽管如此，这类租船合同所必须具备的一些基本内容是相同的。记载这些基本内容的条款即主要条款，是双方当事人履行合同及承担义务、责任的法律依据，因此承租人在与船舶出租人签订航次租船合同之前，有必要认真研究有关的标准程租合同范本的条款，根据公平合理和实际可行的原则，对这些条款进行删减、修改和补充后再行签订。

1. 船舶说明条款。船舶出租人必须如实提供有关出租船舶的概况，包括船名、船舶国籍、船级、船舶吨位和船舶位置等的说明，以让承租人通过这些情况的说明来了解所租用船舶的技术状态、载运能力和可能遭遇的风险。如果船舶出租人提供的资料与事实不符,影响到合同的履行,承租人有权解除合同并提出索赔。

(1)船名。出租船舶在租船合同中必须指定,船名予以明示。租船合同订立后,船舶出租人不得任意改变船名,无权用其他船舶代替指定的船舶,否则就作为违约来处理。只有在租船合同中订有"替代船舶条款",即规定可用同类型船舶(在船级、船型、位置等方面与指定船舶相符的船舶)替代指定船舶的情况下,承租人才不能拒绝以另一艘船舶替代指定船舶。

(2)船舶国籍。船舶国籍以船舶的国籍证书为准。船舶取得某一国家的国籍,即意味着船舶受船籍国的法律保护和管辖。在战争期间,船舶国籍成为区别友船、敌船和中立国船的标志,直接关系到船舶及其载运货物的安危,更应予重视。由于当前的国际航运界存在着较为严重的方便旗船问题,承租人应避免因租用船况不佳的方便旗船而使货物面临灭失的风险。一旦租船合同订立后,船舶出租人就不能擅自变更船舶国籍或船旗,否则承租人有权解除合同并提出索赔。

(3)船级。船级是船舶在双方订立租船合同时应达到的技术性能优良程度的称号。船舶取得的船级,不但涉及租费标准的高低,还对船舶及其所载运货物投保相应险种时的费率高低产生影响,因此船级是船舶说明条款的重要内容之一。船舶出租人如若错报船级而与合同载明的船级不符,承租人有权解除合同并提出索赔。需注意的是:合同中写明的船级是指船舶在合同订立时的船级,航次租船合同并不要求船舶出租人保证在整个合同期内都能保持这一船级。

(4)船舶吨位。船舶吨位包括注册吨和载重吨。其中,注册吨与港口费用、运河通行费和关税的征收密切相关;而载重吨则表明船舶的实际载重能力,即实际可装载货物的最大数量,不包括船舶在航次中的燃料、物料、淡水和其他供应品的消耗量。对船舶的载货量,航次租船合同通常规定一个允许在一定范围内伸缩的吨位,如在合同中写上"1 000 吨 ± 5%,由船方选择"的字样,装货开始前或在合同规定的日期,船舶出租人宣布载货量,该载货量上限应为 1 050 吨,下限应为 950 吨。如果承租人提供的货物没有达到船方所宣布的载货量,就应对不足部分支付船方亏舱费;如果船舶的实际载货量因没有达到船方所宣布的载货量而造成退装,船舶出租人应赔偿承租人由于退装所遭受的损失。

(5)船舶位置。船舶位置是指双方在订立租船合同时明确船舶所处的位置,它有助于承租人掌握所租用船舶的动态以做好装货准备,但对船舶出租人来说这显然是一项限制的规定。如果承租人做好装货安排,因船舶未处于合同所规定的位置而发生变动并因此遭受损失,他有权解除合同并提出索赔。实践中,有的船舶出租人为了避免麻烦而在合同上写上"正在营运"的字样,以代替船舶具体位置的说明。如果是这样的话,处于被动地位的则是承租人。

2. 预备航次条款。所谓预备航次,是指承租人所租用船舶在完成上一航次后,从本租船合同的装货港的前一个港口驶往本合同的装货港的一段航次。预备航次是船舶根据本合同出租航次的一部分,船舶出租人必须在合同中明示。如果船舶因前一个合同的延误而延迟抵达本合同的装货港受载货物,承租人就有权以船方违反预备航次条款为由取消合同。例如,由波罗的海国际航运公会制定的著名的"标准杂货定程租船合同"中就规定:"船舶应驶往×港或船舶所能安全抵达并始终保持浮泊的邻近地点装货。"该规定明确要求船舶应以合理的速度尽快驶往装货港,其中也包含着对船舶应在合理的时间开始预备航次的要求,而不应有不合理的延误。这里的"合理的速度"应理解为"惯常的"或"适宜的",若发生争议,应根据协议提交仲裁或法院来确定。

3. 装卸港口条款。装货港和卸货港都是由承租人提出而在合同中规定的,这是航次租船合同中的重要条款。该条款有两种订法:一种是具体载明装货港和卸货港的名称;另一种是不具体列出港口的名称,而是规定一个可供承租人选择的范围,由承租人选定并通知船方,但一旦确定,便不得再更改。

无论采用哪一种方法确定装卸港口,都应该保证该港口是安全港口和具有安全泊位。所谓安全港口(Safe Port),是指特定船舶在有关时间内,在正常良好的航行条件下,可以安全地驶入或驶出而不致发生危险的港口;而安全泊位(Safe Berth),则是指船舶满载时能够安全地停靠并能保持安全浮泊状态及安全出入的泊位。这里的港口安全、泊位安全,不但涉及地理和自然条件方面的安全,包括港口航道的水深与宽度、气象条件、助航设施、系泊设备等应保证船舶能安全进入、停靠和驶离而不会遭受损害,而且关系到政治上的安全,包括船舶不会遭遇战争、敌对行为、恐怖活动,以致发生船货被扣押、船舶被拘捕等风险。

港口和泊位的安全应由租船合同的哪一方负责,一般取决于装卸港口是采用哪种订法,或者说,取决于它们是由谁确定的:如果采用第一种订法,即在租船合同中已具体载明装卸港口的名称,这表明船方已认可港口和泊位是安全的,因而由他来承担它们的安全的责任;如果采用第二种订法,即由承租人选定港口,港口的安全则由他负责。当然,承担港口安全责任的上述原则也有变通的做法。如果是由船方负责港口安全的话,船舶出租人为了减轻自己的责任,往往在合同的装卸港口条款中加上"该港附近可以安全到达并保持浮泊的地点"的字样,其含义是当合同指定的港口或泊位由于出现某种情况而变得不安全时,船方就可将船舶驶往该港附近安全的地点装卸货物,由此产生的货物转运费用由承租人承担。这被称为"附近条款",对承租人来说,是一种具有保证性质的条款。同样,如果是由承租人负责港口安全的话,只要承租人在选港时已恪尽职守确定港口是安全的,即使后来由于发生特殊情况变得不安全了,承租人对此也可以不负责任。

4. 销约条款。受载日和销约日是航次租船合同中的重要条件。所谓受载日,是指承租人可以接受的船舶装货的最早日期;销约日是指承租人可以接受的船舶装货的最迟日期。从受载日至销约日之间的这段时间称为受载期。受载期的第一天即受载日,承租人必须备妥货物装船,否则就要承担延滞装船的责任;受载期的最后一天即销约日,船舶出租人必须使船舶抵达装货港并准备就绪受载货物,否则承租人有权立即取消合同。这些内容在航次租船合同中做出规定,即为"销约条款"。

之所以要在租船合同中规定销约条款,目的是给承租人一个解除合同的选择权,也就是说,当船舶在销约日以后抵达装货港时,承租人有权根据市场行情作出解除合同或是接受船舶的决定。一般情况是:在合同签订后,运价上升,承租人会愿意接受船舶;反之,在合同签订后,运价下跌,且又容易租到装货的吨位,承租人自然会解除原订合同或另订运价较低的合同。在承租人的权益获得保护的同时,船舶出租人却因此而面临着一个两难的问题:船方明知船舶不可能在销约日之前抵达装货港并准备就绪,但只要承租人不宣布销约,他仍需将船舶驶往约定的装货港。然而,这有可能是枉跑的一个航次,因为等船舶赶到后,承租人才宣布销约;如果船方认为既然船舶抵达装货港肯定是在销约日以后,况且承租人十有八九会销约,因而干脆不去,却又必须承担违约责任,赔偿承租人的损失。为了维护自己的利益,船舶出租人就在合同中订入"质询条款",规定承租人在接到船方关于船舶不可能在销约日之前赶到的通知的一段合理的时间内作出是否销约的回复,若承租人未在规定的时间行使选择权,则视为弃权。这样,船舶出租人就可以在获得回复后行事,从而减少损失。

5. 装卸时间条款。在航次租船合同的履行过程中,船舶在海上航行的时间由船舶出租人掌握,而船舶在港口的装卸时间则基本上受承租人控制。不论是航行时间抑或装卸时间的延长都会增加船舶的营运成本,但船舶出租人所收取的运费却不会因此而增加。船方为了减少或避免这种时间损失,除了尽量缩短海上航行时间以外,还必须限制受承租人控制的装卸时间。"装卸时间条款"就是这么一条只允许承租人在约定的时间内完成装卸作业的条款。

装卸时间的表达方法有两种:一种是"按港口惯例"或"以习惯的速度",多列于提单上,租船合同上较少见;另一种是规定具体装卸日数或装卸定额,如日装或卸 1 000 吨。要注意装卸日数中的"日"有"连续日""工作日""晴天工作日""累计 8 小时工作日""累计 24 小时工作日""累计 24 小时晴天工作日"等各种算法。比如"工作日",即指以港口习惯的正常工作的日子,周日和节假日不计入;又如"晴天工作日",即指在工作日中扣除影响装卸作业的刮风下雨天数。

装卸时间的起算方法，通常是从船舶抵达装、卸货港，船方向承租人或其代理人发出"装卸准备就绪通知书"后的某一时刻起计算。具体的计算不一：有的从承租人在港口办公时间接受并签署该通知书 24 小时后开始计算；也有的规定在当地工作日上午递交通知书，就在下午 1 时或 2 时开始计算，若工作日下午递交，则从下一工作日上午 8 时开始计算。

6. 滞期费、速遣费条款。装卸时间条款要求承租人在规定的时间内完成货物的装卸，如果承租人实际使用的时间超过规定的时间，使船舶出租人遭受船期损失，承租人就应支付船方滞期费；如果承租人实际使用的时间短于规定的时间，使船舶出租人获得船期利益，船方就应支付承租人速遣费。这些内容在航次租船合同中做出规定，即称为"滞期费、速遣费条款"。

对船舶出租人而言，滞期费是让承租人补偿超过规定装卸时间而继续装卸，因此妨碍预定船期而给他造成的损失；速遣费是他对承租人的快速装卸所给予的奖励，这种奖励规定对租船合同双方都是有利的，通常速遣费为滞期费的一半。滞期时间的计算有两种：一种是"滞期时间连续计算"，即一旦发生滞期，所有的节假日和原来不计入装卸时间的日子全部计算在滞期时间内，这就叫"一旦滞期，永远滞期"，显然对船方有利；另一种是"滞期时间非连续计算"，则采用同装卸时间计算一样的方法计算滞期时间。

速遣时间的计算也有两种方法：一种是"按节省的全部装卸时间计算"，即承租人所节省的时间应扣除节假日和非工作日后计算速遣费；另一种是"按节省的全部时间计算"，即承租人所节省的时间内包含的节假日和非工作日也作为速遣时间计算，这当然有利于承租人。

7. 装卸费用条款。在航次租船合同中，必须明确装卸费用由谁承担的问题，前面对该问题已经述及，现再稍加说明。常见的装卸费用条款有以下几种：

(1) 船方承担装卸费用条款(Gross Terms)，又叫班轮条款(Liner Terms)。该条款规定："承租人必须将货物送到船边处于船上吊钩所能及的范围之内；卸货时，船方必须把货物卸出舱外，卸到船上吊钩所能及的范围内的船边交货，承租人在船边接受货物。"据此，船方承担装卸及费用、舱内杂货的理舱及费用和散货的平舱及费用。

(2) 船方不承担装卸费用条款(Free In and Out, FIO)。该条款规定由承租人承担货物的装卸及费用。为了进一步明确舱内杂货的理舱(Stow)和散货的平舱(Trim)的责任和费用由谁承担，还可在 FIO 的基础上加以规定，成为船方不承担卸费用和理舱费条款(FIOS)、船方不承担装卸费用和平舱费条款(FIOT)、船方不承担装卸费用及理舱费和平舱费条款(FIOST)。

(3)船方不承担装货费用条款(Free In,FI)。该条款规定由承租人承担装货及费用,但卸货及费用则由船方承担。

(4)船方不承担卸货费用条款(Free Out,FO)。该条款规定由承租人承担卸货及费用,但装货及费用则由船方承担。

8. 佣金条款。佣金是船舶出租人支付给租船经纪人的劳务报酬,其计算基础是运费。在没有特别约定的情况下,无论是双方各自委托的经纪人,还是共同委托的经纪人,他们的佣金皆由船舶出租人支付,因此船舶出租人在与承租人商谈运价时当然会将佣金因素考虑在内。在航次租船合同中,经纪人的佣金通常为运费总额的一定比例(如1.25%左右)。

除上述一些重要的条款以外,航次租船合同也有一些与提单所列的相同条款,如留置权条款、共同海损条款、新杰逊条款、双方有责碰撞条款、战争条款、罢工条款和冰冻条款等。

(三)航次租船合同项下签发的提单

航次租船合同中也有由船舶出租人或船长签发的提单。由于提单的持有人有可能是承租人本人,也有可能是其他善意的第三方,提单所反映的法律关系也因此不一样。

1. 收货人是承租人的提单。买方以离岸价格与卖方成交,按照该贸易价格条件,应由买方负责租船。买方与船舶出租人订立航次租船合同,他既是承租人,又是收货人。提单的作用相当于船舶出租人收到货物的收据和交付货物的凭证。这类提单多为略式提单,无背面条款,承租人与船舶出租人之间的权利义务关系一切以租船合同为准。

2. 收货人不是承租人的提单。卖方以到岸价格与买方成交,按照该贸易价格条件,应由卖方负责租船。卖方与船舶出租人订立航次租船合同,他是承租人。装船后,船舶出租人根据承租人的要求签发以买方为收货人的提单。此时,船舶出租人与承租人之间的权利义务关系以租船合同为准,而收货人或善意的提单持有人与船方之间的权利义务按提单规定办理。

3. 载入租船合同条款的提单。在上述收货人不是承租人的提单中,由于存在着同一笔运输业务中船舶出租人与承租人之间和船方与收货人之间的法律关系不同的客观事实,完全有可能出现提单背面条款的规定与租船合同条款的规定不相一致的情况,船方(即船舶出租人)常常因此而遭受损失。从维护自己的利益考虑,船舶出租人可在提单背面加有"适用租船合同条款"的批注,以使其与收货人的关系等同于其与承租人的关系。这种将租船合同内容并入提单的做法,即称为

"并入条款",通常为各国海商法认可并承认其合同效力。不过,虽然航次租船合同项下的提单背面加注了并入条款,但如果并入提单的租船合同条款违背了有关提单的国际公约(如《海牙规则》)的规定,那么对善意的提单持有人来说,这些条款还是无效的,船方仍以该国际公约的规定承担最低限度的责任。

除此以外,在租船合同内容并入提单以后,要使合同的管辖权条款或仲裁条款对提单持有人产生法律效力,还需对这两个条款另外附加特别约定,明确它们对提单持有人具有约束力。《汉堡规则》第22条第2款规定:"如果租船合同上载有应将该合同引起的争议提交仲裁的条款,而依据租船合同签发的提单并未特别注明此条款对提单持有人具有约束力,则承运人不得对善意的提单持有人援引该条款。"这表明,在没有作出这项特别约定的情况下,租船合同的管辖权条款或仲裁条款是不能有效并入提单的。

三、定期租船合同的主要内容

(一)定期租船合同的定义和特性

1. 定期租船合同的定义。定期租船合同,根据我国《海商法》第129条的规定,是指船舶出租人向承租人提供约定的由出租人配备船员的船舶,由承租人在约定的期间内按照约定的用途使用,并支付租金的合同。定期租船合同简称期租合同。

从上述定义可以看出,定期租船合同的船舶出租人向承租人提供的是整艘船舶,而不是某个舱位,而且租用有一个时限;承租人只能在约定用途的范围内使用,向船舶出租人支付作为使用报酬的租金,而不是运费。

2. 定期租船合同的特性。定期租船合同与航次租船合同相比,二者均属租船合同,但它们的区别十分明显。这些区别也正体现了定期租船合同的特性,具体有以下几点。

(1) 定期租船合同的承租人负责船舶营运。在航次租船合同中,船舶的营运全部由船舶出租人负责,由他支付包括燃料、港口使费在内的一切营运费用,与班轮运输一样完成货物的航次运输,他实际上扮演着承运人的角色,对完成该航次的货物运输向承租人负责。定期租船合同则不同,船舶出租人在约定的期限内将船舶交给承租人使用,他只负责提供一艘适航的船舶,即配备船长和船员,负责船舶航行和内部管理并承担相关费用,至于船舶的具体营运,包括承揽货物、安排挂靠港、船舶的调度和具体运输,全部由承租人负责,当然前提是不能超过合同约定的范围,燃料、港口使费等营运费用也由承租人支付,船舶出租人概不负责。

(2)定期租船合同按租用时间计算租金。航次租船合同是按照包干运费或货物实际或约定吨位数乘以运价计费,并根据装卸时间超过或不到合同规定期限的不同情况分别结算滞期费或速遣费。定期租船合同不考虑货物装卸时间的快慢,不规定滞期费和速遣费,因为它原则上按租用时间长短来计算租金。

(3)定期租船合同规定航行区域。在航次租船合同中,船舶被租用后仍由船舶出租人掌管,其调度和营运由他全面负责,合同中不涉及对船舶航行区域作出限制性规定的问题。然而,船舶在约定期限内由承租人占用和掌管的定期租船合同就完全不同了,合同中不指定载运的货物,也不规定船舶航线和装卸港口,但必须明确允许承租人运营该船舶的航行范围及禁止船舶行驶的区域。

(4)定期租船合同的承租人不一定是货主。航次租船合同的承租人一般是货主或托运人,租用船舶的目的是让船舶出租人把他所交付的货物从一个港口运到另一个港口。与之相比,定期租船合同的承租人租用船舶的目的就不那么单一:有可能是通过期租船舶方式让船舶出租人为他运送货物,承租人此时的身份同样是货主;但也有可能是通过期租方式租入船舶后从事班轮运输,或者再转租即以程租方式出租船舶来经营货物运输,在这两种情况下,承租人就是船舶经营人;甚至有可能通过期租方式将租入的船舶用来从事游乐、餐饮等非运输业务,此时的期租就不再属于运输租赁,而在一定程度上更具有财产租赁的性质,承租人既不是货主,也不是船舶经营人,而是其他行业的经营者。

正因为如此,有人不同意将定期租船合同归在运输合同类内,认为它应属于财产租赁合同,更有人提出定期租船合同兼具运输合同与财产租赁合同两种性质的观点,众说纷纭,各持己见。根据我国《合同法》对租赁合同的定义,所谓租赁合同是将租赁物交付承租人占有、使用、收益,承租人支付租金的合同,因此租赁物的占有和使用权在一定时间(最长不得超过20年)内的转移是租赁合同的重要法律特征。从定期租船的形式来看,船舶的使用权虽说确实是由船东转移给了承租人,但船东通过其雇用的船长和船员仍然行使着对船舶的占有权,而且在大多数的情况下,定期租船合同的内容主要还是明确合同双方当事人在海上货物运输过程中的权利义务关系。所以,大多数专家、学者的看法是,不能把定期租船合同归入租赁合同,就其性质而言,它还是属于运输合同,不过是一种与航次租船合同存在一定区别的海上货物运输合同。

(二)定期租船合同的重要条款

定期租船合同的条款同样是船舶出租人与承租人双方履行合同,承担义务、责任的法律依据,有不少条款与航次租船合同的相同。这里主要叙述一些能够反映其特性的重要条款。

1. 船舶说明条款。与航次租船合同一样,定期船舶出租人必须如实说明出租船舶的性能,包括船名、船舶国籍、船级、船型、船舶吨位、容积、船速、燃料消耗、货物作业设备、货舱结构强度等。其中有些内容的规定与航次租船合同差不多,但有关船速和燃料消耗量这两项的规定,是定期租船合同中具有条件性质的条款,需要特别加以说明。

由于期租船是由承租人负责调度和营运并承担燃料、港口使费等营运费用,船舶营运费用的高低与船速快慢和燃料消耗量大小有着密切的关系,承租人因此对船速和燃料消耗量非常重视。如果船舶的实际船速和燃料消耗量不符合合同中规定的标准,即实际船速慢、燃料消耗量大,若差距过大(一般约超过±5%),严重地影响定期租船合同的履行,承租人有权解除合同和提出索赔;若差距不大,承租人可要求赔偿因此造成的损失,但不能提出解约要求。

2. 租期条款。租期是指定期租船的时间,从船舶在交船港交给承租人时起算,或几个月,或数年,根据承租人的需要而定。确定租期的方式有三种:一是只订明期间,如"约6个月";二是订明期间并规定伸缩时间,如"约1年,2周伸缩,由承租人选择";三是订明最长最短期限,如"最少6个月,最长9个月,由承租人选择"。承租人在租期规定的伸缩时间内还船,是被允许的。如果承租人还船的时间超过了规定的租期,他就须承担超期责任。

3. 最后航次条款。该条款与租期条款有关。在航次租船合同中,由于租船期间限于一个航次,不可能发生最后航次问题。但在定期租船合同中,最后航次的结束日期与合同租期的届满日期在实践中是很难做到正好是同一天的。为此,可以在合同中订入最后航次条款,根据最后航次安排的合理与否来处理上述难题:如果最后航次安排得合理,即在租期届满之前,承租人预计是可以完成最后航次的,那么即使后来因意外事故发生而导致租期过后还船,可以不算违约,不管租船市场行情如何变化,超期租金仍按合同原约定的标准支付;如果最后航次安排得不合理,即指承租人在安排最后航次时,已预计到会超过租期,在这种情况下,船舶出租人便有权指令船长不予执行,或者要求承租人按高于合同原约定租金的市场运价来计收超期租金。

4. 租金条款。租金是承租人向船舶出租人租用船舶所支付的报酬。在定期租船合同中,租金的计算方法一般有两种,由双方在订立合同时选择确定:一种是按每月每载重吨若干金额计算,另一种是按每日若干金额计算。租金从交船开始起算,通常在交船后数日内预付半月或一月,以后每月同一日付一次,最后一月的租金按预计还船的日期预付,多退少补。租金条款是一个重要条款,如果承租人不按期支付租金，船舶出租人可以行使撤船的权利并追索租金，还可以对属于承租人的货物或转租运费行使留置权。

5. 交船和还船条款。交船是指船舶出租人在合同规定的地点将船舶及其雇佣的船员交给承租人使用；还船则是在租期届满时，承租人在合同规定的地点将船舶交还给船舶出租人并停付租金。

交船条款对交船地点和交船时的船舶状况都要作出明确规定。其中，交船的地点必须订得具体，如在指定港口交船、在指定码头或泊位交船、在指定港口的引航站交船、在指定港口引航员登船时交船、在航行途中其他地点交船等。至于交船时的船舶状况，必须与船舶说明条款中所叙述的相符合，否则，承租人可以拒绝接船，直至船舶出租人依约准备就绪为止。还船条款同样要明确还船地点，规定还船时的船舶应具有与交船时一样良好的状况和条件。除船舶的正常磨损以外，船舶如有损坏，应由承租人承担船舶的修理费用。

该条款规定的内容还有交船或还船的日期和时间、交船或还船时船上备有的燃料数量等。

6. 航行区域条款。航行区域条款规定承租人运营所租用船舶的航行范围及禁止驶往的地区。一般把战区、冰冻区、与船籍国交恶的国家和地区、传染病流行的地区、冬季北半球高纬度地区，以及不安全港口等列为禁止航行的区域。承租人必须严格遵照合同要求在规定地区运营，不能在合同规定地区以外经营，除非事先征得船舶出租人的同意。如若违反航行区域条款的规定，承租人应承担由此造成的损失。

7. 停租条款。停租是指在租期内，由于约定的原因，使承租人不能正常使用船舶，承租人可以不支付其停止使用船舶期间的租金。从原则上来说，凡是由于发生海损事故，如碰撞、搁浅、火灾、船壳或船机故障或损坏，以及船员不足、物料和供应品不充分、船舶入干坞检修等非承租人的原因妨碍船舶有效使用所造成的时间损失，承租人都可作为停租事件，从损失时间开始起停付租金，直至船舶恢复有效状态能继续使用时为止。停租事项一般要在合同中列明，列明的事项一旦出现，不管船舶出租人及其雇员有无过失，船舶均应停租。停租只是停止支付未使用船舶期间的租金，并不等于停止支付原应由其负担的港口使费等费用。

8. 转租条款。国际租船业务中，转租情况是十分普遍的。所谓转租，是指承租人在租期内有权将自己所租的船舶再转借给第三方使用。在转租的情况下，一艘船舶同时受到至少两份租船合同的约束，一份是船舶出租人与承租人签订的租船合同，另一份则是承租人（以二船东的身份将船舶出租）与次承租人签订的转租合同。不过，每份租船合同仅仅对本合同的双方缔约者具有约束力。转租条款规定,承租人仍应按照定期租船合同向船舶出租人负责,转租合同的权利义务如果与原定期租船合同的不相符时,由承租人承担责任。

除上述一些重要的条款以外,定期租船合同还有货物条款、使用与赔偿条款、船东负责事项条款、承租人负责事项条款,以及与航次租船合同所列的相同条款,如共同海损条款、新杰逊条款、双方有责碰撞条款、战争条款等。

四、光船租赁合同的主要内容

(一)光船租赁合同的定义和特性

1. 光船租赁合同的定义。光船租赁合同,根据我国《海商法》第144条的规定,是指船舶出租人向承租人提供不配备船员的船舶,在约定的期间内由承租人占有、使用和营运,并向出租人支付租金的合同。

从上述定义可以看出,光船租赁合同的船舶出租人将光船,即无船员、无装备或船员、装备不齐全的船舶出租给承租人经营管理,由承租人配备船员,支付工资,供应船上所需物料、燃料,承担租船期间全部航行费用,并按期向船舶出租人缴纳租金。

2. 光船租赁合同的特性。就性质而言,光船租赁合同实际上是一种财产租赁合同。尽管光船租赁也是定期的,但它与定期租船合同在性质上和具体内容上都存在明显的区别。这些区别体现了光船租赁合同的特性,具体有以下几点。

(1)光船租赁合同的船舶交承租人占有和使用。在定期租船合同中,船舶出租人通过其雇用的船员仍行使着对船舶的占有权,仅将船舶的使用权转移给了承租人。而根据光船租赁合同,船舶在租赁期间由承租人雇用和配备的船员占有,并由承租人使用和经营,也就是说,船舶出租人将船舶的占有权和使用权均转移给了承租人,但船舶的处分权仍属于船东。

(2)光船租赁合同的船员和装备由承租人负责。定期租船合同的船舶出租人负责配备船长和船员,负责船舶航行所需的物料、燃料和给养等装备,因此对船舶拥有使用权的承租人与船员之间不存在雇佣关系。光船租赁合同则完全不同,承租人从船舶出租人手里租赁了船舶以后,由他自己负责配备船员、装备光船,并承担所有的航行费用。

(3)光船租赁合同的承租人具有船东的法律地位。定期租船合同的承租人根据租船合同与船舶出租人发生权利义务关系,但他在使用和营运船舶过程中不能根据租船合同与第三方发生法律关系。光船租赁合同的财产租赁性质,在法律上决定了承租人在航运过程中的身份视同船东,必须承担一切由于船舶营运而引起的对第三方的责任。

(二)光船租赁合同的重要条款

1. 交船和还船条款。在光船租赁合同中,不论是船舶出租人向承租人交船时,或是承租人向船舶出租人还船时,船舶都需要经过验船师的检验。交船时的检验是为了按照租赁条件对船舶状况作出决定,确定船舶及其设备符合适航和适货的要求。承租人在船舶出租人交船时,应当接受船上原有的燃料和消耗品,并作价付款。还船时的检验是为了确定船舶在还船时,除了正常的损耗以外,仍保持着良好运行状态。船舶出租人在承租人还船时,应当接受船上所余的燃料和消耗品,按当地的一般市价分别作价处理。至于检验费用的承担,一般情况下,交船时的检验费用由承租人负担,而还船时的检验费用则由船舶出租人负担。

2. 船员条款。光船租赁合同的承租人有权聘用船长、轮机长和普通船员,但其中对船长和轮机长的聘用,通常要征得船舶出租人的同意。聘用后经过一段时期,船舶出租人如果认为他们不胜任,有权要求撤换。

3. 检修条款。光船租赁合同的承租人在租赁期间,应保持船舶良好的运行状态,必要时须进行检修,检修的费用也由承租人负担。检修的时间应与船舶出租人协商确定后安排,如租赁后每 9 个月进行一次检修。在没有征得船舶出租人同意的情况下,承租人不能擅自改变船舶的结构。

思考题

1. 海上货物运输合同可分为哪两类?分别说出这两类合同的含义。
2. 何谓提单?它具有哪些性质?了解和掌握提单的不同分类标准及具体分类。
3. 什么叫记名指示提单?一般有哪几种记名指示?什么叫不记名指示提单?解释其两种背书方式。
4. 何谓跟单信用证?概述其在国际贸易中的收付程序。分析提单在跟单信用证中的签发、流转过程。
5. 航次租船合同与班轮运输合同有何异同之处?
6. 航次租船合同中,常见的装卸费用条款有哪几种?
7. 定期租船合同与航次租船合同有何异同之处?
8. 何谓光船租赁合同?这类租船合同具体有哪些特性?

第五章　有关提单的国际公约

第一节　有关提单的国际公约概述

一、提单的沿革

　　提单作为一种为航运界普遍采用的运输单证,其发展经过了漫长的历程。提单的起源,可以追溯到中世纪初。大约在 12 世纪,当时经商的货主一般是乘坐在载运他们的货物的船只上,随船押运货物的。他们并不要求作为承运人的船东出立收据,只要被船东派遣在船上随行的文书将船舶登记簿上有关其货物托运的记载摘录出来,以证明他们已经将货物交给船东。因为船上随行的文书具有类似今天的公证人的地位,所以尽管这份证明书并不是由作为运输关系一方的船东出立的,却依然起到了证明货主已交付货物的作用。这种能起到货物交付证明作用的摘录,被认为就是提单的起源。

　　到了 13 世纪,船东或者具有船舶共有人身份的船长,在作为货物交付证明的摘录上加列了一些其他内容,如关于货主放弃不提取货物的抗辩等规定,从而使这份证明具有了提单的雏形。这类由船东或船长制定并出具给货主的证明被称为"马赛文书"。它除了起到证明船东或船长已接收货主的货物并约定在目的港将货物交付给货主的凭证作用以外,还被用来作为解决他们与货主之间海事纠纷的依据。

　　从 17 世纪开始,提单直接代表货物或等于货物,持有提单就等于持有货物的观点已为贸易界所公认和接受。事实上,提单也已经从作为货物的收据,作为提取货物的凭证,作为运输合同的证明,作为解决海事争端的依据,发展成为具有物权凭证和可以在市场上流通的有价证券性质的单证。随着提单性质的变化,它在促进国际贸易发展上的作用进一步增大。与此同时,提单的内容也由简变详,日臻完善。

　　进入 19 世纪以后,班轮运输已成为一种被广泛使用的国际海洋运输的方式。除此以外,银行信用证制度进入国际贸易的结算领域,为适应商业和金融的需要,清洁的已装船提单不仅可凭以支付货款结汇,而且在期货贸易中作为可转让的有价证券和物权凭证,也在国际信贷中得到广泛的使用。

提单,从货物收据、提货凭证,发展成为可转让的物权凭证和有价证券,经历了几个世纪的漫长道路。作为一种由承运人自行制定的具有固定格式和内容的运输合同,提单是海上货物运输惯例的产物。由于班轮运输批量小而批数多的特点使得承运人实在不方便与众多的托运人分别协商订立运输合同,承运人在实践中逐步采用固定的标准格式,将承托双方的权利义务以条款的形式印在运输合同的背面,最终形成了今天的提单。所以说,提单的产生适应了国际贸易发展的需要。

二、有关提单的国际公约的产生

提单是由承运人单方面制定的运输合同,属于附合合同。因为它不但涉及承托双方的权利义务,而且直接关系到与国际贸易业务有关的银行和保险等各方的利益,为了维护所有相关方的合法权益和社会公共利益,有必要从法律上对提单予以约束。

目前,从世界范围来看,有关提单的法律有国内法和国际法。在国内法方面,有关提单的内容,大陆法系国家是通过各自的海商法来规定的,而英美法系国家则规定在专门的海上货物运输法中。至于国际法方面,为了统一规定海上运输中承运人和托运人的权利义务关系,迄今制定了四个有关提单的国际公约。这四个国际公约按制定时间的先后,分别是《海牙规则》《维斯比规则》《汉堡规则》《鹿特丹规则》。现就前三个国际公约各自产生的时代背景做些分析,以强调它们在促使提单规范化,以及调整承运人和托运人之间关系上所起到的作用,进而说明它们的产生同样是顺应了国际贸易和航运形式变化与发展的需要。至于进入21世纪后才产生的《鹿特丹规则》,由于目前尚未生效,我们则安排在本章第五节另行介绍。

(一)《海牙规则》产生之前提单制定原则的变化

从提单最早出现的十一二世纪起,到《海牙规则》产生之前,各国有关提单的法律对提单制定原则要求的变化大致出现过以下几种情况。

1. 采用严格责任制。最早的提单,根据当时各国的航运立法规定,要求承运人对其承运的货物负绝对责任。也就是说,自接收货物开始到交付货物为止的整个期间,承运人对货物发生的损失,除了是因天灾、战争、货物本身性质和固有缺陷、发货人的过失等所造成的以外,都应当负责。即使他实际上对货损的发生并无过失,也难辞其咎。英国当时的《普通法》(Common Law)可说是各国这类航运立法的代表。这种严格责任制使货主即托运人的利益能获得较为充分的保障。这一时期大约到 18 世纪初结束。

2. 推行"契约自由"原则。自 18 世纪开始,随着货损和赔款的大幅度增加,逐渐处于垄断地位的承运人为了维护其自身的利益,纷纷采用契约自由(Freedom of Contract)原则来制定提单。承运人通过单方面在提单上订入各种免责条款,以摆脱其在航运过程中对货物承担的责任,而根据契约自由原则的精神,这些免责条款只要订得明确,将是完全有效的。从 18 世纪出现到 19 世纪 50 年代,提单上的免责条款已多达数十种,几乎到了使承运人除收取运费以外,对任何海上运输风险造成的货损概不负责,对托运人利益毫无责任可言的地步。由于货物运输安全失去了保障,提单作为物权凭证的法律地位就发生了动摇,严重阻碍了国际贸易的正常发展。

3. 实施《哈特法》。19 世纪前后美国的对外贸易发展迅速,却又没有足够的海运力量,其进出口货物运输不得不依赖拥有强大海上商船队的英国。英国承运人在提单上为所欲为地滥加免责条款的做法自然引起美国贸易商的强烈不满,美国贸易商因而站在激烈反对英国承运人做法的各国货主的前列。为改善航运界的混乱局面,维护本国货主和贸易商的利益,美国国会于 1893 年制定了《哈特法》(Harter Act)。该法规定,凡在美国港口之间从事货物运输的承运人,不准在提单上自行规定任何旨在逃避因疏忽、过失而使货物在装卸、配载、堆放、保管和交付时所发生的灭失或损失的责任条款,否则便属不合法。《哈特法》规定了承运人应负的最低限度责任,即必须恪尽职守使船舶适航,以完成预定的航行任务,以及谨慎处理对货物的装卸、堆放和保管,并妥善将货物交付给收货人。承运人的这些责任和义务,按《哈特法》规定,不准在提单上有任何的削弱、减轻或免除。

《哈特法》中的这些基本原则,先后为澳大利亚的《1904 年海上货物运输法》、新西兰的《1908 年航运及海员法》和加拿大的《1910 年水上货物运输法》所采纳。澳、新、加等这些依赖英国航运的原英国殖民地国家,与美国站在一起对抗英国的提单免责条款。然而,英国面对这些对抗,却我行我素,坚持契约自由,不愿受各国海运法规的制约。此外,德国和法国的提单同样没有规定承运人的最低限度责任。这实际上反映了一个事实:国际海洋货物运输不可能按一国的法律处理,必须制定统一的海上货物运输国际公约来调整提单条款。

(二)三个国际公约产生的背景

1.《海牙规则》的产生。第一次世界大战前后,提单条款更加复杂化,一些航运国家的承运人滥用契约自由,扩大免责范围的现象有增无减。在这种情况下,明确承运人的最低限度责任,对提单的免责条款加以限制,进而使提单规范化,成为当时国际贸易有关方的迫切要求。第一次世界大战以后,社会经济秩序的混乱,加上货运事故的日益增多,终于迫使英国把统一提单,确定承运人应对货物所负责任的问题提到议事日程上来考虑。

1921年9月,有主要贸易国家和航运国家参加的国际海事法协会在荷兰海牙召开会议,采纳《哈特法》的基本原则,草拟了有关提单内容的规则,即《1921年海牙规则》,提供各方选择适用。1924年8月25日,在比利时布鲁塞尔召开的有26国代表出席的讨论海事法律的外交会议上,对规则草案进行修改后正式签订了第一部有关提单的国际公约,全称为《关于统一提单若干法律规定的国际公约》(International Convention for the Unification of Certain Rules of Law Relating to Bills of Lading)。由于该公约草案是在海牙起草的,因而又被称为《海牙规则》(Hague Rules)。

《海牙规则》明确规定了海洋货物运输合同承运人的最低限度责任和义务,及其可享有的免责事项和赔偿限额,并制止承运人利用契约自由原则单方面免除自己的义务与责任。它的制定和实行使国际海洋货物运输有了一个统一的法律规定,有利于国际贸易的发展。《海牙规则》于1931年6月2日起生效,成为国际航运中最重要的国际公约之一。英国、美国和加拿大等50多个国家先后加入了这个公约,有些国家还将它变成为国内立法。我国于1981年承认《海牙规则》,同许多非缔约国一样,按照该公约的规定,规范我国国际提单运输承运人和托运人双方的权利义务。

2.《维斯比规则》的修订。《海牙规则》自1931年生效以后虽然被世界航运国家广泛接受,但该公约中有关承运人可享受的免责事项和对货损赔偿限额的规定一直受到贸易国家的指责,因为这些规定较多地维护了承运人的利益,在风险分摊上很不均衡。第二次世界大战结束以后,在国际政治经济发生巨大变化的同时,航运技术的日益发展使得航运风险已能相应得到控制,而集装箱运输的出现更是改变了传统的海上运输方式,《海牙规则》已不能适应国际航运业发展的需要,对它进行修改势在必行。在许多国家,特别是一些新独立的第三世界国家纷纷提出修改《海牙规则》,建立航运新秩序的强烈要求下,国际海事委员会先于1963年在瑞典斯德哥尔摩召开会议,讨论了修改《海牙规则》议定书草案;后又于1968年2月23日在比利时布鲁塞尔召开了海洋法外交会议,出席会议的53个国家和地区的代表审议并通过了第二部有关提单的国际公约,全称为《关于修改统一提单若干法律规定的国际公约议定书》(Protocol to Amend the International Convention for the Unification of Certain Rules of Law Relating to Bills of Lading)。由于该公约议定书草案最初是在斯德哥尔摩附近的果特兰岛上的一座名为维斯比的中古时期名城通过的,因而又被称为《维斯比规则》(Visby Rules)。

《维斯比规则》对《海牙规则》作了一些有益的修改,将后者中明显不合理或不明确的条款进行了局部修订和补充,在一定程度上有利于承托双方的利益趋于均衡,故而在1977年6月23日生效后,不但有许多国家和地区加入,还被阿根廷、当时的联邦德国等国以国内立法形式采用。我国虽未加入,但1992年11月颁布的《海商法》却基本上体现了该公约议定书的精神,以此表明了对它的态度。

3.《汉堡规则》。《维斯比规则》是在《海牙规则》的基础上经过修改和补充后产生的,但所作出的那些修改和补充仅仅是非实质性的,丝毫没有触及承运人的运输责任这一根本问题。正因为如此,该公约议定书也被称为《海牙—维斯比规则》。许多代表货主利益的国家,尤其是发展中国家对此当然不满意,强烈要求对《海牙规则》进行全面、彻底的修改。经过长期的不懈努力,联合国贸易和发展会议于1971年组织了由32个国家组成的国际航运立法工作组,着手调查研究,先后召开了6次会议,最后在1976年5月制订了《联合国海上货物运输公约》草案,并提交1978年3月6日至31日由联合国在德国汉堡主持召开的有71个国家参加的全权代表会议审议通过。这部新的国际提单公约,全称为《1978年联合国海上货物运输公约》(United Nations Convention on the Carriage of Goods by Sea,1978)。由于该公约是在汉堡制定的,因而又被称为《汉堡规则》(Hamburg Rules)。

对《海牙规则》和《维斯比规则》动了较大手术的《汉堡规则》于1992年11月1日,即在达到了20个法定批准国数后的一年正式生效,批准该公约的基本上都是些非主要航运国家。由于《汉堡规则》通过扩大承运人责任来使承托双方的权利义务达到基本平衡,因而触动了航运资本传统的既得利益,世界上主要的航运国家都没有加入,也没有航运公司在提单上主动选择适用,所以目前《汉堡规则》在国际海运领域内的影响还不是很大。我国也没有加入该公约,但我国的《海商法》适当地吸收了它的某些规定,采纳了其关于货物、实际承运人、清洁提单、延迟交货等概念。

第二节 《海牙规则》的主要内容

《海牙规则》是国际海运中最重要的有关提单的国际公约之一。该公约总共有16条,主要规定了承运人的最低限度责任、承运人可以享受的免责事项、承运人对货物损失负责赔偿的限额等。

一、《海牙规则》规定的承运人责任

承运人的责任是指承运人在件杂货班轮运输中应承担的最低限度责任,这是提单中最主要的条款。目前世界上大多数国家的航运公司都是根据《海牙规则》制定相应的提单条款的。我国的《中国远洋运输公司提单条款》第3条明确规定:"有关承运人的义务、赔偿责任、权利及豁免应适用《海牙规则》。"这表明我国如同其他许多并未加入《海牙规则》的国家一样,采用了在提单上列明遵守它的规定,并作为该提单一部分内容的方式,用这个国际公约来规范我国国际海洋运输承托双方的权利义务。尽管这一方式与缔约国通过立法手续将其变成国内法后正式公布实施的方式不同,但我国为适应国际海洋运输的习惯做法而承认与接受《海牙规则》的态度是十分明确的。

(一)两项最低限度责任

根据《海牙规则》,承运人对其所承运货物应负的最低限度责任,概括起来说,共有两项:一是提供适航船舶,二是妥善管理货物。

1. 提供适航船舶。《海牙规则》第3条第1款规定:"承运人须在开航前和开航时恪尽职守:①使船舶适航;②适当地配备船员、装备船舶和供应船舶;③使货舱、冷藏舱和该船其他载货处所适宜和安全地收受、运送和保管货物。"

何谓适航?适航(Seaworthiness),是指船舶在强度、结构和性能等方面能适应预定航程中一般可预见的风险。这是个古老的狭义的适航概念,早在《海牙规则》之前,保证船舶适航就已被人们接受为是承运人对托运人应承担的一项绝对责任。《海牙规则》吸收了这一原则,不仅如此,还对狭义的船舶适航在内容上给予补充,使之具有广义的船舶适航概念。广义的船舶适航必须具备以下四个方面的条件。

(1)船舶的结构要适于航行。这是要求船舶在开航前和开航时的结构和性能必须具有足以抵御即将进行的海上航程中可以预见的一般风险的能力。为此,船舶应由法定的验船机构对船壳、机器、锅炉和其他航行设备进行检验。如果检验结果表明船体坚固,水密性能良好,属具及设备完善,且未发现明显的缺陷,验船机构便出具检验合格的适航证书,以证明船舶已具有适航条件,适于航行。船舶开航后,承运人在船舶航行期间或在途中其他港口停靠期间,如果因船舶本身存在的潜在缺陷而不能保持船舶的适航,不应被视为违反适航义务。可以把这项船舶适航条件概称为"适船",如果船舶没有做到这一点,就可被认为是不适航。

(2)船员配备要齐全。这是要求船舶应根据航行的需要,在开航时配备合格的船长和足够数量的持有有效资格证书的船员,而且他们必须是处于健康的身体状况和良好的工作状态,以完成预定的航行任务。没有做到这一点,比方说临时聘用一个并不持有合格证件的人顶替因病无法上船的轮机长,即属于配备船员不当;又如船长开航前喝得烂醉如泥,然后在酒意朦胧、神志不清的状态下下令起锚出海,即属于未处于良好的工作状态。在上述两个例子中,如果船舶在航行中因此而发生事故并造成货物损失,承运人应予负责。可以把这项船舶适航条件概称为"适人",如果船舶没有做到这一点,就可被认为是不适航。

(3)燃料和供应品要备足。这是要求船舶在开航时必须按规定适当地装备和带足各种必要的供应。适当地装备,是指为了确保海上航行的安全,船舶必须装备通讯信号灯、救生信号装置、各种航行设备,以及可靠齐全的海图和导航仪器等;带足必要的供应,是指船舶应带足为进行航程所需要的燃料、食品、淡水等必要的供应,包括规定备用量在内。这里的带足,不是指整个航程的供应品要在起运港一次全部带足,而只要求配备足以抵达第一中途港的需用量,以后再依次分段在中途港配备这些供应品,直到规定的航程结束。可以把这项船舶适航条件概称为"适航",如果船舶没有做到这一点,就可被认为是不适航。

(4)货舱要适货。这是要求船舶的货舱、冷藏舱和该船装货的其他处所在开航前和开航时必须具备能够接受、载运和保管货物的能力。可以把这项船舶适航条件概称为"适货",没有做到这一点,如冷藏舱冷度不够、通风设备开关失灵、舱盖板的橡皮圈老化或未将货舱打扫干净等,都表明船舶不具备适货能力,缺乏适货能力,就可被认为是不适航。

承运人提供的船舶只有在开航前和开航时达到了上面所述的"适船""适人""适航""适货"四项要求,方能被认为是具备了船舶适航条件。至于为什么不要求船舶在整个航程中都适航,而只要求在开航前和开航时保证适航,这是因为船舶在开航后可能遇到的各种各样风险,是承运人既不能预见也无法控制的。要求船舶在装货完毕,起锚开航后也保证处于适航状态,对承运人来说,显然是不切实际的。此外,对开航前这一概念,应当如何理解?通常是把开航前理解为装货开始时。也就是说,装货开始时船舶的结构具备了"适船"要求,船舶的货舱也满足了"适货"规定,但当时的船员却有可能到不齐,燃料供应品也有可能尚未备足,然而在开航时则一定要做到"适人"和"适航",即船员配备齐全和供应物品备足,达到适航要求。

还有一点要指出的是,在《海牙规则》之前的英国普通法,规定承运人提供适航船舶是他对托运人应承担的一项"绝对"义务,而《海牙规则》在继承该原则的同时又对其做了修改,即改"绝对"为有条件的承担,也就是只要求承运人"恪尽职守"使船舶适航。恪尽职守,意思是尽力尽责,努力去做。如果承运人做到了这一点,纵然货物依旧受损,他也无须承担责任;倘若承运人未做到,他就得为自己的过失行为负责。那么究竟怎样才称得上是恪尽职守?这实际上涉及法院对事实的判断。一般来说,法院往往根据船舶的缺陷是不是潜在的来判断承运人恪尽职守与否:缺陷是潜在的,就认为承运人已恪尽职守;反之则未尽力尽责。例如,船舶上的一个水阀有裂隙,虽经肉眼检查却因裂隙不明显,难以察觉,致使在航行途中淡水从裂隙里漏出,造成货损。对此,不能归咎承运人没有使船舶达到时航要求,因为这是潜在的缺陷,承运人已恪尽职守。

2. 妥善管理货物。《海牙规则》的第 3 条第 2 款规定:"承运人应适当而谨慎地装载、搬运、配载、运送、保管、照料和卸载所运货物。"

承运人接收了托运人交运的货物之后,货物就处于承运人的掌管之下,他应在货物运输期间管理好货物,对货物的安全负责。具体地说,承运人要在上面所列出的 7 个环节上对货物进行妥善管理,如果在某一个环节没有做好,致使货物受损,他就得对自己的过失行为承担责任。在管理货物方面,《海牙规则》是不承认承运人的过失免责的。现就其中五个环节的要求做些说明。

(1)适当而谨慎地装载。托运人把货物运至码头船边,承运人就应当用船吊(即船载起重机)或岸吊(即码头上的起重设备)适当而谨慎地将货物起吊,完成装载工作。

这里的"适当"包含着技术上的含义,即要求承运人在进行装载及完成以后一系列的作业过程中应具有必要的操作设施和显示一定的操作水平;而"谨慎"则强调承运人在运输期间应具有认真的工作态度和责任心,采用合理的方法处理货物,不使货物受到损失。对因装载时的操作不慎而发生的货损,承运人不能推卸自己的责任。

(2)适当而谨慎地配载。承运人接收货物并将它们搬运进货舱后,应根据货舱容积和货物的性质,合理安排堆放和装载的位置,这就叫配载。配载,亦称积载,是承运人必须做好的一项组织工作。科学而合理的配载关系到船舶稳性的保持,关系到适航,关系到货物运输的安全和装卸速度的加快。因此在配载时要注意:笨重货、远途货堆放底层,轻货、近途货堆放上层,以免笨重货压轻货和翻舱时造成货损;怕串味的货物不能混装,易发生沾污的货物要分开堆放,以免使货物因串味或沾污而失去使用价值;除舱面货以外,不能将货物堆放舱面;堆放散装货物要进行平舱,以使船身保持平衡,不致出现一侧过重,导致船体倾斜;货物堆放要整齐,要用绳索捆扎牢固,以防船舶在途中遇风浪时发生倒垛等。对因配载不当而发生的货损,承运人不能推卸自己的责任。

(3)适当而谨慎地运送。承运人完成货物的装载作业,并合理配载后封舱开航,此时应做好运送工作,以使货物安全地运抵目的港交付给收货人。除非遇到承运人无法控制的灾害事故,如战争、封锁、海盗、瘟疫、检疫、冰冻、罢工、港口拥挤和其他原因及风险,或运输合同双方同意将货物卸载非目的港,或为了救助海上人命或财产等其他合理的原因之外,承运人不能绕道航行、离开航线,也不得无故拖延开航时间。对由于绕航或延迟开航所产生的货损,承运人须承担责任。

(4)适当而谨慎地保管和照料。在运送途中,承运人对货物应当恪尽职守保管和照料好。以运送粮食为例。在途中,承运人要注意适时地进行舱内通风,以防粮食发热受损;若遇恶劣气候,必须在风暴或暴雨来临之前及时关闭通风设备,以防海水和雨水进入货舱,使粮食遭湿损;风暴或暴雨一过,又应及时打开通风设备通风,以不致使粮食发热受损。如果该打开通风设备时却不打开,该关闭时又不关,粮食因此受损,承运人就推卸不了自己应担负的责任。其他如留意对冷藏食品所需温度的保持,做好对舱内货物被盗的防范,等等,都是承运人应对货物做到的保管和照料责任。

(5)适当而谨慎地卸载。船舶抵达目的港,停靠码头或系泊浮筒,承运人应指导和监督装卸工人开舱并按配载图卸货。配载图亦称积载图,即是海上各货舱室货物堆装的实况图。在卸货时必须做到谨慎,因为承运人对货物所承担的责任要到货物卸下船时才告终止。由于卸货不当造成货损,承运人应负责赔偿。

(二)责任期间

《海牙规则》第1条规定:"'货物运输'是指自货物装上船时起,至卸下船时止的一段期间。"按照该公约对货物运输下的定义,货物运输期间为从货物装上船舶时起至卸下船舶时止的期间,这也就意味着,该公约有关承运人妥善管理货物的责任适用于这一期间。换句话说,承运人的责任开始于货物装上船,终止于货物卸离船,在这一期间发生的货损,承运人应予负责。至于装船之前,即承运人在码头仓库接收货物到准备装船的这段时间内发生的货损,由于其管货的责任期间尚未开始,自然无须承担责任;同样,卸船之后,即承运人将货物从船上卸下后到向收货人交付的这段时间内发生的货损,由于其管货的责任期间已经结束,也不必承担责任。

问题是如何理解"装上船"和"卸下船",《海牙规则》对此并没有明确规定。习惯上采用"钩至钩"原则或"舷至舷"原则来确定承运人的责任起讫。

1."钩至钩"(Tackle to Tackle)原则。在船舶系泊于浮筒而用驳船将货物从码头装运到船上的情况下,承运人一般使用船吊(即船载起重机)装载,只要船吊吊钩钩住货物,就算是开始了装货,这就是所谓"钩至钩"原则中的前一个"钩"。一旦船吊把货物吊起,即被认为是装上船,此时若钩裂绳断,货物跌落下来造成损失应由承运人负责。承运人对为装货而由港口配备的装卸工人因工作疏忽所造成的货损,也得负责。货物一经吊装,应连续不断作业,如果因为修理吊装设备而延误装货,由此产生的额外开支,由承运人承担。但要是托运人自己装货并发生货损,承运人当然不负责。

在船舶抵达目的港系泊于浮筒而用驳船将货物从船上卸到码头的情况下,同样使用船吊卸载,只要货物脱离船吊吊钩,便算是结束了卸货,这就是"钩至钩"原则中的后一个"钩"。一旦货物脱离吊钩,即被认为是卸离船,对以后发生的货损承运人不再负责。

2. "舷至舷"(Side to Side)原则。当船舶停靠码头边,货物直接从码头装到船上,在这种情况下,承运人一般使用岸吊(即码头上的起重设备)装载,只要货物吊越过船舷,就算是开始了装货,这就是所谓"舷至舷"原则中的前一个"舷"。一旦越过船舷,即被认为是装上船,此时如果钩裂绳断,货物跌落下来造成损失应由承运人负责。

在船舶抵达目的港停靠码头边,货物直接从船上卸到码头的情况下,同样使用岸吊卸载,只要货物吊越过船舷,便算是卸货结束,即"舷至舷"原则中的后一个"舷"。一旦货物越过船舷,即被认为是卸离船,对以后发生的货损承运人不再负责。

二、《海牙规则》规定的承运人免责

(一) 不完全过失责任制

《海牙规则》对承运人应负的货损责任实行的是"不完全过失责任制"。所谓不完全过失责任制,是相对于过失责任制而言的。过失责任制的含义很明确:当事人有错,有过失,那就要对其过失所造成的后果承担责任,没有过失就无须负责。与之相比,不完全过失责任制则是在要求当事人须对自己的过失承担责任的基础上,又规定他们有权对自己在某些方面的疏忽、过失行为享受免责。

《海牙规则》采用的正是这样一种不完全过失责任制,具体规定承运人须对货物发生的灭失或损坏承担责任的前提是要有过失,比如由于提供的船舶不适航而引起货物的灭失或损坏,且又无法举证自己在履行船舶适航义务上已恪尽职守,承运人就应承担赔偿货损的责任;与此同时,又规定承运人即使因某些疏忽、过失行为造成货损,还是可以享受该公约给予的免责权利。

(二) 17 项具体的免责事项

《海牙规则》第 4 条第 2 款规定了承运人可以享受的 17 项免责事项。承运人对其承运的货物是因这 17 项中的任何一项所致的灭失或损坏，可以不负赔偿责任。现分述如下。

1. 航行或管理船舶过失。这是指"船长、船员、引水员或承运人的雇佣人员，在航行或管理船舶中的行为、疏忽或不履行义务"。

该项免责事项常被称为"管船过失"免责，实际包括两个内容：一是航行过失，是指船舶开航后，船长、船员等人由于驾驶或操纵上的判断错误，或因疏忽使船舶发生了原来可以避免的搁浅、碰撞等事故，所引起的货物损坏或灭失；二是管理船舶过失，是指船长、船员等人在航行过程中，由于疏忽而没有尽责地管理好船舶，如船上的水管破裂、排水管堵塞、压水舱的水溢出等，致使货物遭受损坏或灭失。

凡因航行或管理船舶过失而引起的货物灭失或损坏，承运人可以免除赔偿责任。在了解和掌握该项过失免责的内容时，要注意区别"管船过失"与"管货过失"的不同。两种过失，仅一字之差，承运人对因此而造成的货损却采取完全不同的态度：因"管船过失"引起的货损，承运人可以免责，因"管货过失"导致的货损，承运人则应予负责。如何判断某种过失行为是属于前者还是后者，关键就是看行为的最初目的是针对船舶还是针对货物。例如，因判断失误而使船舶触礁，造成货损，即属于"管船过失"；暴风雨来临之前未及时关闭通风设备，致使海水进舱湿损货物，则属于"管货过失"。在实践中，这两种过失容易混淆，不易分清，因此在处理赔案时，要仔细进行调查研究和具体分析，找出致损原因并正确地加以判断，确定责任。

2. 火灾。这是指"火灾，但由于承运人的实际过失或私谋所引起的除外"。

火灾造成损失的范围，包括火灾直接烧毁货物的损失，以及因救火而使用灭火器具或材料，还有水和烟雾给货物造成的损失。

凡是火灾引起的货损，即使是承运人的雇佣人员的过失所造成的，承运人也可以免除赔偿责任。但是，由于承运人自身的行为、过失，或"私谋"即知情参与，承运人就不能推卸其对由此而产生货损的责任。《海牙规则》并未明确规定应由谁来举证，以证明是承运人自身的行为或过失引起火灾。在美国，按习惯的做法是由承运人对此承担举证责任；但在英国，习惯做法是让提出索赔的托运人负责举证。

3. 海难。这是指"海上或其他可航水域的灾难、危险和意外事故"。

海难是指海上航行时遭遇到不能预见和无法抵御的灾难，包括自然灾害和意外事故，致使货物灭失或损坏。例如，船舶在航行途中连续十余天遭狂风巨浪袭击,舱口盖因此受损,导致海水进入货舱,损坏货物;又如,船舶遭遇狂风巨浪,船长下令关闭通风设备,由于风浪长时间不断,空气不流通,致使货舱中的货物(如粮食)发热而损坏。这两种情况下的货损均是海难造成的直接后果。

凡因海难引起的货损,承运人可以免除赔偿责任。但必须注意的是船舶不适航不能构成海难,管理货物过失亦不是海难。比如船舶结构本身有缺陷,如船壳不坚固、舱盖板因橡皮圈老化而盖不严密等,以致不能承受一般风浪而造成货损,属于船舶不适航;因为在配载货物时堆装不妥,捆绑不牢固,待船舶开航出海后遇到巨浪袭击,货物发生倒垛而造成损失,属于管理货物过失。承运人对这两种情况下的货损,皆不能以海难为借口来逃避责任。海难免责的举证责任由承运人一方承担。

4. 天灾。所谓天灾,专门指由于自然力量直接引发的,非人力所能预防和抗拒的意外灾害事故,如海啸、暴风雨和雷电引起的火灾等所致的货损。

凡因天灾导致的货损,承运人可以免除赔偿责任。

5. 战争行为。战争行为的含义比较广,一般是指敌对国家之间相互使用武力,具有相当规模和范围,并持续一定期间的武装冲突。包括:承运人与货主双方所属国家之间进行的战争、双方中的任何一方所属国家与第三国之间进行的战争,以及一国的内战。

凡因战争或类似战争行为所致的货损,承运人可以免除赔偿责任。

6. 公敌行为。公敌行为包括承运人所属国家的内、外敌人的行为,以及海盗的掠夺行为。

凡因公敌行为而引起的货损,如船舶遭遇海盗而被抢掠,由此引起的货物损失,承运人可以免除赔偿责任。

7. 政府扣押。这是指"君主、当权者或人民的扣留或管制,或依法扣押"。

君主、当权者,包括人民(即共和国政权)在内,指的都是国家、政府机关。国家、政府机关因种种原因对载货船舶采取强制措施,如禁止或限制某种货物进出口,或对某个国家实行禁运,以及战争时期对船舶和货物实行非常管理,还包括法院在审理涉及合同、侵权行为、损害责任或财产所有权等问题的诉讼案时,应原告的请求,按照法律程序扣留船舶或货物。

凡因政府扣押,或是承运人为了避免船舶被扣押而不得不绕航或不在目的港卸货,由此所引起的货损,承运人可以免除赔偿责任。

8. 检疫限制。检疫,是指为防止人、畜或作物传染病从国外传入国内的预防措施。例如,检疫机关对来自流行某种传染病的地区或港口的货物或船舶进行强制性检查和消毒,或者采取隔离措施,只许船舶停在港口外,不准进港卸货,均为检疫限制。

凡因检疫限制所造成的货损,承运人可以免除赔偿责任。

9. 托运人的行为或过失。这是指"托运人或货主、其代理人或代表的行为或不行为"。

托运人是总称,包括货主、他们的代理人或代表;行为或不行为,也叫作为或不作为,这是法律用语,可以解释为主体根据法律规定而作出的或没有作出的举动、行为。托运人的行为或不行为,就是他们按照有关法律规定(如按照海商法或《海牙规则》)应该做的而没有做,或者是不该做的却做了。比方说,有关法律规定他们应当向承运人正确申报所托运货物的数量或重量,但他们却没有做到,此即为不行为;有关法律规定他们在托运危险货物时不能隐瞒这些货物的危险性质和具体采取的保管方法,但他们却隐瞒不说,此即为行为。

凡由于托运人的行为、过失而引起的货损,承运人不负赔偿责任。

10. 罢工或停工。这是指"不论由于任何原因所引起的局部或全面罢工、关厂、停工或限制工作"。

罢工或停工是指工人为实现某种要求或表示抗议而集体停止工作的行为。凡由于罢工或停工,不管其发生的原因如何,使得货物不能在港内装卸,或船舶被迫改停靠其他港口,货物因此遭到损坏或灭失,承运人不负赔偿责任。

11. 暴动和骚乱。暴动、骚乱,都属于破坏社会秩序的暴力行动。其中的暴动,按英国法院的解释,是指至少有3人或3人以上非法聚集在一起,用暴力破坏或毁损财产,以达到自己某一目的的行为;骚乱,一般则是指限于某一地区的秩序混乱、动荡不安,但有别于叛乱。

凡由于暴动和骚乱使货物不能正常装卸而受损,或者货物直接被破坏所致损失,承运人不负赔偿责任。

12. 救助。这是指"救助或企图救助海上人命或财产"。

根据各国航海惯例和国际海上法规,在海上航行的船舶不论是收到遇难船舶的求救信号,还是发现海上有船舶遇难,只要对本船和船员没有严重危险,就有义务和责任救助海上遇难的人命和财产。船舶在救助遇难人员或财产的过程中,有可能使本船所载货物受损,或者船舶为对遇难船舶实施救助不得不改变航线,本船所载货物同样有可能因绕航而受损。

凡因救助而导致货物损失,承运人不负赔偿责任。

13. 货物性质或固有缺陷。这是指"由于货物的固有缺点、性质或缺陷引起的体积或重量亏损,或任何其他灭失或损坏"。

货物的性质或缺陷,一般是指货物自然的或正常的特性缺陷或固有缺陷:前者如铁制品易受潮生锈、茶叶因吸收力强而易串味、袋装的粮食长途运输后因水分蒸发而导致减量;后者如豆类和稻米在装船前已有潜伏的寄生虫、梨和苹果在装船前内心已变质(俗称串心病)。这些自然特性或缺陷所引起的货损,对承运人来说,是无法采取合理措施加以防止的。清洁提单并不能否定货物的固有缺陷。

凡由于这些原因而导致货物损失或重量短缺,承运人可以不负赔偿责任。

14. 包装不固。货物的包装可分为外包装和内包装:外包装的目的是为了防止货物受外力碰撞、挤压、跌碎、散失和便于装卸运输,而内包装的作用则在于防止货物受潮和吸收异味等。包装坚固,即国际贸易中对货物的正常包装和习惯包装,是托运人应尽的责任。包装不固属于货物外表状况不良或货物存在缺陷,如箱装货板破、松钉、捆装货散捆、圆箍脱落、包装货油渍、水渍、袋装货缝口松、虫蛀等。对包装不固的货物,若情况严重的,不适于船舶装运,承运人应予拒绝装运;若情况轻微的,承运人应在提单上加以适当批注。

凡因包装不固而引起货物的损失,承运人可以不负赔偿责任,但前提是承运人必须在提单上清楚地注明包装不固的情况。如果未加批注而签发了清洁提单,就等于承认货物包装良好,可见承运人对包装不固要负责举证。在提单上不加批注,也就无法举证以证明包装不固,承运人对货损就不能免责。

15. 标志不清或不当。货物的外包装上都有标志符号,以便识别,有利于交接、分票、清点、查核,避免错收错发;危险货物上的标志符号,则给予警示,提醒正确操作,以保安全。货物上的标志符号要与提单上所载的保持一致,而且必须确实明显,在交货时仍保持清楚易辨。

凡由于标志错误或模糊不清,致使相同货物混淆而无法正确交货或造成货损,承运人可以不负赔偿责任。

16. 潜在缺陷。这是指"虽恪尽职守亦不能发现的潜在缺陷"。

这里的潜在缺陷,是指船舶的缺陷,而不是货物的缺陷。通常指的是船舶结构上的缺陷,也就是具有熟练的技术加上谨慎认真的态度,也难以发现的缺陷。例如,船舶的机轴有裂纹,但裂纹的部位和程度,事先用肉眼经认真检查,也无法发现。正常的磨损和锈蚀,不能作为潜在缺陷。

凡潜在缺陷造成的货损,承运人可以不负赔偿责任,但须承担举证责任。

17. 不列明的承运人无过失。这是指"非由于承运人的实际过失或私谋,或是承运人的代理人或雇佣人员的过失或疏忽所引起的其他任何原因"。

凡不属于前述16项免责事项的,都可以列入该免责事项内。但承运人如果想要获得这条免责利益,须负举证责任,证明有关的货物灭失或损害既不是由于承运人本人的过失或私谋,也不是由于承运人的代理人或雇佣人员的过失或疏忽所造成。英国有许多海事判例将货物被窃的损失就作为"不列明的承运人无过失",免除承运人的赔偿责任。不过,要注意"窃"(Pilferage)不同于"偷"(Theft):前者是指从包装完整的整件货物中窃取一部分,而后者则是指把整件货物偷走。

(三) 17 项免责事项的归类

为便于比较分析和掌握内容,可以把《海牙规则》所规定承运人享受的 17 项免责事项,按性质分成两类:一类是过失免责,另一类是无过失免责。

1. 过失免责。只有一项,就是第 1 项"航行或管理船舶过失"的免责。该项免责在作为有关提单的国际公约之一的《海牙规则》中受指责抨击最多。它反映了《海牙规则》对承运人利益的偏袒,对受损货主的不公平,故而一直成为货主国家强烈要求废除的目标。

2. 无过失免责。这又可分为以下四种情况。

(1) 由于不可抗力或承运人无法控制的免责,共 8 项,包括:第 3 项的"海难",第 4 项的"天灾",第 5 项的"战争行为",第 6 项的"公敌行为",第 7 项的"政府扣押",第 8 项的"检疫限制",第 10 项的"罢工或停工",第 11 项的"暴动和骚乱"。

(2) 由于托运人或货主的行为或过失的免责,共 4 项,包括:第 9 项的"托运人的行为或过失",第 13 项的"货物性质或固有缺陷",第 14 项的"包装不固",第 15 项的"标志不清或不当"。

(3) 特殊免责,共 3 项,包括:第 2 项的"火灾",第 12 项的"救助",第 16 项的"潜在缺陷"。

(4) 不列明的无过失免责,就是第 17 项的"不列明的承运人无过失"。

三、《海牙规则》规定的承运人责任限制

(一) 赔偿责任的限制

赔偿责任限制,是指承运人因不能享受免责权利而应对货物的灭失或损坏负有赔偿责任时,所需承担的最高赔偿金额。

《海牙规则》第 4 条第 5 款规定:"不论是承运人或是船舶,对货物或与货物有关的灭失或损坏,在任何情况下,当每件或每计算单位超过 100 英镑或与其等值的其他货币时,都不负责任。但托运人于货物装运前已就该货物的性质或价值作出说明,并在提单上注明的,不在此限。"

依照上述规定,承运人对其无法推卸责任的货损,按两种情况赔偿:一种是托运人在货物装运前已对货物的性质和价值作出说明并在提单上注明的,承运人应

按注明的价值予以赔偿;另一种是托运人未申报价值的,承运人则以每件每单位的赔偿不超过100英镑或其他等值货币为限额,也就是说,超过限额部分的损失由货方自负或货运保险人赔偿。

《海牙规则》第9条规定:"本公约所提及的货币单位为金价。凡缔约国中不以英镑作为货币单位的,得保留其将本公约所指的英镑数额以四舍五入的方式折合为本国货币的权利。"

规定中提到的金价,是指该公约于1924年公布时相当于当时100英镑所能购买的黄金的价值。按照上述规定,如果缔约国不是用英镑作为货币单位的,则以四舍五入方式将100英镑折合为本国货币。例如,美国使《海牙规则》生效的其国内立法(即《1936年海上货物运输法》)规定,每件或每单位货物的赔偿限额为500美元。

由于英镑不断贬值,英国的航运、保险和贸易各界在英国海事法律协会的帮助下,在1950年通过订立《黄金条款协议》(Gold Clause Agreement),把100英镑的限额提高到200英镑,以纸币支付,且规定仅对协议的参与者有效,1977年更进一步提高到1 000英镑。该协议已于1988年3月31日被废止。

(二)赔偿时效的限制

赔偿时效限制,是指托运人按照提单就货物灭失或损坏通知承运人的期限,以及就货损赔偿向承运人提出诉讼的期限。

1. 通知货损的期限。《海牙规则》第3条第6款规定:"在将货物移交给根据运输合同有权收货的人之前或当时,除非在卸货港将货物的灭失或损坏的一般情况已用书面通知承运人或其代理人,这种移交应作为承运人已经按照提单规定交付货物的初步证据。如果灭失或损坏不明显,则这种通知应于交付货物之日起的3日内提交。如果货物的状况在收受时已经进行过联合检验或检查,就无须再提交书面通知。"

该款包含三项内容:一是要求收货人必须在提货前或提货时将货损通知书提交给承运人或其代理人,否则就可被视为货物在交付时是完好的;二是如果货损不明显,一时不易察觉,收货人应于提货三天内提交货损通知书;三是若货物在交付时已经联合检验,便不需要再提交书面通知。

2. 提出诉讼的期限。《海牙规则》第3条第6款规定:"除非从货物交付之日或应交付之日起一年内提出诉讼,承运人和船舶在任何情况下都被免除对灭失或损坏所负的一切责任。"

该款对收货人就货损赔偿向承运人提出诉讼的时效规定得非常明确:从货物

交付之日或应交付之日起算为一年。这就是说,收货人在规定的一年期限终止之前未提出诉讼,承运人便有权以时效已过为由拒赔。

四、《海牙规则》规定的对承托双方的约束

(一) 运输合同无效条款

《海牙规则》第 3 条第 8 款规定:"运输合同中的任何条款、约定或协议,凡是解除承运人或船舶由于疏忽、过失或未履行本条规定的责任和义务,因而引起货物的或与货物有关的灭失或损坏,或以不同于本公约规定的方式减轻这种责任的,则一律无效。"

"有利于承运人保险利益的或类似的条款,应视为免除承运人责任的条款。"

该款是《海牙规则》约束提单条款和运输合同条款的重要规定。它明确了承运人除按该公约规定可以享受的免责权利以外,不能再通过与托运人的其他协议或约定,或者采用该公约规定以外的方式来减轻其对承运货物应尽的责任和义务。

(二) 托运人义务和责任条款

在规定承运人对货物应负的具体责任的同时,《海牙规则》对于托运人在提单中应履行的义务和承担的责任也作出明确的规定。具体有以下三项。

1. 在装船时保证所提交货物资料正确。《海牙规则》第 3 条第 5 款规定:"托运人应被认为已在货物装船时就其提供的货物标志、号码、数量或重量的正确性,向承运人作出保证;而且,托运人应对由于这些资料的不正确所引起或造成的一切灭失、损坏或费用,向承运人进行赔偿。"

该款要求托运人于装船时在提单上所填写的有关货物的各种书面资料,保证是正确无误的,否则就应赔偿承运人由于这些资料不正确而遭受的损失。即使承运人有合理依据怀疑托运人提供的上述资料,但因没有适当核对方法,可不需要在提单上注明。

2. 装运危险性货物必须如实申报。《海牙规则》第 4 条第 6 款规定,托运人在托运易燃、易爆或危险性质的货物时,应如实告知承运人并征得同意后装载,如果"承运人、船长或承运人的代理人对因事先不知其性质而被装上船的具有易燃、爆炸或危险性的货物,可在卸货前的任何时候将它们卸在任何地点,或将其销毁,或消除其危险性,而不予赔偿。该项货物的托运人应对由于装载该项货物而直接或间接引起的一切损坏或费用负责。如果承运人知道该项货物的性质并已同意装载,则在该项货物将危及船舶或货载的安全时,亦可同样将它们卸在任何地点,或

将其销毁,或消除其危险性,而不负赔偿责任,但发生共同海损时除外。"。

该款也包含三项内容:一是托运人托运危险性货物应事先向承运人申报,须征得后者的同意;二是承运人接报后不同意装运,但仍被这些货物混上了船,便有权在卸船前,将它们卸在任何地点或销毁或使之无害,而不负责任;由此造成的一切损失和费用,由托运人承担;三是承运人接报后即使同意装运,但当这些货物有可能对船舶或货物构成危险时,除作为共同海损牺牲处理以外,同样有权将它们卸在任何地点或销毁或使之无害,而不负责任。

3. 对因过失造成船舶损坏应予负责。《海牙规则》第4条第3款规定:"对任何非由于托运人、托运人的代理人或其雇佣人员的行为、过失或疏忽所引起的使承运人或船舶遭受的灭失或损坏,托运人不负责任。"

该款规定,如果造成承运人或船舶发生损失的原因,与托运人不相干,托运人自然无须负责,其言外之意则是:如果托运人,包括他的代理人或雇佣人员在内,对承运人或船舶的损失发生是有过失的话,那就得承担赔偿的义务。

第三节 《维斯比规则》对《海牙规则》的修改

《维斯比规则》就实质而言,并非是一个完整的法案,而是对《海牙规则》的修改和补充。前面已经说过,我国虽不是《海牙规则》的缔约国,但也承认该公约并按照其各项条款的规定来规范我国国际提单运输承托双方的权利义务,因此在掌握它的内容的同时,当然有必要了解对它进行了一定程度修改的《维斯比规则》的内容。事实上,我国的《海商法》就是在这个国际公约议定书的基础上制定的。该公约议定书总共有17条,对《海牙规则》进行了以下的修改和补充。

一、《维斯比规则》对《海牙规则》的重要修改

(一) 对承运人赔偿责任限制的修改

《海牙规则》第4条第5款规定,承运人对其不能免责的货损赔偿限额为每件每单位不超过100英镑或其他等值货币。《维斯比规则》第2条将其删除,改为:"不论是承运人或是船舶,对货物或与货物有关的灭失或损坏,在任何情况下,当每件或每单位超过10 000金法郎,或按灭失或受损货物毛重计算每公斤超过30金法郎(二者中以较高者为准)时,都不负责任,除非托运人于货物装运前已将其性质或价值作出说明,并在提单上注明。"

这是一项很重要的修改,主要包括两个内容。

第一,以金法郎取代英镑作为货币计算单位。一个金法郎是指"一个含有纯度为900‰的黄金65.5毫克的单位",与纸币法郎无关。以金法郎为货币计算单位,解决了各国对赔偿限额所采用的币值不一的问题,而且使赔偿限额所体现的价值得到了相对的稳定。要说明的是,由于金法郎作为计算单位不能直接换算成各国货币,1979年又将金法郎改为特别提款权(Special Drawing Rights,SDR)。特别提款权是国际货币基金组织规定的一种由黄金保值的记账单位,也称"纸黄金"。

第二,提高了承运人的赔偿限额和采用双重限额。具体是将承运人对货损的赔偿限额为每件每单位100英镑,改成为每件每单位10 000金法郎或每公斤(毛重)30金法郎,二者取其较高者赔偿。也就是说,货物重量轻的按每件每单位的限额计算,相反则按每公斤(毛重)的限额计算。这一修改不但提高了每件每单位的赔偿限额,而且创造性地确立了双重限额且规定以二者中的高者为准,从而解决了价高轻泡货的限额问题,进一步保护了货主的合法权益。1979年,在将货币计算单位金法郎改为特别提款权时,按照当时15个金法郎等于1个SDR作为计算标准,每件每单位的赔偿限额为666.67SDR,每公斤(毛重)的赔偿限额为2SDR,以高者为准。

(二)对承运人赔偿时效限制的修改

《海牙规则》第3条第6款规定收货人就货损赔偿向承运人提出诉讼的时效为一年,《维斯比规则》第1条第2款在该规定之后增添了以下文字:"在诉讼事由提出之后,如经当事方同意,该期限可以延长。"此外,该条第3款还补充规定:"即使在前款规定的一年期满之后,只要是在受案法院所在地法律允许的时间内,仍可以向第三方提起索赔诉讼。但是,允许的时间自提起此种诉讼的人已经解决索赔案件,或向其本人送达起诉传票之日起算,不得少于三个月。"

上述的修改明确了托运人提起索赔诉讼的期限可经双方当事人协商延长,有关的补充则规定了托运人向第三方的追偿期限,显然都是有利于货方的。

(三)对《海牙规则》适用范围的修改

《海牙规则》第10条规定:"本公约的各项规定,适用于在任何缔约国所签发的一切提单。"《维斯比规则》第5条改为:"本公约的各项规定,应适用于在两个不同国家港口之间与货物运输有关的每一份提单,如果:①提单是在某一缔约国签发;②货物是从某一缔约国的港口起运;③提单或由提单证明的运输合同中规定,该合同应受本公约的各项规定约束,或应受给予这些规定以法律效力的任一国家立法的约束,而不论船舶、承运人、托运人、收货人或任何其他关系人的国籍如何。"

这一修改扩大了《海牙规则》的适用范围。根据《海牙规则》的规定,其适用的范围相当有限,只有在缔约国内签发的提单适用,即使提单上注明适用,但由于不是在缔约国内签发的,该提单也不适用。《维斯比规则》将适用的范围扩大为:一是在缔约国内签发的提单;二是货物从缔约国起运的提单;三是不论在何地签发,只要在提单上注明适用《海牙规则》的提单。

二、《维斯比规则》对《海牙规则》的重要补充

(一)确立提单所载内容是最终证据

《海牙规则》第3条第4款规定,载有货物的标志、件数和表面状况等各项内容的提单,"应作为承运人收到该提单所载货物的初步证据"。《维斯比规则》在该款内容之后增添了以下文字:"但是,当该提单已被转让给善意行事的第三方时,与此相反的证据便不能接受。"

这句补充的话表明,当提单转到包括收货人在内的第三方手中,而且该第三方对提单所载内容确信无疑地接受了,那么提单所载内容就成为最终证据,承运人就不能再提出相反的,即证明其实际接受或装船的货物状况与提单上所载内容不符的证据,换句话说,承运人不能免除其对第三方因这一不符而遭受的损失应负的赔偿责任。这一修改进一步加强了提单的证据效力,保护了提单的转让与流通,保护了提单受让人或收货人的合法权益。

(二)明确集装箱运输货物的赔偿单位

《维斯比规则》第2条规定:"如果货物是以集装箱、货盘或类似的运输工具集装,则提单中所载明的装在这种运输工具中的件数或单位数,便应作为本款所述件数或单位数。除上述情况之外,此种运输工具应视为一件或一个单位。"

国际海上集装箱运输在20世纪六七十年代才获得了迅猛发展,诞生于1924年的《海牙规则》当然不可能谈到有关集装箱的问题。在《海牙规则》中,货物的赔偿单位规定为"件"或"单位",那么集装箱装载的货物算几件?如果以一件或一个单位为赔偿单位,一旦集装箱货物发生灭失或损坏,承运人就按一件或一个单位来计算赔偿限额,这对货方来说,是根本起不到补偿损失的作用的。为此,《维斯比规则》加列了上述集装箱条款,明确规定,若提单上具体载明装在集装箱内的货物件数或单位数,则所载的件数或单位数就作为计算赔偿限额的件数;若未在提单上载明件数或单位数,则以集装箱为一件或一个单位计算。

(三) 规定非合同索赔适用责任限制

《维斯比规则》第 3 条规定:"在本公约(指《海牙规则》)第 4 条和第 5 条之间应插入下述第 4 条(之一):①本公约(指《海牙规则》)所规定的抗辩和责任限制,应适用于就运输合同所涉及的有关货物的灭失或损坏对承运人所提起的任何诉讼,而不论该项诉讼是以合同为依据还是以侵权行为为依据。②如果这种诉讼是对承运人的雇佣人员或代理人(该雇佣人员或代理人不是独立的订约人)所提起,该雇佣人员或代理人便有权适用承运人按照本公约所可援引的各项抗辩和责任限制。"

要对《维斯比规则》加列这一条款的缘由及其内容进行分析,得从著名的"喜马拉雅条款"谈起。"喜马拉雅条款"是提单背面的一项标准条款,源自英国上诉法院的一个判例。1954 年,英国有艘叫"喜马拉雅号"的邮轮在伦敦停靠码头时,由于船员的过失,未将船缆系妥,一位女旅客在下舷梯时不慎摔落而面部受伤。她原打算向邮轮所属的航运公司提出索赔,一看船票上有承运人免责条款,于是转而以受到侵权为由,把该邮轮的船长和水手长告上法庭,最终胜诉并获得全额赔偿。法院如此判决的理由有二:一是因为航运公司作为承运人根据运输合同的规定可以享受免责和责任限制的权利,但受伤女旅客是以侵权为由提出非合同索赔,航运公司就不能依据运输合同免责;二是负责邮轮旅客安全的船长和水手长只是航运公司的雇佣人员,他们无权享受法律赋予作为承运人的航运公司在运输合同中的权利。此案判决以后,各航运公司针对女旅客胜诉的两个理由,纷纷在客货运输合同中加上一项"喜马拉雅条款",以防止提单的免责和责任限制条款形同虚设,从而保护自己的利益。《维斯比规则》加列的这项条款正是"喜马拉雅条款"的内容,通过将"喜马拉雅条款"法律化,明确规定两点:

一是当货方因其托运货物的灭失或损坏向承运人提起诉讼时,不管他是采用以侵权为由的非合同索赔方式,抑或采用以提单条款为依据的合同索赔方式,均适用《海牙规则》规定的抗辩和赔偿责任限制,即承运人都可以享受提单条款的权利。

二是货方如果是以承运人的雇佣人员或代理人为起诉对象,他们应同样被视为运输合同的一方,与承运人一样享受《海牙规则》规定的各项抗辩和赔偿责任限制。

第四节 《汉堡规则》对《海牙规则》的修改

《汉堡规则》与《维斯比规则》不同,它是对《海牙规则》进行彻底修改后的一个完整的、独立的有关提单的国际提单公约。通过对《海牙规则》全面的而且是大刀阔斧的修改,《汉堡规则》向承托双方均衡承担风险方面迈了一大步。这部新的国际提单公约有7章,总共34条,除了保留《维斯比规则》的修改内容以外,还对《海牙规则》进行了以下实质性的修改。

一、《汉堡规则》对《海牙规则》的实质性修改

(一)改变了承运人应负货损责任的基础

前面已经提及,《海牙规则》和《维斯比规则》对承运人的赔偿责任基础采用的是"不完全过失责任制",归纳来说,承运人对货损负责的前提是要有过失,但对因航行过失和管理船舶过失造成的货损又可以享受免责。

《汉堡规则》对此做了根本性的变革,具体体现在以下两项规定上。

其一,《汉堡规则》第5条第1款规定:"除非承运人证明他本人、其雇佣人员或代理人为避免事故的发生及其后果已采取一切所能合理要求的措施,否则承运人应对因货物灭失或损坏或延迟交货所造成的损失负赔偿责任。"

其二,它的附件——《联合国海上运输会议通过的共同谅解》规定:"现经共同谅解,承运人根据本公约所承担的责任,以推定过失或疏忽的原则为基础,即按照一般规律,应由承运人负举证之责。"

这两项规定表明,《汉堡规则》在确定承运人承担货损的责任基础上,变"不完全过失责任制"为"完全过失责任制",具体采用推定过失与举证责任相结合的原则。该原则包含三层含义:一是只要货损是由于承运人的实际过失造成的,承运人就必须负责;二是一旦货损发生,便首先推定承运人有过失,但这一初步推定允许承运人提出反证;三是如果承运人能够举证,证明自己或其代理人或雇佣人员没有任何过失,也可免除责任。

此外,由于《汉堡规则》推行"完全过失责任制",《海牙规则》中规定的17项免责事项也就此被全部废除,其中影响最大的当属航行过失和管理船舶过失免责。这项最受非议的过失免责的废除,大大加重了承运人的责任。

(二)延长了承运人的责任期间

《海牙规则》和《维斯比规则》规定承运人的责任期间采用的是"钩至钩"原则或"舷至舷"原则。

《汉堡规则》对此做了修改。其第4条第1款规定:"按照本公约,承运人对货物的责任期间,包括货物在装货港、运输途中和卸货港处于承运人掌管下的全部

期间。"

该条第 2 款对承运人已经掌管货物的情况则具体做了说明,其中明确规定:承运人从托运人或代表他行事的人那儿接管货物时起,直至将货物交付收货人时止,"应视为货物已在承运人掌管之下"。

根据《汉堡规则》的上述规定,可以清楚地看出,该公约把承运人的责任期间从"钩至钩"原则或"舷至舷"原则扩展为"港至港"原则。也就是说,承运人的责任从他在装货港接管货物时开始(这是"港至港"原则中的前一个"港"),到他在卸货港将货物交付给收货人为止(这是"港至港"原则中的后一个"港")。承运人的责任期间延长,解决了原先存在的货物从交货到装船和从卸船到收货人提货这两段无人负责空间的问题,无疑是有利于维护货方的利益的。

(三) 提高了承运人的赔偿限额

《海牙规则》规定的承运人赔偿限额是每件每单位 100 英镑,《维斯比规则》提高了限额并采用双重限额。

《汉堡规则》在《维斯比规则》规定的基础上进一步提高了限额。其第 6 条第 1 款规定:"承运人对货物的灭失或损坏造成的损失所负的赔偿责任,以灭失或损坏的货物每件或每一其他装运单位相当于 835 结算单位或毛重每公斤 2.5 结算单位的金额为限,二者之中以较高者为准。"

该项规定明确了三点。

一是明确了承运人对货损负责赔偿的单位即"每件每单位"中的单位是"装运单位"。《海牙规则》对此未加以明确,因此"每件每单位"中的单位常被理解为"运费单位"。由于货物的计量方法有多种,可以按重量、按体积,也可以按件数等来计量,采用哪一种应取决于货物的种类和性质,承运人按采用的计量单位收取运费。如果把这一"运费单位"作为承运人赔偿货损的单位的话,那就会使得承运人赔偿的总金额因他选择采用不同运费单位而相差很多。《汉堡规则》将"每件每单位"中的单位解释为"装运单位",也就是按件数计量,从而使承运人在赔偿时无法选择对他有利的其他计量单位。

二是正式规定改用国际货币基金组织的"特别提款权"(SDR)作为结算单位,来确定承运人的赔偿限额。

三是将承运人的赔偿限额,从每件每单位 666.67SDR 提高为 835SDR,或每公斤(毛重)从 2SDR 提高为 2.5SDR,以较高者为准。与《维斯比规则》规定的标准相比,《汉堡规则》将赔偿限额提高了 25% 左右,增幅不可谓不大。

（四）延长了货损通知期限和诉讼时效

《海牙规则》规定收货人必须在提货前或提货时书面通知承运人有关货损的情况，若货损不明显，应于提货三天内通知；对收货人就货损赔偿提出诉讼的时效则规定从货物交付之日或应交付之日起算为一年。《维斯比规则》保留了货损通知期限的规定，但对一年的诉讼时效允许经双方协商后加以延长。

《汉堡规则》在这两个方面均做出了较大的修改，延长了期限和时效。

首先是有关货损通知期限的延长。其第19条第1款规定："除非收货人在不迟于货物移交给他之日后的第一个工作日内将灭失或损坏的书面通知送交承运人，叙明灭失或损坏的一般性质，否则此种移交应作为承运人交付运输单证上所述货物的初步证据。"第2款规定："如果灭失或损坏不明显，且在货物交付收货人之日后连续15日内未送交书面通知，则本条第1款的规定相应地适用。"

该项规定将收货人送交货损通知的期限从《海牙规则》规定的"必须在提货前或提货时"延长为在"货物移交给他之日后的第一个工作日内"；在货损不明显的情况下，这一期限从原先规定的"提货3日内"延长为提货后"连续15日内"。

其次是有关诉讼时效的延长。其第20条规定："按照本公约有关货物运输的任何诉讼，如果在两年内没有提起法律诉讼或交付仲裁，即失去时效。时效期限自承运人交付货物或交付部分货物之日开始，如若未交付货物，则自货物应该交付的最后一日开始。时效期限开始之日，不包括在期限之内。被要求赔偿的人，可以在时效期限内的任何时间向索赔人提出书面声明，延长时效期限。该期限还可以用另一次或多次声明再度延长。"

该项规定，一是把诉讼时效从一年扩展为两年，这当然有利于收货人；二是让债务人即承运人有权声明延长时效，表面看来它与《维斯比规则》通过双方协商延长时效的规定无多大区别，实际上体现了其更为灵活的态度。

（五）进一步扩大了公约的适用范围

《海牙规则》只适用于缔约国签发的提单；《维斯比规则》的适用范围扩大为两个不同国家港口之间运输货物的所有提单。

《汉堡规则》进一步扩大其适用范围。其第2条第1款规定："本公约的各项规定适用于两个不同国家之间的所有海上运输合同，如果：①海上运输合同所规定的装货港位于一个缔约国内；②海上运输合同所规定的卸货港位于一个缔约国内；③海上运输合同所规定的备选卸货港之一为实际卸货港，并且该港位于一个缔约国内；④提单或证明海上运输合同的其他单证是在一个缔约国内签发的；⑤提单或证明海上运输合同的其他单证规定,该合同应受本公约的各项规定或实行本公约的任何国家立法的管辖。"

该项规定将《汉堡规则》的适用范围进一步扩大:除了继续把在缔约国内签发的提单,以及在提单上注明适用本公约的提单列入适用范围以外,凡是海上运输合同所规定的装货港、卸货港和指定的备选卸货港这三个地点中的任何一个是在缔约国内的,其签发的提单也都适用。

二、《汉堡规则》的其他重要内容

除了上述这些对《海牙规则》所进行的实质性修改以外,《汉堡规则》从更为合理地保护各方当事人的利益,以及适应不断发展的航运技术要求的目的出发,还对其他许多重要问题作出了规定。其中有些问题在《海牙规则》和《维斯比规则》中甚至根本未提及,它们是在航运实践中逐渐产生并引起航运、贸易和保险各界人士注意而要求予以明确的。

(一)舱面货和活动物的承运问题

舱面货(Deck Cargo)和活动物(Live Animals)是不是货物?《海牙规则》与《汉堡规则》的规定不同:前者把舱面货和活动物排除在货物的概念之外,而后者则将它们列入货物的范围。可以比较一下这两个国际提单公约对它们所作的规定。

《海牙规则》第1条第3款规定:"'货物',包括各种货物、制品、商品和任何各类的物件,但活动物和在运输合同中载明装载于舱面上并且已经这样装运的货物除外。"与此相反,《汉堡规则》第1条第5款规定:"'货物',包括活动物。"第9条更直接以条款的形式对舱面货的承运做出规定。

将它们排除或是列入货物范围,对承运人来说并不十分重要,要明确的是承运人对其承运的舱面货和活动物究竟负不负责任,这才是问题的关键所在。下面分别加以讨论。

1. 舱面货。关于舱面货,《海牙规则》不把它算作"货物",这表明舱面货不适用于《海牙规则》。因此,如果提单上已经载明货物是装在舱面上,而且实际上也确实是装在舱面上,承运人就可以根据《海牙规则》对舱面货发生的损失享受免责的权利。但是,如果提单上没有载明货物是装在舱面上,那就应被认为货物是装在货舱内,这样,在签发了清洁提单而货物实际却是装在舱面上的情况下,承运人就违反了运输合同的规定,不能享受提单或《海牙规则》的免责规定,也就是说,他应对舱面货的损失负责。

《汉堡规则》把舱面货列入了货物范围,但由于货物装载在舱面上风险确实很大,各航运公司的提单上都规定对舱面货的灭失或损坏不负责任。由此产生的问题是:一方面承认舱面货是货物,另一方面却又不负责它们的损失。针对这个问题,而且为了使承运人对舱面货负起适当的责任来,《汉堡规则》专门制定了第9条的舱面货条款。

该条第1款规定:"承运人只有依据同托运人签订的协议,或符合特定的贸易习惯,或为法规或条款所要求,才有权在舱面上载运货物。"

第2款规定:"如果承运人和托运人协议,货物应该或可以在舱面上载运,承运人必须在提单或其他用以证明海上运输合同的单证上列入相应的说明。如无这种说明,承运人有责任证明,确已达成在舱面载货的协议;但是,承运人无权援用这种协议对抗包括收货人在内的善意取得提单的第三方。"

这两款说得十分明白:虽然不把舱面货排除在货物以外,但承运人不能随意将货物装载于舱面,他有权这样做的情况有三种,即根据与托运人达成的协议、符合贸易习惯和遵照有关法规或条例的要求。不仅如此,如果是属于根据与托运人事先达成的协议而将货物装载于舱面上的第一种情况,承运人还应当在提单上予以说明。只有遵照了上述的规定,承运人方可对舱面货的损失不负赔偿责任。

与此同时,《汉堡规则》的舱面货条款第3款和第4款明确做出规定,如果承运人违反上述两款的要求,"承运人对完全是由于在舱面载运而造成的货物灭失或损坏以及延迟交付,应负赔偿责任"。

2. 活动物。关于活动物,《汉堡规则》同样以条款的形式明确了承运人在运输中应负的责任问题。其第5条第5款规定:"如果其灭失、损坏或延迟交付起因于这类运输所固有的任何特殊风险,承运人便不负赔偿责任。如果承运人证明,他是按照托运人对有关该项活动物所作的专门指示行事,并且证明,根据具体情况,灭失、损坏或延迟交付可以归之于这种风险,便应推定灭失、损坏或延迟交付就是这样产生的;除非能够证明,该灭失、损坏或延迟交付全部或部分是由于承运人、其雇佣人员或代理人的过失或疏忽所引起。"

从该款规定可以看出,承运人在承运活动物的过程中,对它们因不可预料和突然事故等"这类运输所固有的任何特殊风险"造成的死亡、健康状况不好或延迟交付是不承担赔偿责任的,但前提是他要证明两点:一是他确实是按照托运人"所作的专门指示"妥善装运和照料了这些特殊货物;二是它们的灭失、损坏或延迟交付正是上述这些风险造成的。如果活动物发生损失的原因,全部或部分应归咎于承运人或其雇佣人员或代理人的过失或疏忽,在这种情况下,承运人仍旧要负赔偿责任。不过,这就需要托运人承担举证责任了。

（二）集装箱和包装的货物身份问题

集装箱是用来集装货物的运输工具，包装是为保护货物和便于运输、保管和销售而对货物进行包装所用的物品。它们是否属于货物的范畴？承运人对它们在运输中发生的损失是不是要负责任？《维斯比规则》中的集装箱条款，只是从明确集装箱运输货物的赔偿单位角度提到了集装箱，规定如果不在提单上具体载明装在集装箱内的货物件数或单位数，则以集装箱为一件计算。从这一规定的提法中可以看出，集装箱显然是被作为货物来对待的，但《维斯比规则》终究没有明确它的货物身份。

《汉堡规则》通过其对货物的定义，解决了这个问题。其第1条第5款规定："凡货物是用集装箱、货盘或类似装运工具集装，或者货物带有包装，而此种装运工具或包装系由托运人提供，则'货物'应包括这些装运工具或包装。"

集装箱和包装，在《汉堡规则》的货物定义中，名正言顺地被列入了货物的范围。不过，要注意它们成为货物的条件，那就是必须是由托运人提供的。换句话说，如果集装箱的提供者是承运人，集装箱只能属于承运人用于经营的一种运输工具，对货物来说犹如船舶的舱位，与国际提单公约所谈的货物就不是一回事了。

（三）延迟交付责任及赔偿问题

《海牙规则》和《维斯比规则》对托运人的货损通知期限和诉讼时效规定得十分清楚，要求托运人必须在规定的期限内通知货损或提起诉讼，否则承运人有权拒绝赔偿，然而却只字未提承运人的延迟交货及因此须承担的责任问题，这显然是有失公允的。

《汉堡规则》除了延长货损通知时间和诉讼时效以外，还对承运人作为运输合同一方当事人的延迟交货责任具体而又详细地做出规定，前后多达三条。

《汉堡规则》第5条第2款规定："如果货物没有在明确约定的时间内，或者，虽无这种约定，但未能在考虑到实际情况对一个勤勉的承运人所能合理要求的时间内，在海上运输合同所规定的卸货港交付，即为延迟交付。"该条第3款规定："如果没有在依照本条第2款交付时间届满之后连续60天内，根据第4条的要求交付货物，则有权对货物的灭失提出索赔的人，可以认为货物已经灭失。"

其第6条第1款规定："按照第5条规定，承运人对延迟交付的赔偿责任，以相当于该延迟交付货物应付运费的2.5倍金额为限，但不超过海上运输合同中规定的应付运费总额。"

其第19条第5款规定："除非在货物交给收货人之日以后连续60天内将书面

通知送交承运人,延迟交付造成的损失就不应予以赔偿。"

可以把《汉堡规则》规定的这些内容归纳为以下四点。

一是明确了延迟交付的概念。所谓延迟交付,有两种情况:一种是承运人未能将货物在运输合同已明白规定的时间内交付;另一种是虽然运输合同对此并无具体规定,但作为一个负责的承运人未能在被认为是合理的时间内交付货物。

二是规定延迟交付的时限。承运人在交货之日或应交货之日起算的60天内未按合同要求交付货物,换句话说,延迟交付达到了60天,即可视为货物已经灭失,收货人有权向承运人提出索赔。

三是确定延迟交付的赔偿责任。承运人延迟交付货物是对收货人的违约,应当对对方承担相应的赔偿责任。但赔偿金额最多为延迟交付货物所应支付运费的2.5倍,而且不能超过运输合同所规定的应付运费总额。

四是限定延迟损失通知的时间。由于承运人延迟交付而造成货物的损失,收货人应及时书面通知承运人,最迟的通知时间不能晚于自交货之日起算的60天。过了规定的延迟损失通知时间,承运人对此种损失不负赔偿责任。

(四)保函的法律效力问题

前面在叙述提单的分类时曾提到过保函,这是由托运人为换取清洁提单或预借提单而向承运人出具承担赔偿责任的一种保证文件。使用保函,在国际贸易和航运界是一种习惯的做法,但其法律效力常常被否定,如在美国,保函就不被承认。前两个国际提单公约根本未触及保函,而《汉堡规则》则以条款形式专门谈了有关保函的问题。

《汉堡规则》第17条第2款规定:"托运人为就承运人或代其行事的人未对由托运人提供载入提单的事项或货物的外表状况作出保留而签发提单所引起的损失,而据以向承运人提出赔偿的任何保函或协议,对包括受让提单的收货人在内的第三方,一概无效。"

该条第4款规定,如果承运人对包括收货人在内的第三方进行欺诈,"承运人应对信赖其所签发提单中所载货物情况下包括收货人在内的第三方所受到的任何损失,负赔偿责任,并且不能享受本公约所规定的责任限制的利益"。

《汉堡规则》对保函所做出的上述规定,明确了三点:

一是承认保函在托运人与承运人之间是具有法律效力的,这就使得这种为贸易和航运界所习惯采用但法律地位却不确定的保证文件,在国际提单公约中获得了合法化。

二是明确保函对包括受让提单的收货人在内的第三方是无效的,也就是说,承运人不可因为有了保函而对收货人提出的货损索赔免除责任。

三是规定在承运人对善意的第三方构成欺诈行为的情况下,保函对承、托双方也失去法律效力,而且承运人因此而被剥夺享受责任限制的权利。

第五节 《鹿特丹规则》内容简析

一、《鹿特丹规则》的产生

在详细叙述和比较了《海牙规则》《维斯比规则》《汉堡规则》的内容之后,显然,还十分有必要谈一谈进入 21 世纪后才产生的第四个国际提单公约——《鹿特丹规则》,并对其产生过程与条文内容做些简单介绍和分析。《鹿特丹规则》的全称为《联合国全程或部分海上国际货物运输合同公约》(United Nations Convention on Contracts for the International Carriage of Goods Wholly or Partly by Sea),是由联合国国际贸易法委员会于 2008 年 12 月 11 日提交给联合国第 63 届大会第 67 次会议并获得通过的,从起草、审议到通过,前后长达 10 年之久。由于该公约作为联合国文件是于 2009 年 9 月 23 日在荷兰鹿特丹正式举行签字仪式的,因此又被称为《鹿特丹规则》(Rotterdam Rules)。

联合国国际贸易法委员会制定《鹿特丹规则》的主要目的,是试图在目前国际海上货物运输法律缺乏统一性的背景下,用它来取代已不再适应当今国际航运和贸易发展的上述三个国际公约。虽然在该新公约上签字的国家目前已达 24 个,但至今只有其中的西班牙一国完成批准加入该公约的法律手续,中国、日本、德国、英国、意大利、加拿大和澳大利亚等航运贸易大国尚未签字,正因为没有达到它所规定的 20 个法定批准或加入国数字的条件,所以目前尚未生效。尽管如此,作为国际海上货物运输立法的重大变革,《鹿特丹规则》的产生依然引起了各国航运界人士的极大关注。

从内容上看,《鹿特丹规则》是当前国际海上货物运输规则之集大成者,无论是规则的结构、内容,抑或所涉及的相关法律问题,是迄今为止条文最多、调整运输范围最广的国际提单公约。新国际公约总共有 18 章 96 条,其中的实质性条款为 88 条,远非《海牙规则》和《汉堡规则》可比,它也因此被人称作"教科书"式的国际公约。

二、《鹿特丹规则》内容简析

《鹿特丹规则》与现行的《海牙规则》《维斯比规则》《汉堡规则》相比,其最突出也是最吸引人的内容是大大加重了承运人对其所承运货物应负的责任。这里着重从以下几个方面做一些分析。

第一,责任基础。在对承运人的赔偿责任基础的规定上,《鹿特丹规则》摒弃《海牙规则》和《维斯比规则》采用的不完全过失责任制,而是沿用《汉堡规则》推行的完全过失责任制。具体体现在取消了承运人的两项免责:不但废除了前两个国际公约所确立的"航行或管船过失"免责,还将三个国际公约均做出规定的"火灾过失"免责也取消了。

第二,责任期间。在对承运人所负责任期间的规定上,与《海牙规则》和《维斯比规则》采用的"装货—卸货"(即"钩至钩"或"舷至舷")原则及《汉堡规则》采用的"装港—卸港"(即"港至港")原则相比,《鹿特丹规则》进一步扩展为"收货—交货"原则,也就是规定承运人的责任期间为从他接收货物时开始到他交付货物为止的整个运输过程,而且不限定接收货物和交付货物的地点。

第三,赔偿限额。在对承运人承担赔偿责任限额的规定上,《鹿特丹规则》将每件每单位赔偿限额或每公斤(毛重)赔偿限额的标准,分别从《维斯比规则》的666.67 SDR 或 2 SDR、《汉堡规则》的 835 SDR 或 2.5 SDR 提高为 875 SDR 或 3 SDR。

第四,保证船舶"适航"的期间。在要求承运人履行提供适航船舶义务期间的规定上,与现行的三个国际公约将承运人承担这项最低限度责任的期间仅限于"在开航前和开航时"的规定相比,《鹿特丹规则》将其扩展至整个航程期间,即承运人必须"在开航前、开航时和海上航程中"保证所提供船舶达到"适船""适人""适航""适货"四项要求。

第五,举证责任。在对货损原因、责任和免责事项承担举证责任的规定上,《鹿特丹规则》对承托双方的举证责任作了调整和分配,以推定承运人过失为基础,明确了承托双方各自的举证内容和顺序,其中规定管理货物责任和免责事项的举证责任由承运人承担。与同样采用推定过失与举证责任相结合原则的《汉堡规则》相比,新国际公约规定双方举证责任的分配体系层次分明,在表面看来对承运人有利的同时实际是加重了承运人的举证责任,排除了后者利用举证责任规定不明确可能具有的抗辩利益。

通过以上分析,我们不难得出这样的结论:如果《鹿特丹规则》正式生效并被推行实施的话,势必会对船东、港口营运商、货主等各个国际海上货物运输相关方带来重大影响,也势必会对航运业及保险业带来重大影响。目前国际社会对这个国际新公约尚存在着不同看法,它的前景,包括能否生效、能否为一些主要的航运和贸易国家所接受、是否能够在国际上发挥重要作用等,并不明朗。然而,《鹿特丹规则》必将引发国际海上货物运输立法的一场革命,这一点却是毋庸置疑的。

思考题

1. 为统一规定海上运输中承运人和托运人的权利义务关系共制定了哪些有关提单的国际公约?它们之间的关系如何?

2.《海牙规则》规定了承运人对其所承运货物应负哪两项最低限度责任?何谓适航?广义的适航须具备哪些条件?解释为确定承运人责任起讫而规定的"钩至钩"原则和"舷至舷"原则。

3.《海牙规则》规定承运人可以享受的免责事项有哪几项?按性质如何对它们进行分类?分析其中的"管船过失"免责,并说出如何判断承运人是因"管船过失"或是"管货过失"而造成的货损。

4. 对于赔偿责任和赔偿时效的限制,三个国际公约分别是如何规定的?

5.《海牙规则》对于托运人在提单中应负的责任是怎样规定的?

6. 三个国际公约对于公约适用的范围分别是如何规定的?它们之间有怎样的关系?

7. 解释《维斯比规则》对明确集装箱运输货物赔偿单位的规定,以及针对非合同索赔的"喜马拉雅条款"的内容。

8.《汉堡规则》如何规定承运人应负货损责任的基础?说出其具体所采用原则的含义。与《海牙规则》相比,《汉堡规则》对舱面货和活动物的承运是如何规定的?

9. 简略谈谈《鹿特丹规则》的产生过程及其条文内容。

第六章　国际贸易术语

第一节　贸易术语的国际惯例

一、国际贸易术语的含义

(一) 国际贸易术语的出现

国际贸易的买卖双方分别在两个不同的国家或地区，相距遥远，货物从卖方手中转到买方手中，要经过长途运输，要过一道道关卡。他们在洽商交易、订立合同时，首先要对货物交接过程中必然遇到的一系列重要问题通过协商加以明确。例如：卖方在何地，以何种方式交货？货物在运输途中可能发生损坏或灭失的风险应由何方负担？由何方来负责安排运输、装货、卸货、办理货运保险，以及申请进出口许可证和报关纳税？货物的检验费、装卸费、运费、保险费、进出口税捐和其他杂项费用又由何方承担？双方在货物交接过程中需要交接哪些有关的单据？

按理说，每谈一笔交易，买卖双方都应对上述的手续、费用、风险责任等逐项反复磋商后做出规定。但是，这样做不但耗时耗力、增加费用开支，而且会影响交易的达成。在国际贸易长期的实践中，为针对这一难题的解决，各种不同的贸易术语先后产生。贸易术语的出现，简化了交易磋商的内容，节省了业务费用开支，缩短了成交的过程；不仅如此，它们的运用还促进了国际贸易和国际货物运输的发展。

贸易术语(Trade Terms)，又称贸易条件，是指在国际贸易中，以一个简单的概念(如"Free On Board")，或三个英文缩写的字母(如 FOB)，用来表示商品价格的构成和买卖双方在货物交接过程中有关手续、费用和风险责任划分的专门用语。由于对外报价和签订贸易合同时，凡涉及价格问题都离不开贸易术语，因而也被称为"价格术语"(Price Terms)，并成为国际贸易合同中最基础的条款。

(二) 贸易术语的国际惯例

贸易术语是在国际贸易的长期实践中逐步形成和发展起来的。据记载，贸易术语最早使用的时间是在 19 世纪初：1812 年，一个外国商人驾船到英国利物浦采办货物，要求英国供货商把货物交到停靠在利物浦港的船上，双方在合同中使用了"Free On Board"的条件，这就是今天被广为运用的 FOB 术语的由来。1862 年，CIF 术语也开始在英国首先使用，而且很快成为国际贸易中使用最多的贸易术语。自此以后，在长达近一个半世纪的时间里，这两个术语，加上作为 CIF 变形的 CFR，始终是国际贸易中三个最为常用也最有代表性的贸易术语。与此同时，根据实际业务的需要与适应运输方式的变化和发展，其他各种各样的贸易术语也纷纷产生，目前已达 50 多种，它们极大地推动了国际贸易的发展。

然而，由于最初对各种贸易术语并没有统一的解释，不同国家或不同当事人对这些术语的不同理解必然会影响到它们在业务实践中的使用，甚至引发贸易纠纷。为了避免各国在贸易术语解释上出现分歧和争议，有关国际组织和商业团体曾先后制定了一些有关贸易术语的解释和规则。这些解释和规则经过多年实践，大都已经为国际贸易界人士所熟悉、承认和接受，并成为他们经常遵守的国际贸易惯例。目前，在国际上有较大影响的有关贸易术语的惯例主要有以下三个。

1.《1932 年华沙—牛津规则》。《1932 年华沙—牛津规则》（Warsaw - Oxford Rules 1932），是由国际法协会于 1928 年在华沙制定，后又于 1932 年在牛津修订的。该规则主要对 CIF 术语的性质、特点、适用范围等做了较详细的说明和规定。

2.《1941 年美国对外贸易定义修正本》。《1941 年美国对外贸易定义修正本》（Revised American Foreign Trade Definition 1941），由美国 9 大商业团体于 1919 年制定并于 1941 年作了修订。该修正本对 EX（Point of Origin）、FOB、FAS、C&F、CIF、EX Dock 六种贸易术语做了解释，在美国、加拿大及一些拉美国家有较大的影响。该修正本的特点是：它对贸易术语的解释，尤其是对 FOB 术语的解释与其他国际惯例的解释有所不同。

3.《2010 年国际贸易术语解释通则》。《2010 年国际贸易术语解释通则》（International Rules for the Interpretation of Trade Terms，缩写为 INCOTERMS 2010，以下简称《2010 年通则》），是由国际商会于 1936 年制订，后又经过 7 次（先后为 1953 年、1967 年、1976 年、1980 年、1990 年、2000 年和 2010 年）的修改和补充，于 2010 年最后一次修订后于 2011 年 1 月 1 日开始正式实施的。该通则是迄今为止关于贸易术语含义的国际惯例的最新版本。与《2000 年通则》相比，《2010 年通则》更清晰而且准确地界定了各方承担货物运输风险和费用的责任，有利于降低法律纠纷，此外还增加了大量指导性贸易解释和图示，以及电子交易程序的适用方式。

需要指出的是，上面所提到的规则、修正本和通则在法律上都属于国际惯例性质，国际惯例并不是国际公约，在适用的时间效力上不存在"新法取代旧法"的说法,它们对各种贸易术语的解释不具有普遍的约束力。换句话说,它们不强制国际贸易的买卖双方采用,而是让买卖双方自愿选择采用某种惯例(例如,可以选择《2010年通则》,但也可以选择《2000年通则》乃至《1990年通则》),并在贸易合同中注明,随后就按该惯例来确定他们在货物交接方面的义务。买卖双方也可在贸易合同中作出与某种惯例不同的解释,而且这种在合同中所作出的不同于惯例的解释,其效力将超越惯例。然而,如果买卖双方在贸易合同中没有明确规定采用何种惯例,那么,一旦事后双方因在交接货物的义务方面发生争议而提交仲裁或诉讼时,仲裁机构或法院往往会引用某种为国际贸易界人士公认的或影响较大的贸易术语的国际惯例,如《2010年通则》作为裁决或判决案件的依据。

二、贸易术语的分类

《2010年通则》将常用的11种贸易术语,按照所适用的运输方式把它们划分为两大类,即适用于任何运输方式类和仅适用于水上运输方式类。具体分类如下。

(一)适用于任何运输方式类的贸易术语

归于此类的贸易术语共有7种:EXW、FCA、CPT、CIP、DAT、DAP和DDP。它们可以适用于任何单一的运输方式或多种运输方式,也就是不仅可以适用于铁路运输、公路运输和航空运输,而且同样可以适用于海上运输和内河运输,以及上述各种运输方式的组合。

1. EXW at named place,工厂交货(指定地点)。EXW是Ex Works的缩写。在该术语项下,卖方在他的工厂将货物提交给买方,就算完成了交货。除非另有约定,卖方不负责把货物装上买方所安排的车辆,也不负责出口清关。货物从卖方工厂至目的地的整个运输途中的一切手续、费用和风险责任,全部由买方承担。因此,这是卖方承担责任、费用和风险最小的贸易术语。

2. FCA at named place,货交承运人(指定地点)。FCA是Free Carrier的缩写。在该术语项下,卖方在指定交货地点(如铁路站、集装箱货运站等运输站),将货物交给由买方指定的或在买方要求下由卖方选定的承运人,就算完成了交货。这意味着在卖方把货物交给承运人之前的费用和风险是由卖方承担的,买方则承担在这之后的费用和风险。

3. CPT at named place of destination,运费付至(指定目的地)。CPT是Carriage Paid to的缩写。在该术语项下,卖方向其指定的承运人交货,并支付将货物运至目的地的运费。卖方的交货义务完成于他在将货物交付承运人掌管时,这意味着交货以后(即货物在交付给承运人掌管以后)的一切风险和其他费用由买方承担。

4. CIP at named place of destination,运费及保险费付至(指定目的地)。CIP 是 Carriage and Insurance Paid to 的缩写。在该术语项下,卖方向其指定的承运人交货并支付将货物运至目的地的运费,还要出面为货物购买保险并支付保险费。由于卖方完成了交货义务,交货以后的一切风险和其他费用得由买方承担。

5. DAT at named terminal port or place of destination,终点站交货(指定目的港或目的地)。DAT 是 Delivered at Terminal 的缩写。在该术语项下,卖方负责把货物运抵指定目的港或目的地的集散站并将货物从运输工具上卸下,完成交货。这意味着卖方应承担把货物运抵该目的港或目的地的集散站的一切费用和风险。

6. DAP at named place of destination,目的地交货(指定目的地)。DAP 是 Delivered at Place 的缩写。在该术语项下,卖方负责把货物运抵指定目的地并做好卸货准备,但无须卸货即完成交货。这意味着卖方仅承担把货物运抵该目的地为止的一切费用和风险。

7. DDP at named place of destination,完税后交货(指定目的地)。DDP 是 Delivered Duty Paid 的缩写。在该术语项下,卖方负责把货物运抵指定目的地后,办理完进口清关手续并缴纳进口税,将装在运输工具上尚未卸下的货物交给买方,才算完成交货义务。因此,这是卖方承担责任、费用和风险最大的贸易术语。

(二)仅适用于水上运输方式类的贸易术语

归于此类的贸易术语共有 4 种:FAS、FOB、CFR 和 CIF。在这一类术语中,交货点和把货物运抵买方的地点都是港口,所以只适用于包括海上运输和内河运输在内的水上运输。

1. FAS at named port of shipment,船边交货(指定装运港)。FAS 是 Free Alongside Ship 的缩写。在该术语项下,买方自己找承运人租船订舱并承担费用,而由卖方在买方指定的装运港将货物交到船边,即完成交货。这意味着卖方仅承担其在指定装运港将货物交到船边之前的费用和风险,而在这之后所产生的费用和风险则由买方承担。

2. FOB at named port of shipment,船上交货(指定装运港)。FOB 是 Free on Board 的缩写。在该术语项下,由买方派船接运货物,而由卖方将货物运送到买方指定的装运港并装到买方所指派的船上,即完成交货。卖方承担货物装上船为止的费用和风险,货物装上船后的费用和风险则由买方承担。

3. CFR at named port of destination,成本加运费(指定目的港)。CFR 是 Cost and Freight 的缩写。在该术语项下,由卖方负责找承运人租船订舱并承担货物运抵指定目的港的运费,他在装运港将货物装到船上,完成交货义务,货物装上船后的费用和风险就转由买方承担。

4. CIF at named port of destination,成本加保险费、运费(指定目的港)。CIF 是 Cost,Insurance and Freight 的缩写。在该术语项下,卖方负责租船订舱并承担货物运抵指定目的港的运费,还负责为货物投保并承担保险费,他在装运港将货物装到船上,完成交货义务,货物装上船后的费用和风险就转由买方承担。

根据《2010 年通则》的解释,这 11 种术语的买卖双方所承担的义务是大小不一的。现将它们在交货地点、责任费用、风险划分和适用的运输方式等方面的异同列表做一番比较(如表 6-1 所示)。

表 6-1　《2010 年通则》11 种贸易术语的买卖双方责任大小的比较

英文缩写	名称	交货地点	责任		费用		风险划分界限	出口清关与费用	进口清关与费用	适用的运输方式
			办理租船订舱	办理保险	支付运费	支付保险费				
EXW	工厂交货（指定地点）	卖方所在地	买方	买方	买方	买方	买方接收货物	买方	买方	任何运输方式
FCA	货交承运人（指定交货地点）	出口国内地或港口	买方	买方	买方	买方	货交承运人掌管	卖方	买方	任何运输方式
CPT	运费付至（指定目的地）	出口国内地或港口	卖方	买方	卖方	买方	货交承运人掌管	卖方	买方	任何运输方式
CIP	运费、保险费付至（指定目的地）	出口国内地或港口	卖方	卖方	卖方	卖方	货交承运人掌管	卖方	买方	任何运输方式
DAT	终点站交货（指定目的港或目的地）	进口国指定目的港或目的地	卖方	卖方	卖方	卖方	货交买方处置	卖方	买方	任何运输方式
DAP	目的地交货（指定目的地）	进口国指定目的地	卖方	卖方	卖方	卖方	货交买方处置	卖方	买方	任何运输方式
DDP	完税后交货（指定目的地）	进口国指定目的地	卖方	卖方	卖方	卖方	货交买方处置	卖方	卖方	任何运输方式

续表

英文缩写	名称	交货地点	责任 办理租船订舱	办理保险	费用 支付运费	支付保险费	风险划分界限	出口清关与费用	进口清关与费用	适用的运输方式
FAS	船边交货（指定装运港）	装运港	买方	买方	买方	买方	货交装运港船边	卖方	买方	水上运输
FOB	船上交货（指定装运港）	装运港	买方	买方	买方	买方	货物装上船	卖方	买方	水上运输
CFR	成本加运费（指定目的港）	装运港	卖方	买方	卖方	买方	货物装上船	卖方	买方	水上运输
CIF	成本、保险费加运费（指定目的港）	装运港	卖方	卖方	卖方	卖方	货物装上船	卖方	买方	水上运输

三、贸易术语中买卖双方的主要义务

《2010年通则》对国际贸易合同的买卖双方在每种贸易术语项下的责任、费用和风险等义务，做了明确的具体规定。为便于对照和比较，该通则将双方的主要义务各分10项列出，并相互对应，让买卖双方一目了然，明白各自应履行的义务，从而避免某项义务双方均不负责的情况出现（如表6-2所示）。

表6-2　　　　　　　　《2010年通则》买卖双方的主要义务

卖方义务 A	买方义务 B
A1 按销售合同提供货物和商业发票	B1 按合同规定支付货款
A2 提供许可证、批准文件及办理海关手续	B2 提供许可证、批准文件及办理海关手续
A3 签订运输合同和保险合同	B3 签订运输合同和保险合同
A4 交付货物	B4 接收货物
A5 风险转移	B5 风险转移

续表

卖方义务 A	买方义务 B
A6 费用划分	B6 费用划分
A7 通知买方	B7 通知卖方
A8 提供交货凭证	B8 提供收货凭证
A9 支付货物查对、包装及标志费用	B9 支付货物的强制检验费用
A10 提供信息帮助和相关费用	B10 提供信息帮助和相关费用

第二节　国际贸易中最常用的几种术语

在当前为国际贸易的买卖双方普遍采用的，而且经过《2010 年通则》归纳和解释的 11 种贸易术语中，以 FOB、CFR 和 CIF 这三种属于装运港交货的术语最为流行。随着运输方式的不断革新及国际多式联运业务的进一步普及，属于货交承运人的 FCA、CPT 和 CIP 这三种术语，也逐渐成为国际贸易中常用的术语。熟悉这些常用贸易术语的含义和具体内容，特别是买卖双方在每种术语项下的责任划分，以及它们与海上运输和海上保险的关系，是十分重要的。

一、属于装运港装船交货的三种传统术语

（一）FOB 术语

FOB 船上交货，是指定装运港船上交货的简称，亦称离岸价格。在使用 FOB 时必须在它的后面注明买卖双方约定的装运港名称，如"每公吨 30 000 英镑 FOB 上海"（At£ Stg. 30,000 per metric ton FOB Shanghai）。按照《2010 年通则》的解释，FOB 术语是指当货物在指定装运港装到船上时，卖方即完成交货，买方必须承担自该交货点起所产生的一切费用和货物灭失或损坏的风险 。FOB 术语仅适用于海洋运输或内河运输。

1. FOB 术语项下买卖双方的义务。

在 FOB 术语项下，卖方的主要义务包括：

（1）负责装船。卖方负责在贸易合同规定的日期或期限内，在指定的装运港，将符合合同规定的货物按照港口惯常方式装到买方指定的船上，并及时通知买方。

(2)负责办理出口。卖方负责取得货物出口许可证或其他核准证书,办理货物出口清关手续及缴纳出口税。

(3)承担装船前的费用和风险。卖方承担货物在装运港装到船上之前的一切费用和风险。这里需要强调指出的是,《2010年通则》取消了 FOB、CFR 和 CIF 这三种属于装运港装船交货的术语原来以越过船舷为风险转移的规定,而代之以将货物装运上船作为买卖双方风险划分的界限。

(4)负责提供单据。卖方必须提供符合销售合同规定的商业发票,以及合同要求的任何其他的单证。单据均可用具有同等效力的电子数据交换信息替代。

在 FOB 术语项下,买方的主要义务包括:

(1)负责租船订舱。买方负责租船或订舱,支付运费,并将船名和抵达装运港的船期,以及要求交货的时间等事项及时通知卖方。

(2)负责办理保险。为使交易的货物在运输途中获得风险保障,应由买方自己投保货物运输保险,并支付保险费。

(3)负责办理进口。买方自负风险和费用取得进口许可证或其他核准证书,并办理货物进口清关手续及缴纳进口税。

(4)承担装船后的费用和风险。买方承担货物在装运港装到船上之后的一切费用和风险。

(5)支付货物的强制检验费用。买方必须支付任何在装运前对货物所作的强制性检验的费用,出口国有关部门强制进行的检验除外。

(6)收货付款。买方按照合同规定支付货款,并收取符合合同规定的货物和单据。

2. 采用 FOB 术语成交须注意的问题。

一是确定交货点,注意风险划分。众所周知,国际贸易的买卖双方在整个货物交接过程中都是要承担一定费用和风险的。不论是在何种贸易术语项下,交货点(Point of Delivery)是他们划分费用和风险承担责任的界限:交货之前,货物的风险和费用由卖方承担;交货之后,货物的风险和费用则由买方承担。正因为货物损坏或灭失的风险是自"交货点"开始从卖方转移至买方,该点也因此被称为"风险点"(Point of Risk)。问题是怎样确定这个交货点/风险点。在国际贸易实践中,对交货点有各种不同的解释,归纳起来,大致有以下四种情况:

(1)以吊钩为交货点。认为卖方将货物运至吊钩所及之处或挂上吊钩,就算交货。

(2)以船舷为交货点。认为卖方将货物起吊并有效越过船舷,才算交货。

(3)以舱面为交货点。认为卖方将货物有效放置舱面上,才算交货。

(4) 以舱底为交货点。认为卖方将货物有效装入舱底,才算交货。

交货点概念的确定,直接关系到买卖双方承担费用和风险界限的划分。按照《2010 年通则》的规定,贸易合同的买卖双方如果是采用 FOB 术语成交,卖方必须及时在装运港将货物交至船上或装到船上。由于该通则取消了"船舷"的概念,FOB 术语项下的交货点应该不再是船舷,而是"舱面"或"舱底",也就是说,卖方必须负责在装运港将货物有效地放至舱面上或有效地地装入舱底,才算完成交货,在货物放至舱面或装入舱底之前所产生的费用和有可能遭受损坏或灭失的风险仍须由卖方承担。实际业务中,卖方应向买方提供"已装船的清洁提单",这表明双方已约定把舱底作为交货点,即由卖方承担货物装入船舱为止的费用和风险。

二是办妥运输,注意船货衔接。在 FOB 术语项下,应由买方安排运输,即买方负责去找承运人租船或订舱,然后按合同约定的期限派出所租船舶或指定班轮前往装运港接运货物。如果买方在没有得到卖方同意的情况下提前或是延迟派船,致使卖方不能按合同规定履行交货义务,卖方有权以买方违约为由解除合同或要求赔偿损失,由此产生的各种费用,如空舱费、滞期费或增加的仓储费等,均由买方承担。当然,也有可能出现相反的情况,那就是买方按期派出了船,卖方却未备妥货物,由此产生的上述费用或损失则该由卖方承担。

虽说在 FOB 术语项下,安排运输是买方的责任,但在实际业务中,买方从有利于船货衔接的角度考虑,有时也会委托卖方代为办理租船或订舱事宜。一般情况下,在成交的货物是大宗货物(包括散装货),需要租用整船装运时,买方往往自行租船;但是,如果货物用不着整船装运,而只需买方通过向班轮公司洽订部分舱位来安排运输时,买方考虑到订舱后在他通知卖方有关船名、装运港和装货时间等事项,以便让卖方接到通知后立即备货和做好装货安排的前后环节上有可能脱节,在这种情况下,他就会觉得选择委托卖方代为订舱的方式更有利于船货的衔接。不过,卖方对买方委托其代办订舱的请求,可以接受也可以拒绝,因为这仅是一种委托代理。而且,即使卖方接受了代办的委托,到时订不到舱位的风险还得由买方自负,买方不能以此为由解除合同或要求卖方赔偿损失。

三是"变形"FOB,注意装船费用负担。装船费用,既是指在装运港货物装船的费用,还包含着与装船有关的理舱费和平舱费。由于《2010 年通则》只是规定了 FOB 术语项下由卖方承担货物装到船上之前的一切费用和由买方承担之后的一切费用,但对装船费用并没有具体划分,实际业务中也无法判定其中的哪些费用是在货物装到船上之前发生的,哪些是在装到船上之后发生的。比方说,如果买方采用班轮运输,由于班轮公司管装管卸,班轮运费中包括装船、卸船费用,所以装船费用实际上是由支付班轮运费的买方承担的;但如果买方是采用航次租船运输货物的话,由于船舶出租人一般不管装卸,而要由作为承租人的买方自己负责,为此,买方在与卖方签订合同时就应明确装船费用由何方负担的问题。明确了之后,买方再根据双方对装船费用负担的商定,在与船舶出租人洽商货物的装卸安排时,选择采用船方负责装卸,或管装不管卸,或管卸不管装,或不管装不管卸等方式中的一种。

在 FOB 术语项下,贸易双方对装船费用由何方负担的商定,既可以在贸易合同中用文字具体写明,也可以采用在 FOB 术语后另列字句或缩写,形成所谓 FOB 术语变形的方法。

后一种方法在实践中更多地被使用。常见的 FOB 术语变形有下述几种。

(1) FOB 班轮条件(FOB Liner Terms)。这一变形是指卖方仅负责将货物交到港口码头,而装船和装船费用按班轮运输的做法办理,由支付运费的一方即买方负担。

(2) FOB 吊钩下交货(FOB Under Tackle)。这一变形是指卖方将货物交到买方指定船舶的吊钩所及之处或挂上吊钩,以后的起吊、装船、入舱,以及理舱与平舱均由买方负责并承担各项费用。

(3) FOB 带理舱(FOB Stowed,简称 FOBS)。这一变形是指卖方负责将货物装入船舱并进行理舱(垫隔和整理)作业,支付包括理舱费在内的装船费用。

(4) FOB 带平舱(FOB Trimmed,简称 FOBT)。这一变形是指卖方负责将货物(一般为煤炭、粮谷、矿砂等散装大宗货物)装入船舱并进行平舱(平整、调动)作业,支付包括平舱费在内的装船费用。

(5) FOB 带理舱和平舱(FOB Stowed and Trimmed,简称 FOBT&S)。这一变形是指卖方负责将货物装入船舱并进行理舱和平舱,支付包括理舱费和平舱费在内的装船费用。

须强调的是,上述 FOB 术语变形并不改变在该贸易术语项下的交货点/风险点的划分,它们只不过是买卖双方为明确装船费用由何方负担的一种表示方法。

(二)CIF 术语

CIF 成本加保险费、运费,是指定目的港成本加保险费、运费的简称,亦称保险费、运费在内价格,或离岸加保险费、运费价格。在我国的实际业务中,还习惯地把 CIF 术语称作到岸价格。在使用 CIF 时必须在它的后面注明目的港名称,如"每公吨 10 000 欧元 CIF 汉堡"(At EUR10,000 per metric ton CIF Hamburg)。此价格条件中的成本(Cost)相当于 FOB 价格,所以 CIF 术语的基本含义就是 FOB 术语加保险费,再加运费。按照《2010 年通则》的解释,CIF 术语是指当货物在指定装运港装到船上时,卖方即完成交货,卖方必须支付将货物从装运港运至指定目的港所需要的费用和运费,但交货后货物灭失或损坏的风险,以及因此而引起的任何额外费用,由卖方转移至买方;此外,卖方还必须为货物在运输中遭受灭失或损坏的买方风险办理运输保险,并支付保险费。CIF 术语仅适用于海洋运输或内河运输。

1. CIF 术语项下买卖双方的义务。

在 CIF 术语项下,卖方的主要义务包括:

(1)负责装船。卖方负责在贸易合同规定的日期或期间内,在装运港将符合合同的货物装到运往指定目的港的船上,装船后即给予买方充分的通知。

(2)负责办理出口。卖方负责取得出口许可证或其他核准证书,办理货物出口清关手续及缴纳出口税。

(3)负责租船订舱。卖方负责租船或订舱,并支付从装运港到目的港的运费。

(4)负责办理保险。为使货物在运输途中获得风险保障,卖方负责投保货物运输保险,并支付保险费。

(5)承担装船前的费用和风险。卖方承担货物在装运港装到船上之前的一切费用和风险。

(6)负责提供单据。卖方必须提供商业发票、保险单和货物运往目的港的通常运输单据。所有单据均可用具有同等效力的电子数据交换信息替代。

在 CIF 术语项下,买方的主要义务包括:

(1)负责办理进口。买方自负风险和费用取得进口许可证或其他核准证书,并办理货物在目的港的进口清关手续及缴纳进口税。

(2)承担装船后的费用和风险。买方承担货物在装运港装到船上之后的一切费用和风险。

(3)收货付款。买方在目的港收取卖方按合同规定交付的货物,接受卖方提供的有关货运单据,并按合同规定支付货款。

2. 采用 CIF 术语成交须注意的问题。

一是确定交货点,注意属"装运合同"。按照《2010 年通则》的规定,贸易合同的买卖双方如果是采用 CIF 术语成交,卖方必须在装运港将货物装到船上,这与 FOB 术语完全相同,也是以舱面或舱底为其交货点。尽管在 CIF 术语后所注明的是"指定目的港",但其卖方在装运港而不是在目的港完成交货义务的性质并没有发生变化,因此采用 CIF 术语成交的合同与采用 FOB 术语成交的合同一样,都应该属于"装运合同"(Shipment Contract)而不是"到货合同"(Arrival Contract)。装运合同和到货合同是两类性质不同的贸易合同:前者的根本特性就是合同的卖方在按合同规定在装运港(地)将货物交付装运之后,对货物可能发生的任何风险便不再承担责任;而后者则要求合同的卖方负责将货物运送到指定的目的港(地),

并承担货物可能发生的损坏或灭失的任何风险直到目的港（地）为止。按 FCA、FAS、FOB、CFR、CIF、CPT 和 CIP 这 7 种术语订立的贸易合同属于装运合同，采用 DAT、DAP 和 DDP 这 3 种术语成交的合同属于到货合同。由于在我国习惯上常将 CIF 术语称作到岸价格，有人由此产生误解，将其列入到货合同，事实上到岸价格的叫法不很确切，按 CIF 术语成交，卖方的交货点依然在装运港，并不保证到货。

二是租船订舱，注意按通常条件。在 CIF 术语项下，应由卖方安排运输，即卖方负责办理租船或订舱，然后按合同约定的期限装船出运货物。如果卖方没有及时办妥运输事宜，进而未能按照合同规定装船交货，买方即可以卖方违约为由提出解除合同或赔偿损失的要求。至于对卖方向买方提供装运合同所规定货物的船舶，《2010 年通则》并没有提出什么具体的要求，只规定卖方须按通常条件租船或订舱，使用通常类型的船舶及沿着习惯行驶的航线装运货物。这就表明，买方对卖方向承运人洽租或洽订的装运船舶不能"挑三拣四"，无权在船舶的国籍、船型、船龄和船级等方面提出限制性的要求，更无权要求卖方去其指定的班轮公司订舱运货。卖方对买方在装运船舶上所提出的各种过分苛刻的要求有权予以拒绝。当然，出于对发展出口业务的考虑，在对方的要求不太过分，能够办到且又不增加额外费用的情况下，卖方自然也可以给予满足。

三是"变形"CIF，注意卸船费用负担。在叙述 FOB 术语的内容时，我们曾讨论了有关装船费用的负担问题，在 CIF 术语项下同样会遇到一个涉及费用的问题，不过不是装船费用，而是卸船费用。按照 CIF 术语成交，卖方负责将货物运往指定的目的港，并支付至目的港的运费。但是，运费中是否包含了在目的港的卸船费用，或者说，在目的港的卸船费用究竟应由何方负担，《2010 年通则》没有做出规定，各国、各港口对此所采用的惯例也不一致。不一致、不明确的结果，必然引发买卖双方之间的争议。如果卖方采用的是班轮运输，由于班轮公司管装管卸，班轮运费中包括了卸船费用，所以卸船费用实际上是由支付班轮运费的卖方承担，责任很明确，卖方不会有异议；但如果卖方是采用航次租船运输货物的话，由于船舶出租人一般不管装卸，而要由作为承租人的卖方自己负责，在这种情况下，卖方当然就会对买方提出在贸易合同中明确卸船费用由何方负担的问题。只有明确了卸船费用由何方负担，卖方在与船舶出租人洽商货物的装卸安排时，才能在由船方负责装卸，或管装不管卸，或管卸不管装，或不管装不管卸等方式中做出某种选择。

在 CIF 术语项下，买卖双方对卸船费用由何方负担的商定，既可以在贸易合同中用文字具体写明，也可以采用在 CIF 术语后另列字句或缩写，形成所谓 CIF 术语变形的方法。后一种方法在实践中更多地被使用。常见的 CIF 术语变形有以下几种。

（1）CIF 班轮条件（CIF Liner Terms）。这一变形是指货物的卸船和卸船费用按班轮运输的做法办理,由支付运费的一方即卖方负担。

(2) CIF 舱底交货(CIF Ex Ship's Hold)。这一变形是指货物运抵目的港以后,卖方在舱底交货,由买方自行启舱并负担自舱底卸货的费用。

(3) CIF 吊钩下交货(CIF Ex Tackle)。这一变形是指卖方将货物从舱底起吊至船边卸离吊钩为止,或在船舶不能靠上码头的情况下卸到买方租用的驳船上为止,由买方负担以后的费用。

(4) CIF 卸到岸上(CIF Landed)。这一变形是指卖方负责将货物卸到目的港岸上,包括驳船费和码头费在内的各种费用,均由卖方负担。

(5) CIF 不管装卸(CIF FIO)。这一变形是指 CIF 术语与 FIO(Free In and Out)租船条件相结合,卖方在 CIF 术语项下所支付的运费中不包括装卸费用,因此卸船费用应由买方负担。

同样有必要强调,上述 CIF 术语变形并不改变在该贸易术语项下的交货点/风险点的划分,它们只不过是买卖双方为明确卸船费用由何方负担的一种表示方法。

四是办理保险,注意险别和保险金额。在 CIF 术语项下,应由卖方负责投保货物运输保险并支付保险费,以此为装船后在运输途中的货物提供风险保障,因此从实质上来说,卖方不是为了自身的利益而是为了买方的利益才投保。《2010 年通则》对卖方在 CIF 术语项下履行保险义务的问题作了以下明确的规定。

(1) 投保最低责任的险别。遵照《2010 年通则》对卖方保险责任的要求,卖方只需"按照至少符合英国《协会货物保险条款》C 款或其他类似保险条款中规定的最低保险险别投保"。对我国的出口企业来说,这意味着在贸易合同中未具体规定投保险别的情况下,它作为卖方除了可以按 ICC(C)投保之外,也可以按 CIC 的平安险投保。不过,根据通则规定,卖方应找信誉良好的保险人或保险公司订立保险合同,并保证买方或其他对货物具有保险利益的人有权直接向保险人索赔。

(2) 可提供额外的保险。如果买方希望得到更为充分的保险保障,卖方可以应买方要求提供额外的保险,如投保英国《协会货物保险条款》A 款或 B 款,或其他类似保险条款中提供的险别,或与英国《协会货物战争险条款》和《协会货物罢工险条款》或其他类似条款符合的险别。对我国的出口企业来说,这意味着它作为卖方应买方要求除了可以投保 ICC(A)、ICC(B)、IWC(Cargo)或 ISC(Cargo)之外,也可以投保 CIC 其他主险或加保战争罢工险。当然要求卖方提供额外保险的费用得由买方承担。

(3) 按 CIF 价款加成确定保险金额。卖方投保的金额,按照国际惯例,一般应该是贸易合同的价款加一成,即 CIF 的发票金额加 10%。

(4) 以合同货币缴付保险费。卖方投保所缴付保险费的货币一般应与贸易合同的交易货币一致。

(5) 责任起讫与运输合同相符。卖方投保的保险期间,也就是要求保险人承担保险责任的起讫期间,必须与货物运输合同的期限保持一致。就保险责任开始的时点而言,自货物在装船后有可能遭受损坏或灭失的风险转由买方承担时起,保险人对买方提供的保障必须生效;再就保险责任终止的时点来说,保险人对运输货物所承担的责任应展延至货物抵达目的港为止。

在我国的保险实际业务中,我出口企业在按 CIF 术语与国外客户达成交易时,为了明确责任,一般都在贸易合同中具体规定投保的险别、保险金额和适用的保险条款。

五是凭单交货,注意不保证到货。贸易合同的买卖双方采用 CIF 术语成交,其实并不是就货物本身进行的买卖,而是就与货物有关的单据进行的买卖,因为卖方可通过向买方提交货运单据来完成其交货义务。卖方提交了包括提单、保险单和商业发票在内的各种货运单据,等于是向买方交付了货物;而买方拿到了这些符合合同要求的货运单据,等于是拿到了货物,就要凭单据支付货款。这种"凭单交货,凭单付款"的特性,表明按 CIF 术语成交的合同采用的是一种象征性交货方式。

象征性交货与实际交货不同:实际交货,顾名思义,就是要求卖方在合同规定的时间和地点,把符合合同规定的货物实际交到买方或其指定人的手里;象征性交货,只要求卖方按期在约定的地点完成装运并向买方提交符合合同规定的有关的货运单据,就算交了货。在象征性交货方式下,卖方提交了货运单据,尽管实际的货物并没有交到买方的手里,由于卖方已完成了交货任务,风险已转移给买方,货物在此后运输途中遭受的损坏或灭失已与卖方无关,买方仍须凭单付款给卖方(当然,买方可以凭提单向船方索赔或凭保险单向保险人索赔);与此相反,如果卖方还没有提交单据,则意味着他还没有交货,或者卖方已经提交了单据,但提交的单据不符合合同的规定,在后一种情况下,哪怕货物无损无缺地运抵目的港,买方依然可以理直气壮地以单据不符,即收到的并非是其当时与卖方成交的货物为由拒付货款。

正因为如此,在采用 CIF 术语订立贸易合同时,卖方要注意不能接受买方提出的以保证到货或以保证在某一时间到货作为其收取货款条件的要求。理由很简单,因为如果双方达成了这样的协议,该份按 CIF 成交的合同就变得名不副实,双方还不如干脆按 DAT、DAP 或 DDP 等术语来订立合同。

(三) CFR 术语

CFR 成本加运费,是指定目的港成本加运费的简称,亦称离岸加运费价格,或运费在内价格。在使用 CFR 时必须在它的后面注明目的港名称,如"每公吨 5 000

美元 CFR 香港"(At USD 5000 per metric ton CFR HongKong)。按照《2010 年通则》的解释,CFR 术语是指当货物在指定装运港装到船上时,卖方即完成交货。卖方必须支付将货物从装运港运至指定目的港所需要的费用和运费,但交货后货物灭失或损坏的风险,以及因此而引起的任何额外费用,由卖方转移至买方。CFR 术语仅适用于海洋运输或内河运输。

1. CFR 术语项下买卖双方的义务。

CFR 术语介于 FOB 术语与 CIF 术语之间。就买卖双方的义务来看,与 FOB 术语相比,CFR 术语项下负责租船或订舱及支付运费的义务由买方转移给了卖方;与 CIF 术语相比,CFR 术语项下负责办理货物运输保险及支付保险费的义务由卖方转移给了买方。至于买卖双方对费用和风险的负担,CFR 术语与这两种术语划分的原则完全相同。

由此可见,FOB、CFR 和 CIF 这三种适用于海洋运输或内河运输的术语,区别主要体现在买卖双方办理运输和保险这两项手续及支付相关费用上的不同。为便于比较和掌握,现将它们在对风险划分、两项主要手续的办理和相关费用的支付这三方面的异同点列出(如表 6-3 所示)。

表 6-3　　FOB、CFR 和 CIF 在风险划分、手续办理和费用支付上的比较

贸易术语	风　　险	两项主要手续		相关费用	
	何方承担货物装船后的风险	何方办理保险	何方办理租船或订舱	何方支付保险费	何方支付至目的港运费
FOB	买方	买方	买方	买方	买方
CFR	买方	买方	卖方	买方	卖方
CIF	买方	卖方	卖方	卖方	卖方

2. 采用 CFR 术语成交须注意的问题。

一是装运港交货,注意与 CIF 术语区别。虽然 CFR 是介于 FOB 与 CIF 之间的一种贸易术语,但仔细加以分析的话,可以看出 CFR 术语更类同于 CIF 术语。这是因为,除了在交货点/风险点的划分上与 CIF 术语相同以外,它在交货方式及在术语后面必须注明目的港名称这些方面也与 CIF 术语完全一致。二者的区别仅仅在于办理货物运输保险及支付保险费义务的承担:在 CFR 术语项下,该项义务由买方承担,而在 CIF 术语项下,则由卖方来履行该项义务。在国外,有人把 CFR 术语称作是 CIF 术语变形,理由就是原来在 CIF 术语项下应由卖方负责投保的这一

事项现在只不过是让买方自己去办,而卖方的其他义务仍没有变。

正因为如此,我们在讨论采用 CIF 术语成交时所谈到的租船订舱问题和在目的港卸船费用负担问题,同样适用于 CFR 术语。这就是说,按 CFR 术语成交,卖方也应当注意按通常条件租船订舱;按 CFR 术语成交,卖方为明确卸船费用由何方负担,也可使用各种 CFR 术语变形,如 CFR 班轮条件(CFR Liner Terms)、CFR 舱底交货(CFR Ex Ship's Hold)、CFR 吊钩下交货(CFR Ex Tackle)和 CFR 卸到岸上(CFR Landed)等。这些 CFR 术语变形,在关于明确卸船费用由何方负担的含义上,与我们在叙述 CIF 术语变形时所作出的说明是相同的。

二是安排运输,注意装船通知。按 CFR 术语成交,买卖双方在办理两项主要手续上的责任分担是:由卖方负责租船订舱,而由买方负责办理保险。买方办理货物运输保险,当然是出于对自己的利益获得保险保障的考虑,因为当货物装上船时,卖方即完成交货,货物在这之后可能遭受损坏或灭失的风险就从卖方那儿转移给了买方。为此,买方必须在货物装上船之前,也就是风险尚未转移给他之前办妥保险,否则就得由他自己来面对货物的风险损失。买方是否能及时办理保险,关键在于卖方是否及时向他发出装船通知:如果卖方在货物装船后及时通知了买方,买方获悉后毫无疑问必然会抓紧时间投保;问题就出在卖方未向买方或者未能及时向买方发出装船通知,一旦发生了这种情况,势必造成买方无法及时办理保险手续,甚至漏保,而在没有办过保险的情况下,货物发生的风险损失是得不到保险赔偿的。显然,卖方因过失而未及时履行装船通知,致使买方未及时办理保险所造成的后果得由卖方承担。

《2010 年通则》在它对 CFR 术语项下卖方的"通知买方"义务(A7)所作的规定中,强调"卖方必须给予买方说明货物已按照规定交货的充分通知,以及要求的任何其他通知",意思很清楚,就是要保证能满足买方为在目的港收取货物而采取各种必要的措施,其中包括为已装上船的货物办理运输保险。因此,卖方由于未发出或未及时发出装船通知造成买方漏保,对货物在运输途中遭受的损坏或灭失自然就难辞其咎,就不能以货物已装上船,风险已转移为由推卸自己对货物损失的赔偿责任。可见,虽然在 FOB 术语和 CIF 术语项下,卖方将货物装上船后同样应通知买方,但在 CFR 术语项下装船通知的意义更应引起我们的重视。

在我国的实际业务中,我出口企业一般事先都与外国客商就具体如何发装船通知问题进行商定,以避免对方漏保的情况发生。如果事先未与对方作出商定,作为卖方的我出口企业在通知装船问题上采取的做法有两种:一种是根据双方已经形成的习惯方式向对方发出装船通知;另一种则是根据对方在订约后至装船前这段时间里提出的具体要求(包括在信用证中对装船通知的规定),及时用电传或传真向对方发出装船通知。

二、属于货交承运人的三种非传统术语

FOB、CFR 和 CIF 是国际贸易中最常用的三种术语。由于它们仅适用于海洋运输和内河运输，随着国际货物运输技术的发展，包括集装箱运输、多式联运等在内的各种联合运输方式的日益扩大使用，这三种以在装运港将货物装上船作为卖方完成交货义务的传统术语已经不能适应新的运输环境的需要。与此同时，运输技术的变化也带来了货运单据的革新，多式联运单据、海运单等新的货运单据完全不同于传统术语项下由卖方提交给买方的已装船清洁提单。正是在这样的时代背景下，属于货交承运人的 FCA、CPT 和 CIP 这三种术语应运而生，它们不仅适用于铁路、公路、海洋、内河、航空运输等单一方式的运输，也适用于以集装箱运输为主体的多式联运，同样逐渐成为国际贸易中常用的术语。下面简略地介绍一下《2010年通则》对这三种新术语的解释。

（一）FCA 术语

FCA 货交承运人，是指定交货地点货交承运人的简称。按 FCA 术语成交，买卖双方的主要义务分别如下。

卖方在合同规定的交货期内，在指定交货地点将经出口清关的货物交给买方指定的承运人掌管之后，即履行了交货义务；须承担在其将货物交给承运人掌管之前的一切费用和货物损坏或灭失的风险，交货后风险则转移给买方。

买方必须自负费用与承运人订立从指定交货地点发运货物的运输合同，并将有关承运人的名称、要求交货的时间和地点充分地通知卖方，承担货物交给承运人掌管之后的一切费用和风险；负责办理货物运输保险；还负责取得许可证或其他核准证书，办理货物进口清关及必要时经由另一国过境的一切海关手续；负责按合同规定收取货物和支付货款。

在 FCA 术语项下，承运人既可以是实际履行运输合同的承运人，也可以是签订运输合同的运输代理人。

FCA 术语是在传统的 FOB 术语基础上发展而来的，因此买卖双方的义务承担，以及费用和风险的划分与 FOB 术语差不多，但 FCA 术语的适用范围要比后者广得多，它可适用于各种运输方式，特别是集装箱运输和国际多式联运。

（二）CPT 术语

CPT 运费付至，是指定目的地运费付至的简称。按 CPT 术语成交，买卖双方的

主要义务分别如下。

卖方必须自负费用与承运人订立将货物运往目的地指定地点的运输合同并支付运费,在合同规定的交货期内,在指定地点将经出口清关的货物交给承运人或第一承运人掌管之后,即履行了交货义务;须承担在其将货物交给承运人掌管之前的一切费用和货物损坏或灭失的风险,交货后风险转移给买方。

买方应承担自货物交付承运人掌管时起有可能发生损坏或灭失的风险,以及负担除了运费以外的货物自交货地点直至指定目的地为止的各项费用;负责办理货物运输保险并支付保险费;负责在目的地接卸货物,并按合同规定领取货运单据和支付货款。

CPT 术语项下的承运人与 FCA 术语项下的承运人相同,包括实际履行运输合同的承运人或签订运输合同的运输代理人。如果需要利用后续承运人将货物运至指定目的地,风险自货物交付第一承运人时起转移。

CPT 术语是在传统的 CFR 术语基础上发展而来的,因此买卖双方的义务承担,以及费用和风险的划分与 CFR 术语差不多,但 CPT 术语的适用范围要比后者广得多,它可适用于各种运输方式,特别是集装箱运输和国际多式联运。

(三)CIP 术语

CIP 运费、保险费付至,是指定目的地运费、保险费付至的简称。按 CIP 术语成交,买卖双方的主要义务分别如下。

卖方负责与承运人订立将货物运往目的地指定地点的运输合同并支付运费,在合同规定的交货期内,在指定地点将经出口清关的货物交给承运人或第一承运人掌管后,即履行了交货义务;须承担在其将货物交给承运人掌管之前的一切费用和货物损坏或灭失的风险;为使交货后转移给买方的风险损失取得保险保障,负责办理货物运输保险并支付保险费。

买方应承担自货物交付承运人掌管时起有可能发生损坏或灭失的风险,以及负担除了运费、保险费以外的货物自交货地点直至指定目的地为止的各项费用;负责在目的地接卸货物,并按合同规定领取货运单据和支付货款。

CIP 术语是在传统的 CIF 术语基础上发展而来的,因此买卖双方的义务承担,以及费用和风险的划分与 CIF 术语差不多,但 CIP 术语的适用范围要比后者广得多,它可适用于各种运输方式,特别是集装箱运输和国际多式联运。

三、装运港装船交货术语与货交承运人术语的比较

FCA、CPT 和 CIP 三种术语分别是从 FOB、CFR 和 CIF 三种传统术语发展而来

的。这两组术语在规定风险划分、主要手续办理和相关费用支付这三方面所采取的原则是相同的,前一组中的三种术语之间的关系也类似于后一组中的三种术语之间的关系。然而,我们在国际贸易业务中使用这些术语时,必须清楚地了解前一组术语区别于后一组术语的以下六个方面。

（一）适用多种运输方式

三种传统术语的适用范围较小,仅适用于海洋运输和内河运输,因此负责运输货物的承运人一般只限于船公司;与之相比,FCA、CPT 和 CIP 三种术语的适用范围要广得多,除适用于海洋运输和内河运输以外,也适用于陆运、空运等单一运输方式,以及两种以上不同运输方式相结合的多式联运,负责运输货物的承运人可以是船公司、铁路局、航空公司,还可以是安排多式联运的联合运输经营人。

（二）交货地点根据运输方式约定

三种传统术语因为仅适用于海洋运输和内河运输,卖方的交货地点只能是在装运港;与之相比,适用于各种运输方式的 FCA、CPT 和 CIP 三种术语,它们的交货地点当然要根据不同的运输方式和双方不同的约定来确定,交货地点有可能是在卖方处所由承运人提供的运输工具上,也可能是在铁路运输、公路运输、航空运输、内河运输、海洋运输承运人或多式联运承运人的运输站或其他收货点。

（三）风险自货交承运人掌管时起转移

在三种传统术语项下,买卖双方是以卖方在装运港将货物装上船之时为界限来确定货物风险的转移的,货物装上船之前的风险由卖方承担,买方则承担货物装上船之后的风险;与之相比,FCA、CPT 和 CIP 三种新术语对买卖双方承担风险责任的划分则是以卖方将货物交给承运人掌管之时为界限,货物在交付承运人掌管之前的风险由卖方承担,买方则承担货物交付承运人掌管之后的风险。

（四）无须明确装卸费用由何方负担

按三种传统术语成交,卖方须承担货物在装运港装上船之前的一切费用,但由于货物装船是一个连续作业,各港口的习惯做法又不尽一致,因此在采用航次租船运输且按 FOB 术语签订的贸易合同中,需要明确由何方负担装船费用的问题,同样,在采用航次租船运输且按 CIF 或 CFR 术语签订的贸易合同中,需要明确由何方负担卸船费用的问题;与之相比,按 FCA、CPT 和 CIP 这三种术语成交,如果成交货物采用的运输方式是海洋运输,而且是航次租船运输,由于在 FCA 术语项下,应由买方支付给承运人的运费中已经包括了承运人掌管货物后在装运港的装船费用,同样,由于在 CPT 和 CIP 术语项下,应由卖方支付给承运人的运费中已经包括了承运人掌管货物后在目的港的卸船费用,因此这三种术语合同就没有必要对由何方承担装船或卸船费用的问题加以明确。

(五) 提交的运输单据视运输方式而定

在三种传统术语项下,卖方向买方提交的运输单据一般是已装船的清洁提单;与此相比,在 FCA、CPT 和 CIP 这三种术语项下,卖方提交的运输单据则要根据所采用的运输方式来确定,即不同的运输方式要求卖方提交不同的运输单据。如果成交货物是采用海洋运输和内河运输,卖方应提交可转让的提单,有时也可提交不可转让的海运单或内河运单;如果是采用铁路运输、公路运输、航空运输或多式联运方式来运输货物,则应分别提交铁路运单、公路运单、航空运单或多式联运单据。

(六) 货物运输保险需根据运输方式选投

在三种传统术语项下,不管是卖方或是买方办理货物运输保险,他们一般通过投保海上货物运输保险来取得风险保障;与此相比,由于 FCA、CPT 和 CIP 这三种术语适用于多种运输方式,买卖双方当然要根据具体采用的运输方式来投保相应的货物运输保险。

第三节　三种术语的价格构成及其价格换算

一笔国际贸易业务成交后,卖方应如何根据双方所采用的贸易术语向买方报价?这关系到对不同贸易术语的价格构成的了解。如果双方在交易过程中,买方提出了改变原贸易术语的要求,卖方又如何以对方要求的贸易术语重新报价?这则涉及不同贸易术语所表示的价格之间的换算。货物的价格确定以后,卖方或买方应如何以货物的报价为基础确定投保货物运输保险的金额?货价中的保险费又如何计算?我们在学习国际贸易术语的内容时同样有必要掌握这些基本知识。下面仅就三种最常用贸易术语,即 FOB、CIF 和 CFR 术语的价格构成及其相互的换算作一叙述。

一、三种贸易术语的价格构成

国际贸易中三种最常用术语的价格构成是不相同的:FOB 术语的价格仅为货物的成本,不包括从装运港至目的港的运费和保险费,因为按该术语成交,货物的运输和保险均得由买方自己办理;CIF 术语的价格除货物的成本以外,还包括从装运港至目的港的运费和保险费,因为按该术语成交,货物的运输和保险应由卖方代买方办理;CFR 术语的价格除货物的成本以外,还包括从装运港至目的港的运费,但不包括保险费,因为按该术语成交,货物运输由卖方办理,而保险则由买方自理。

二、货物的价格表示

在国际贸易中,表示货物价格的方式一般有两种:一种是以净价表示,另一种是以含佣价或折扣价表示。

(一)以净价表示的货物价格

净价(Net Price),是指不包含佣金或折扣的货物价格。一般情况下,如果有关价格未对含佣或有折扣做出表示,就可理解为不含佣或不给折扣,就是净价。净价可直接用文字表示,但有时为了明确起见,在贸易术语后面特地注明"净价"字样,例如:

"每公吨 300 美元 FOB 上海"(USD 300 per metric ton FOB Shanghai),或

"每公吨 300 美元 FOB 上海净价"(USD 300 per metric ton FOB Shanghai net);

"每箱 50 英镑 CIF 伦敦"(£ 50 per case CIF London),或

"每箱 50 英镑 CIF 伦敦净价"(£ 50 per case CIF London net)。

(二)以含佣价或折扣价表示的货物价格

1. 佣金和含佣价。佣金(Commission),是指卖方或买方支付给经纪人或代理人为介绍贸易或代理贸易而提供服务的酬金,也就是经纪人或代理人为委托的卖方或买方经营或代理交易所收取的报酬。一般是由卖方付给经纪人佣金,而由买方付给购买代理人佣金。佣金有"明佣"和"暗佣"之分。所谓明佣,是在成交价格中表明含佣金多少的佣金;暗佣则是在成交价格中未表明,而由卖方或买方另行约定支付的佣金。

凡货物的成交价格中包含有佣金的,即称为含佣价(Price including commission)。"含佣"有三种表示方式。

(1)在规定具体价格时,用文字表示佣金率,例如:

"每公吨 300 美元 FOB 上海包含佣金 2%"(USD 300 per metric ton FOB Shanghai including 2% commission);

"每箱 50 英镑 CIF 伦敦包含佣金 3%"(£ 50 per case CIF London including 3% commission)。

(2)在贸易术语后面加注佣金的英文缩写字母"C"和佣金率,例如:

"每公吨 300 美元 FOBC 2% 上海"(USD 300 per metric ton FOBC 2% Shanghai);

"每箱 50 英镑 CIFC 3% 伦敦"(£ 50 per case CIFC 3% London)。

(3)在价格中直接用绝对数表示佣金,例如:

"每公吨付佣金 6 美元";"每箱付佣金 1.5 英镑"。

2. 折扣和折扣价。折扣(Discount),是指卖方按照原价给予买方一定的价格减让,亦称回扣(Rebate)或折让(Allowance)。在国际市场上,卖方给予买方折扣的原因有多种多样:有的是因为买方购买数量比较大,卖方给些优惠;有的是因为货物的质量稍差,卖方打点价格折扣;有的是因为与买方保持着长期的交易往来,卖方自然给予老客户价格优惠;还有的是为了扩大销售,增强某种货物在国际市场上的竞争力而给予买方的折扣。折扣的形式也很多,常见的有数量折扣、季节折扣和特别折扣等。与佣金有明佣和暗佣一样,折扣同样有"明扣"和"暗扣"之分。明扣在贸易合同或有关单据中明确表示出来,暗扣则不在合同中反映而是由卖方在合同以外给予买方的折扣。

凡货物的成交价格中允许给予折扣的,即称为折扣价(Price less discount)。折扣有三种表示方式。

(1)在规定具体价格时,用文字表示折扣率,例如:

"每公吨 300 美元 FOB 上海,折扣 2%"(USD 300 per metric ton FOB Shanghai less 2% discount);

"每箱 50 英镑 CIF 伦敦,折扣 3%"(£ 50 per case CIF London less 3% discount)。

(2)在贸易术语后面加注折扣的英文缩写字母"D"(或回扣的英文缩写字母"R")和折扣率,例如:

"每公吨 300 美元 FOBD 2% 上海"(USD 300 per metric ton FOBD 2% Shanghai);

"每箱 50 英镑 CIFR 3% 伦敦"(£ 50 per case CIFR 3% London)。

(3)在价格中直接用绝对数表示折扣,例如:

"每公吨折扣 6 美元";"每箱折扣 1.5 英镑"。

三、货物的价格换算

在买卖双方洽谈交易的过程中,有时某一方按某种贸易术语报价时,另一方会提出改报其他术语所表示价格的要求,如卖方按 FOB 报价,买方却要求改按 CFR 或 CIF 报价,这样一来就涉及价格的换算问题。一种价格换算成另一种价格不仅是所采用贸易术语形式上的改变,还关系到买卖双方各自承担责任、费用的变化。

现将最常用的 FOB、CFR 和 CIF 三种价格之间的换算公式做一介绍。

(一) FOB 价格换算成其他价格

1. FOB 换算成 CFR。卖方按 FOB 报价,买方却要求改按 CFR 报价,这就意味着买方把原在 FOB 术语项下应由他自己负责办理的货物运输事项委托卖方去办,并将卖方为办理运输所支付的运费加在货价中。卖方对买方的报价因而由 FOB(即货物的成本 C)变成为 CFR(即货物的成本 C 加上运费 F),其换算公式为:

$$CFR = FOB + F \qquad (6-1)$$

公式中,F 是 Freight 的缩写,表示运费。

2. FOB 换算成 CIF。卖方按 FOB 报价,买方却要求改按 CIF 报价,这就意味着买方把原在 FOB 术语项下应由他自己负责办理的运输和保险这两个事项都委托卖方去办,并将卖方为办理运输所支付的运费和为办理保险所支付的保险费一起加在货价中,卖方对买方的报价因而由 FOB 变成为 CIF,其换算公式为:

$$CIF = FOB + I + F \qquad (6-2)$$

公式中,I 是 Insurance 的缩写,表示保险费。

买方委托卖方办理保险,可以要求卖方按 CIF 价格(即发票金额)不加成投保,也可以要求按 CIF 价格加上若干成数(一般加一成,即 10%)投保。由于在货价中加入了保险费,保险金额增大了,这又要多支付一些保险费。因此,在卖方按 CIF 价格不加成投保和按 CIF 价格加成投保的两种情况下,卖方向买方所报的 CIF 价格是不同的。

如果买方要求卖方按 CIF 价格不加成投保,FOB 换算成 CIF 的公式除式 6-2 以外,还可以是:

$$CIF = (FOB + F)/(1 - R) \qquad (6-3)$$

公式中,R 是 Rate 的缩写,表示保险费率。

举个例子说明:买卖双方就一批货物成交,卖方按 FOB 报价,买方要求改按 CIF 报价。这批货物的发票价格即成本为 90 000 元,运杂费为 6 700 元,保险费率为 3%,买方未向卖方提出加成投保的要求。问卖方应如何改按 CIF 报价?

因为已知 C 和 F,R 亦知,即可运用式 6-3,代入数字计算:

$$\begin{aligned}CIF &= (FOB + F)/(1 - R) \\ &= (90\,000 + 6700)/(1 - 3\%) \\ &= 99\,691(元)\end{aligned}$$

99 691 元即为卖方在买方不要求加成投保的情况下就这批按 FOB 术语成交的货物,对买方改按 CIF 所报的价格。

如果买方要求卖方按 CIF 价格加成投保,FOB 换算成 CIF 的公式为:

$$CIF = (FOB + F)/(1 - 投保加成 \times R) \quad (6-4)$$

公式中,投保加成 = 1 + 加成率。

在上例中,如果其余条件不变,买方向卖方提出加一成即 10% 投保的要求。问卖方应如何改按 CIF 报价?

因为已知 C、F 和 R,加成率亦知,即可运用式 6-4,代入数字计算:

$$CIF = (FOB + F)/(1 - 投保加成 \times R)$$
$$= (90\ 000 + 6\ 700)/[1 - (1 + 10\%) \times 3\%]$$
$$= 100\ 000(元)$$

100 000 元即为卖方在买方要求加一成投保的情况下就这批按 FOB 成交的货物,对买方改按 CIF 所报的价格。

(二)CFR 价格换算成其他价格

1. CFR 换算成 FOB。卖方按 CFR 报价,买方却要求改按 FOB 报价,这就意味着买方把原在 CFR 术语项下应由卖方负责办理的货物运输事项改由自己来办,并将自己为办理运输所支付的运费从货价中扣除。卖方对买方的报价因而由 CFR 变成为 FOB,其换算公式为:

$$FOB = CFR - F \quad (6-5)$$

2. CFR 换算为 CIF。卖方按 CFR 报价,买方却要求改按 CIF 报价,这就意味着买方把原在 CFR 术语项下应由他自己负责办理的保险事项委托卖方去办,并将卖方为办理保险所支付的保险费加在货价中,卖方对买方的报价因而由 CFR 变成为 CIF。在买方要求卖方按 CIF 价格不加成投保的情况下,CFR 换算成 CIF 的公式有两个:

$$CIF = CFR + I \quad (6-6)$$
$$CIF = CFR/(1 - R) \quad (6-7)$$

在买方要求卖方按 CIF 价格加成投保的情况下,CFR 换算成 CIF 的公式为:

$$CIF = CFR/(1 - 投保加成 \times R) \quad (6-8)$$

(三)CIF 价格换算成其他价格

1. CIF 换算成 FOB。卖方按 CIF 报价,买方却要求改按 FOB 报价,这就意味着买方把原在 CIF 术语项下应由卖方负责办理的运输和保险这两个事项全都改由自己来办,并将自己为办理运输所支付的运费和为办理保险所支付的保险费从货价中扣除,卖方对买方的报价因而由 CIF 变成为 FOB。在买方按 CIF 价格不加成投

保的情况下,CIF 换算成 FOB 的公式有两个:

$$FOB = CIF - I - F \qquad (6-9)$$

$$FOB = CIF \times (1 - R) - F \qquad (6-10)$$

在买方按 CIF 价格加成投保的情况下,CIF 换算成 FOB 的公式为:

$$FOB = CIF \times (1 - 投保加成 \times R) - F \qquad (6-11)$$

2. CIF 换算成 CFR。卖方按 CIF 报价,买方却要求改按 CFR 报价,这就意味着买方把原在 CIF 术语项下应由卖方负责办理的保险事项改由自己来办,并将自己为办理保险所支付的保险费从货价中扣除,卖方对买方的报价因而由 CIF 变成为 CFR。在买方按 CIF 价格不加成投保的情况下,CIF 换算成 CFR 的公式有两个:

$$CFR = CIF - I \qquad (6-12)$$

$$CFR = CIF \times (1 - R) \qquad (6-13)$$

在买方按 CIF 价格加成投保的情况下,CIF 换算成 CFR 的公式为:

$$CFR = CIF \times (1 - 投保加成 \times R) \qquad (6-14)$$

四、CFR 价格改报 CIF 价格的速算

前面我们介绍了最常用的 FOB、CFR 和 CIF 三种价格之间的换算公式,在我国的外贸实际业务活动中,还有一种使用《保险费率常数表》将 CFR 价格改报 CIF 价格的快速换算方法。

(一)《保险费率常数表》概述

在我国按 CFR 术语成交的货物出口业务中,经常出现外国进口商要求我出口企业代其在我国投保货物运输保险的情况,这也就是说,我出口企业为外商代办保险后将改按 CIF 向他们报价。根据外商的要求,我出口企业或按 CIF 价格不加成投保,或按 CIF 价格加成投保,在这两种情况下,CFR 换算成 CIF 的公式分别为 $CIF = CFR/(1-R)$ 和 $CIF = CFR/(1-投保加成 \times R)$。由于套用公式计算毕竟麻烦,有时甚至算错,我国国内经营进出口货物运输保险业务的保险公司为此制定了《保险费率常数表》,通过该表的使用来简化 CFR 改报 CIF 的计算步骤,节省换算时间,尽量减少出错。

《保险费率常数表》附印在保险公司的《出口货物保险费率表》之后,是供我外贸企业用 CFR 价格改报 CIF 价格的速算表。《费率常数表》有两种:一种是供外贸企业为外商不加成投保时换算用,表中常数用于按实足发票金额计算;另一种则是供外贸企业为外商加成投保时换算用,表中常数用于按发票金额加 10% 计算。现将两种《保险费率常数表》列示如表 6-4 和表 6-5。

表 6-4 保险费率常数表(一)

表中常数用于按实足发票金额计算

费率	常　数	费率	常　数	费率	常　数
0.03	1.000 300	0.65	1.006 543	1.35	1.013 685
0.05	1.000 500	0.68	1.006 847	1.38	1.013 993
0.07	1.000 700	0.70	1.007 049	1.40	1.014 199
0.08	1.000 801	0.73	1.007 354	1.43	1.014 507
0.10	1.001 001	0.75	1.007 557	1.45	1.014 713
0.11	1.001 101	0.78	1.007 861	1.48	1.015 022
0.12	1.001 201	0.80	1.008 065	1.50	1.015 228
0.13	1.001 302	0.83	1.008 369	1.53	1.015 538
0.15	1.001 502	0.85	1.008 573	1.55	1.015 744
0.18	1.001 803	0.88	1.008 878	1.58	1.016 054
0.20	1.002 004	0.90	1.009 082	1.60	1.016 260
0.23	1.002 305	0.93	1.009 387	1.63	1.016 570
0.25	1.002 506	0.95	1.009 591	1.65	1.016 777
0.28	1.002 808	0.98	1.009 897	1.68	1.017 087
0.30	1.003 009	1.00	1.010 101	1.70	1.017 294
0.33	1.003 311	1.03	1.010 407	1.73	1.017 605
0.35	1.003 512	1.05	1.010 611	1.75	1.017 812
0.38	1.003 814	1.08	1.010 918	1.78	1.018 123
0.40	1.004 016	0.10	1.011 122	1.80	1.018 330
0.43	1.004 319	1.13	1.011 429	1.83	1.018 641
0.45	1.004 520	1.15	1.011 634	1.85	1.018 849
0.48	1.004 823	1.18	1.011 941	1.88	1.019 160
0.50	1.005 025	1.20	1.012 146	1.90	1.019 368
0.53	1.005 328	1.23	1.012 453	1.93	1.019 680
0.55	1.005 530	1.25	1.012 658	1.95	1.019 888
0.58	1.005 834	1.28	1.012 966	1.98	1.020 200
0.60	1.006 036	1.30	1.013 171	2.00	1.020 408
0.63	1.006 543	1.33	1.013 479	2.03	1.020 721

续表

费率	常　数	费率	常　数	费率	常　数
2.05	1.020 929	2.80	1.028 807	3.55	1.036 807
2.08	1.021 242	2.83	1.029 124	3.58	1.037 029
2.10	1.021 450	2.85	1.029 336	3.60	1.037 344
2.13	1.021 764	2.88	1.029 654	3.63	1.037 667
2.15	1.021 972	2.90	1.029 866	3.65	1.027 883
2.18	1.022 286	2.93	1.030 184	3.68	1.038 206
2.20	1.022 495	2.95	1.030 397	3.70	1.038 422
2.23	1.022 809	2.98	1.030 715	3.73	1.038 745
2.25	1.023 018	3.00	1.030 928	3.75	1.038 961
2.28	1.023 332	3.03	1.031 247	3.78	1.039 285
2.30	1.023 541	3.05	1.031 460	3.80	1.039 501
2.33	1.023 856	3.08	1.031 779	3.83	1.039 825
2.35	1.024 066	3.10	1.031 992	3.85	1.040 042
2.38	1.024 380	3.13	1.032 311	3.88	1.040 366
2.40	1.024 590	3.15	1.032 525	3.90	1.040 583
2.43	1.024 905	3.18	1.032 844	3.93	1.040 908
2.45	1.025 115	3.20	1.033 058	3.95	1.041 124
2.48	1.025 431	3.23	1.033 378	3.98	1.041 450
2.50	1.025 641	3.25	1.033 592	4.00	1.041 667
2.53	1.025 957	3.28	1.033 912	4.03	1.041 992
2.55	1.026 167	3.30	1.034 126	4.05	1.042 209
2.58	1.026 483	3.33	1.034 447	4.08	1.042 535
2.60	1.026 694	3.35	1.034 661	4.10	1.042 753
2.63	1.027 010	3.38	1.034 982	4.13	1.043 079
2.65	1.027 221	3.40	1.035 197	4.15	1.043 279
2.68	1.027 538	3.43	1.035 518	4.18	1.043 623
2.70	1.027 749	3.45	1.035 733	4.20	1.043 841
2.73	1.028 066	3.48	1.036 055	4.23	1.044 168
2.75	1.028 278	3.50	1.036 269	4.25	1.044 386
2.78	1.028 595	3.53	1.036 592	4.28	1.044 714

续表

费率	常 数	费率	常 数	费率	常 数
4.30	1.044 932	5.05	1.053 186	5.80	1.061 571
4.33	1.045 260	5.08	1.053 519	5.83	1.061 909
4.35	1.045 478	5.10	1.053 741	5.85	1.062 135
4.38	1.045 806	5.13	1.054 074	5.88	1.062 473
4.40	1.046 025	5.15	1.054 296	5.90	1.062 699
4.43	1.046 353	5.18	1.054 630	5.93	1.063 038
4.45	1.046 572	5.20	1.054 852	5.95	1.063 264
4.48	1.046 901	5.23	1.055 186	5.98	1.063 603
4.50	1.047 120	5.25	1.055 409	6.00	1.063 830
4.53	1.047 449	5.28	1.055 743	6.03	1.064 169
4.55	1.047 669	5.30	1.055 966	6.05	1.064 396
4.58	1.047 998	5.33	1.056 301	6.08	1.064 736
4.60	1.048 218	5.35	1.056 524	6.10	1.064 963
4.63	1.048 548	5.38	1.056 859	6.13	1.065 303
4.65	1.048 768	5.40	1.057 082	6.15	1.065 530
4.68	1.049 098	5.43	1.057 418	6.18	1.065 871
4.70	1.049 318	5.45	1.057 641	6.20	1.066 093
4.73	1.049 648	5.48	1.057 977	6.23	1.066 439
4.75	1.049 869	5.50	1.058 201	6.25	1.066 667
4.78	1.050 200	5.53	1.058 537	6.28	1.067 008
4.80	1.050 420	5.55	1.058 761	6.30	1.067 236
4.83	1.050 751	5.58	1.059 098	6.33	1.067 578
4.85	1.050 972	5.60	1.050 322	6.35	1.067 806
4.88	1.051 304	5.63	1.059 659	6.38	1.068 148
4.90	1.051 525	5.65	1.059 883	6.40	1.068 376
4.93	1.051 857	5.68	1.060 221	6.43	1.068 719
4.95	1.052 078	5.70	1.060 445	6.45	1.068 947
4.98	1.052 410	5.73	1.060 783	6.48	1.069 290
5.00	1.052 632	5.75	1.061 008	6.50	1.069 519
5.03	1.052 964	5.78	1.061 346	6.53	1.069 862

续表

费率	常 数	费率	常 数	费率	常 数
6.55	1.070 091	6.93	1.074 460	8.15	1.088 731
6.58	1.070 435	6.95	1.074 691	8.18	1.089 082
6.60	1.070 664	6.98	1.075 038	9.00	1.098 901
6.63	1.071 008	7.00	1.075 269	9.03	1.099 263
6.65	1.071 237	7.03	1.075 616	9.15	1.100 715
6.68	1.071 582	7.05	1.075 847	9.18	1.101 079
6.70	1.071 811	7.08	1.076 195	10.00	1.111 111
6.73	1.072 156	7.15	1.077 006	10.03	1.000 482
6.75	1.072 386	7.18	1.077 354	10.15	1.002 966
6.78	1.072 731	7.50	1.081 082	10.18	1.003 338
6.80	1.072 961	7.53	1.081 437	11.00	1.123 596
6.83	1.073 307	7.65	1.082 839	11.03	1.123 974
6.85	1.073 537	7.68	1.083 187	11.15	1.125 492
6.88	1.073 883	8.00	1.086 951	11.18	1.125 873
6.90	1.074 114	8.03	1.087 317	12.00	1.136 364

表 6-5　　　保险费率常数表（二）
表中常数用于按发票金额加 10% 计算

费率	常 数	费率	常 数	费率	常 数
0.03	1.000 330	0.15	1.001 653	0.35	1.003 865
0.05	1.000 550	0.18	1.001 984	0.38	1.004 198
0.07	1.000 771	0.20	1.002 205	0.40	1.004 419
0.08	1.000 881	0.23	1.002 536	0.43	1.004 752
0.10	1.001 101	0.25	1.002 758	0.45	1.004 975
0.11	1.001 211	0.28	1.003 090	0.48	1.005 308
0.12	1.001 322	0.30	1.003 311	0.50	1.005 530
0.13	1.001 432	0.33	1.003 643	0.53	1.005 864

续表

费率	常数	费率	常数	费率	常数
0.55	1.006 087	1.30	1.014 507	2.05	1.023 070
0.58	1.006 431	1.33	1.014 847	2.08	1.023 416
0.60	1.006 644	1.35	1.015 074	2.10	1.023 646
0.63	1.006 978	1.38	1.015 414	2.13	1.023 992
0.65	1.007 201	1.40	1.015 641	2.15	1.024 223
0.68	1.007 536	1.43	1.015 981	2.18	1.024 569
0.70	1.007 760	1.45	1.016 209	2.20	1.024 800
0.73	1.008 095	1.48	1.016 549	2.23	1.025 147
0.75	1.008 319	1.50	1.016 777	2.25	1.025 378
0.78	1.008 654	1.53	1.017 118	2.28	1.025 725
0.80	1.008 878	1.55	1.017 346	2.30	1.025 957
0.83	1.009 214	1.58	1.017 687	2.33	1.026 304
0.85	1.009 438	1.60	1.017 915	2.35	1.026 536
0.88	1.009 775	1.63	1.018 257	2.38	1.026 884
0.90	1.009 999	1.65	1.018 486	2.40	1.027 116
0.93	1.010 336	1.68	1.018 828	2.43	1.027 464
0.95	1.010 560	1.70	1.019 056	2.45	1.027 696
0.98	1.010 897	1.73	1.019 399	2.48	1.028 045
1.00	1.011 122	1.75	1.019 628	2.50	1.028 278
1.03	1.011 459	1.78	1.019 971	2.53	1.028 627
1.05	1.011 685	1.80	1.020 200	2.55	1.028 860
1.08	1.012 028	1.83	1.020 544	2.58	1.029 206
1.10	1.012 248	1.88	1.020 773	2.60	1.029 442
1.13	1.012 586	1.88	1.021 117	2.63	1.029 792
1.15	1.012 812	1.90	1.021 346	2.65	1.030 025
1.18	1.013 151	1.93	1.021 690	2.68	1.030 375
1.20	1.013 377	1.95	1.021 920	2.70	1.030 609
1.23	1.013 716	1.98	1.022 265	2.73	1.030 960
1.25	1.013 942	2.00	1.022 495	2.75	1.031 194
1.28	1.014 281	2.03	1.022 840	2.78	1.031 545

续表

费率	常　数	费率	常　数	费率	常　数
2.80	1.031 779	3.55	1.040 637	4.30	1.049 648
2.83	1.032 130	3.58	1.040 994	4.33	1.050 012
2.85	1.032 365	3.60	1.041 233	4.35	1.050 255
2.88	1.032 716	3.63	1.041 591	4.38	1.050 618
2.90	1.032 951	3.65	1.041 829	4.40	1.050 862
2.93	1.033 303	3.68	1.042 188	4.43	1.051 226
2.95	1.033 538	3.70	1.042 427	4.45	1.051 469
2.98	1.033 891	3.73	1.042 785	4.48	1.051 834
3.00	1.034 126	3.75	1.043 025	4.50	1.052 078
3.03	1.034 479	3.78	1.043 384	4.53	1.052 443
3.05	1.034 715	3.80	1.043 623	4.55	1.052 687
3.08	1.035 068	3.83	1.043 983	4.58	1.053 053
3.10	1.035 304	3.85	1.044 223	4.60	1.053 297
3.13	1.030 658	3.88	1.044 583	4.63	1.053 663
3.15	1.035 394	3.90	1.044 823	4.65	1.053 907
3.18	1.036 248	3.93	1.045 183	4.68	1.054 274
3.20	1.036 484	3.95	1.045 424	4.70	1.054 519
3.23	1.036 839	3.98	1.045 784	4.73	1.054 886
3.25	1.037 075	4.00	1.046 025	4.75	1.055 131
3.28	1.037 430	4.03	1.046 386	4.78	1.055 498
3.30	1.037 667	4.05	1.046 627	4.80	1.055 743
3.33	1.038 032	4.08	1.046 989	4.83	1.056 111
3.35	1.038 260	4.10	1.044 730	4.85	1.056 357
3.38	1.038 616	4.13	1.047 592	4.88	1.056 725
3.40	1.038 853	4.15	1.047 834	4.90	1.056 971
3.43	1.039 209	4.18	1.048 196	4.93	1.057 340
3.45	1.039 447	4.20	1.048 438	4.95	1.057 586
3.48	1.039 804	4.23	1.048 801	4.98	1.057 955
3.50	1.040 042	4.25	1.049 043	5.00	1.058 201
3.53	1.040 399	4.28	1.049 406	5.03	1.058 571

续表

费率	常　数	费率	常　数	费率	常　数
5.05	1.058 817	5.80	1.068 148	6.53	1.077 389
5.08	1.059 187	5.83	1.068 524	6.55	1.077 389
5.10	1.059 434	5.85	1.068 776	6.58	1.078 028
5.13	1.059 805	5.88	1.069 153	6.60	1.078 283
5.15	1.060 052	5.90	1.069 404	6.63	1.078 667
5.18	1.060 423	5.93	1.069 782	6.65	1.078 923
5.20	1.060 670	5.95	1.070 034	6.68	1.079 308
5.23	1.061 042	5.98	1.070 412	6.70	1.079 564
5.25	1.061 289	6.00	1.070 664	6.73	1.079 949
5.28	1.061 661	6.03	1.071 042	6.75	1.080 205
5.30	1.061 906	6.05	1.071 295	6.78	1.080 590
5.33	1.062 282	6.08	1.071 674	6.80	1.080 847
5.35	1.062 530	6.10	1.071 926	6.83	1.081 233
5.38	1.062 953	6.13	1.072 306	6.85	1.081 490
5.40	1.063 151	6.15	1.072 559	6.88	1.081 876
5.43	1.063 524	6.18	1.072 938	6.90	1.082 131
5.45	1.063 773	6.20	1.073 192	6.93	1.082 521
5.48	1.064 147	6.23	1.073 572	6.95	1.082 775
5.50	1.064 396	6.25	1.073 826	6.98	1.083 165
5.53	1.064 770	6.28	1.074 206	7.00	1.083 424
5.55	1.065 019	6.30	1.074 460	7.03	1.083 811
5.58	1.065 394	6.33	1.074 841	7.05	1.084 070
5.60	1.065 644	6.35	1.075 095	7.08	1.084 458
5.63	1.066 019	6.35	1.075 095	7.15	1.085 364
5.65	1.066 269	6.38	1.075 477	7.18	1.085 753
5.68	1.066 644	6.40	1.075 731	7.50	1.089 918
5.70	1.066 894	6.43	1.076 114	7.53	1.090 310
5.73	1.067 270	6.45	1.076 368	7.65	1.091 882
5.75	1.067 521	6.48	1.076 751	7.65	1.092 275
5.78	1.067 897	6.50	1.077 006	7.68	1.092 275

续表

费率	常 数	费率	常 数	费率	常 数
8.00	1.096 491	9.03	1.110 285	10.15	1.125 682
8.03	1.096 888	9.15	1.111 914	10.18	1.126 101
8.15	1.098 479	9.18	1.112 322	11.00	1.137 656
8.18	1.098 877	10.00	1.123 596		
9.00	1.109 878	10.03	1.124 012		

（二）《保险费率常数表》的使用

《保险费率常数表》分为左右两个栏目：左面为费率栏，栏内是各档的保险费率；右面是常数栏，栏内是计算各档费率 CIF 价的常数。使用《保险费率常数表》（以下简称《常数表》）将 CFR 价格换算成 CIF 价格十分方便，具体步骤如下：

首先，根据出口货物运往的目的地、投保的基本险别和附加险别等，在保险公司的《出口货物保险费率表》上一一查出所规定的费率后，求出总的费率；

接着，按照总的费率数字，在常数表的费率栏内找到与该数字相同的费率档；

然后，在常数表的常数栏内查到与该费率档相平行的常数档所列出的常数；

最后，将查出的常数乘上这批出口货物的 CFR 价格，即可求出 CIF 价格。

使用常数表换算 CFR 价格为 CIF 价格的公式是：

$$CIF = CFR \times 费率常数 \qquad (6-15)$$

仍以前面所举例子说明：买卖双方就一批货物成交，卖方按 CFR 报价，买方要求改按 CIF 报价。这批货物的发票价格即成本为 90 000 元，运杂费为 6 700 元，保险费率为 3%，买方未向卖方提出加成投保的要求。请使用常数表求出货物的 CIF 报价。

因为货物的 CFR 价格为 96 700 元（= 90 000 + 6 700），费率 R 为 3%，第一步先在常数表（注意：是表中常数用于按实足发票金额计算的常数表）中左面的费率栏内找到 3% 的费率档，而后在其右面的常数栏内查出与 3% 费率档平行的常数档所列出的常数 1.030 928；第二步就可运用上述公式，代入数字计算：

$$CIF = 96\ 700 \times 1.030\ 928$$
$$= 99\ 690.737(元)$$

如果在上例中，卖方根据买方的要求加一成投保，同样先在常数表（注意：是表中常数用于按发票金额加 10% 计算的常数表）中左面的费率栏内找到 3% 的费率

档,而后在其右面的常数栏内查出与3%费率档平行的常数档所列出的常数1.034 126;再运用公式,代入数字计算:

$$CIF = 96\ 700 \times 1.034\ 126$$
$$= 99\ 999.984(元)$$

使用常数表计算所得出的两个数字(99 690.737 和 99 999.984)与按前述CFR价格换算成CIF价格公式所计算出的两个数字(99 691 和 100 000)基本相同,仅在尾数上稍有出入而已。

使用常数表快速换算CFR价格为CIF价格,避免了按原有公式的烦琐计算程序,节省了换算时间,唯一要注意的是在换算之前不要找错常数表:如果是不加成投保的,在表中常数用于按实足发票金额计算的常数表中查找费率常数;如果是加成投保的,在表中常数用于按发票金额加10%计算的常数表中查找费率常数。

思考题

1. 何谓国际贸易术语？有关贸易术语的国际惯例主要有哪些？

2. 《INCOTERMS 2010》将常用的11种贸易术语如何分类？每类分别包括哪些术语？11种贸易术语中,卖方承担责任、费用和风险最小的和最大的贸易术语分别是哪一个？

3. 国际贸易中最常用的三种术语是分别如何规定买卖双方的主要义务的？请在托运、投保和相关费用的支付,以及装船前后风险的承担等方面对它们进行比较。

4. 国际贸易实践中,对交货点/风险点有哪几种解释？《2010年通则》对FOB术语项下的交货点是怎样规定的？FOB术语变形常见的有哪些？它们对装船费用的负担是如何规定的？

5. CIF术语变形常见的有哪些？它们对卸船费用的负担是如何规定的？卖方在CIF术语项下按规定应如何履行投保义务？

6. 为什么说在CFR术语项下卖方对买方的装船通知尤为重要？我国出口企业在实际业务中对装船通知问题采取哪些做法？

7. 说出三种非传统常用术语的名称,以及它们与三种传统常用术语的联系和区别。

8. CIFC 和 CIFD、CIFR 分别表示什么意思？试举出它们运用的例子。

9. 掌握 CFR 换算为 CIF 的不加成投保和加成投保的各个公式。何谓《保险费率常数表》？如何使用该表？

10. 甲与乙就一批货物成交,甲作为卖方以 FOB 报价,乙要求甲改报 CIF 价。该批货物成本为 45 000 美元,运杂费为 3 350 美元,保险费率 3%,乙不要求加成投保,问甲应报价多少？乙如果要求加一成投保,甲又应报价多少？

第七章　国际货物运输保险

第一节　国际货物运输保险概述

货物运输保险是以处于运输过程中的货物为保险标的,承保运输货物因遭受自然灾害或意外事故所造成的损失的保险,是财产损失保险分类中的一个重要保险种类。货物运输保险根据其适用范围不同,分为国际货物运输保险和国内货物运输保险两大类。

国际货物运输保险,顾名思义,是为国际货物运输提供风险保障的货物运输保险,作为一种有效的损失补偿机制,在国际贸易活动中具有十分重要的地位。我们在学习和掌握国际货物运输和国际贸易的有关理论知识的同时,必须了解与它们有着密切关系的国际货物运输保险的相关内容。

一、国际货物运输保险的含义

一笔国际贸易业务成交后,卖方要将货物交到买方的手里,当然离不开国际货物运输。货物从运离卖方所在地到最后运抵买方所在地并由后者提走,在这包括运输、装卸、储存和搬运等各个环节在内的整个过程中,货物均有可能遭遇到事先难以预料的各种风险而发生灭失或损坏。为了在承运人根据有关国际公约被免除对货损的赔偿责任的情况下获得一定经济补偿,买方就应当在货物发运之前购买或委托卖方购买国际货物运输保险。

国际货物运输保险就是从事国际贸易业务的进出口商作为被保险人,以运输货物为保险标的向保险人投保,通过支付一定保险费以取得保险人对被保险货物的风险保障,一旦被保险货物在运输过程中因保险事故发生而受损,保险人则负责按保险金额和损失程度给予被保险人经济赔偿的保险。显而易见,国际货物运输保险是在国际货物运输和国际贸易发展的基础上产生和发展起来的,而国际货物运输保险的发展反过来又促进国际货物运输和国际贸易的进一步发展。

国际货物运输方式有陆上运输、海洋运输、航空运输和国际多式联运等多种。古往今来,海洋运输在各种运输方式中一直居于主导地位,为海洋运输货物提供风险保障的海上货物运输保险因此产生得最早,是最早形式的国际货物运输保险险种,也是陆上货物运输保险、航空货物运输保险等其他货物运输保险险种的基础。

二、国际货物运输保险的特点

国际货物运输保险属于财产损失保险的范畴,但它具有其他承保物质财产的财产保险所不具有的以下一些特点:承保的标的经常流动、承保的风险面广、致损因素复杂、保障的对象多变、险种险别多样、适用相关的国际法规和惯例等。

(一)承保的标的经常流动

国际货物运输保险是为国际货物运输提供风险保障的险种。出于贸易经营的目的,从事国际货物买卖的进出口商通过各种不同的运输工具将货物从一地运往另一地,国际货物运输保险承保的标的正是这些装载在运输工具上,处于运输过程中的货物。运输过程中的货物,其特性自然是经常处于流动状态,不受一个固定地点的限制,即具有所谓的流动性。运输货物的流动性特点,使它们有可能遭受到的自然灾害和意外事故更多更广,发生事故损失的地点也变动不定,而事故损失发生地点的不定,以及货物在不同地点的价格差异,使得保险人难以像在处理一般财产保险所承保财产的损失时那样,按出险时它们的实际价值来核定损失。因此,承保标的的流动性特点决定了国际货物运输保险一般采用定值保险方式。

(二)承保的风险面广

国际货物运输保险承保的货物装载在各种运输工具上,而这些运输工具在海洋、陆地、空中等空间领域运行,货物就有可能因不同空间领域的灾害事故发生而受到损失。保险人不但承保各种自然灾害和意外事故,还承保战争、罢工、抢劫、偷窃等外来原因造成货物损失的风险;不但承保货物在运输过程中的动态的风险,还承保货物在运输工具停靠码头、车站、机坪期间或其仓储期间的静态的风险;不但承保物质性的运输货物,还承保与货物有关的非物质性的利益和费用等。可见,与其他大多数财产保险(除了同样具有流动性特点的运输工具保险)相比,国际货物运输保险承保的风险面之广、范围之大且具有综合性的特点是相当突出的。

(三)致损因素复杂

国际货物运输保险承保的货物由于经常处于流动状态,有可能遭遇的风险事故多且广,在运输过程中发生残损、短少,乃至灭失的概率因此也相对大些。造成货损的原因多种多样,有不可预料的灾害事故,也有各种人为因素。在人为因素造成的货损中,有可能是属于发货人责任的、属于承运人责任的或属于装卸作业人员责任的,等等。例如,货物因包装不固而在途中损坏,发货人应对此负责;货物因配载不当而受损,该由承运人承担责任;货物因装卸作业人员装卸不慎而损坏,则应追究安排组织装卸理货作业的机构的责任。国际货物运输保险承保标的具有致损因素错综复杂的特点,势必对保险人的理赔工作提出了更高的要求,促使保险人在理赔时必须以查勘、检验的结果为依据,认真对导致货损的因素进行具体、细致的分析,确定货损责任的归属,最终审定保险责任。

(四)保障的对象多变

国际货物运输保险承保的货物以国际贸易中的进出口货物为主,国际贸易的经营目的不仅是为实现这些货物的使用价值,更重要的是为使它们通过"位移"而获得增值,这就决定了它们在运输过程中经常被转手。货物转手引起保险利益也随之转移,在这种情况下,为使受让人的利益得到保障,保险人允许保险利益随货权的转让而自动转移,也就是允许货物运输保险单背书转让,而无须征得保险人的同意,从而与货运凭证背书转让同步进行。保险单持有人的变更,即意味着该险种保障的对象也随之变动。保障对象的多变不定,是国际货物运输保险明显区别于一般财产保险的重要特点。

(五)险种险别多样

国际货物运输保险承保的货物由于运输方式各不相同,加上被保险人所需保障也有差别,客观上便要求有多种多样的保险险种和险别来满足被保险人不同的风险保障需要。就险种而言,有海上货物运输保险、陆上货物运输保险、航空货物运输保险和邮包保险等。就同一类险种中的险别来说,我国海上货物运输保险有平安险、水渍险和一切险三个主险,以及包括一般、特别和特殊三类附加险在内的多达十数个附加险;陆上货物运输保险有陆运险和陆运一切险两个主险,以及承保战争、罢工等附加险;航空货物运输保险有航空运输险和航空运输一切险两个主险,以及承保战争、罢工等附加险。不仅如此,若被保险人要求保险人按照国际上广为采用的英国协会货物保险条款(ICC)来承保海上货物运输保险的话,他们可以选择的险别又有 ICC(A)、ICC(B)和 ICC(C)以及其他附加险。

(六)适用相关的国际法规和惯例

国际货物运输保险承保的标的主要是国际贸易货物,达成货物交易的双方是不同国家的进出口商,而负责运输这些成交货物的则是经营国际货运的运输商,无论是运输工具还是所载运货物均在不同的国家或地区之间往返流动。由于这些流动,将不可避免地涉及有关的国际经济、法律关系。正因为如此,国际货物运输保险与国际货物运输和国际贸易一样具有国际性,保险合同的订立和履行同样会受到不同国家的法律和惯例的影响,出现一些国际法规的适用问题。至于保险争议或纠纷处理过程中所产生的管辖权、仲裁、诉讼等一系列法律问题,就更需要按照相应的国际公约和惯例来解决。

三、国际货物运输保险与国际货物运输和国际贸易的关系

国际货物运输保险是在国际货物运输和国际贸易发展的基础上产生的。作为一种有效的损失补偿手段,国际货物运输保险从其产生的第一天开始,就服务于国际货物运输和国际贸易,通过提供风险保障,保证了国际货物运输和国际贸易的正常进行,推动了它们的发展。

(一)国际货物运输保险与国际贸易的关系

国际贸易是分别处于不同国家或地区的进出口商采用适当方式进行的钱货交易,即出口商提交货物给进口商,进口商则向出口商支付货款。由于国际贸易的交货和付款无法像国内交易那样同时进行,卖方的货物和买方的货款在相互交付到对方手中之前都存在着潜在的风险:对出口商来说,如果由他先交货,他将面临在收到货款之前其货物有可能因灾害事故发生而遭受损失的风险;对进口商来说,如果是由他先付款,他同样会面临着收不到货而最终丧失货款的风险。国际货物运输保险向国际贸易的买卖双方提供了将上述潜在风险转嫁给保险人的机会,他们只要通过投保适当的险种或险别,一旦交易的货物遭受灾害事故损失,就能及时获得保险赔偿,从而使双方的贸易活动不会因此而受到影响。

(二)国际货物运输保险与国际货物运输的关系

经营国际贸易的进出口商要完成他们之间达成的合同交易,离不开国际货物运输,没有国际货物运输为货物从卖方手中到买方手中的交付所创造的条件,国际贸易就根本无法进行,因此国际贸易事实上是通过国际货物运输来实现的。

国际货物运输是国际运输经营者接受国际贸易经营者的委托,使用运输工具将货物从一地运往一地,帮助国际贸易经营者完成货物交易的经营活动。无论是采用哪一种运输方式,从承运人(即运输经营者)接受托运人(即贸易经营者)托付的货物到把它们运至目的地之前,货物一直是处在承运人掌管之下的,按理来说,承运人应对货物在此期间遭到的风险损失负责。但是事实上,承运人并非要对所

有各种风险造成的货物损失都承担责任,因为这样要求他们不仅是勉为其难,有失公允,也不利于国际运输业的发展。根据国际上的有关运输法规,承运人在对其承运的货物必须承担最低限度责任的同时,对有些原因乃至其过失导致的货物损失可以免责(如按照《海牙规则》的规定,海运承运人对因航行和管理船舶过失造成其所承运货物损失可以豁免责任)。这样一来,国际贸易经营者一方面以托运人的身份把货物托付给承运人运输,另一方面他们又以被保险人的身份向保险人投保,把货物在运输过程中可能遭遇的风险和发生的损失,包括属于承运人责任的风险损失和被列入承运人免责范围的风险损失全都转移给保险人。保险人也就因此有可能与不存在任何合同关系的承运人之间产生利害关系。这种利害关系具体在以下情况产生:当货物遭受损失而应由承运人承担责任时,保险人根据货物运输保险合同规定先赔偿给被保险人,而后取得代位求偿权向承运人追偿,要承运人把根据货物运输合同规定应赔偿给托运人即被保险人的款项再偿还予他。至于货物发生的损失被列入承运人免责范围而又属于保险责任时,保险人当然得负责赔偿被保险人。

由此可见,在国际贸易和国际货物运输活动中,由于国际货物运输保险的介入,国际贸易经营者、国际货物运输经营者与国际货物运输保险人三者除了分别建立买方与卖方、承运人与托运人、保险人与被保险人这三对独立的关系以外,彼此之间还存在密切联系,他们相互依存却又存在利益上的冲突。这种依存与利益冲突并存的关系,只能用相关的国际货物运输法规来加以协调。

第二节 国际货物运输保险的保障范围

国际货物运输保险可以从不同的角度进行分类,但最主要的是根据运输方式的分类。海运、陆运、空运和邮运等不同运输方式的货物保险承保的具体责任自然有所不同,但它们的保障范围却基本一致。由于海洋运输在各种运输方式中是采用得最为广泛的一种,国际货物贸易的大部分是通过海洋运输来实现的,海上货物运输保险在国际贸易中也因此占有重要的地位。下面,我们将围绕海上货物运输保险,通过对其所保障的风险、保障的损失、保障的标的和保障的费用这四个方面的分析来认识和了解国际货物运输保险的保障范围。

一、海上货物运输保险保障的风险

货物在海上运输过程中可能遭遇到的风险种类很多,海上货物运输保险并不是对所有海上风险造成货物的损失都予以负责,只有当被保险货物遭受的损失是由保险单上具体列明的承保风险所造成的情况下,保险人才承担赔偿责任。海上货物运输保险承保的风险,从形式上来看,可以分为基本承保风险和特约承保风险两类。

(一)基本承保风险

基本承保风险,是指在保险单上所列举的承保风险。这些风险基本上是由各国的海上保险人参照英国的S. G. 保单(The S. G. Form Marine Insurance Policy)即劳氏船货保单的标准格式,以条款的形式所列明承保的。S. G. 保单是劳合社自成立后的1779年起就一直使用的标准海上保险单,在国际海上保险市场上风行达两个世纪之久,于1983年3月31日才被伦敦保险协会正式摒弃并自此退出历史舞台。尽管如此,该保单所包含的大部分条款作为几百年来保险实践的产物,还是被与替代它的英国新的海上保险单同时启用的协会货物保险条款(ICC)和协会船舶定期保险条款(ITC)保留下来。根据这些条款,当前海上货物运输保险所列举承保的风险大致可归纳为海难、火灾和爆炸、抛货,以及船长或船员的恶意行为四种。

1. 海难。海难(Perils of the Sea),又称海上风险,是指海上发生的自然灾害和意外事故,它们是海上固有的风险。但是,须注意的是,海难并非包括航海时所发生的一切灾难或意外事故。根据英国《1906年海上保险法》附件(《保险单解释规则》)第7条的规定,"'海难'是指海上偶然发生的事故或灾难,并不包括风和浪的普通作用"。因此,一般常见的可预测的海浪并不是海难。

(1)海上自然灾害(Marine Natural Calamity),是指海上发生的人力不可抗拒的自然界破坏力量所造成的灾害。属于海上自然灾害的主要有恶劣气候、雷电、地震、海啸、洪水、火山爆发和浮冰等。这些灾害在海上货物运输保险业务中都有其特定的含义。

①恶劣气候(Heavy Weather),不是指一般的、常见的、可预测的气候条件,而是指载运货物的船舶在海上偶然遭受的不常见的、未能预测的不可抗拒的气候条件,如暴雨、飓风和大浪等,它们足以使船舶倾覆、船舱进水,造成船体破裂、船舶机器设备损坏,进而造成货物潮淋、倒垛、散包等损失。要指出的是,在不同的时间、不同的地点,恶劣气候的构成标准是有所不同的。例如,在冬季的太平洋水域的航线上,气候条件一般均为风力8级以上、浪高10米,此时的气候条件虽然恶劣,但却是可以预防的,即不是一种自然灾害,所以不构成海上货物运输保险所承保的恶劣气候。然而,在春季的太平洋水域的航线上,气候条件一般均为风力2~3级、浪高2~3米,如果此时船舶在海上突然遭受风力8级、浪高10米的气候条件,便构成了海上货物运输保险所承保的恶劣气候。

恶劣气候这一概念来自 S. G. 保单,是该保险单所承保海难中的一项灾难。由于恶劣气候没有一个明确的定义,加上该灾难发生时造成载货船舶颠簸、倾斜,致使所载货物在船舱内倒垛或移位而受损,常常与船方对搬运进舱堆放的货物配载不当所导致的倒垛或移位损失很难予以分清,而因配载不当造成的货损应由船方负责,保险人是除外不保的。正因为如此,随着替代 S. G. 保单的英国新的海上保险单推出而启用的 1982 年 ICC 已不再使用恶劣气候这个概念。

②雷电(Lightning),是指积雨云中、云间或云地之间产生超高电压放电并伴有闪光、巨响,具有极大破坏力的灾害性天气现象,造成在运输过程中的货物的直接损失,或者由于雷电所引起的火灾造成货物的损失。

③地震(Earthquake),是指因地壳内部发生急剧的自然变异而使地壳岩层变形、断裂、错动,从而在一定范围内引起地球表层剧烈震动的自然灾害,造成在运输过程中的货物的损失。地震根据成因,可分为构造地震、火山地震、陷落地震等。里氏地震计 3 级以下的地震称微震,3~5 级为有感地震,5 级以上为破坏性地震。地震的破坏力极强,1960 年 5 月 22 日发生在智利中部海域,震级达里氏 9.5 级,并引发大型滑坡、火山爆发及大海啸(海啸之巨大,横扫过太平洋,到达数千公里之外的日本列岛,还波及菲律宾乃至阿拉斯加的阿留申群岛,为 20 世纪的海啸之最)的震群型大地震,被认为是世界地震史上有仪器记录以来震级最高的一次地震。

④海啸(Tsunami),是指因海底地震、火山爆发、海底滑坡或气象变化引起的,在涌向海湾内和海港时所形成的破坏性的巨浪,给处于这些海域的船舶及其所载货物造成损毁或灭失。海啸根据成因,可分为地震海啸、火山海啸、滑坡海啸和风暴海啸等。其中,风暴海啸和地震海啸较为常见,1970 年 11 月 13 日侵袭孟加拉湾沿岸并夺去 30 万人生命的热带气旋风暴潮即属于风暴海啸,而 2004 年 12 月 26 日的印度洋大海啸则是因印度尼西亚苏门答腊岛附近海域发生的里氏 7.9 级地震所引发的地震海啸。不过,海啸不会在深海大洋上造成灾害,正在大海航行的船舶甚至很难察觉海啸引起的海水波动,所以海啸发生时,航行在海上的船舶不可以回港或靠岸,应该马上驶向深海区,深海区相对于海岸更为安全。

⑤洪水(Flood),是指偶然暴发的具有灾害性质的大水,如山洪暴发、江河泛滥、潮水上岸或倒灌,以及暴雨积水成涝,造成航行或停泊于沿海水面的船舶及其所载货物被淹没、冲散、冲毁、浸泡等损失。

⑥火山爆发(Volcanic Eruption),是指火山内部的岩浆突然冲破地壳向外喷射流出,或因火山爆发产生地震,造成处于运输过程中的货物损失。

⑦浮冰(Floating Ice),又称流冰,是所有自由漂浮于海面、能随风和海流漂移的冰的总称。浮冰根据其在海区中的密集度,可分为开阔海面、稀疏浮冰、密集浮

冰和密接浮冰。从极地大陆冰川或山谷冰川末端因崩裂滑落海中而形成的各类巨大冰块称为冰山，它们大部分沉于水下，仅小部分露出水面，随海流向低纬度地区漂流，沿途不断融解破裂，因而是危害航海安全，造成航行的船舶及其所载货物损失的一种灾害性现象。

（2）海上意外事故（Marine Fortuitous Accidents），是指偶然的、难以预料的原因所造成的海上事故。但是并非所有在海上发生的意外事故均为海上货物运输保险所承保，根据我国《海洋运输货物保险条款》和英国《协会货物保险条款》的规定，属于海上意外事故范畴的主要有船舶沉没、碰撞、触碰、触礁、搁浅、倾覆和失踪等。

①沉没（Sunk），是指船舶因遭受自然灾害或意外事故致使船身全部沉没水中，或虽未构成船身沉没，但已大大超过规定的吃水标准，使应浮于水面的部分浸入水中且丧失继续航行的能力，船舶及船上所载货物因此而遭受损失。如果船体只没入水中一部分，或者海水虽然不断涌入船舱，但船舶仍保持航行能力的，则不能视为沉没。

②碰撞（Collision），是指船舶在水中与其他船舶或与沉没中的船舶残骸发生直接接触或撞击，船舶及船上所载货物因此而遭受损失的事故。

③触碰（Contact），是指船舶在水中与船舶以外的其他任何物体发生直接接触或撞击，船舶及船上所载货物因此而遭受损失的事故。其他物体包括码头、防波堤、桥墩、浮筒、灯塔、航标以及浮冰、漂流物等各种固定的或浮动的物体。

④触礁（Stranding），是指船舶在航行过程中，船身或船底意外地触及海中的滩礁或海底的沉船、木桩、渔栅等障碍物，船舶及船上所载货物因此而遭受损失的事故。

⑤搁浅（Grounding），是指船舶在航行或锚泊中遭受意外而造成船底与海底、海滩或岩礁紧密接触，使之无法航行，处于静止或摇摆状态，并造成船体损坏或停航12小时以上，致使船上所载货物受损的事故。船底在航行中与海底或障碍物虽发生接触，但船舶未因此而受阻，仍能继续航行的，这叫作擦底，不属于搁浅；船舶在浅水区停泊或作业时，因潮汐或装载而引起船舶吸底现象致使船舶坐落在海底，这叫作坐浅（国外则称之为习惯性搁浅），也不能视作搁浅；还有船舶为了避免碰撞或者由于其他原因，有意抢滩坐浅而受损，同样不属于搁浅。搁浅与触礁常常伴随着发生，一般不易区别。搁浅又有坐礁和坐滩之分：坐礁是指船舶搁置在礁石或其他坚固的障碍物上而受阻，即相当于触礁；坐滩，亦称胶滩，是指船舶驶上砂地或浅滩等非坚固场地而受阻。

⑥倾覆（Over Turn），是指船舶在航行中因遭受自然灾害或意外事故而失去平衡，致使船身侧倾翻倒，不能恢复正常状态，非经施救不能继续行驶，船舶及船上所

载货物因此而遭受损失的事故。

⑦失踪(Missing)，是指船舶在航行期间内，因遭遇恶劣气候或其他灾害事故，未从被获知最后消息的地点抵达目的地，经过相当的时间而依然不知其去向和下落的事故。对船舶失踪的时间，各国的法律有不同规定，按国际惯例，一般为半年。船舶失踪，船上所载货物自然也因下落不明而遭受损失。

2. 火灾和爆炸。这两类风险一旦发生，其危害都相当巨大。

（1）火灾(Fire)，是指船舶或船上所载货物在航行或运输途中，因意外着火后烧到一定的范围并酿成一定程度的损失的灾害事故。火灾起因一般属于意外事故，但也有因雷击、地震等自然灾害起火的。尽管火灾并不是海上特有的灾难，在陆地上也会发生火灾，但载货船舶在海上航行时一旦发生火灾，后果十分严重，造成船货的损失特别大，海上保险各险种都将火灾作为一种灾害事故承保。在海上保险的实践中，构成火灾的条件是船舶或所载货物着火燃烧后遭受的损失达到或超过它们的保险价值的3%。船舶或货物被火焚毁、烤焦、烟熏、热气蒸和烧裂等的损失，以及为灭火而搬移船上物料和货物、消防灌水等造成水渍或其他损失，都属于火灾的范围。

（2）爆炸(Explosion)，是指因火与热导致气体膨胀，发出巨大的声响和具有摧毁力的破坏现象。爆炸经常与火灾相关联，爆炸发生一般会引起火灾，而火灾往往会导致爆炸的发生。爆炸有物理性爆炸和化学性爆炸之分。爆炸既能毁损发生爆炸的物体本身，该物体爆炸所产生的热和气体又足以摧毁其他物体，因此构成爆炸的必要条件是必须有造成灾害的后果。

3. 抛货。抛货(Jettison)，是指船舶在航行中遇到直接危及船舶及船上所载货物安全的海上灾害事故时，为摆脱共同危险而故意将船上的一部分货物抛入海中所造成的损失。抛货行为必须是有意的，目的在于获得船货的共同安全，避免船货的全部损失。抛弃的货物必须有实际使用价值，它们置放在舱面上必须符合航运习惯。如果抛弃的是已经损坏或霉变的货物，或是不允许置放在舱面上的货物，不属于抛货的范围。

4. 船长或船员的恶意行为。船长或船员的恶意行为(Barratry of the Master and Mariners)，是指载货船舶的船长或船员作为船东的雇佣人员，在履行他们各自的职责时或在驾驶操作过程中，有意损害船东利益的行为所造成货物的损失。常见的恶意行为有：在航行途中恶意弃船，或破坏船上设施，或纵火焚烧或凿沉船身，或故意使船舶搁浅，或非法将船舶或货物出售或抵押给他人或侵占价款，还包括违抗船长命令，擅自与敌人进行交易，或从事走私活动，载运违禁货物，造成船货被扣押或没收，等等。构成恶意行为的条件有两个：一必须是船长或船员的行为，船东或货主事先不知情,也未唆使、纵容、授意乃至共谋,否则就应作为船东或货主的故意行为;二必须是故意的、怀着恶意干的,而不是无意的过失,如果并非出于不良动机或出于恶意的话,他们的行为就构成疏忽行为。

英国《协会货物保险条款》将船长或船员的恶意行为列入其 A 险的承保范围,即属于基本承保风险,而我国《海洋运输货物保险条款》则不把这项风险作为基本承保风险,而是作为特约承保风险由货物运输罢工险来承保。

(二)特约承保风险

特约承保风险,是指根据货物的特点或运输的条件和环境,为满足货主获得更充分的保障的需要,经双方特别约定,在承保保单上所列明的一般风险的基础上,以附加条款的形式增加承保某些特殊的风险。这类风险大都属于外来风险(Extraneous Risks),即是由海上自然灾害和意外事故以外的其他外部因素所引起的风险。外来风险与海难的区别就在于它们并不是海上固有的,而且有一般外来风险和特殊外来风险之分。

1. 一般外来风险。一般外来风险(General Extraneous Risks)是指在海上运输过程中,引起货物损失的一般外来原因,不包括货物自身的固有缺陷和自然损耗。主要有偷窃、提货不着、淡水雨淋、短量、沾污、渗漏、碰损、破碎、串味、受潮受热、锈损和钩损等。

(1)偷窃(Theft,Pilferage),是指整件货物被人偷走,或包装完整的整件货物中仅一部分为人窃取。偷窃行为应与公开的用暴力劫夺区分开来,通常可从两个方面来辨别偷窃:一是暗中进行的小偷小摸;二是由内部人员如船员或旅客所为。

(2)提货不着(Non‑Delivery),是指货物起运后,由于运输上的原因未能运抵目的地,致使整件货物或全部货物未为收货人提着。

(3)淡水雨淋(Fresh Water and Rain Damage),是指货物在运输途中直接遭雨淋或淡水所造成的水渍损失。雨淋所致损失包括雨水、冰雪融化给货物造成的损失,淡水所致损失则包括因船舱内水汽凝聚而成的舱汗、船上淡水舱或水管漏水给货物造成的损失。

(4)短量(Short Weight),是指在运输途中或运抵目的地以后,包装货物因外包装破裂而发生数量短少,或者散装货物的重量出现短缺。在确定散装货物是否发生短量时,要注意不能把正常途耗当作重量短缺。

(5)沾污(Contamination),是指货物在运输过程中由于与其他物质接触而被污染或混进杂质,以致质量受到影响所造成的损失。

(6)渗漏(Leakage),是指流质、半流质、油类等货物在运输途中,由于容器损坏而引起的渗漏损失,以及用液体储装的货物因液体渗漏而发生腐烂、变质的损失。

(7)碰损、破碎(Clash and Breakage),是指货物在运输途中因受颠簸、震动、碰撞、挤压或搬运不慎等原因而发生弯曲、凹瘪、变形,或引起破碎、破裂、折裂等损失。

(8)串味(Taint of Odor),是指货物因受其他有腥味或异味物品的影响而引起串味、变味。

(9)受潮受热(Sweat and Heating),是指在海上运输途中,货舱内的货物由于气温突然变化或是船上通风设备失灵致使货舱内水汽凝结,引起货物发潮、发热而最终发霉变质。

(10)锈损(Sofrust),是指金属或金属制品这类极易生锈的货物在装运时没有生锈,在运输途中发生的锈蚀损失。

(11)钩损(Hook Damage),是指捆装或袋装的货物在运输、装卸过程中,因使用手钩、吊钩一类工具而造成本身直接被钩破的损失,以及外包装被钩坏造成货物外漏的损失。

2. 特殊外来风险。特殊外来风险(Specific Extraneous Risks)是指在海上运输过程中,造成货物损失的是一些包括军事、政治、国家政策法令及行政措施等在内的特殊外来原因,主要有战争、罢工、暴力盗窃、海盗行为、交货不到、拒收等。

(1)战争(War),是指海上发生的战争、类似战争行为、敌对行为和武装冲突等,以及由此引起的轰炸、封锁、拦截、捕获、拘留、禁制、扣押等所造成货物的损失。但是由于合法的扣留,如债权人通过合法途径向法院申请要求扣押债务人的货物,则不属于此类风险。

(2)罢工(Strikes),是指货物在运输途中由于船员或港口码头工人集体拒绝工作,或者其他任何人的恶意行为而造成的直接损失。

(3)暴力盗窃(Violent Theft by Persons),又称窃盗(Thieves),是指以暴力手段对航行于海上或停泊在码头上的船舶及船上所载货物进行掠夺、抢劫和破坏。暴力盗窃明显不同于偷窃,其构成的必要条件有两个:一是来自船外对象的行为;二是必须有暴力行为或采取威胁手段即武力抢夺。

(4)海盗行为(Piracy),是指海盗抢劫海上航行的船舶、掠夺船上所载货物的行为。根据英国《1906年海上保险法》附件(《保险单解释规则》)第8条的解释,"海盗包括船上作乱的旅客和来自岸上攻击的暴徒"。而按照《1982年联合国海洋法公约》第101条的规定,构成海盗行为具备的条件:一是必须旨在扣留人质或者掠夺财物的非法行为;二是通过暴力或威胁手段达到目的;三是并非出自某一官方或半官方的指令或默许而进行的对敌方的攻击;四是必须发生在沿海国家管辖范围以外的海域或上空。该公约还正式把包庇海盗和窝藏海盗的行为也列为海盗行为。

在海上货物运输保险中,我国的《海洋运输货物保险条款》把海盗行为作为战争风险除外不保,而是列入海上货物运输战争险的保险责任范围,但海盗行为与战争事实上是两种不同性质的风险,所以英国的《协会货物保险条款》现已将海盗行为从其IWC(Cargo)的承保责任中剔除,由其ICC(A)险作为基本风险来承保。

(5)交货不到(Failure to Deliver),是指货物起运后,由于运输上的原因或政治上的原因不能在预定抵达目的地的日期起6个月内交货的损失。与一般是由于运输上的原因而提货不着相比,导致交货不到的原因要多些,但以政治上的原因居多,如因禁运、在中途港被强行卸载造成交货不到等。

(6)拒收(Rejection),是指货物因各种原因而被进口国政府或有关当局拒绝进口或没收所造成的损失。

二、海上货物运输保险保障的损失

货物在海上运输过程中遭受的损失简称海损(Average),有广义上的和狭义上的两种解释。广义上的海损是货物在海上运输途中所发生的任何损失的统称,包括通常海损和非常海损:通常海损,是指可以预料的正常的耗损,即一般风浪造成的磨损或损坏;非常海损,则指海上自然灾害或海上意外事故造成的损失。狭义上的海损仅指非常海损。海上货物运输保险当然只对货物遭受的非常海损而不是通常海损提供保障。但是,海上货物运输保险也并不是无条件地补偿所有承保风险造成货物的损失,只有在保险单上具体约定由承保风险所导致的某种特定损失,它才负责赔偿。

海上货物运输保险承保的损失可以从不同的角度进行区分,我们只介绍其中按损失程度区分和按损失性质区分这两种主要分类:按前一种分类方式,可分为全部损失和部分损失,其中的全部损失又可分为实际全损和推定全损两种;按后一种分类方式,则可分为单独海损和共同海损。

(一)实际全损和推定全损

按货物损失程度的大小,海损可以分为全部损失(Total Loss)和部分损失(Partial Loss)。被保险货物全部毁损、灭失、无法修复或丧失原有性质的损失即为全部损失,被保险货物部分毁损、灭失或部分无法修复,也就是损失尚未达到全部损失的程度则为部分损失。

全部损失可简称全损,根据全损情况的不同,又可分为实际全损和推定全损。

1. 实际全损。实际全损（Actual Total Loss），是指货物实际上完全毁损或灭失。构成海上货物运输保险承保的实际全损一般有以下几种情况。

(1) 被保险货物完全毁损或灭失。这是指货物的实体已经完全毁损或不复存在。例如，货物在运输途中被大火全部焚毁；载货船舶的舱内进水，糖、盐这类易溶货物被海水溶解。

(2) 被保险货物失去原有的性质和用途。这是指货物受损以后，其形体虽然依旧存在，但不再具有投保时的属性，已丧失商业价值或使用价值。例如，茶叶被海水浸泡，虽外表形体还在，但已既不能饮用也不能销售；水泥浸海水后已变成硬块，不再具有水泥的特性，成为无用之物；大米在运输过程中因受潮发热或串味变质，不能食用。

须注意的是，如果货物虽然受损，但经处理后，其原有属性并未丧失，或仍有使用价值，则不构成实际全损，被保险人不能以全损索赔。例如，小麦在途中被海水浸泡而湿损，到岸后经烘干整理再削价出售，因为小麦仍可食用或使用，且已削价出售挽回部分利益，保险人只能作为部分损失赔偿。

(3) 被保险货物的所有权丧失，已无法追回。这是指货物实际上仍存在，也未丧失原有属性和用途，但被保险人已丧失了对它的有效占有，而且无法挽回。例如，货物在运输途中遭遇海盗被劫夺，或在战争期间被敌对国家扣留、没收。

(4) 被保险货物因船舶失踪而随之不知去向。这是指船舶在航行途中突然失踪，音讯全无并达到一定时间。例如，目前时常有船舶在驶入百慕大地区和其他群岛的水域以后，外界便收不到它们的无线电联系，也收不到呼救号，神秘地消失。根据英国《1906年海上保险法》第58条规定，"船舶在航行途中失踪，经过相当时间仍得不到消息的，可以视为实际全损"。船舶失踪，船上所载货物自然也下落不明，同样可以作为实际全损处理。

对构成船舶失踪的时间，各国的法律规定不一：现按国际惯例，一般为半年；而我国规定构成船舶失踪的时间为两个月。我国的《船舶保险条款》第10条第2款第2项规定："保险船舶在预计到达目的港日期，超过两个月尚未得到它的行踪消息视为实际全损。"

2. 推定全损。推定全损（Constructive Total Loss），是指货物因遭受承保风险而造成损失以后，虽然事实上并未达到完全毁损或灭失的程度，但实际全损已不可避免，或者为避免实际全损所需支付的费用超过货物的保险价值。构成海上货物运输保险承保的推定全损一般有以下几种情况。

(1) 被保险货物的实际全损已经无法避免。这是指货物在遭遇承保风险后的受损程度一时还未达到完全灭失的地步，但将无法避免实际全损。例如，船舶在航行途中被风浪推上礁石搁浅,船壳损坏严重,因地处远离航道的偏僻水域,加上当地的地理和气候条件很差,救助船无法驶近对其进行救助,船舶沉没将不可避免,而船上所载货物将同时沉入海底。

(2) 为了防止实际全损发生而需要支付的费用将超过货物的保险价值。这是指货物遭遇承保的风险后,为不让其发生实际全损而采取施救措施或请求他人救助,但得不偿失,因为施救费用或救助费用的支出以及继续将货物运抵目的地的费用将超过该目的地货物的价值。例如,载货船舶在航行途中遭巨浪袭击,海水进舱,舱内货物眼看要被全部打湿,若采取施救等措施以避免实际全损,估计需花费200万元,而该批货物获救后运往目的地的价值仅150万元。

(3) 修理受损货物的费用将超过货物修复后的价值。这是指货物受损后,估计用于修复和整理的费用和其他必须支出的费用相加,总成本将超过货物本身的价值。例如,一批价值500万元的机器设备在运输途中损坏,必须修理,但估计修理费用需700万元,显然是划不来的。

(4) 为收回已经丧失所有权的货物所需支出的费用将超过货物的价值。这是指被保险人对货物拥有的所有权因承保风险发生而丧失,收回的可能性不大,或者即使收回,但所需支出的费用超过货物收回后的价值。例如,两国交战,双方将某水域宣布为战区而加以封锁,封锁前恰好有一艘载货船舶经过该水域,该船及其载运的货物因而被困。由于货主已丧失自由支配和处理其货物的权利,也不可能在合理的时间内恢复这一权利,尽管货物未遭到所承保风险损失,也未因战争而被炮火击中毁损,这批被困货物亦已构成推定全损。

3. 实际全损与推定全损的区别。实际全损与推定全损都属于全损,可以从两个方面来分析它们的区别。

一是在灭失的性质上不同。实际全损强调的是货物遭受承保风险后,确实已经完全毁损、灭失,或失去原有的性质和用途,并且不能再恢复原样或收回,所以是一种实质性的物质上的灭失。推定全损所涉及的灭失显然不是实质性的,因为货物虽已经受损,但并未完全灭失,可以修复,或可以获救,或可以收回,不过因此而需支出的费用将超过货物修复或获救或收回后的价值,可见推定全损是一种推定性的经济上的灭失。

二是在全损索赔手续上不同。实际全损发生后,被保险人即可按一般的海上保险索赔程序,要求保险人赔偿全部损失。在推定全损成立的前提下,被保险人既可以按部分损失索赔,也可以要求保险人按推定全损赔偿。如果采取后一种索赔方式,被保险人则必须无条件地把受损的货物委付给保险人,也就是向保险人提交"委付通知"。我国《海商法》第249条规定:"保险标的发生推定全损,被保险人要求保险人按全部损失赔偿的,应当向保险人委付保险标的。"因此,推定全损就实质而言,只是保险人和被保险人双方达成协议后解决保险赔款问题的办法。

下面我们就海上货物运输保险实务中涉及委付的三个具体问题做些分析。

第一,所谓委付(Abandonment),是海上保险独有的一种处理保险标的损失的手段,在海上货物运输保险中,是指被保险人把因遭遇承保风险而受损,但尚未达到实际全损地步的被保险货物的一切权益转移给保险人,而要求保险人按全损赔偿。委付是被保险人按推定全损索赔的先决条件。提交委付通知是被保险人的一种单方面行为,不必征得保险人的同意。被保险人不提交委付通知,保险人对受损的被保险货物只能做部分损失处理。但委付行为须经保险人的承诺才能成立。保险人在收到委付通知以后,可以作出接受委付或是不接受委付的决定,不过一旦同意接受,便不能反悔。接受委付本身即构成对全损的最后确认,也就是说必须按全损赔偿被保险人,哪怕以后发现损失并非是承保风险所致,也无法改变。被保险人在保险人没有表示接受委付之前,可以收回已提交的委付通知,但当委付已被接受后即不能撤回。

第二,保险人接受委付,意味着他在取得被保险货物权益的同时,也接受了与该货物有关的各种责任和义务,如清理航道的责任或因污染海域而引起的罚款。所以,保险人在接受委付之前必须十分谨慎,要仔细了解情况,进行权衡,主要考虑他若按全损赔偿后将归他支配的被保险货物的残余价值是否抵得上将由他承担的那些义务和责任可能带给他的经济损失。保险人通常不接受委付,只有在经过调查了解和作出权衡比较之后,确信自己不会因为承认推定全损而处于不利境地时才会接受。在实践中,保险人为了避免在接受委付后承担由此而产生的有关法律责任和义务,除了拒绝接受委付以外,还常常采用另一种办法,那就是在被保险人尚未宣布推定全损之前主动放弃要求被保险人提交委付通知的权利,而按全损赔偿对方,从而解除保险合同的一切责任。

第三,当被保险人在提交委付通知后迟迟未获得保险人有关接受或拒绝委付的答复时,他不能因此而把对方的这种沉默态度单方面地理解或解释为已接受委付的表示,同样也不能根据保险人的其他行动,如指导被保险人安排对受损货物的施救或协助被保险人施救,来推测保险人是在默示他已经接受或准备接受委付。我国的《海洋运输货物保险条款》和英国《协会货物保险条款》都明确地提出了如下原则:在被保险人已提交委付通知的情况下,不论是被保险人还是保险人,凡为恢复、救助或保存被保险货物所采取的任何行动,均不应被对方认为是放弃或接受委付的表示。

（二）单独海损和共同海损

按货物的损失性质，海损可以分为单独海损和共同海损。单独海损和共同海损与按货物损失程度区分的部分损失和全部损失并没有内在联系，这两种损失皆属于部分损失。一般来说，在部分损失中，除共同海损以外，都是单独海损。在海上货物运输保险中，对部分损失中的单独海损，保险人是根据被保险人所投保险别的具体规定来确定是否承担赔偿责任的，如我国《海洋运输货物保险条款》中的平安险就不承保自然灾害所造成被保险货物的部分损失，事实上这里的部分损失仅指单独海损；但是，对被保险货物的全部损失，保险人则不管被保险人投保哪一种基本险别，是都负责赔偿的。因此，全部损失中没有单独海损和共同海损之分。

1. 单独海损。单独海损（Particular Average），是指货物在运输途中因遭受承保风险而造成的无共同海损性质的部分损失。英国《1906年海上保险法》第64条第1款规定："单独海损是保险标的因承保的海上风险发生所造成的部分损失，但不是共同海损。"

构成单独海损必须具备以下两个条件：一是特定的保险标的单独遭受损失，由对此标的具有保险利益的一方单独承担由此而引起的损失，而并非是由该受损方与其他各方共同承担所遭遇的风险损失；二是损失是由于偶然的和意外的海上灾害事故所致，而并非人们故意采取的行为造成的。例如，一艘船舶满载袋装砂糖驶往某地，途中因气候恶劣，海水涌进舱内，致使部分糖包浸水，砂糖被溶解，此项货物损失属于货物的单独海损。

2. 共同海损。共同海损（General Average），是指在同一海上航程中，船舶、货物和其他财产因遭遇自然灾害、意外事故或其他特殊情况而面临共同危险，为了共同的安全和利益，采取有意的、合理的抢救措施所直接造成的特殊牺牲或支出的额外费用。例如，载货船舶在海上遭遇风暴，船上主机损坏且船身严重倾斜，随时有沉没的危险，船长当即下令抛弃船上所载部分货物，以使船身恢复平衡，同时依靠过往船舶的救助，被拖带至附近的安全港口。为避免船货全部损失而被抛弃入海的货物即为特殊牺牲，而支付给救助船舶的报酬则为额外费用，它们都属于共同海损。

共同海损也属于部分损失的范畴。它可以是一种牺牲，也可以是一种费用，或者二者并存，但它们必须是非常性质的，必须是在航行过程中遭遇共同危险时，为了共同安全而由船长或船上的其他负责人指挥进行抢救的各种行为所导致的船货部分损失或所支出的额外费用。共同海损是人为的，与海上灾害事故所造成的单独海损不同。牺牲被称作共同海损牺牲，费用则被称作共同海损费用。与共同海损相比较,单独海损仅指保险标的本身的损失,不包括费用。

因为共同海损是采取救难措施而引起的,它的成立必须具备四项条件。

(1)共同海损危险必须是危及船舶和货物共同安全的,而且必须是实际存在的。这项条件具体包含两层意思。

一是危险必须是船货共同的。船舶与其所载货物在海上航行途中可能遭遇到的风险事故很多,一旦风险事故发生,出现危险,不是危及船方就是危及货方,有时则是危及船货双方。如果发生的危险仅仅威胁到船或货一方的安全,那么为解除这种危险而采取措施所造成的损失和费用就不能构成共同海损。例如,船上冷冻机在航行途中发生故障,使船上所载的冷藏货面临着腐烂的危险。船舶为修理冷冻机而驶往附近港口所支出的各种费用就不能构成共同海损,因为冷冻机的故障仅危及冷藏货一方,而对船舶安全未产生威胁。又如,载货船舶在航行中与他船碰撞,机舱损失严重,主机停止运转,船舶处于失控状态。为摆脱危境而请求救助机构将船舶拖至附近港口修理以恢复适航条件,所支出的费用可列入共同海损范围,因为由于碰撞所造成的船舶失控这种危险已经威胁到船货的共同安全。

二是危险必须是实际存在的。共同危险必须是确确实实来自突发的自然灾害或意外事故,是实际存在的而不是主观臆想出来的。为避免实际存在的危险而采取措施所引起的损失和费用,就构成共同海损。例如,船舶在航行中,货舱内的货物突然起火,船长下令灌水灭火,火最终被扑灭,但灭火行动中一些未着火的货物和船上的设备因而被水浇湿。由于货物起火确实威胁着船货的安全,是实际存在的,所以灌水灭火造成其他货物和船上设备的水损属于共同海损。又如,船长认为装有树脂的货舱内冒烟是有火情,在未入舱做任何调查的情况下,贸然下令向该货舱灌水灭火。事后发现舱内并无任何着火痕迹,火灾的危险纯粹是船长推测和臆想出来的,并不是真实存在的,因盲目行为下令灭火而给船上设备和货物造成的水损不能列入共同海损。

(2)共同海损行为必须是有意而合理的。这项条件包含两层意思。

一是行为必须是有意的。所谓有意,是指明知这一行为会造成船货的部分损失和支出一定的额外费用,但考虑到为解除危险并防止船货遭到更大乃至全部的损失,不得不故意地、主动地采取措施。例如,船舶在航行途中发生搁浅事故,为使船舶起浮脱浅,船长下令抛货,尽管他也明知这样做会损失货物,但为了保存整体而故意牺牲局部。这种人为的故意行为所带来的损失就应作为共同海损处理。又如,船上的舱面货落入大海,是因船舶在风浪冲击下船身剧烈颠簸所致,这种损失并非有意行为造成,不属于共同海损。

二是行为必须是合理的。所谓合理,是指采取这一行为在当时的危险情况下对排除险情来说是必要的,是符合船货各方共同利益的。例如,为使搁浅的船舶脱浅而抛货,应被认为是合理的。不过合理与不合理并无绝对的标准,只能结合当时当地的具体情况来确定,抛货时先抛重货、笨货、廉价货、容易抛弃的舱面货应是合理的,反之先抛轻货、贵重货或开舱抛货则显然不合理。又如,船舶搁浅后的抛货,等到船舶起浮后即应停止,若仍下令继续抛而不停,这就使该项原是合理的共同海损行为因超过限度而变成不合理的了。凡是不合理的行为或超出合理限度的行为,都不能认为是共同海损行为。

(3)共同海损牺牲必须是特殊的,共同海损费用必须是额外的,而且是共同海损行为的直接后果。这项条件包含两层意思。

一是牺牲和费用必须是特殊的。所谓特殊,是指这项牺牲和费用在正常情况下是不会发生的,它们只能是非正常运输情况下所采取的行为的产物。例如,船舶在航行中因故搁浅,为摆脱险境,船长下令采取倒车措施,反复用车,虽明知此举已超出机器正常负荷,肯定会遭到损坏,但为了共同安全达到脱浅的目的,迫不得已作出牺牲。如果该船脱浅后因无法自行驶往目的港而由前来救助的拖轮拖至避难港,为此支付了拖带费和港口使费。上述的牺牲和费用都是特殊的,属于共同海损。

二是这些牺牲和费用必须是共同海损行为的直接后果。因采取共同海损行为而产生的牺牲和费用并非一定就属于共同海损,只有与共同海损有直接因果关系的牺牲和费用才列入共同海损。例如,船舶在航行中被浮冰撞击受损而不能续航,后由过往船舶拖至避难港修理,为修理方便,船上货物被卸下存放在仓库,修理结束后重新装上船继续驶往目的地。由此支出的救助费、避难港口使费、修理费、货物卸下和重装的费用,乃至在装卸过程中造成的货损都是共同海损行为的直接后果,属于共同海损。但是如果货物卸下后在存放的码头仓库内遭火灾被焚毁,此时的货损就不是共同海损行为的直接后果,不能列入共同海损。

(4)共同海损行为必须取得效果。采取共同海损行为的目的是通过牺牲局部以保住全部。如果在采取了有意的合理的措施,作出了特殊牺牲和支付了额外费用以后,但最终未能使船货获救而仍遭全损,这样既没有获救财产也没有受益方,共同海损也就不能成立。

对共同海损行为与其效果之间有无因果关系,各国的法律有不同规定。一般有因果主义和残存主义两种做法和主张:前者要求所采取的行为一定要取得效果,二者之间一定要存在因果关系,没有效果的行为不能被视作共同海损行为;而后者不强调行为与效果之间的因果关系,只要行为作出以后最后有所保存,那就应承认该行为为共同海损行为。例如,船舶搁浅后,船长为起浮脱浅采取顺车倒车行为,主机因超负荷运转受损,修理费 50 万元;船长见此举并未奏效,只得再雇用拖轮拖带,支出拖船费用 20 万元,结果成功脱险。若按因果主义,可属共同海损的只有 20 万元的费用;而根据残存主义,合计 70 万元的牺牲和费用都可列为共同海损。相比之下,残存主义的做法要更为实际和更为客观,也因此容易被人们接受。当前国际上在确定共同海损行为有效与否时,通常就以残存主义为原则。

以上四项条件是构成共同海损的一个统一体,必须同时具备才构成共同海损。由于共同海损成立与否在实践中有着十分重要的作用,直接关系到船货双方的利益,因此也常常成为双方争议的关键问题。解决此类海事争议,一定要熟练地掌握这四个条件,认真仔细地加以判断。

3. 单独海损与共同海损的区别。就损失程度而言,单独海损与共同海损均属于部分损失,这是它们的共同点。然而,两种海损的性质和起因却完全不同,补偿方式也不一样。我们可以通过下面的"三看"来对它们加以区别。

一看损失的起因,即损失是意外造成的还是人为造成的。单独海损是船舶或货物因遭遇承保风险而直接造成的意外损失,共同海损则是为了解除或减轻船货的共同危险而人为造成的。

二看损失的构成,即损失是仅有标的物本身损失还是既有标的物本身损失又有费用损失。单独海损仅指保险标的物本身的损失,而共同海损既包括船或货的牺牲,也包括采取共同海损行为所额外支出的费用。

三看损失的承担,即损失是由一方承担还是由各方分摊。单独海损是由受损的船方或货方单独承担,共同海损,包括共同海损牺牲和共同海损费用,则应由受益的船方、货方和运费方三方分摊。

在掌握这"三看"的方法来区别单独海损和共同海损的同时,我们还应注意到这两种部分损失发生的先后:在一般情况下,船舶或货物的单独海损往往先于共同海损行为发生,因危及船货双方的共同安全,才有意采取措施而产生共同海损。由此可见,单独海损和共同海损之间经常存在着密切的内在联系,这一点也可供我们在区别它们时进行参考。

下面我们通过一个实例来加以说明:一艘船舶满载各类货物离开 A 港驶向南美某地。不料在航行途中遇到海啸,船身的激烈颠簸使停放在舱面且采取了加固、防滑措施的卡车有半数被颠入大海,船舶因此而发生严重倾斜。为使船身平衡,减轻负荷,船长在此危急的时刻下令将舱面剩下的卡车全部抛入海中,船舶因此而免遭倾覆的厄运,安全驶入附近的避难港,船上的其他货物也因此得以保住。那么,按照前面提及的方法来分析,被颠入大海的卡车损失显然是属于单独海损,因为它不是人为措施造成的,而是由于意外事故即在海啸引起的船身激烈颠簸中被颠离船舶而落入咆哮的大海为海浪卷没。对船长下令将舱面剩下的卡车抛入大海所引起的损失,我们不难判断是属于共同海损,理由就是在船舶严重倾斜的时刻确实存在着危及船舶和货物(包括舱面剩下的那些尚未被颠入大海的卡车和装载在货舱内的其他货物)共同安全的风险,船长为了解除船货面临的共同危险,毅然决定采取抛弃措施,由此做出的特殊牺牲无疑是保护了船方和其他货主的共同利益的。

三、海上货物运输保险保障的标的

海上货物运输保险是为以海洋运输方式进行的国际贸易提供保障的险种。经营国际贸易的货主通过投保海上货物运输保险,把他们交易的对象即货物在海上运输途中有可能遭受灾害事故损失的风险转嫁给保险人。货物是海上货物运输保险保障的标的,但并不是所有的货物都能为它所承保。货物作为海洋运输的对象和海上货物运输保险承保的标的,是有其特定的含义和范围的。

(一)货物的含义

海上货物运输保险中所称的"货物",即是指在海上运输过程中的货物,也就是以运送到目的地为目的的物品,包括商品和其他动产。

各国有关运输货物的法规及有关提单的国际公约对货物下的定义基本是一致的,但也存在着一些区别。

英国《1924年海上货物运输法》的附则第1条第3款、美国《1936年海上货物运输法》第1条第3款和《海牙规则》第1条第3款对货物下的定义完全相同:"货物,包括各种货物、制品、商品和任何各类的物件,但活动物和在运输合同中载明装载于舱面上且已照装的货物除外。"

然而,《汉堡规则》第1条第5款关于货物的定义却规定:"货物,包括活动物;如果货物是用集装箱、货盘或类似装运工具集装,或者货物带有包装,而此种装运工具或包装系由托运人提供,则货物应包括这些装运工具或包装。"

我国《海商法》第42条第5款同样规定:"货物,包括活动物和由托运人提供的用于集装货物的集装箱、货盘或者类似的装运器具。"

如果加以比较,我们可以明显地看出《汉堡规则》和我国《海商法》所规定的货物概念要比《海牙规则》和英、美《海上货物运输法》规定的大。

(二)货物的范围

综合上述这些定义,我们可以将海上货物运输保险中作为承保标的的货物的范围确定如下。

一是指各种货物、制品、商品和任何各类的物件,也就是除船舶及船上的物料、备件和燃料以外的一切有形动产,甚至包括货币、有价证券、文件等在内。

二是指装在船上的或处于运输过程中的,包括由岸上发送到船上,由船上发送到岸上,或由起运港的仓库发送到船上,由船上发送到目的港的仓库等过程中的,以运送到目的地为目的的货物。但是,装在船上且也处于运输过程中的船舶压舱物、船员的私有财物等物品,因为不属于海上运输的对象,亦即没有运输的目的地,自然不能归在海上货物运输保险所承保的货物之列。此外,乘坐客船的旅客随身携带的行李尽管是随旅客一起运送的,然而由于它们不是客船运送的客体(客船运输合同的标的是旅客本身),所以同样不能包括在海上货物运输保险的货物概念之中。当然,如果旅客要求保险人对其乘坐海上客轮时随身携带的行李物品提供保障的话,他同样可以投保海上货物运输保险,但必须在保险单上注明这些货物是"个人随身携带的行李"。

三是舱面货和活动物。应该注意的是,舱面货和活动物在《海牙规则》中不被视为海上运输的货物,而《汉堡规则》和我国《海商法》却并不将它们排除在货物之外,因此它们也可成为海上货物运输保险承保的标的。不过,被保险人在投保时都需在保险单上注明它们的名称。

四是由托运人提供的,用来集装货物的集装箱、货盘或类似的装运器具,以及货物的外包装也属于海上货物运输保险所承保的货物范围。

(三)货物的分类

货物作为海洋运输的对象和海上货物运输保险承保的标的,可以从不同角度进行分类。我们在第一章第三节中已介绍过货物的一些重要分类,如按货物在运输中的形态可分为包装货物、散装货物和裸装货物,按货物的重量与体积之比可分为重量货物和体积货物,按货物的运量大小可分为大宗货物、件杂货物和笨重货物等。现在要叙述的是按货物的性能和在运输中受损的可能的分类,目的是让我们对海上货物运输保险具体承保的货物有一个全面的了解,并进而能够合理地与被保险人商定承保条件和保险费率。

目前我国海上货物运输保险承保的货物大致可分为 14 个大类。它们的类别名称及运输过程中存在的主要风险如下。

1. 粮油食品类。可细分为粮谷饲料类,油脂类,食品类,冻品类,活牲畜、活禽、活鱼类,酒类和饮料类,糖类等。此大类货物主要具有吸湿性、吸收异味性等性质,在运输途中易发生霉变、短量、渗漏、挤碎和沾污等损失。

2. 土产畜产类。可细分为麻类,毛绒类,皮张类,盐渍肠衣、兽皮类,茶叶等。

此类货物主要具有吸湿性、吸收异味性和韧性等性质,在运输途中易发生变质、自燃、沾污、渗漏、受潮和串味等损失。

3. 轻工品类。可细分为玻璃制品类,陶、瓷、大理石制品类,家用电器和相机类,仪器、仪表类,杂货类,纸张、纸浆、胶合板类等。此大类货物主要具有脆性,在运输途中易发生破碎、碰损、沾污、受潮和遭偷窃等损失。

4. 工艺品类。可细分为首饰类、珐琅类、雕刻品类、漆器类、工艺陶瓷器类等。此大类货物一般供佩戴或观赏,价值高,在运输途中易发生遭偷窃、碰损、破碎等损失。

5. 五金类。可细分为金属条、板、管、块类,铸铁制品类,镀锌、镀锡、冷轧钢板或钢卷类,小五金类等。此大类货物一般比较粗重,但有的如冷轧钢板或钢卷却有附加值高、专用性强的特点,在运输途中易发生破碎、短卸、锈蚀等损失。

6. 矿产类。可细分为矿砂、矿石类,水泥类,建筑材料类等。此大类货物由于一般都是大宗散舱运输,容易发生短量、破碎,以及产生损耗。

7. 化工类。可细分为液体类(如原油、成品油等),固体类(如橡胶等),或按有毒、可燃或无毒分类。此大类货物大都采用散舱运输,有的具有毒性、可燃性,化学稳定性不高等特性。在运输途中,液体类化工品易发生短量、沾污、漏损,固体类化工品易发生湿霉、干霉、老化变质等损失,而有毒、可燃的化工产品则易燃、易挥发或易溶于水等。

8. 机械类。可细分为各种机床类、通用电力机械类、车辆类、医疗器械类等。此大类货物常常因遭受碰撞而影响使用的效能,它们在运输途中最容易受到的损失也就是碰损、擦损、凹瘪等。

9. 纺织纤维类。可细分为纤维匹头类、抽纱制品类和服装类等。此大类货物价值比较高,有的还带有工艺性质,在运输途中可能遭受损失的因素较多,如沾污、钩损、偷窃、短少、雨淋、霉烂脆化等损失。

10. 成套设备类。大多数这类设备是系列的生产线,结构比较复杂,尤其是进口的大型成套设备,修复有一定难度或无法修理。它们可分为新设备和旧设备。

11. 易燃易爆货物类。如烟花、爆竹或油类、打火机等。它们容易引起爆炸,风险较高。

12. 医疗保健品类。如蜂蜜和各种保健食品。此类货物容易受潮霉变、发生漏损或沾污。

13. IT 类。可细分为 IT 设备、IT 软件、芯片、液晶显示器等,大都为高附加值产品,价值一般较高,有的还含有知识产权。它们在运输途中遭遇盗窃和全损的可能性很大。

14. 药品和医疗用品。此类货物卫生要求较高,一旦受损,被保险人通常索赔全损。

四、海上货物运输保险保障的费用

海上货物运输保险除了对货物因承保风险发生而造成的损失进行补偿以外,还对由此产生的各种费用负责赔偿。海上货物运输保险承保的费用很多,有施救费用、救助费用,以及其他各种有关费用。我们将着重讨论分析施救费用和救助费用。

(一) 施救费用和救助费用

1. 施救费用。施救费用(Sue and Labour Expenses)是指货物在遭受保险责任范围内的灾害事故时,被保险人为避免或减少损失而采取抢救、保护或整理等措施所支出的合理、必要的费用。

施救,意即自救,也就是自己采取措施以摆脱危险。在海上货物运输保险中,施救是指作为被保险人的货主对遭受灾害事故的货物进行自救的行为,由此而产生的费用就叫作施救费用。施救的目的毫无疑问是为了减少灾害事故对货物的损害和影响,防止损失进一步扩大,而损失减少既保护了被保险人自身的利益,也有利于保险人减少保险赔款支出。为此,海上货物运输保险对被保险人在保险责任范围内所支出的合理的施救费用予以负责,以鼓励被保险人积极进行施救。我国《海商法》第240条规定:"被保险人为防止或者减少根据合同可以得到赔偿的损失而支出的必要的合理费用,应当由保险人在保险标的损失赔偿之外另行支付。"

规定被保险人履行施救义务即施救条款,我们可以把它看作是海上货物运输保险合同的一项单独的补充协议,因为保险人是在承担对被保险货物损失赔偿责任以外负责对施救费用的赔偿。这就是说,当被保险人履行了施救义务,对被保险货物采取了各种旨在减少损失或避免损失扩大的措施以后,不管是否取得成效,哪怕施救无效,货物仍旧遭到全损,保险人在按全损赔偿了以后依然负责赔偿被保险人所支出的施救费用。

但是,并非所有因对被保险货物采取施救措施而支出的费用,保险人都予以赔偿。海上货物运输保险合同项下负责赔偿的施救费用必须具备以下五项条件。

(1) 施救行为必须是因承保风险所引起的。

(2) 必须是为了避免或减少被保险货物单方的损失而产生的费用,如果是出于对船货共同利益考虑的话,那就可能属于共同海损费用。

(3) 只能是由被保险人(或其雇佣人员或代理人)所支出,不同于被保险人支付给参与对货物救助的第三者的报酬即救助费用。

（4）必须是为避免或减少承保的损失而支出的，如果保险单上载有单独海损不赔条款或免赔额规定，对为避免或减少此项不赔的单独海损而支出的费用也就不予负责。

（5）费用的支出必须是谨慎而合理的，如同被保险人在没有投过保的情况下为保护自己货物少受损失而支出的那样。

根据施救费用的这些特点，不难看出该项费用与共同海损和救助费用的区别。也正因为如此，各国的海上货物运输保险条款都规定共同海损和救助费用不能在施救条款项下得到赔偿，换言之，保险人负责赔偿的施救费用不包括共同海损和救助费用。

与其他各种财产保险对负责施救费用赔偿所作的规定一样，海上货物运输保险对被保险人在保险责任范围内所支出的合理的施救费用，在另一个保险金额限度内负责赔偿。我国《海洋运输货物保险条款》第1条第1款第5项规定："本保险负责赔偿被保险人对遭受承保责任内危险的货物采取抢救、防止或减少货损的措施而支付的合理费用，但以不超过该批被救货物的保险金额为限。"这也就是说，海上货物运输保险对施救费用的赔偿与对被保险货物的赔偿，分别按一个保险金额计算，各以不超过保险金额为限。

2. 救助费用。救助费用（Salvage Charges）是指货物在遭受保险责任范围内的灾害事故时，由保险人和被保险人以外的第三者采取救助措施并使货物有效避免或减少损失，由作为被救助人的被保险人支付给救助人的报酬。

救助，意即他救，也就是依靠他人的援救来摆脱危险。在海上货物运输保险中，救助是指作为被保险人的货主在自身无法排除货物危险的情况下，借助外界的力量来对遭受灾害事故的货物进行援救的行为，救助人由此而获得的报酬就叫作救助费用。前来援救的外界力量可以应遇难货主的请求而来，也可自愿赶来；可以是专业的海上救助机构，也可以是在海上航行的其他过往船舶。救助的目的是为了使遭遇灾害事故的货物得救或使其损失尽可能减少到最低程度，这同样有利于保险人减少保险赔款支出。为此，海上货物运输保险对作为被救助人的被保险人所支出的救助费用，只要是属于保险责任范围的，即予以负责偿还。

救助人与被救助人为了明确双方在实施海上救助行动中的权利和义务，以使救助工作顺利进行，一般在救助行动开始之前通过口头或书面的形式达成协议，这即为救助合同。海上救助合同主要有雇佣救助合同和"无效果、无报酬"救助合同两种形式。

雇佣救助合同，是指被救助人通过代理人事先与救助人（大多为专业的海上救助机构)约定对前来的救助船舶支付一定的劳务费用或按工时计算费用的救助合同。由于是雇佣性的,合同签订后,由被救助人指挥救助人进行救助,在救助过程中所发生的一切风险由被救助人负责,而救助人的救助行动不管是否取得成效,被救助人都要以救助人所花的人力和设备按规定计时为依据支付救助费用给救助人。按雇佣救助合同支付的救助费用就叫作雇佣合同救助费用。

"无效果、无报酬"(No Cure, No Pay)救助合同,是指由被救助人与救助人在救助行动结束以后,根据救助取得成效的大小,通过协商或仲裁来确定救助报酬金额的救助合同。在"无效果、无报酬"的原则下,海上救助成立必须具备三项条件。

(1)被救的船舶、货物或其他财产必须处于某种不能自救的危险境地。

(2)救助人必须是无救助义务的第三者,进行救助是出于自愿,即并不是因为对被救助人负有法律义务(如两船相撞,肇事船对被撞船就应承担营救的法律责任)或合同规定的义务(如两船签订拖带合同,拖带船努力拖带遇难的被拖船脱离险境是其合同义务)。

(3)救助必须取得成效。

由于是有效果才支付报酬给救助人,而且支付报酬的多少取决于救助效果的大小,这种救助报酬因而被称作"无效果、无报酬"合同救助费用。

在海上救助实践中,"无效果、无报酬"救助合同为世界各国普遍采用。当前在国际航运业被使用得最为广泛的英国劳合社救助合同标准格式(Lloyd's Standard Form of Salvage Agreement,简称 Lloyd's Open Form,即 LOF)就是以这种合同为基础的。我国国际贸易促进委员会海事仲裁委员会制定的海上救助合同也属于"无效果、无报酬"救助合同。两种格式的合同没有多大区别。

救助费用往往与共同海损有着密切的联系,这是因为如果救助人的救助行动是为了解除船货所面临的共同危险而进行的,救助报酬也就成为共同海损救助费用。共同海损救助费用与一般救助费用主要存在两点区别:一是共同海损救助费用的支出关系到船货双方的共同安危,而一般救助费用仅仅涉及货物一方的利益;二是共同海损救助费用只能在航程终止以后由各受益方进行分摊,而一般救助费用在救助行动结束时就可向被救助人实施索取。

海上货物运输保险对被保险人作为被救助人所支出的救助费用,在对被保险货物赔偿的那个保险金额内负责赔偿,也就是说,保险人对被保险货物的损失、救助费用和共同海损的赔偿总和,不能超过一个保险金额。

3. 施救费用与救助费用的区别。施救费用与救助费用是海上货物运输保险主要保障的两种费用,我们可以从四个方面来对它们加以区别。

一是从行为实施的主体来区别。施救是自救,实施的主体是被保险人(或其雇佣人员或代理人）自己；救助是他救，实施的主体是被保险人和保险人以外的第三者。

二是从保险赔偿的原则来区别。被保险人实施施救以后，不管是否取得成效，保险人对其支出的施救费用均负责赔偿；救助人对被救助人实施救助，被救助人按照"无效果、无报酬"原则决定是否支付报酬，保险人只有在作为被救助人的被保险人向救助人支付报酬的前提下才承担对这笔救助费用的赔偿。

三是从保险赔偿的额度来区别。保险人对施救费用的赔偿以另一个保险金额为限，即在对被保险货物本身损失赔偿的那个保险金额之外，再给一个保险金额赔偿施救费用；保险人对救助费用的赔偿则是放在与对被保险货物本身损失赔偿的那个保险金额之内，即将对救助费用的赔偿与对被保险货物本身损失的赔偿合在一起，以一个保险金额为限。

四是从与共同海损的联系来区别。施救费用是因被保险人为减少自己的货物损失采取施救措施而产生的，与共同海损没有联系；救助费用在大多数情况下是由于作为救助人的其他过往船舶为船货获得共同安全而前来救助并取得成效而产生的，因此可列入共同海损费用项目。

（二）其他有关费用

海上货物运输保险承保的费用，除了施救费用和救助费用以外，还有其他各种有关费用，如处理受损货物所支出的费用、确定保险事故性质和程度而支出的检验费用和估价费用，以及为执行保险人的特别通知而支出的费用等。一般来说，只要被保险货物遭受的损失属于保险责任，保险人对这些费用是都予以负责的。保险人在具体计算赔款时，将这些有关费用与被保险货物本身的损失额加在一起，在保险金额限度内给予赔偿。

思考题

1. 何谓国际货物运输保险？它具有哪些特点？

2. 海上货物运输保险承保的基本风险有哪些？分别举例说明各类的主要风险。何谓特约承保风险？它们主要有哪些？

3. 构成海上货物运输保险承保的实际全损有哪几种情况？对构成船舶失踪的时间，国际惯例和我国条款分别是如何规定的？

4. 构成海上货物运输保险承保的推定全损有哪几种情况？被保险人按推定

全损索赔的先决条件是什么？请对该先决条件做出解释。

5. 实际全损与推定全损有何联系和区别？

6. 什么叫共同海损？共同海损的成立须具备哪些条件？

7. 单独海损与共同海损有何区别和联系？

8. 海上货物运输保险中所称货物的含义是什么？说出作为海上货物运输保险承保标的的货物范围。

9. 海上货物运输保险合同项下负责赔偿的施救费用须具备什么条件？保险人如何承担对施救费用的赔偿？

10. 海上货物运输保险承保的救助费用有哪两种？何谓"无效果、无报酬"原则？在该原则下,海上救助成立的条件有哪些？保险人如何承担对救助费用的赔偿?

第八章　我国海上货物运输保险条款

为适应我国对外贸易发展的需要,早在20世纪80年代初(1981年1月1日),中国人民保险公司经中国人民银行(当时的保险监管部门)授权,根据我国保险业务的实际情况,并参照国际保险市场的习惯做法,分别制定或修订了海洋、陆上、航空、邮包运输方式的货物运输保险条款,以及适用于上述各种运输方式货物保险的各种附加险条款,总称为"中国保险条款"(China Insurance Clauses,CIC)。

虽然中国保险条款包括《海洋运输货物保险条款》《海洋运输冷藏货物保险条款》《海洋运输散装桐油保险条款》《陆上运输货物保险条款》《陆上运输冷藏货物保险条款》《航空运输货物保险条款》《邮包保险条款》《活牲畜、家禽的海上、陆上和航空运输保险条款》等多种,但由于《海洋运输货物保险条款》是其最主要的条款,中国保险条款也因此常常被我们直接用来作为我国海上货物运输保险条款的名称,特别是在比较中英货物运输保险条款的内容时,就常将前者称为CIC,而将后者称为ICC。事实上,其他各种形式的货物运输保险条款确实也都是以海上货物运输保险条款作为基础,再根据各自运输方式的特点制定出来的。为此,我们在本章专门讨论海上货物运输保险条款,而把与海上货物运输保险有关的其他各种形式的货物运输保险条款放在第九章来阐述。

还必须说明的是,我国的《海洋运输货物保险条款》制定于20世纪80年代初,近30年的实践证明这是一个具有中国特色的比较成功的条款。但是,它毕竟问世于我国《保险法》和《海商法》之前,有些内容不适应这两部法规。因此,我们即将讨论分析的不是它的1981年版,而是根据《海商法》规定做了一些修改的2009年版的内容。

第一节　海上货物运输保险的基本险别及其责任范围

根据我国《海洋运输货物保险条款》(Ocean Marine Cargo Insurance Clause)的规定,我国海上货物运输保险的基本险别有平安险、水渍险和一切险三种。所谓基本险,即是指可以独立承保,而不必附加于其他某一险别项下的险别,又称主险。被保险人可以根据自己的保障需要选择其中任何一种基本险别投保,当被保险货物遭受损失时,保险人便按照保险单载明的险别所规定的责任范围负责赔偿。现将这三种基本险别的含义及其承保的责任范围分述如下。

一、平安险及其责任范围

(一)平安险的含义

平安险(Free from Particular Average,FPA),不能从字面上把它理解为保险人对投保了这一险别的货物平安运抵目的地负责,如果货物在运输途中不平安,也就是因遭遇承保的海上风险事故而发生损失,被保险人就能得到保险人的赔偿。平安险按其英文原意应是"不负责单独海损",中文译名显然不贴切,但在我国保险行业内习惯沿用至今。平安险对单独海损不承担赔偿责任,而单独海损属于部分损失,因此早先也有人就此把该险别的责任范围局限于对全损的赔偿,部分损失不赔。经过长期实践中的不断修订和补充,平安险的承保责任已经超出仅对全损赔偿的范围,保险人对某些原因造成的部分损失也负责赔偿。

(二)平安险的责任范围

按照我国的条款,平安险的责任范围总共有8项,负责赔偿下列损失和费用。

1. 自然灾害造成的全损。这是指"被保险货物在运输途中由于恶劣气候、雷电、海啸、地震、洪水自然灾害造成整批货物的全部损失或推定全损"。

本项列出保险人在该基本险别项下承保的自然灾害共有五种,对这五种自然灾害造成整批货物的全损或推定全损,保险人是负责赔偿的。除此以外的其他自然灾害则被排除在保险责任以外。有关这五种自然灾害的含义,我们已在第七章第二节中做过解释,这里不再赘述。

需要说明一下"整批货物"的概念。所谓整批货物,是指被保险货物的全部损失,也就是整批被保险货物因所列明的自然灾害发生而全部毁损或永远失去有效的占有或无法恢复原状或丧失原有性质。如果整批被保险货物只是一部分遭灾受损,而并不是全部发生损失,保险人就不承担责任。但是,要注意的是,整批货物全损在海上货物运输保险的理赔实践中,并不仅仅是以一张保险单上所载运货物的全部灭失为标准来确定的,只要一张保险单所承保的货物中可以分割的某一部分发生全部灭失,便可视为全损。有人把这种全损称之为部分全损(Partial Total Loss)。因此,除了一张保险单载明的货物全损或推定全损以外,整批货物全损还包括以下几种情况。

一是一张保险单所承保一部分货物的全损。例如,一张保险单承保1 000袋水泥,每袋保额 50 元,总保额 50 000 元。载运水泥的船舶在航行途中遭遇恶劣气候,海水进舱,50 袋水泥被浸泡后结成硬块,完全丧失使用价值。这 50 袋水泥的损失应作为部分全损赔偿 2 500 元。

二是一张保险单所承保分类保额的货物全损。例如,一张保险单承保工艺陶和仪表仪器两类货物,工艺陶的保额 150 万元,仪表仪器的保额 200 万元,总保额 350 万元。载运它们的船舶在途中遭遇风暴,结果仪表仪器全损,工艺陶部分损失,虽未达到一张保险单的全损,但保险人对仪表仪器应按分类保额的全损计算赔款为 200 万元。

三是一张保险单所承保数张提单中的一张提单货物的全损。例如,一张保险单承保件杂货,共 100 件,总保额 170 万元:1 号提单 34 件,保额 40 万元;2 号提单 26 件,保额 70 万元;3 号提单 40 件,保额 60 万元。载货船舶在航行途中遇风浪颠簸,2 号提单项下的 26 件货物全部损失,应按部分全损赔偿 70 万元。

四是一张保险单所承保货物用驳船驳运过程中的一条驳船货物的全损。例如,一张保险单承保 300 箱茶叶,总保额 240 万元。载货船舶驶抵目的港,货物从船上分卸到 3 条驳船上,再驳运至岸上,每条驳船装 100 箱。其中一条驳船在驳运过程中遭遇承保的自然灾害而沉没,驳船上所载运的茶叶应视作一个整批,由保险人赔偿 80 万元。

2. 意外事故造成的全损或部分损失。这是指"由于运输工具遭受搁浅、触礁、沉没、互撞、与流冰或其他物体碰撞以及失火、爆炸意外事故造成货物的全部或部分损失"。

本项列出保险人在该基本险别项下承保的意外事故共有 7 种,对运载被保险货物的船舶在运输途中因遭受这些意外事故而造成货物的全损,保险人负责赔偿;对因此而造成货物的部分损失,保险人同样负责赔偿。这 7 种意外事故中,互撞即为碰撞,而与流冰或其他物体碰撞则指触碰,它们和其他 5 种意外事故的含义,我们均已在第七章第二节中做过解释。

3. 在意外事故发生前后,自然灾害造成的部分损失。这是指"在运输工具已经发生搁浅、触礁、沉没、焚毁意外事故的情况下,货物在此前后又在海上遭受恶劣气候、雷电、海啸等自然灾害所造成的部分损失"。

本项的保险责任涉及运载被保险货物的船舶在发生搁浅、触礁、沉没、焚毁这 4 种意外事故之际,即发生之前或之后,被保险货物遭受了恶劣气候、雷电、海啸这 3 种自然灾害而造成的部分损失,保险人是予以负责的。须注意本项的保险责任不包括以下两种情况:一种情况是,在这些意外事故发生之前,运载被保险货物的船舶在正常的运输过程中因遭受自然灾害而已经造成货物的部分损失,保险人是不负责赔偿的;另一种情况是,在这些意外事故发生之后,载运货物的船舶已经完全脱险,在以后正常的运输过程中,被保险货物因遭受自然灾害而造成的部分损失,保险人同样不予负责。

4. 落海损失。这是指"在装卸或转运时由于一件或数件整件货物落海造成的全部或部分损失"。

本项责任中所提及的整件货物落海造成的全损不难理解,比较费解的是整件货物落海造成的部分损失。这主要是指整件货物落海以后,经过被保险人努力抢救,打捞起了一部分,损失了一部分,虽未达到全损,但为了鼓励被保险人积极打捞抢救以减少货损,因而规定保险人对一件或数件整件货物全部落海后经施救仍遭受的部分损失也负责赔偿,这显然是具有积极意义的。但是,如果由于一件或数件整件货物的一部分散落在海里所造成的部分损失,保险人是不赔的。

5. 施救费用。这是指"被保险人对遭受承保责任内危险的货物采取抢救、防止或减少货损的措施而支付的合理费用,但以不超过该批获救货物的保险金额为限"。

在理解本项的内容时要注意,保险人负责的施救费用是被保险人(包括他的雇佣人员或代理人)为了避免或减少保险人所承保风险引起被保险货物损失所采取必要措施而合理支出的费用。如果被保险人是为了自己的方便或为了自己的本身利益,或者是为了避免或减少并非由保险人承保的风险所造成的货物损失,保险人对被保险人采取施救措施而支出的费用是不予负责的。

保险人承担对施救费用赔偿的最高限额以被保险货物的保险金额为限,但在被保险货物赔偿的那个保险金额以外计算。如果保险金额低于保险价值,也就是在不足额保险的情况下,除海上货物运输保险合同另有规定的以外,保险人所承担的施救费用应按保险金额与保险价值的比例计算。

6. 避难港损失和费用。这是指"运输工具遭遇海难后,在避难港由于卸货所引起的损失以及在中途港、避难港由于卸货、存仓以及运送货物所产生的特别费用"。

本项规定中所说的海难是指海上固有的风险,而且仅指海上意外事故,如沉没、碰撞、触礁、飓风及其他偶发的灾难,不能把火灾、爆炸、战争、海盗、抢劫、窃盗、抛弃,以及船长船员的不法行为等也列为海难。保险人负责赔偿在避难港因卸货所造成的被保险货物的损失,对此不难理解,但我们有必要解释一下避难港的特别费用。这里的特别费用,主要是指在中途港、避难港为卸货和卸货后的存仓及转运而产生的卸货费用、存仓费用和转运费用,以及与卸货、存仓、转运有直接关系的其他费用,如雇用工人装卸所支付的费用,保险人均予以赔偿。

7. 共同海损牺牲、分摊或救助费用。本项规定中,保险人只负责赔偿被保险货物因共同海损行为所作出的牺牲和被保险人所分摊到的那部分共同海损金额,而不是全部。在共同海损成立的前提下,被保险货物本身因共同海损行为所造成的牺牲,保险人可先行赔付而无须由被保险人向其他共同海损受益方索取分摊。保险人赔偿了共同海损牺牲以后,有权从其他受益方那儿摊回共同海损理算金额,但仅以已经赔付的金额为限。

保险人对共同海损的赔偿以保险单载明的保险金额作为根据,在不足额保险的情况下,被保险人同样应就其差额部分与各有关受益方之间进行分摊。如果保险人对被保险人应分摊的部分不负赔偿责任的话,就不能引用上述规定先行赔付。

对救助费用,保险人也仅仅是负责赔偿共同海损项下的应由被保险人分摊的那部分救助费用。如果是不足额保险的话,保险人同样按比例赔偿被保险人应分摊的救助费用。

8. 货方根据运输合同条款偿还船方的损失。这是指"运输契约订有'船舶互撞责任'条款,根据该条款规定应由货方偿还船方的损失"。

与上面 7 项规定的内容相比,本项的内容显然不那么好理解,必须对其做一番解释说明。首先要说明的是,"船舶互撞责任条款"(Both‐to‐Blame Collision Clause),是在英国《协会货物保险条款》中订有的一条有关货物运输责任的条款。ICC(A)第 3 条规定:"本保险对于被保险人根据运输合同的船舶互撞责任条款规定而应承担的责任,按照本保险单所承保的风险予以赔偿。当承运人依据上述条款要求赔偿时,被保险人应通知保险人,保险人有权自负费用为被保险人就此项赔偿要求进行抗辩。"

现在让我们来解释在货物运输合同中所订立的"船舶互撞责任条款"究竟是怎么一回事?作为承运人的船方与作为托运人的货方为什么要订立这项条款?订立这项条款的目的是为了保护哪一方的利益?

从条款的名称来看,"船舶互撞责任条款"涉及的是船舶在航行中因与他船发生碰撞而引起的责任承担问题。两艘载货船舶在航行中因发生碰撞事故,以致造成两船及两船所载运货物损失,根据《关于统一船舶碰撞若干法律规定的国际公约》(简称《1910 年船舶碰撞公约》,我国于 1994 年加入)的规定,如果碰撞是由于两船互有过失所引起的话,损失赔偿责任应由每艘船舶按各自的过失程度比例分摊。因碰撞事故引起的损失赔偿责任既有对两船碰撞损失的赔偿责任,也有对两船上所载货物损失的赔偿责任,因为我们在这里讨论的是货物运输,所以只谈有关货物的损失赔偿,而不谈船舶本身的损失赔偿。既然两船所载货物的损失由两船各自分摊,这就意味着两船对各自本船所载货物的损失也应承担一部分赔偿责任。

然而,根据《海牙规则》的规定,由于船长、船员、引水员或承运人的雇佣人员在航行或管理船舶中的疏忽或过失造成本船所载货物的损失,船方即承运人可以对其所承运货物的损失不负赔偿责任。这样一来,每艘船所载货物的货主只能向对方船舶索赔该方按其过失比例应承担的那部分赔款,而无法要求本船支付其按过失比例应承担的那部分赔款。这部分得不到赔偿的损失,货主可以被保险人的身份,根据平安险责任的第 2 项规定,向承保其货物的保险人索赔。一般来说,国际上对因船舶发生互撞而引起的货物损失赔偿,即以上述方式处理解决。

下面举个例子加以说明:某货主的货物由 A 船运往某地,起运前投保了海上货物运输保险。A 船在航行中不慎与 B 船相撞,双方在碰撞事故中互有过失,A 船的过失责任为 70%,B 船的过失责任为 30%。A 船所载货物(以下简称 A 货)因碰撞而损失 100 万元(为便于解释,我们不提 B 船所载货物损失的情况),按照上述国际上的一般处理方式,A 货的损失赔偿处理解决步骤如下("＋"表示获得赔偿,"－"表示遭受的损失):

  A 货损失   －100 万元
第一步,根据《1910 年船舶碰撞公约》规定,
  由 A 船负责赔   ＋70 万元(100 万元×70%)
  由 B 船负责赔   ＋30 万元(100 万元×30%)
第二步,根据《海牙规则》规定,
  A 船对 A 货的损失免责   －70 万元
第三步,根据我国海上货物运输保险条款平安险责任的第 2 项规定,
  保险人赔   ＋70 万元

然而,由于美国没有参加《1910 年船舶碰撞公约》,它对船舶碰撞责任的确定和损失赔偿原则与国际上的一般处理方式不同。首先,它对船舶碰撞责任的确定采用的是"对半责任原则",即规定因互有过失而造成船舶碰撞的两船,不论谁的过失大谁的过失小,都各负 50% 的责任。这就是说,即使某一艘船舶在碰撞事故中实际只有 10% 的过失责任,另一艘船舶应承担 90% 的过失责任,但两船依然对碰撞引起的损失赔偿责任各负一半。其次,美国对损失赔偿责任的承担实行的是"货物无辜原则",即规定因互有过失而造成船舶碰撞的两船,对碰撞事故所造成船上载运货物的损失负连带责任。这就是说,任何一艘船舶所载运货物的货主有权就其货物在碰撞事故中的损失,向非载运其货物的对方船舶索要全部赔偿;而非载运该货主货物的船舶则有权以损失赔偿责任划分的比例向载运该货主货物的船舶追回它支付给该货主的赔偿金额的一半。这样一来,就使得《海牙规则》对承运人因航行或管理船舶中的过失而造成其所承运货物的损失可以免责的规定失去了

效力,原来载货船舶(承运人)对本船货损可以不赔货主(托运人)在这里就变成要赔了。

针对美国旨在保护货主利益而实行的"货物无辜原则",各国承运人利用自己可以单方面制订签发提单的权力,凡是运送货物去美国,他们在与托运的货主签订的提单或租船合同上就加上一条名为"船舶互撞责任"的条款,规定在本船与他船发生碰撞,而且引起碰撞的原因既是由于他船的过失,同时也因本船船长、船员或引水员在航行或管理船舶中的疏忽、过失或不履行职责的情况下,本船所承运货物的货主应就他船即非载运其货物的船舶在赔付给他的货损赔款以后又向本船承运人索赔的一半赔偿金额,偿还给本船承运人。简单地说,船舶互撞责任条款的内容,就是要求货主赔偿本船承运人原来可以免责却又被迫承担他船应对本船货物损失所负赔偿责任中的那部分赔款。不言而喻,承运人在提单或租船合同中加上船舶互撞责任条款的目的,是为了保护他们按《海牙规则》所取得的权益。

仍以上面的例子来说明:例中 A 货的 100 万损失,按照上述美国的处理方式,其赔偿处理解决步骤如下。

  A 货损失   −100 万元

第一步,根据美国的"货物无辜原则"规定,

  由 B 船负责赔   +100 万元

第二步,根据美国的"对半责任原则"规定,B 船赔偿 A 货的 100 万元,由 A 船返还 B 船 50 万元,这表明 B 船赔偿的 100 万元中,

  B 船实际承担   +50 万元(100 万元 ×50%)

  A 船实际承担   +50 万元(100 万元 ×50%)

第三步,根据 A 船在其与 A 货签订的货物运输合同中的"船舶互撞责任条款"规定,

  A 货应偿还 A 船   −50 万元

第四步,根据我国海上货物运输保险条款平安险责任的第 8 项规定,

  保险人赔   +50 万元

须注意的是,保险人在按平安险责任的第 8 项规定对被保险人承担赔偿义务的同时,也拥有相应的权利:一旦载运货物船舶的承运人按照其与托运人签订的运输合同中的"船舶互撞责任条款"向作为托运人的货主提出偿还他对货损所负赔偿责任的那部分赔款的要求时,货主作为被保险人应当及时通知保险人,使得保险人可以被保险人的名义对承运人的索赔进行抗辩来保护自己的利益,有关费用则由保险人自己承担。之所以作出给予保险人对承运人进行抗辩权利的规定,与美国对船舶互撞责任条款所持的态度发生变化有关。从 1951 年以来,凡是运送货物

去美国的船舶,其承运人都在其提单或租船合同上订有船舶互撞责任条款。但是,长期以来,美国海事法院对租船合同中所订的这一条款承认是有效的,对提单中所列的这一条款的效力则不予承认。这样,保险人对承运人进行抗辩就有可能取得成功,也就不必把他按承保责任规定应承担的,由作为其被保险人的货主偿还承运人的损失赔款支付给后者。

我国的《海洋运输货物保险条款》,同样把负责赔偿根据运输合同中订有的"船舶互撞责任条款"所规定的应由货方偿还船方的损失这一条作为一项承保责任。只不过规定得比较笼统,也没有提及保险人在承担该项义务上的权利。但是在实践中,一般也是按照国际惯例来处理的。

另外,附带要说明的一点是,美国对船舶碰撞损失赔偿的态度早已开始出现变化。已经沿用了100多年的关于互有碰撞过失各负一半的规定即"对半责任原则",在1975年美国最高法院对美国诉信任运输公司案(United States V. Reliable Transfer Co.)的判决中没有被采用,此案的判决采用了国际上盛行的按过失程度比例承担责任的做法;规定互有过失的船舶对船上所载货物的损失负连带责任的"货物无辜原则",在1979年美国路易斯安那州东区法院在阿拉莫化学运输公司诉M/V瓦尔德斯案(Alamo Chemical Transportation Co. V. M/V Valdes)中也被否认,此案判决货主只能向非载货船舶按其过失比例索赔货物损失。可见,至今未加入《1910年船舶碰撞公约》的美国,在船舶碰撞责任的确定和损失赔偿处理上的做法逐渐与其他国家趋于一致。

(三)我国平安险条款的特点

平安险承保责任范围的特点,我们认为比较明显地体现在前三项责任上,归纳它们的内容,就是平安险负责赔偿被保险货物由于海上自然灾害所造成的全损;负责赔偿由于海上意外事故所造成的全损或部分损失;负责赔偿在海上意外事故发生前后,由于海上自然灾害所造成的部分损失。

试举一例以说明,有批玻璃制品出口,由甲乙两船分别载运,货主投保了平安险。不料甲船在航行途中与他船发生碰撞事故,玻璃制品因而发生部分损失;而乙船却在途中遇到恶劣气候,在暴风雨的袭击下,船身激烈颠簸,玻璃制品相互撞击而发生了部分损失。事后,货主向保险人提出索赔,那么保险人应如何处理呢?我们可以根据平安险承保的前三项责任对货主的索赔作出如下分析:

在第一种情况下,造成玻璃制品部分损失的原因是船舶即运输工具在航行途中与他船相撞,这一碰撞意外事故所导致的部分损失属于平安险的责任范围,保险人应当赔偿货主。在第二种情况下,造成玻璃制品部分损失的缘由不是船舶发生意外事故,而是暴风雨袭击船舶,使之颠簸的结果,暴风雨属于自然灾害,自然灾害导致的部分损失不在平安险的责任范围之内,保险人也就无须承担赔偿责任。当然,如果船舶在遭遇暴风雨之前已经发生了碰撞、搁浅、沉没、触礁、焚毁等意外事故,或者在遭遇暴风雨之后,尚未脱离危险,紧接着又发生上述意外事故,由此造成玻璃制品的部分损失,货主还是能从保险人那里得到赔偿的。

由于平安险原则上对单独海损不负赔偿责任,在三个基本险别中承保的责任范围最小,所以在实际业务中投保该险别的情况不多。平安险一般适用于低值、裸装的大宗货物,如木材、矿砂、钢材、铸铁制品等。

二、水渍险及其责任范围

(一)水渍险的含义

水渍险(With Particular Average,WA)也是我国保险界长期使用的叫法,我们同样不能简单地从字面上去理解它的含义,认为凡是由该基本险别承保的货物在运输途中发生水渍损失,保险人都得负责赔偿。水渍险按其原意应当是"负责赔偿单独海损",也就是平安险不负责赔偿的部分损失,它予以赔偿。

(二)水渍险的责任范围

根据我国的条款,水渍险的责任范围总共有9项,即除包括平安险所承保的8项责任以外,还负责"被保险货物由于恶劣气候、雷电、海啸、地震、洪水自然灾害所造成的部分损失"。

在平安险的责任范围中,被保险货物由于上述5种自然灾害所造成的部分损失是被排除在外的,而在水渍险项下,却可以从保险人那儿获得赔偿。在上面所举的那个因遭遇暴风雨袭击致使玻璃制品相互撞击而发生部分损失的例子中,如果货主投保的是水渍险,由于造成玻璃制品部分损失的是海上自然灾害,属于该基本险别的承保责任,保险人就应当负责赔偿。可见,水渍险的责任范围要大于平安险的责任范围。

虽然水渍险承担赔偿自然灾害和意外事故所造成部分损失的责任,然而对被保险货物因某些外部因素所导致的部分损失,如碰损、锈损、破碎等是不负责的。一般来说,水渍险适用于不大可能发生碰损、破碎,或者容易生锈但不影响使用的货物,如铁钉、铁丝、螺丝等小五金类产品,以及旧汽车、旧机床、旧设备等二手货。

三、一切险及其责任范围

一切险(All Risks, AR)的含义基本上如其字面原意,但不能解释为是所有一切风险造成被保险货物的损失,保险人均负责赔偿。根据我国的条款,一切险的责任范围总共有 10 项,即除包括平安险和水渍险所承保的各项责任以外,还负责"被保险货物在运输途中由于外来原因所致的全部或部分损失"。

在水渍险的责任范围中,被保险货物因某些外部因素所导致的部分损失,如碰损、锈损、破碎等是不负责的,而在一切险项下,这些损失却可以从保险人那儿获得赔偿。然而,我们不能因此便得出一切险承保被保险货物在运输途中遭受一切外来风险所造成的损失这样的结论,因为该基本险别承保的外来风险不是必然发生的,而是被保险货物以外的导致货损发生的外部因素。比方说,被保险货物因自然属性、内在缺陷引起的自然损耗,就不是外来原因造成的损失,而属于内在的必然损失,对此保险人并不负责。即使是在外因的影响下,被保险货物的内因发生变化所造成的损失,如鱼粉、煤炭的自燃是它们本身的特性受到外界气候、温度等的影响后才发生的,同样属于非意外性质的必然损失,也不能列入一切险的责任范围。一切险承保的外来原因必须是意外的,事先难以预料的,不是必然出现的。

而且要指出的是,一切险承保的是包括偷窃、提货不着、淡水雨淋、短量、沾污、渗漏、碰损、破碎、串味、受潮受热、锈损和钩损等在内的一般外来风险,因此我国海上货物运输保险的 11 种一般附加险所承保的责任均在它的责任范围之内。换句话说,被保险人如果投保了一切险,就无须再加保任何一种一般附加险。但是,诸如交货不到、拒收或战争、罢工等特别和特殊外来风险,是不为该基本险别承保的,被保险人如果需要获得这些外来风险的保障,仍得通过加保相应的特别或特殊附加险。

一切险是我国海上货物运输保险的三个基本险别中责任范围最大的一个。正因为一切险能够向货主提供较为充分的风险保障,一些可能遭受损失因素较多的货物适宜于投保,特别是一些粮油食品、纺织纤维类商品以及新的机械设备就更有必要投保一切险。

第二节 海上货物运输保险的附加险别及其承保责任

附加险别是指不能单独投保,必须在投保基本险别的基础上方被允许根据实际需要加保,也就是依附于基本险别项下的险别。海洋运输货物在运输途中除发生因遭遇海上自然灾害和意外事故所造成的损失以外,还可能遭受由于各种外来原因所引起的损失。为了取得更多更充分的保障,货主就有必要为运输货物加保有关的附加险别。

海上货物运输保险的附加险别很多,我国的条款将所承保的附加险分为一般附加险、特别附加险和特殊附加险三类,但是在国际上对后两种附加险却未加细分,而是统称为特殊附加险。为使阐述方便,也为有利于了解这些附加险别之间事实上存在的差异,我们采取了将附加险三分的分法。

一、一般附加险的种类及承保责任

一般附加险(General Additional Risk)承保一般外来原因所引起的货物损失,亦可称为普通附加险。我国海上货物运输保险目前承保的一般附加险共有以下11种。

(一)偷窃、提货不着险

偷窃、提货不着险(Theft, Pilferage and Non-Delivery Risk, TPND),承保被保险货物在保险有效期内遭受的三项损失:一是因偷窃行为所致的损失;二是货物在运抵目的地后,整件未为收货人提到所致的损失;三是根据运输合同规定船东和其他责任方免除赔偿的部分。保险人对这些损失按保险价值负责赔偿。

有必要对该附加险中的一些概念做些说明。首先,应区分偷窃行为与抢劫行为:偷窃多指暗中进行的小偷小摸,而抢劫则是指公开的、使用暴力手段的劫夺。对货物因被抢劫所致损失,该附加险是不负赔偿责任的。其次,要了解保险条款中的"偷"与"窃"两种行为在含义上的区别:所谓偷,一般是指整件货物被偷走;窃则是指包装完整的整件货物中仅一部分被窃走。最后,整件提货不着必须是运输上的原因造成的,不是由于托运人或承运人的故意毁损、丢弃或无单放行等所导致的提货不着。

根据我国条款的规定,作为货主的被保险人有义务及时提货。如果发现被保险货物遭受偷窃损失,如包装被挖破,箱板经重钉,内装货物短少而且包装内部的空间有间隙等,被保险人必须在提货之日起10日内向保险人或保险单载明的检验理赔代理人申请检验;如果被保险货物遭遇整件提货不着的损失,被保险人必须向责任方取得整件提货不着的证明,否则保险人不负责赔偿。此外,保险人有权收回被保险人向船东和其他责任方追偿到的任何货损赔款,但其金额以不超过保险人支付的赔款为限。

(二)淡水、雨淋险

淡水、雨淋险(Fresh Water and Rain Damage Risk,FWRD),承保被保险货物在运输途中直接由于淡水、雨淋、冰雪融化所造成的损失。雨淋所致损失包括雨水、河水激溅,还有冰雪融化给货物造成的损失;淡水所致损失则包括因船舱内水汽凝聚而成的舱汗、船上淡水舱或淡水管漏水给货物造成的损失。注意区分淡水损失(Fresh Water Damage)与海水损失(Sea Water Damage)很重要,因为平安险和水渍险只承担对海水损失的赔偿,不负责淡水损失。当货物上或其包装外部出现水渍斑损时,就要弄清楚这是遭雨淋损的结果还是海水泡湿的结果。如果是前者,而货物仅投保了水渍险,不加保雨淋险,保险人就不必负责。

须指出的是,保险人对货物的淡水、雨淋损失承担赔偿责任是要有前提条件的:一是货物的包装外部应当有淡水或雨水痕迹或者有其他适当证明;二是被保险人必须及时提货,并在提货后 10 日内向保险人或保险单载明的检验理赔代理人申请检验。不具备这两个条件的话,保险人是不负责赔偿的。

(三)短量险

短量险(Shortage Risk),承保被保险货物在运输过程中发生的数量散失和实际重量短缺的损失。造成散失、短缺损失的原因很多,主要有自然途耗、包装破裂、扫舱不净、装卸散失、衡器不准和被偷等,在理赔时必须注意分析判断。例如,对包装货物的实际重量短缺,保险人必须区分是原来短缺还是外来原因造成的短缺,关键就是看货物的外包装是否有破口、裂袋、扯缝等异常情况。如果有上述情况存在,便可作为是外来原因所致短缺的证明。对散装货物的数量散失和实际重量短缺,一般是以装船重量与卸船重量之间出现的差额作为计算短缺的依据,但在计算差额时要考虑到正常途耗的因素,不能把正常途耗也当作重量短缺。如果提单载明的重量为发货人提供的重量,与船方水尺重量不一致时,则应以船方水尺为装船重量。对某些大量的不合理的短缺现象应要求被保险人提供装船前的证明。对同一船舱内分装不同货主的货物且分运几个不同的港口,提单又是分开的,如果在最后一个港口所卸的货物出现重量短缺,则应考虑是否是因为先卸货的货主多卸或先卸的货物没有扣除途耗,致使途耗集中到最后一个港口再扣除时发生重量短缺,对此需要根据提单条款的规定,向承运人追偿。

(四)混杂、沾污险

混杂、沾污险(Intermixture and Contamination Risk),承保被保险货物在运输过

程中因混进杂质或因与其他物质接触而被沾污所造成的损失。某些货物,特别是散装的粮谷、矿砂和粉粒状化工产品,容易混进泥土、草屑、碎石等,致使质量受到影响;而纸张、布匹、服装以及食品等货物却有较多可能被油类或带色物质污染而引起损失。加保此附加险后,保险人对混杂、沾污损失予以负责。

(五)渗漏险

渗漏险(Leakage Risk),承保被保险液体、流质类货物在运输过程中由于容器损坏而引起的渗漏损失,装运原油等油类的管道破裂造成渗漏损失,以及用液体储装的货物因储液渗漏而发生的腐烂、变质的损失。所谓用液体储装的货物,如用盐渍盛装在木桶内的肠衣、湿牛羊皮和坛装的酱菜、腐乳一类的腌制食品,一旦发生储液渗漏,盐渍肠衣、兽皮会变质腐败,腌制食品则不能食用。所以这类货物有必要加保渗漏险,为在发生上述损失时能获得保险人的赔偿。

(六)碰损、破碎险

碰损、破碎险(Clash and Breakage Risk),承保被保险货物在运输途中因震动、碰撞、受压或搬运不慎而造成货物本身的破碎、折裂、裂损和发生弯曲、凹瘪、脱瓷、脱漆等损失。易发生碰损的主要是一些金属制品、漆木制品,如机器、仪表、仪器、搪瓷器皿、漆木器用具和家具等;而破碎损失则集中在那些易碎物品上,如玻璃和玻璃制品、陶瓷制品、大理石板,以及玉、石、牙、木、竹等雕刻和贝壳制品等观赏性工艺品。由于这类货物在保险期内因海上自然灾害或运输工具发生意外事故所造成的碰损、破碎损失,已被平安险和水渍险这两种基本险别列入其承保范围,所以碰损、破碎险作为一种一般附加险,主要是对一切外来因素,如装卸不当、装卸操作粗鲁或未按操作规程进行作业等所致的碰损、破碎损失承担赔偿责任。

(七)串味险

串味险(Taint of Odor Risk)又称变味险,承保被保险食物、中药材、化妆品原料等货物在运输过程中因受其他物品气味的影响而引起的串味、变味损失。易发生串味、变味的多为食品、饮料、茶叶、中药材、化妆品原料等货物,它们在运输途中若与皮革、樟脑和有腥味或异味物品存放在同一货舱内,就极有可能被串味而使本身品质受损;此外,这些货物如果装载在未洗干净的货舱里,同样会受到货舱内遗留的异味的影响而使品质受到损失。保险人对加保了该附加险别的货物所发生的串味损失负责赔偿,不过如果造成这种串味损失的原因在于船方的配载不当,那么保险人有权向负有责任的船方追偿。

(八)受潮受热险

受潮受热险(Sweat and Heating Risk),承保被保险货物在运输途中因气温突然变化或由于船上通风设备失灵致使船舱内水汽凝结、发潮或发热所造成的损失。保险人负责赔偿被保险货物受潮受热的损失必须是在运输过程中发生的,直接致损的原因是船舱内水汽凝结、发潮、发热,而船舱内水汽凝结、发潮、发热必须是在运输过程中因气温突然变化,或是由于船上通风设备失灵导致的。如果不是因气温突然变化或船上通风设备失灵导致的船舱内水汽凝结、发潮、发热造成被保险货物的损失,保险人不负赔偿责任。

要注意的是,该附加险中提及的气温突然变化,是指一种突发性的、不能预料的、无法抗拒的自然天气变化或意外事故。

(九)钩损险

钩损险(Hook Damage Risk),承保被保险货物在运输、装卸过程中,因使用手钩、吊钩等钩类工具而本身直接被钩破的损失,或外包装被钩坏造成货物外漏的损失。捆装棉布、袋装粮食发生钩损的情况较多。保险人在承保该附加险别的情况下,不但负责赔偿货物被钩坏的损失,对因包装被钩破而进行调换、修补所支付的合理费用也予以承担。

(十)包装破裂险

包装破裂险(Breakage of Packing Risk),承保被保险货物在运输过程中因搬运或装卸不慎,导致包装破裂所造成的短少、沾污、受潮等损失。一般用袋装或箱装或桶装或篓装的块、粒、粉状货物容易发生这类损失。保险人在承保该附加险别的情况下,负责赔偿对包装进行修补或调换所产生的费用,以保证货物能够继续安全运输。但是,对货物因包装破裂所造成其本身的损失,被保险人应通过加保短量险、沾污险、渗漏险等一般险加险别来获得保障。此外,如果包装破裂是因为包装不良等其他原因所引起,进而造成被保险货物损失,保险人是不负责赔偿的。

(十一)锈损险

锈损险(Rust Risk),承保被保险货物在运输过程中因生锈而造成的损失。会生锈的货物当然是指金属或金属制品。但是这种生锈必须是在原装时未存在,而是在保险期间发生的。如果货物的生锈在保险有效期开始之前就已存在,保险人是不负赔偿责任的。保险人从便于掌握或控制锈损险责任的角度出发,对那些极易生锈的铁丝、钢丝绳、水管零件等,以及生锈不可避免的裸装金属条、板、块、管等,往往拒绝承保;即使对那些由于体积长大,习惯装载于舱面的大五金,也往往将锈损责任除外。理由不难明白:因为保险人如果承担了这一必然发生的锈损赔偿责任,那么几乎笔笔承保的业务都要赔。这显然与保险人不承保事先已确定要发生的风险损失这一原则相悖。

当被保险人投保的基本险别为平安险或水渍险时,他们可根据自己的需要,选择加保上述 11 种一般附加险中的一种或数种。然而,在投保的基本险别为一切险的情况下,被保险人便无须再加保一般附加险,因为一切险的承保责任范围已包括了这 11 种一般附加险所承保的风险。此外,还要说明两点:一是这些一般附加险的保险责任须受其基本险别的除外责任部分所制约;二是这些一般附加险未提及的其他事项,以基本险别规定的为准。

二、特别附加险的种类及承保责任

特别附加险(Special Additional Risk)承保一些涉及政治、国家政策法令和行政措施等的特殊外来风险所造成的货物损失。这些特别附加险不包括在一切险承保的责任范围以内。我国海上货物运输保险目前承保的特别附加险主要有以下 6 种。

(一)舱面货物险

舱面货物险(On Deck Risk),又叫甲板货物险,对存放在舱面的被保险货物,除按基本险别的责任范围负责以外,还承保它们因被抛弃或被风浪冲击落水所造成的损失。

海洋运输的货物,不论是在干货船上还是在散装船上,一般都是装载在舱内的。在制订承保的责任范围和厘定费率时,保险人都是以舱内装载运输为基础来考虑的。装载在舱面上的货物及活牲畜、活家禽按照国际惯例,不能视作货物,保险人对它们在运输过程中的损失是不负责的。但是,在实际业务中,有些货物或是因为体积庞大,或是因为含有毒性或酸性、有污染性,乃至是易燃易爆的危险品,根据航运习惯必须装载于舱面上,它们因此被称为"舱面货物"。为了满足这些货物保险保障的需要,就产生了舱面货物险来承保它们。至于装载在舱面上的活牲畜、活家禽则由活牲畜、活家禽保险(Livestock Transit Insurance)来解决它们在运输途中死亡的损失补偿问题。

由于舱面货物处于暴露状态,极易遭受海水浸湿、雨淋和生锈的损失,因此保险人通常只愿意在平安险的基础上加保舱面货物险,而不愿意在一切险的基础上加保,主要是为了防止责任过大。此外,在承保金属条、板、块等五金类货物的舱面货物险时,保险人明确地把生锈责任除外。对这一点,我们在叙述一般附加险中的锈损险时已有过阐述。

随着集装箱运输进入海运,装于舱面的集装箱货物提单已经为国际贸易界普遍接受,银行也把它们作为清洁提单而接受结汇,所以集装箱运输货物保险也把装载在舱面上的集装箱货物和装在舱面的集装箱均视为舱内货物承保,允许它们根据需要选择投保适当的基本险别,不限于只投保平安险,也不需要另加保险费。

(二) 进口关税险

进口关税险(Import Duty Risk),承保已经遭受保险责任范围以内损失的被保险货物,在运到目的港后,被保险人根据进口国的规定仍须按完好货物完税所造成的关税损失。

对在运输途中受到水损、沾污、发热变质或短量等损失的货物如何征收进口税的问题,各国有不同的规定。有的规定可以对货物短少、残损部分按其价值申请减免进口税;有的规定要区别对待发生在进口前还是进口后的货损,前者可以减免税而后者则不能;还有的规定,不管货物是否短少、残损,也无关货损发生在进口前后的时间,一律按发票上载明的货物完好价值完税。进口关税险就是承保因上述原因引起的关税损失,也就是说,被保险货物遭受损失,不论是在进口前抑或进口后发生的,如果进口国要求仍须按全额缴纳进口税的,保险人对被保险人就货物损失部分所缴纳的关税负责赔偿,前提条件是被保险货物在运输途中所受到的损失必须是承保风险所引起的。

进口关税险的保险金额,由被保险人根据其本国进口关税的税率计算出可能缴纳的税款来确定,一般是按照发票金额的几成加保。加保进口关税险的保险金额,在保险单上应与基本险别的保险金额分开载明,以便在发生关税损失时在该保险金额限度内赔付,与基本险别的保险金额不能串用。保险人对被保险货物损失部分的进口关税负赔偿责任,但以不超过受损部分的保险价值一定比例为限。

(三) 拒收险

拒收险(Rejection Risk),承保被保险货物在进口港被进口国政府或有关当局拒绝进口或没收所导致的损失,并按照被拒绝进口或没收货物的保险价值赔偿。如果被保险货物在起运后尚未抵达进口港,进口国在此期间宣布禁运或禁止,保险人只负责赔偿将货物运回出口国或转口到其他目的地因而增加的运费,但所赔金额不能超过该批货物的保险价值。如果被保险货物在起运前,进口国已经对其宣布禁运或禁止,保险人则不负赔偿责任。

加保拒收险的货物主要是与人体健康有关的食品、饮料和药品等。由于世界上大多数国家对这类货物的进口基本上都有卫生检验标准,一旦违反了进口国规定的标准,就会被拒绝进口乃至被销毁。由于这种风险比较大,保险人在一般情况下都不愿意承保,即使同意承保,其加保的费率也会相当高。也有些保险人采取先高收费,若不发生事故,再按一定比例退还部分保费的方法来处理。加保时,被保险人必须保证两点:一是被保险货物的生产、质量、包装和商品检验符合产地国和进口国的有关规定;二是被保险货物备有一切必需的有效的进口特许证或许可证。该附加险别对于被保险货物因市价跌落、记载错误、商标或标记错误、贸易合同或其他文件发生的错误或遗漏,以及违反产地国政府或有关当局关于出口货物的有关规定而被拒绝进口或没收所引起的损失,不负赔偿责任。

拒收险,作为一种特别附加险,其保险责任的终止与基本险别的保险责任终止不同。该附加险的责任终止有三种情况:自被保险货物卸离船舶存入卸货港的仓库时,或被保险货物在目的港卸离船舶满20天,或被保险货物已经被进口国的政府或有关当局允许进口时。这三种情况中,哪一种先发生,即以先发生的情况为准。

此外,该附加险还规定了被保险人在被保险货物发生承保责任范围内的损失时必须履行的一项义务,那就是立即通知保险人并按照保险人的要求采取一切可能的措施。保险人与被保险人对被拒绝进口或没收货物采取的一切措施都不应视为接受赔偿或放弃索赔的表示。

(四)黄曲霉毒素险

黄曲霉毒素险(Aflatoxin Risk),承保某些含有黄曲霉毒素的被保险货物在保险责任有效期内,在进口港或进口地经当地卫生当局检验证明,因超过了进口国对该毒素的限制标准而被拒绝进口、没收或强制改变用途而遭受的损失。

黄曲霉毒素(Aflatoxins,AFT)是黄曲霉、寄生曲霉等产生的代谢产物,当粮食未能及时晒干或储藏不当时,往往容易被黄曲霉或寄生曲霉污染而产生此类毒素。AFT主要污染粮油食品和动植物食品,如花生、玉米、大米、小麦、豆类、坚果类、肉类、牛乳及乳制品、水产品等,其中以花生和玉米污染最为严重。AFT是目前发现的一种最强的致癌毒素,其危害性主要是损害人的肝脏,诱发肝癌、胃癌、肾癌和直肠癌等。各国卫生当局对这种毒素的含量都有严格的限制标准,如超过限制标准,就会被拒绝进口,或予以没收,或强制改变用途。如果被保险人加保了黄曲霉毒素险,保险人就会按照被拒绝进口或被没收的那部分货物的保险价值或改变用途所造成的损失负责赔偿。就其性质而言,这种附加险实际上是专门承保一种原因的拒收险,所以它不负责由于其他原因所导致的被有关当局拒绝进口或没收或强制改变用途的货物的损失。

要指出的是,如果发生了该附加险所承保的损失,在保险人提出要求的情况下,被保险人有义务处理被拒绝进口或强制改变用途的货物,有责任对因此而引起的争议申请仲裁。

(五) 交货不到险

交货不到险(Failure to Deliver Risk),承保不论由于什么原因,已装上船的被保险货物不能在预定抵达目的地的日期起6个月内交货的损失。

引起交货不到损失的原因,既有运输上的原因,也有政治上的原因,而且往往以政治上的原因居多,如禁运、在中途港被强行卸载或扣押造成交货不到等。不论是什么原因,对由此所造成的损失,保险人都按全损赔付。显然,该特别附加险的责任范围要比属于一般附加险的提货不着险大,因为后者只对运输上的原因导致整件提货不着负责。

由于交货不到险承保的责任与提货不着险的责任范围有时会重复,与战争险的承保责任也有可能出现重复情况,因此按照该附加险别的规定,对可以在货物运输险(即指包括提货不着险责任的一切险,以及加保提货不着险的平安险或水渍险)和战争险项下获得赔偿的损失,交货不到险不予负责。此外,加保交货不到险时,被保险人应当持有进口所需要的一切许可证,以免因无证而不准进口发生交货不到。还有一点要强调的是,一旦发生了交货不到,保险人按全部损失赔偿了以后,就有权取得对被保险货物的全部权益,也就是说,被保险人必须将其对货物的全部权益转让给保险人。之所以作出这样的规定,是因为交货不到也有可能如上述是因禁运或中途被强迫卸货的原因造成的,货物实际上并未受到全部损失。

(六) 出口货物到香港(包括九龙在内)或澳门存仓火险责任扩展条款

出口货物到香港(包括九龙在内)或澳门存仓火险责任扩展条款(Fire Risk Extension Clause for Storage of Cargo at Destination Hongkong, including Kowloon, or Macao,简称FREC),承保被保险货物自内地出口运抵香港(包括九龙在内)或澳门,在卸离运输工具后直接存放于保险单载明的过户银行所指定的仓库期间因发生火灾而遭受的损失。

该附加险是一种保障过户银行权益的险种。在进出口业务结算中有一种叫"押汇"(Negotiation),又叫"议付"的办法,其做法是贸易合同的卖方把运送给买方的货物装船并取得货运单据以后,就将货运单据作为抵押品,开出以买方为付款人的汇票,即以此汇票向出口方银行贴现,先期取得货款。这种办法在国际贸易业务中俗称押汇,对买入卖方(出口商)的汇票和单据的出口方银行来说,就是议付。在买方(进口商)未向出口方银行归还货款之前,货物的权益属于银行,因此在保险单上必须注明货物过户给放款银行即出口方银行。即使这些货物已运抵目的地,买方因未归还货款,也无权提货。在这种情况下,货物必须存放在过户银行所指定的仓库里。如果在海上货物运输保险单上加贴了这一条款,保险人就对货物在存仓期间因发生火灾而造成的损失负责赔偿。

该附加险别的保险责任期间,或者是从运输责任终止后,被保险货物运入过户银行所指定的仓库时开始,到过户银行收回押款,解除对货物的权益时终止;或者从货物运输保险的责任终止时起计算满30天为止,如果被保险人在保险期满前向保险人书面申请延期并加交所需的保险费以后,得予继续延长。两种责任期间规定以先发生者为准。若被保险货物卸离运输工具后,不存入保险单载明的过户银行指定的仓库,而是存入其他仓库时,该附加险责任终止的期间,按货物运输保险条款的规定办理。

以上这6种特别附加险,可供被保险人在投保基本险别时根据自己的需要选择加保。但同样要说明两点:一是当这些特别附加险的条文与其基本险别的任何条文有抵触时,以特别附加险的条文为准;二是这些特别附加险未提及的其他事项,以基本险别规定的为准。

三、特殊附加险的种类及承保责任

特殊附加险(Specific Additional Risk)与特别附加险一样,所承保的责任都超出一般外来原因所造成的损失,不属于一切险的责任范围之内。要说二者有什么不同的话,与主要承保政治、国家政策法令和行政措施等所致损失的特别附加险相比,特殊附加险承保的主要是战争和罢工这两种风险。我国海上货物运输保险承保的特殊附加险主要有两种:

一是战争险。战争险(War Risk),承保被保险货物直接由于战争、类似战争行为和敌对行为、武装冲突或海盗行为所造成的损失,以及由此而引起的捕获、拘留、扣留、禁制、扣押所造成的损失。

二是罢工险。罢工险(Strikes Risk)承保被保险货物由于罢工者,被迫停工工人或参加工潮、暴动和民众斗争的人员的行动,或任何人的恶意行为所造成的直接损失。

由于战争险和罢工险这两种特殊附加险的内容较多,我们将在第九章内加以详述。

四、其他附加条款

除了上述三类附加险别以外,我国海上货物运输保险还有一些其他附加条款。它们主要是易腐货物条款、海关检验条款、码头检验条款、卖方利益保险条款、进口集装箱货物运输保险特别条款、海运进口货物国内转运期间保险责任扩展条款等。这些附加条款基本上都是对被保险人投保某种基本险别或加保相关的附加险别时规定承保条件,旨在限制保险责任。

(一) 易腐货物条款

易腐货物条款(Perishable Goods Clause)规定,对被保险货物因市场变动所引起的损失或因延迟(不论是否由于承保风险还是其他原因所致)而引起的损失或腐败,保险人概不负责。

(二) 海关检验条款

海关检验条款(Customs Survey Clause)规定,保险人在被保险人加保了相关的附加险别的前提下对被保险货物发生的偷窃或短少损失负责赔偿,但以货物到达目的地的海关内为止,并要求被保险人在上述地点发现损失以后必须向保险单所指定的检验理赔代理人申请检验,确定损失。被保险货物在此以后所遭受的偷窃或短少损失,保险人不予负责。

(三) 码头检验条款

码头检验条款(Survey at Jetty Clause)规定,保险人在被保险人加保了相关的附加险别的前提下对被保险货物发生的偷窃或短少损失负责赔偿,但以货物到达最后卸货港卸至码头货棚时为止,并要求被保险人在上述地点发现损失以后必须向保险单所指定的检验理赔代理人申请检验,确定损失。被保险货物在此以后所遭受的偷窃或短少损失,保险人不予负责。

(四) 卖方利益保险条款

卖方利益保险条款(Contingency Insurance Clause – Cover Sellers' Interest Only)是一种特殊的独立险别,供出口企业在采用托收方式并按 FOB 或 CFR 术语成交出口时为保障自身利益而投保。该附加险别规定,当被保险货物在运输途中因遭受承保范围内的风险而造成损失,国外买方既不付款赎单,又拒绝向卖方赔偿货物受损或灭失部分的损失时,保险人对作为卖方的被保险人因此而受到的利益损失负责赔偿。被保险人在获得保险赔偿以后应将其向买方或第三者追偿的权利转让给保险人,如果被保险人把他在该附加险别项下的任何利益或赔款转让给其他方,保险人即解除其全部责任。

(五)进口集装箱货物运输保险特别条款

进口集装箱货物运输保险特别条款规定,在被保险人加保了本条款后,保险人按原海上货物运输保险单的责任范围承保进口集装箱货物,但保险责任至原保险单载明的目的港收货人仓库终止。如果集装箱货物运抵目的港,原箱未经启封而转运内地的,保险责任至转运目的地收货人仓库终止。如果集装箱货物运抵目的港或目的港集装箱转运站,一经启封开箱,全部或部分箱内货物仍需继续转运内地的,被保险人或其代理人必须征得保险人同意,按原保险条件和保险金额办理加批加费手续后,保险责任可至转运单上标明的目的地收货人仓库终止。

该特别条款还规定,集装箱在目的港转运站、收货人仓库或经转运至目的地收货人仓库,被发现箱体有明显损坏或铅封被损坏或灭失,或铅封号码与提单、发票所列的号码不符时,被保险人或其代理人或收货人应保留现场,保存原铅封,并立即通知保险人进行联合检验。如果集装箱箱体无明显损坏,铅封完整,经启封开箱后发现内装货物数量规格等与合同规定不符,或因积载或配载不当所致的残损,保险人不予负责。装运货物的集装箱必须具有合格的检验证书,如因集装箱不适货而造成的货物残损或短少,保险人也不负责赔偿。在进口集装箱货物残损或短缺涉及承运人或第三者责任的情况下,被保险人有义务先向有关承运人或第三者取证,进行索偿和保留追索权。

(六)海运进口货物国内转运期间保险责任扩展条款

海运进口货物国内转运期间保险责任扩展条款是扩展海上货物运输保险责任期间的条款,对被保险货物在卸货港转运期间、等待转运期间的保险责任具体作了以下规定。

一是对转运期间保险责任延长的规定。当海上货物运输保险承保的货物运至海运提单载明的我国卸货港后,如果需要转运至国内其他地区,保险人按海上货物运输保险的险别(战争险除外)继续承担转运期间的保险责任,直至被保险货物运至卸货港货物转运单据上载明的国内最后目的地,以下面两种情况中先发生的为准:或者是经收货单位提货后运抵其仓库时终止;或者是从货物进入承运人仓库或堆场当日零时起算满30天终止。

二是对等待转运期间保险责任延长的规定。海运进口货物在卸货港等待转运期间的保险责任,以货物全部卸离船舶当日零时起算满60天终止。如果货物不能在60天内转运,收货或接货单位可在60天满期前开列不能转运的货物清单,申请展延保险期间。保险人可根据具体情况决定是否展延和确定展延的日期。如同意展延,展延期间最长不能超过60天。期间届满120天之后,若仍要求继续展延,经保险人同意后,每30天为一期按规定加费。

如果转运货物在卸货港存放满60天或经展延保险期间届满而未继续办理保险责任展延申请的,收货或接货单位应即在港口进行检验。若发现货物有短缺或残损,应在保险责任终止之日起10天内通知保险人进行联合检验。保险人只对在港口检验确定的货物损失负保险责任。

该特别条款还规定,对所有散装货物,如散装油类、粮、糖、矿石、矿砂、废钢铁、废轮胎等,以及化肥、古巴糖、活牲畜、新鲜果菜所负的保险责任,一律按海上货物运输保险条款的规定在卸货港终止,不负责国内转运期间的保险责任。

以上这6种附加条款,实际上是保险人在承保相关的基本险别或附加险别时对被保险人提出的承保条件,以此来限制保险责任。因此要注意两点:一是当这些附加条款的条文与其基本险别的任何条文有抵触时,以附加条款的条文为准;二是这些附加条款未提及的其他事项,以基本险别规定的为准。

第三节 海上货物运输保险的除外责任

我国海上货物运输保险条款将保险人除外不保的风险损失一一列出,它们都是一些非偶然的、非意外的,或者是比较特殊的风险,包括人为的道德风险、未按贸易合同履约的风险、被保险货物本身特性所产生的风险,以及市价跌落或运输延迟等。明确规定对这些原因所造成被保险货物的损失或费用不负责任,旨在划清保险人与被保险人、承运人、发货人、托运人等在货物发生损失时各自应该承担的责任范围,使保险人对被保险货物确是因遭遇承保风险而发生的损失按保险合同规定履行赔偿义务,也促使货物运输合同的当事人和有关诸方各尽其职。因此,海上货物运输保险除外责任的列明比起其他险种来,其作用更加明显。

我国海上货物运输保险的三种基本险别,不论是平安险、水渍险还是一切险,都规定保险人对下列原因所造成的货物损失不负责赔偿:

一是故意行为或过失的除外规定。这是指"被保险人的故意行为或过失所造成的损失"。

在法律上,故意行为是指明知自己的行为会发生损害的结果,还放任或希望这种结果发生的各种行为;过失则是指应当预见自己的行为可能发生损害结果,却因为疏忽大意而没有预见,或者已经预见但轻信能够避免,以致发生这种损害结果。在海上货物运输保险的实践中,被保险人的故意行为或过失具体体现为:被保险人未能及时提货而造成被保险货物损坏或损失扩大;被保险人租用不适航船舶或是租用资信不良的承运人的船舶导致被保险货物损坏或是在货损后无法向承运人追偿;被保险人没有及时申请检验而致使货损扩大;被保险人参与海运欺诈或者对海运欺诈知情却未及时采取措施以避免或减少损失等。

二是发货人责任的除外规定。这是指"属于发货人责任所引起的损失"。

发货人的责任,即发货人的故意行为或过失,具体表现为:发货人租用不适航船舶或是租用资信不良的承运人的船舶导致被保险货物损坏或是在货损后无法向承运人追偿;发货人提供的货物品质不良、申报不实、包装不善、标志不清、货物原装短少、原装短量,以及发货人未履行售货合同的有关规定而引起的货损;在采用集装箱运输的条件下,整箱发运的集装箱按 CY/CY 运输方式(即整装整交,由发货人自行装箱自行封箱,箱内装什么货物,件数多少,承运人概不负责),由发货人装箱所引起的短装、积载不当、错装及所选用的集装箱不适货所造成的损失;发货人凭保函向承运人换取清洁提单;发货人参与海运欺诈或者对海运欺诈知情却未及时采取措施以避免或减少损失等。

三是货物原已存在品质不良的除外规定。这是指"在保险责任开始前,被保险货物已存在的品质不良或数量短差所造成的损失"。

品质不良,是指货物的质量原来就不佳;数量短差,则是指货物的数量原来就短少或短量。对被保险货物在承保之前即已存在的这些损失,保险人理所当然地不予负责。

四是货物的自然损耗或本质缺陷的除外规定。这是指"被保险货物的自然损耗、本质缺陷、特性以及市价跌落、运输延迟所引起的损失或费用"。

自然损耗,是指由于货物自身特性而非灾害事故造成的必然的、正常的减少或损毁,如粮谷、豆类含水量蒸发而导致的自然短重,油脂类货物在油舱、油管四壁沾留一层油而造成的短量损失等;本质缺陷,是指货物本身固有的缺陷,如玻璃、陶瓷制品原来就有的裂痕,也指货物发运前已经存在的质量上的瑕疵,如有些粮谷类货物在装船前已有虫卵,遇到适当温度而孵化,导致货物被虫蛀受损;货物特性,是指在没有外来原因或意外事故的情况下,在运输过程中,货物自身性能变化引起的损坏,如水果腐烂,面粉发热、发霉,砂糖发潮结块,煤炭自燃、氧化发白等,对这些必然发生的损失和货物本身固有的瑕疵,保险人是不承担赔偿责任的;市价跌落,是指保险人无法控制的一种商业风险,保险人是不会同意被保险人转移给自己的;运输延迟,是指由于运输过程中的各种原因致使货物未能在明确约定的时间内,在约定的卸货港交付,即使运输延迟是由于承保风险所引起,保险人对因运输延迟导致的货损也不负责任。

五是战争险和罢工险承保和不保责任的除外规定。这是指"海洋运输货物战争险条款和货物运输罢工险条款规定的责任范围和除外责任"。

战争风险和罢工风险理应由战争险和罢工险来承保,海上货物运输保险当然除外不保。有些战争风险和罢工风险连战争险和罢工险也将它们列为除外责任,那么海上货物运输保险更不会去承保。

第四节 海上货物运输保险的责任起讫

责任起讫,即保险期间,亦称保险期限,在海上货物运输保险中,就是保险人对被保险货物承担保险责任的起讫时间。我国《海洋运输货物保险条款》对海上货物运输保险在正常运输和非正常运输两种情况下的责任起讫分别作出了规定。

一、正常运输情况下的责任起讫

正常运输是指按照正常的航程、航线行驶并停靠港口,包括途中的正常延迟和正常转船,其过程自货物运离保险单所载明的起运地发货人仓库或储存处所开始,直至货物到达保险单所载明的目的地收货人仓库或储存处所为止。在正常运输情况下,海上货物运输保险的责任起讫时点以"仓至仓条款"(Warehouse to Warehouse Clause)为依据,即保险人对被保险货物在正常运输过程起始和终止的前后两个"仓"之间的期间所发生的损失承担赔偿责任。

从字面上看,仓至仓条款把保险责任起讫的时点已经说得很清楚:被保险货物一经运离起运地发货人仓库,保险责任便告开始,保险人按被保险人所投保险别规定的责任范围予以负责;等到货物进入目的地收货人最后仓库,保险责任即行终止,保险人对这以后发生的货损不再负责。但是在实践中,情况却并非如此简单,因为该条款没有说明发货人仓库和收货人最后仓库究竟是哪些仓库,而这两个仓库含义的明确关系到保险责任起讫时点的具体确定。

(一)保险责任的开始

1. 保险责任"起"的时点。按照仓至仓条款的规定,保险责任"起"的时点应该是被保险货物离开保险单所载明起运地发货人仓库开始运输之时。这就是说,货物在开始运输之前,如果在仓库内受损或者在从仓库内搬出装上运输工具的过程中受损,保险人是不负责的,因为此时尚未到保险责任"起"的时点。

我们可以借用英国的一个判例来说明上述内容:有批被保险货物在起运地发货人仓库内被装上卡车,由于货多,未来得及全部装完,天色就已黑了,货主遂决定让卡车停留在仓库内,以便第二天继续装货,装完货再开走去码头。不料夜间窃贼光临,卡车上的货物被偷。保险人拒绝了货主作为被保险人提出的索赔请求并最终获得法院的支持。法院判决保险人胜诉的理由是:被保险货物未离开仓库开始运输。

2. 发货人仓库的含义。发货人仓库有两个含义:一是指发货人在起运地自己的仓库;二是指发货人临时租用的承运人仓库或港区码头仓库。

在第一种含义的情况下,发货人在起运地自己的仓库当然是属于仓至仓条款中所指的发货人仓库,不过有一个前提条件,它必须是发货人将起运的被保险货物装上运输工具并直接运往港口码头装船之前的那个仓库。下面的案例或许有助于我们正确判定发货人仓库:发货人把未经包装的一批货物从自己仓库运出,送到包装厂加工包装,包装后再从包装厂仓库运往港口码头装船,结果货物在运往码头途中受损。保险人以包装厂仓库并非发货人仓库为由拒绝对被保险货物的赔偿,虽然货物也是从发货人仓库运出去的,但它们是运往包装厂加工的,不属于正常运输的开始。

然而,货物在运离发货人在起运地的仓库以后,如果是先存放在承运人的仓库里待运,或者是先存放在港区码头的仓库里待运,或者是先运入发货人在港区码头自设的专用仓库待运,不管是哪一种情况,由于这些仓库都处于已经开始的正常运输过程的途中,保险人自然应对货物在这些仓库待运期间发生的损失负责。

在第二种含义的情况下,有些发货人在港区码头没有固定的仓库,为使自己的货物能集中装船出运,他们往往临时租用承运人仓库或港区码头仓库,把从自己在起运地仓库一批批运来的货物储存在那里集中,等候装船。在上述情况下,这些临时租用的仓库便应被视为发货人仓库,因为正常的运输过程只能是从货物运离这些仓库后才算真正开始。所以被保险货物在储存于临时租用仓库期间发生的损失,保险人是不负责的。

(二)保险责任的终止

1. 保险责任"讫"的时点。按照仓至仓条款的规定,保险责任"讫"的时点应该是被保险货物运抵保险单载明的目的地收货人仓库之时。这就是说,在这个时点之前,包括从起运地发货人仓库运出以后,经过海关码头,在装载港装上驳船,由驳船驳运上船舶(海轮)后,再由船舶运到目的港,而后从船上卸下,仍通过驳运卸至海关码头,一直运到收货人最后仓库为止的所有过程在内,被保险货物有可能遭受的风险损失全都属于承保责任。但一旦过了这个时点,保险责任就立即终止,保险人对货物进入收货人最后仓库后的损失不再负责。

一般来说,载运货物的船舶抵达卸载港,货物从船上卸下后马上运往收货人仓库是不需要很长的时间的。换言之,只要货物卸下船后立即运输,经过一段时日运到收货人仓库,保险责任"讫"的时点也就来到。然而,这是就正常情况而言的,如果碰上意外情况,例如遇到战争、罢工或灾害事故,货物卸离船舶后有可能在很长时间内运不走。因为没有运到收货人仓库,也就是没有到达保险责任"讫"的时点,保险人便不能终止自己对货物所负的责任。为了不使保险责任无限期地被延长,为使"讫"的时点到来不致被延迟太久,仓至仓条款作出了从货物卸离船舶后满 60 天的期限的规定。这里的 60 天,是按一张保险单所承保货物的最后一件卸下船舶的当日午夜零时起算。

由此可见,保险责任"讫"的时点事实上有两个:有可能是货物运抵保险单载明的目的地收货人仓库之时,也有可能是从货物卸离船舶完毕时起算的第 60 天。二者以先发生者为准。

甚至还有第三种情况,那就是当被保险货物在卸载港从船舶上卸下以后,由于某种原因而被转运到不是保险单所载明的目的地,那么货物开始转运之时便成为保险责任"讫"的时点,尽管此时尚未超过所允许的 60 天期限。之所以这样规定,理由我们是不难明白的:保险人对他们事先无法估计危险程度,事先无法控制自己保险责任的风险通常是不愿意承保的。比方说,一批货物在卸载港 A 港卸下后,原应向保险单载明的目的地 B 地运送,由于 A 港当地的仓库十分紧张拥挤,收货人见找不到地方堆放,就把货物先转运到非保险单载明的目的地 C 地,打算以后再运往 B 地。对这种改变目的地的做法,保险人一般是不接受的,所以一旦货物开始运往 C 地,保险责任就此终止。

2. 收货人最后仓库的含义。在保险实务中,被保险货物所运往的目的地有的就在卸载港,也有的是在内陆某地,正因为保险单上所载明的目的地不同,对收货人最后仓库的含义便也相应做不同的理解。

如果保险单载明的目的地为卸载港,收货人的最后仓库可以有这样几种情况:一是收货人自己设在卸载港的仓库;二是收货人的代理人或受托人在卸载港的仓库;三是收货人在卸载港没有仓库,为储存货物而租用的港口、码头、海关等的临时性运输仓库。上述这些仓库都应被视为收货人的最后仓库,不管收货人提货后是在这些仓库内对货物进行分配、分散转运,还是以后再将货物从这里运到内陆目的地去,被保险货物一经运入这些仓库,保险责任"讫"的时点就此到来。

当收货人提货后,由于他们在卸载港没有自己的仓库,因此把货物暂时存放在港口、码头、海关等的临时性运输仓库,那么这些临时性运输仓库是否被视作最后仓库,得根据货物以后的"去向"来确定:若以后是从这里再进入收货人的代理人、受托人设在卸载港的仓库,它们就不是最后仓库;若以后是从这里直接起运到内陆目的地去,它们就是最后仓库;若运入以后在仓库内对货物进行整理、分配,它们就是最后仓库。

如果保险单载明的目的地为内陆某地,收货人的最后仓库就是指收货人自己在内陆目的地的仓库,保险人对被保险货物一直负责到运抵该仓库时为止。不过,在货物运抵内陆目的地之前,收货人在途中某个仓库内对货物进行分配、分散转运,那么途中的这个仓库也就应被视为最后仓库,保险责任在货物到达它那里时终止。

通过以上对收货人最后仓库含义解释的分析,我们可以归纳出仓至仓条款的三个附加规定:第一,不管是哪一种情况,一律要受被保险货物卸离船舶后满60天的限制;第二,不管是哪一种情况,被保险人提货后对货物进行分配、分散转运,保险责任"讫"的时点即为其开始分配之时;第三,不管是哪一种情况,被保险人提货后在运往最后仓库的途中对货物进行分配、分散转运,保险责任同样在其开始转运时终止。

举个实例来说明:上海某进出口公司将一批工艺品出口到比利时的安特卫普港,投保险别是海上货物运输保险中的一切险,保险责任起讫采用仓至仓条款。载运货物的船舶于10月3日到达安特卫普港,货物在10月5日全部卸离船舶,堆放在码头货棚内。假定以后出现了下面三种情况:一是货物未被立即运往保险单上所载明的目的地即安特卫普港收货人仓库;二是货物被收货人通过水路(运河)于11月20日运抵安特卫普港收货人仓库;三是货物被收货人于10月15日分散转运各地,其中三分之一的货仍被运往安特卫普港收货人仓库。那么,在第一种情况下,保险人的责任到12月4日终止;在第二种情况下,保险责任于11月20日终止;在最后一种情况下,保险责任则在10月15日开始分散转运时即终止。

二、非正常运输情况下的责任起讫

非正常运输是指在运输过程中由于遇到被保险人无法控制的一些情况,致使货物无法运往原定卸载港而在途中被迫卸货、重装或转运,以及由此而发生的运输延迟、绕航或运输合同终止等情况。

(一)航程终止后的保险责任终止

被保险货物在运输途中不再运往原卸载港,而是在中途某个港口将货物卸下后不再向保险单载明的目的地发运,这就是说原来的航程已经终止。一旦出现航程终止,保险责任的终止取决于下述两种情况中的先发生者。

1. 货物卸离完毕后满 60 天。这是指被保险货物因航程终止而在中途港口从载运船舶上全部卸离以后起算满 60 天,保险人对货物不再负责。

2. 下述两种情况中的任何一种情况发生:第一种情况是货物在中途港口卸下后进入仓库,即被保险货物因航程终止而在中途港口从载运船舶上全部卸离以后,进入任何用于储存该批货物的仓库。只要货物一进入仓库,保险责任即行终止。第二种情况是货物在非载明目的地卸下后进入仓库,即被保险货物在运输途中,由于被保险人无法控制的原因,发生了运输延迟、绕航、被迫卸货、重装、转运或承运人运用货物运输合同赋予他的权限所做的任何航海上的变更或终止货物运输合同等情况,致使被保险货物运到非保险单所载明的目的地。只要货物在这非保险单所载明的目的地从载运船舶上全部卸下后,一经运入任何用于储存该批货物的仓库,保险责任即行终止。

(二)扩展责任的保险责任终止

扩展责任的保险责任终止是指被保险人在获知因其无法控制的原因致使被保险货物发生了运输延迟、绕航等情况后,及时通知了保险人并加缴了保险费,原保险单继续有效,也就是说保险人扩展了自己原先的责任,继续对被保险货物负责。在扩展责任的情况下,保险责任按以下规定终止。

1. 在非载明目的地出售。被保险货物如果在非保险单所载明的目的地出售,保险责任至交货时为止,但不论是在什么情况下,均是以货物在卸载港全部卸离载运船舶后的 60 天为限。

2. 卸离后继续运往原目的地。被保险货物如果在中途卸载港口全部卸离载运船舶后的 60 天期限内,仍旧继续运往保险单所载明的目的地或其他目的地时,保险责任仍按照正常运输情况下所规定的仓至仓条款内容处理。

第五节 海上货物运输保险中的被保险人义务

海上货物运输保险作为海上保险的一个主要险种,承保的风险要比其他财产损失保险大得多。保险人为了控制自己的责任,在保险条款中具体规定了被保险人对已投保的货物应该履行的义务和应该办理的事项。如果由于被保险人未能履行这些规定的义务而使保险人的利益受到损害,保险人有权对有关损失拒绝赔偿。

我国的《海洋运输货物保险条款》要求被保险人履行的义务具体为五项。

一是及时提货,尽快报损,保留向责任方追偿权。这是指"当被保险货物运抵保险单所载明的目的港（地）以后，被保险人应及时提货，当发现被保险货物遭受任何损失，应即向保险单上所载明的检验、理赔代理人申请检验，如发现被保险货物整件短少或有明显残损痕迹应即向承运人、受托人或有关当局（海关、港务当局等）索取货损货差证明。如果货损货差是由于承运人、受托人或其他有关方面的责任所造成，并应以书面方式向他们提出索赔，必要时还须取得延长时效的认证"。被保险人如果未履行上述规定义务，保险人对有关损失不负赔偿责任。

二是合理施救，减少损失，不作为放弃委付表示。这是指"对遭受承保责任内危险的货物，被保险人和保险人都可迅速采取合理的抢救措施，防止或减少货物的损失。被保险人采取此项措施，不应视为放弃委付的表示，保险人采取此项措施，也不得视为接受委付的表示"。被保险人如果未履行上述规定义务，保险人对因此而造成的扩大的损失不负赔偿责任。

三是内容变更，通知加费，以使保险单继续有效。这是指"如遇航程变更或发现保险单所载明的货物、船名或航程有遗漏或错误时，被保险人应在获悉后立即通知保险人并在必要时加交保险费，保险单才继续有效"。

四是备全单证，办妥手续，以供保险人定损结案。这是指被保险人就受损的被保险货物"向保险人索赔时，必须提供下列单证"，以供保险人确定损失原因、审核保险责任和赔偿金额。它们包括："保险单正本、提单、发票、装箱单、磅码单、货损货差证明、检验报告及索赔清单"。在货损涉及承运人和其他有关责任方的责任情况下，被保险人"还须提供向责任方追偿的有关函电及其他必要单证或文件"。被保险人如果未履行提供单证的义务，从而导致保险人无法核实损失情况，保险人对无法核实的部分不承担赔偿责任。

五是船舶互撞，通报责任，相助保险人抗辩船方。这是指被保险人"在获悉有关运输契约中'船舶互撞责任'条款的实际责任后，应及时通知保险人"。被保险人如果未履行上述规定义务，保险人对有关损失不负赔偿责任。

思考题

1. 我国海上货物运输保险条款有哪些基本险别？分别说出它们的责任范围并加以比较。

2. 平安险承保责任范围的特点主要体现在它的哪几项责任上？请说明整批货物全损包括的几种情况。

3. 试解释海上货物运输保险对根据运输合同中订有的"船舶互撞责任条款"

规定应由货方偿还船方的损失负责赔偿的这项承保责任。

4. 我国海上货物运输保险有几类附加险？说出各类附加险的险别数和名称。

5. 如何区别偷窃行为与抢劫行为？保险条款中的"偷"与"窃"两种行为在含义上有什么不同？为什么说区分货物的淡水损失与海水损失很重要？

6. 何谓舱面货物？解释舱面货物险承保的内容。保险人通常在什么基本险别的基础上加保该附加险？

7. 我国海上货物运输保险的基本险别规定了哪些除外责任？规定这些除外责任有什么意义？

8. 说出"仓至仓条款"及其三个附加规定的内容，并分别对实践中发货人仓库和收货人最后仓库的含义做出解释。

9. 我国海上货物运输保险条款对于被保险人须履行的义务是如何规定的？

第九章 我国与海上货物运输保险相关的其他货物运输保险条款

第一节 海上货物运输战争险和货物运输罢工险

一、海上货物运输战争险

海上货物运输战争险(Ocean Marine Cargo War Risk),作为海上货物运输保险的特殊附加险之一,承保一些有可能造成巨大损失的政治风险,具体包括战争、类似战争行为和敌对行为、武装冲突或海盗行为。由于这些政治风险发生所造成的危害范围很广,其损失程度难以预测,包括货物运输保险在内的各种财产损失保险在估测损失概率时都不包含这些因素,因此将它们列为除外责任。海上货物运输保险通过特殊附加险的形式承保这些原本列为除外的风险,对它们造成被保险货物的直接损失负责赔偿,但仍把它们所间接导致的损失除外不保。

(一)责任范围

根据我国《海洋运输货物战争险条款》第1条的规定,我国海上货物运输战争险的责任范围共有四项。

1. 战争行为造成的直接损失。这是指"直接由于战争、类似战争行为和敌对行为、武装冲突或海盗行为所致的损失"。

有必要对该项责任所涉及的一些概念进行释义。

一是战争。战争是指两个或两个以上的敌对国家,以武力推行国家政策造成的武装冲突和法律状态。因此,构成战争除了存在一定规模的武装冲突事实以外,还要有一定的法律手续和程序,必须经过宣战或其他交战意向的表示。如果仅有敌对行为或武装冲突的事实,并不构成战争的法律状态,则只能是非战争的武装冲突。

二是类似战争行为。类似战争行为是指一种实际的或已有企图的武装敌对行为,一般包括两种情况:一种是虽已经宣战,但实际上未参加武装敌对行为;另一种是不宣而战,没有以法律意义上的战争名义进行的武装敌对行为。凡是在战争时期或在战争时期前后,军舰的行为几乎都是类似战争行为;在战争期间,普通民用船舶受军方的指派载运战争物资,也是一种类似战争行为。

三是敌对行为。敌对行为是指国家与国家之间不一定运用武力,但双方已互为敌国,并断绝外交关系。

四是武装冲突。武装冲突是指国家之间使用武力解决争端而未构成战争状态的武装敌对行为。

五是海盗行为。海盗行为是指私人船舶的船员,为了私人的目的而在公海上或在任何国家管辖范围以外的地方,对被保险货物实施的任何非法的暴力、扣留或掠夺行为。需要注意的是,我国《海洋运输货物战争险条款》把海盗行为列为承保的风险,这与英国《协会货物保险条款》把海盗行为列入其 A 险条款而不是《协会货物战争险条款》承保责任的规定是不相同的。

必须强调的是,海上货物运输战争险只承保战争行为造成被保险货物的直接损失,至于因战争风险引起的间接损失或费用,如因战争险责任内的风险发生导致航程中断或挫折,或者由于承运人行使运输合同中有关战争风险条款规定所赋予他的权利,把货物卸在保险单规定的以外的港口和地点,因此而产生的应由被保险人负担的包括卸货、上岸、存仓、转运、关税和保险费等在内的各种附加的合理费用,是不在其承保范围内的。国外的海上货物运输战争险可根据被保险人的需要,通过"附加费用条款"扩展承保这些附加费用。我国的海上货物运输战争险目前没有这项附加条款。

2. 因战争行为引起的捕获造成的损失。这是指"由于上述战争行为引起的捕获、拘留、扣留、禁制、扣押所造成的损失"。

该项责任中提到的捕获,是指被敌对国家或交战对方截获,强制没收的军事行动;而拘留、扣留、禁制、扣押,均是指被保险货物在海上运输途中为敌方政府或当地的行政权力机构用武力强制性暂时占有或留置的行为。

3. 常规武器造成的损失。这是指"各种常规武器,包括水雷、鱼雷、炸弹所致的损失"。

常规武器是指原子弹、氢弹等核武器以外的各种战争武器。其中的水雷,既指战争期间交战双方使用的水雷,也包括战争以后尚未清除或残留的水雷。

4. 共同海损牺牲、分摊和救助费用。这是指"本条款责任范围(即上述三项责任)引起的共同海损牺牲、分摊和救助费用"。

保险人在海上货物运输战争险项下负责的共同海损牺牲、分摊和救助费用必须是由上述三项责任范围引起的,如果是因恶劣气候、雷电、海啸、地震、洪水等自然灾害,或者因载货船舶遭受搁浅、触礁、沉没、碰撞、触碰,以及火灾、爆炸等意外事故所造成的共同海损牺牲、分摊和救助费用,则属于海上货物运输基本险别所承保的责任范围。

(二) 除外责任

海上货物运输战争险的除外责任共有两项。

1. 因敌对行为使用核武器造成的损失。这是指"由于敌对行为使用原子或热核制造的武器所致的损失和费用"。

规定这项除外责任的理由不难明白:没有一家保险公司有能力承担破坏力极大的原子或热核制造的武器所造成的无法估计的巨大损失。但须注意的是,按我国的条款规定,只有由于敌对行为使用核武器所造成被保险货物的损失和费用,才属于除外责任。

2. 因执政者扣押导致航程丧失所引起的索赔。这是指"根据执政者、当权者,或其他武装集团的扣押、拘留引起的承保航程的丧失和挫折而提出的任何索赔"。

海上货物运输战争险只承保战争风险造成被保险货物的直接损失,对由此引起的间接损失,保险人自然是除外不保的。

(三) 责任起讫

海上货物运输战争险的保险责任起讫规定与海上货物运输保险的规定不同,不是采用"仓至仓条款"。其保险责任"自被保险货物装上保险单所载明的起运港的海轮或驳船时开始,到卸离保险单所载明的目的港的海轮或驳船时为止",即以水上风险和运输工具上的风险为限,保险人对被保险货物运抵目的港后在陆上发生的损失不负责任。这一责任起讫规定因而被称之为"水面负责原则"。与该原则相关的还有几个规定。

1. 货抵目的港的责任期间以 15 天为限。如果被保险货物因港口拥挤、装卸困难等原因不能及时卸离船舶(海轮)或驳船,海上货物运输战争险的保险责任最长期间"以海轮到达目的港当日午夜起算满 15 天为限"。船舶到达目的港的含义是指"海轮在该港区内一个泊位或地点抛锚、停泊或系缆,如果没有这种泊位或地点,则指海轮在原卸货港或地点或附近第一次抛锚、停泊或系缆"。

2. 货抵中途港转船的责任期间满 15 天为限。如果在中途港转船,不管被保险货物在当地卸载与否,海上货物运输战争险的保险责任"以海轮到达该港或卸货地点的当日午夜起算满 15 天为止",等到货物再装上续运船舶时恢复有效。

3. 货物运输合同终止地点视为目的地。如果货物运输合同在保险单所载明目的地以外的地点终止时,该地即视为本保险目的地,"仍照前述第 1 款的规定终止责任",即保险责任到货物卸离当地的船舶或驳船时为止,若货物不卸离船舶,则以船舶到达该地当日午夜起算满 15 天为止。如果货物"需要运往原目的地或其他目的地时,在被保险人于续运前通知保险人并加交保险费的情况下,(保险责任)可自装上续运的海轮时重新有效"。

4. 发生航海改变要求通知和加费。如果运输发生绕道、改变航程或承运人运用运输合同赋予的权限所作的任何航海上的改变,"在被保险人及时将获知情况通知保险人,在必要时加交保险费的情况下",保险责任仍继续有效。

二、货物运输罢工险

货物运输罢工险(Cargo Strikes Risk)是包括海上货物运输保险在内的各种货物运输保险的附加险,主要承保被保险货物因罢工行为所造成的直接损失。

有必要先对罢工险所承保的罢工的概念做些说明。罢工有各种类型,有为加工资而进行的罢工,有为改善劳动条件和环境而进行的罢工等,这些都是属于涉及劳资纠纷的经济性罢工。除此以外,还有为抗议政府某项政策措施或针对国内外发生的某一重大事件而举行的政治性罢工,以及为表示对某人、某事的支持或声援而举行的同情性罢工。一般来说,罢工险承保的罢工主要是指与劳资纠纷有关的经济性罢工。对于政治性罢工和同情性罢工是否归在罢工险的承保范围,国外是有视具体情况来确定的做法的。我国的货物运输罢工险对此目前还没有加以区分。

(一)责任范围

我国货物运输罢工险的责任范围可归纳为三项:

1. 罢工行为造成的直接损失。这是指被保险货物由于"罢工者,被迫停工工人或参加工潮、暴动、民众斗争的人员的行动"所造成的直接损失。

2. 任何人的恶意行为造成的直接损失。这是指被保险货物由于"任何人的恶意行为"所造成的直接损失。

3. 共同海损牺牲、分摊和救助费用。这是指被保险货物由于"上述(罢工)行动或(恶意)行为所引起的共同海损牺牲、分摊和救助费用"。

(二)除外责任

货物运输罢工险只负责被保险货物因罢工而造成的直接损失,因罢工引起的间接损失则属于它的除外责任。具体包括下列两项。

1. "在罢工期间由于劳动力短缺或不能履行正常职责所致的被保险货物损失"属于间接损失，保险人除外不保。例如，由于罢工而引起劳动力缺乏，致使堆放在码头上的货物因未能及时运入仓库或罩盖上防雨的油布，遂遭雨淋而遭受的损失。对这种间接损失，保险人是不赔的。

2. 由于第1项所述原因"而引起的动力或燃料缺乏使冷藏机停止工作所致的冷藏货物的损失"属于间接损失，保险人除外不保。

此外，保险人对罢工引起的费用损失同样是不负责的。例如，因为港口工人罢工，载运货物的船舶无法在原定港口卸货，不得已改驶其他码头卸货，由此而增加的运输费用，就属于间接损失。

(三) 责任起讫

货物运输罢工险的责任起讫并不采用海上货物运输战争险的"水面负责原则"，而是采用海上货物运输保险的"仓至仓条款"，即保险人对被保险货物的责任自发货人仓库开始至收货人仓库终止的整个运输期间。对这一点，我们需加以留意。

最后要说明的一点是，按照国际保险市场的习惯做法，如果被保险人在投保海上货物运输保险某一基本险别的基础上已加保了海上货物运输战争险，若再要加保货物运输罢工险时，保险人一般不再要求他加缴保险费。若被保险人仅要求加保货物运输罢工险一种，他也只需要按海上货物运输战争险费率缴付保险费即可。我国保险人在业务中同样采用这一国际习惯做法。

第二节 海上运输冷藏货物保险和海上运输散装桐油保险

一、海上运输冷藏货物保险

海上运输冷藏货物保险（Ocean Marine Insurance Frozen Products）是海上货物运输保险的一种专门保险，可以单独投保。该险种承保冷藏货物在海上运输过程中因遭受承保的海上自然灾害、意外事故，以及因冷藏机器停止工作而造成的损失和腐败损坏。众所周知，一些新鲜的货物如蔬菜水果，以及已经冷冻处理的鸡、鸭、鱼、肉等在运输途中必须保持冷藏温度，如果不采取冷藏措施或冷藏设备失灵的话，这些货物就不可避免地会变质或腐烂。此外，它们与其他一般货物一样，在运输过程中也会因可能发生各种海上灾害事故而有遭受损失之虞。海上运输冷藏货物保险就是根据海上运输冷藏货物的特性来为货主提供风险保障服务的。

(一) 险别及其承保责任

根据我国的条款,海上运输冷藏货物保险分为冷藏险和冷藏一切险两种险别。

1. 冷藏险。冷藏险的责任范围基本上与海上货物运输保险的水渍险相同,共承保6项责任。

(1)海上灾害事故造成的腐败或损失。这是指"被保险货物在运输途中由于恶劣气候、雷电、海啸、地震、洪水自然灾害,或由于运输工具遭受搁浅、触礁、沉没、互撞、与流冰或其他物体碰撞,以及失火、爆炸意外事故,或由于冷藏机器停止工作连续达24小时以上所造成的腐败或损失"。

(2)落海造成的全部或部分损失。这是指"在装卸或转运时由于一件或数件整件货物落海所造成的全部或部分损失"。

(3)施救费用。这是指"被保险人对遭受承保责任内危险的货物采取抢救、防止或减少货损的措施而支付的合理费用,但以不超过该批被救货物的保险金额为限"。

(4)避难港损失和费用。这是指"运输工具遭遇海难后,在避难港由于卸货所引起的损失,以及在中途港、避难港由于卸货、存仓以及运送货物所产生的特别费用"。

(5)共同海损的牺牲、分摊和救助费用。

(6)货方根据运输合同条款偿还船方的损失。这是指"运输契约订有'船舶互撞责任'条款,根据该条款规定应由货方偿还船方的损失"。

2. 冷藏一切险。冷藏一切险的责任范围是除包括上列冷藏险的各项责任外,还负责"被保险货物在运输途中由于外来原因所致的腐败或损失"。

(二) 除外责任

海上运输冷藏货物保险的除外责任与海上货物运输保险的基本相同,也把被保险货物由于所列出的原因造成的损失除外不保。这些原因包括:被保险人的故意行为或过失;属于发货人的责任;货物的自然损耗、本质缺陷、特性及市价跌落、运输延迟;海上货物运输战争险和货物运输罢工险承保责任和除外责任。

除此以外,针对运输冷藏货物的特点,还又增加两项不保责任。

一项是"被保险货物在运输过程中的任何阶段,因未存放在有冷藏设备的仓库或运输工具中,或辅助运输工具没有隔温设备所造成的货物腐败",保险人不予赔偿。

另一项是"被保险货物在保险责任开始时因未保持良好状态,包括整理加工和包扎不妥,冷冻上的不合规定及骨头变质所引起的货物腐败和损失",保险人也不负责。

(三)责任起讫

海上运输冷藏货物保险的责任起讫也与海上货物运输保险的基本相同,但又有一些为适应冷藏货物特点而作出的具体规定。

1. 正常运输情况下的责任起讫。保险责任"自被保险货物运离保险单所载起运地点的冷藏仓库装入运送工具开始运输时生效,包括正常运输过程中的海上、陆上、内河和驳船运输在内,直至该项货物到达保险单所载明的最后卸载港 30 天内卸离海轮,并将货物存入岸上冷藏库后继续有效。但以货物全部卸离海轮时起算满 10 天为限"。这里有两点需要注意:

第一,如果被保险货物在上述 10 天期限内一经移出冷藏库,保险责任即行终止。

第二,如果被保险货物在卸离船舶后不存入冷藏库,保险责任至卸离船舶时终止。

2. 非正常运输情况下的责任起讫。"由于被保险人无法控制的运输延迟、绕道、被迫卸货、重新装载、转载或承运人运用运输契约赋予的权限所作的任何航海上的变更或终止运输契约,致使被保险货物运到非保险单所载明目的地时,在被保险人及时将获知的情况通知保险人,并在必要时加交保险费的情况下",保险责任仍继续有效。保险责任在货物到达卸载港 30 天内卸离船舶并存入岸上冷藏库后,仍以货物全部卸离船舶后满 10 天终止。这里同样需要注意两点:

第一,如果被保险货物在上述 10 天期限内在该非保险单所载明目的地出售,保险责任至交货时终止。

第二,如果被保险货物在上述 10 天期限内继续运往保险单所载原目的地或其他目的地时,保险责任仍按照正常运输情况下的规定终止。

二、海上运输散装桐油保险

海上运输散装桐油保险(Ocean Marine Insurance Woodoil Bulk)也是海上货物运输保险的一种专门保险,同样可以单独投保。桐油是我国的特产,作为油漆的重要原料,也是我国大宗出口商品之一。桐油具有与其他运输货物不同的特性,在运输过程中容易受到污染、渗漏、短量和变质的损失,为此,它既如同其他运输货物,需要有海上货物运输保险向它提供灾害事故损失的补偿,又需要获得一些其他特殊的保险保障。海上运输散装桐油保险就是为满足这种货物的特殊保障要求而举办的。

（一）责任范围

海上运输散装桐油保险的保险责任主要有两项：一是承保"不论任何原因所致被保险桐油的短少、渗漏超过保险单规定的免赔率（以每个油仓作为计算单位）的损失"，二是承保"不论任何原因所致被保险桐油的沾污或变质损失"。此外，施救费用，共同海损的牺牲、分摊和救助费用，以及货方根据运输合同条款偿还船方的损失这三项也属于该险种的责任范围。

（二）除外责任

海上运输散装桐油保险的除外责任与海上货物运输保险的完全相同。

（三）责任起讫

海上运输散装桐油保险的责任起讫也与海上货物运输保险的基本相同，但又有一些为适应散装桐油特点而作出的具体规定。

1. 正常运输情况下的责任起讫。保险责任"自被保险桐油运离保险单所载明的起运港的岸上油库或盛装容器开始运输时生效，在整个运输过程中，包括油管唧油，继续有效，直至安全交至保险单所载明的目的地岸上油库时为止"。但是，需要注意的是：如果被保险桐油运至保险单所载明的目的港后不及时卸离船舶或未交至岸上油库，保险责任以船舶到达目的港后 15 天为限。

2. 非正常运输情况下的责任起讫。"由于被保险人无法控制的运输延迟、绕道、被迫卸货、重新装载、转载或承运人运用运输契约赋予的权限所作的任何航海上的变更或终止运输契约，致使被保险桐油运到非保险单所载明目的港时，在被保险人及时将获知的情况通知保险人，并在必要时加交保险费的情况下"，保险责任仍继续有效。保险责任在被保险桐油到达该港口 15 天内卸离船舶后，以卸离船舶后起算满 15 天终止，但需要注意两点：

第一，如果被保险桐油在上述 15 天期限内在该非保险单所载明目的港出售，保险责任至交货时终止。

第二，如果被保险桐油在上述 15 天期限内继续运往保险单所载原目的地或其他目的地时，保险责任仍按照正常运输情况下的规定终止。

（四）特别约定

海上运输散装桐油保险针对其承保标的的特性，还向被保险人提出了一些特别约定。

1. 在起运港必须取得的检验证书。被保险人必须在起运港取得所要求的几份检验证书,否则保险人不负责桐油品质上的损失。这几份检验证书包括:

(1) 由商品检验局代表上船对船上油仓在装油前的清洁工作进行检验并出具合格的证书。

(2) 由商品检验局代表对桐油装船后的容量或重量及温度进行详细检验并出具的证书,证书上的装船重量即作为保险人负责的装运量。

(3) 由商品检验局代表对装船桐油的品质进行抽样化验,证明在装运时确无沾污、变质或"培他"(Beta,桐油损失专门名词)等迹象后出具的合格证书。

2. 因非正常运输而在非目的港卸货时必须取得的检验证书。被保险人因遭遇他无法控制的运输延迟、绕道等情况而必须在非保险单所载明目的港卸货时,应取得的检验证书有:

(1) 由当地合格的检验人对卸船前的桐油进行品质鉴定并出具的合格证书。

(2) 由当地合格的检验人对接受所卸桐油的油驳、岸上油库或其他盛装容器,以及重新装载桐油的船舶油轮进行检验并出具的合格证书。

3. 在目的港必须取得的检验证书。被保险人在桐油运抵保险单所载明的目的港后,应取得的检验证书有:

(1) 由保险单所指定的检验、理赔代理人派员上船对卸货时油仓中的温度、容量、重量或量尺等进行检验,并由检验、理赔代理人指定的合格化验师一次或数次抽样化验,最后出具的确定当时桐油品质状况的证书。

(2) 在桐油运抵目的港后是安排由油驳驳运的情况下,检验人必须在装油前对油驳进行检验并出具的合格证书。

在海上运输散装桐油保险中,保险人之所以与被保险人作出上述这些特别约定,主要是从桐油易受污染和变质的角度出发的,避免自己所承担的保险责任太大。

第三节 我国陆空邮运货物保险

国际贸易按照货物运输方式来划分,可分为陆路贸易(Trade by Roadway)、海路贸易(Trade by Seaway)、空运贸易(Trade by Airway)和邮购贸易(Trade by Mail Order)四种。所谓陆路贸易,是指陆地相邻国家之间贸易,通常采用陆上运输货物的方式;海路贸易,也就是我们平时所称的海上贸易,是指通过海洋运输方式来实现的国际贸易;空运贸易,是指不同国家之间采用航空运输手段来进行的商品交换活动;邮购贸易则是主要以邮政包裹寄送方式来完成国与国之间的货物交易。不论采用哪一种运输方式来进行国际贸易,都需要依靠保险来解决运输过程中的风险损失补偿。海洋运输有海上货物运输保险来"保驾护航",陆上运输、航空运输和邮政包裹运输也同样需要有相应的货物运输保险形式来提供保险保障。陆上货物运输保险、航空货物运输保险和邮包保险就都是这样应运而生的。这些货物运输保险的基本原则和条款与海上货物运输保险相差不多,事实上都是以海上货物运输保险作为基础,再根据各自运输方式的特点制订出来的,它们都与海上货物运输保险有关,而且均被包括在中国保险条款之内。

一、陆上货物运输保险

陆上货物运输保险条款,包括一般的陆上货物运输保险条款、陆上运输冷藏货物保险条款和陆上运输货物战争险条款。

(一)陆上货物运输保险

陆上货物运输保险(Overland Transportation Cargo Insurance)以使用火车、汽车运输的货物为保险标的,承保货物在运输途中因遭遇灾害事故所造成的损失。

1. 险别及其责任范围。陆上货物运输保险分为陆运险和陆运一切险两种主险。

(1)陆运险。其责任范围与海上货物运输保险的水渍险相似,概括地说,共有两项。

一是自然灾害和意外事故造成的全部或部分损失。这是指"被保险货物在运输途中遭受暴风、雷电、洪水、地震自然灾害,或由于运输工具遭受碰撞、倾覆、出轨,或在驳运过程中因驳运工具遭受搁浅、触礁、沉没、碰撞,或由于遭受隧道坍塌、崖崩,或失火、爆炸意外事故所造成的全部或部分损失"。

对条款中提及的,前面尚未进行过释义的一些灾害事故概念,有必要做如下解释:

暴风,是指突然袭来的猛烈的灾害性大风。按风力等级表规定,相当于11级风,即风速在28.3米/秒以上。我国所承保的暴风放宽为相当于风力等级表上的8级以上的大风,即风速在17.2米/秒以上。

倾覆,是指运输工具即火车或汽车在行驶中,车身翻倒或倾侧,失去正常状态和行驶能力,非经施救不能继续行驶。

出轨,是指火车在行驶中遭遇意外事故,以致车辆脱离轨道。

隧道坍塌,是指建在山岭、河道、海峡及城市地面以下,供车辆、行人、水流、管道通过的隧道,发生倒塌、崩坏、突然下陷。

崖崩,是指石崖、土崖长期受自然风化或雨水侵蚀,以致崩裂下塌或山上岩石滚下,或大雨使山上砂土透湿而崩塌。

二是施救费用。这是指"被保险人对遭受承保责任内危险的货物采取抢救、防止或减少货损的措施而支付的合理费用,但以不超过该批被救货物的保险金额为限"。

(2)陆运一切险。其责任范围与海上货物运输保险的一切险相似,除承保陆运险的各项责任以外,还负责"被保险货物在运输途中由于外来原因所致的全部或部分损失"。

2. 除外责任。陆运险和陆运一切险的除外责任与海上货物运输保险的除外责任完全相同。

3. 责任起讫。陆上货物运输保险的责任起讫也采用仓至仓条款,与海上货物运输保险的基本相同。具体的规定是:保险责任"自被保险货物运离保险单所载明的起运地仓库或储存处所开始运输时生效,包括正常运输过程中的陆上和与其有关的水上驳运在内,直至该项货物运达保险单所载目的地收货人的最后仓库或储存处所或被保险人用作分配、分派的其他储存处所为止"。

根据陆上运输的特点,陆上货物运输保险还规定,如果被保险货物"未运抵上述仓库或储存处所(即保险单所载目的地收货人的最后仓库或储存处所),(保险责任)以被保险货物运抵最后卸载的车站满60天为止"。

4. 与海上货物运输保险的比较。陆上货物运输保险与海上货物运输保险在基本原则和条款上大致是相同的,但如果加以比较,也不难找出二者的一些不同点。

一是承保风险和责任有所不同。陆上货物运输保险承保的风险中没有海啸、浮冰这类海上固有的自然灾害,却列入了运输工具倾覆、出轨以及隧道坍塌、崖崩等陆上可能发生的意外事故。此外,海上货物运输保险的责任范围内列有共同海损牺牲和分摊一项,而陆上货物运输保险承保的货物如果单一采用陆上运输方式,就不会出现承担该项责任的问题。但是,货物的运输方式是采用水陆联运的,则同样要把共同海损牺牲和分摊列为承保责任。

二是险别多少不一。陆上货物运输保险的险别比海上货物运输保险少,仅有陆运险和陆运一切险两种。它们分别相当于海上货物运输保险的水渍险和一切险。

三是责任起讫的差异。陆上货物运输保险对被保险货物没有运抵收货人的最后仓库或储存处所情况下的保险责任,规定以货物运抵最后卸载车站后60天为限。这一点与海上货物运输保险作出的以货物卸离船舶后60天为限的规定相比,在时间上要少一些。

(二)陆上货物运输战争险(火车)

陆上货物运输战争险(火车)[Overland Transportation Cargo War Risk (By Train)]是陆上货物运输保险的特殊附加险,只有投保了陆运或陆运一切险的基础上,并经与保险人协商方可加保。在国外,一般保险人大都不承保陆上货物运输战争险。我国保险人为适应外贸业务需要,接受加保,但目前仅限于火车运输,若使用汽车运输则不能加保。

陆上货物运输战争险承保被保险货物在火车运输途中"直接由于战争、类似战争行为和敌对行为、武装冲突所致的损失",以及"各种常规武器包括地雷、炸弹所致的损失"。

陆上货物运输战争险的除外责任与海上货物运输战争险的相同。

陆上货物运输战争险的责任起讫与海上货物运输战争险的相似,也是以被保险货物置于运输工具即火车时为限。具体的规定是:保险责任"自被保险货物装上保险单所载起运地的火车时开始到卸离保险单所载目的地的火车时为止"。如果被保险货物不卸离火车,保险责任"最长期限以火车到达目的地的当日午夜起算满48小时为止"。

此外,还有两点规定。

一是如果被保险货物"在运输途中转车,不论货物在当地卸载与否,保险责任以火车到达该中途站的当日午夜起算满10天为止,如货物在上述期限内重新装车续运,保险恢复有效"。

二是如果货物运输合同在保险单所载目的地以外的地点终止时,该地即视为本保险目的地,"仍照前述第1款的规定终止责任",即保险责任到货物卸离该地的火车时为止,若货物不卸离火车,则以火车到达该地当日午夜起算满48小时为止。

(三)陆上运输冷藏货物保险

陆上运输冷藏货物保险(Overland Transportation Insurance Frozen Products),是陆上货物运输保险的一个专门险种,可以单独投保。它承保陆上运输工具冷藏设备装运的冷藏货物因运输途中遭到自然灾害、意外事故而造成的损失和腐败损坏。

陆上运输冷藏货物保险具体的保险责任,除负责陆上货物运输保险所列承保的自然灾害和意外所造成的全部或部分损失以外,还对"被保险货物在运输途中由于冷藏机器或隔温设备的损坏,或者车厢内贮存冰块的溶化所造成的解冻溶化而腐败的损失"承担赔偿责任。另外也承保施救费用,"但以不超过该批被救货物的保险金额为限"。

陆上运输冷藏货物保险的除外责任与海上运输冷藏货物保险规定的相同。

陆上运输冷藏货物保险对责任起讫的规定是:保险责任"自被保险货物运离保险单所载起运地点的冷藏仓库装入运送工具开始运输时生效,包括正常陆运和与其有关的水上驳运在内,直至该项货物到达保险单所载明的目的地收货人仓库时继续有效,但最长保险责任以被保险货物到达目的地车站后10天为限"。

二、航空货物运输保险

航空货物运输保险条款,包括一般的航空货物运输保险条款和航空货物运输战争险条款。

(一)航空货物运输保险

航空货物运输保险(Air Transportation Cargo Insurance)以飞机运输的货物为保险标的,承保货物在运输途中因遭受灾害事故而造成的损失。

1. 险别及其责任范围。航空货物运输保险分为航空运输险和航空运输一切险两种主险。

(1)航空运输险。其责任范围与海上货物运输保险的水渍险大致相同。概括地说,共有两项。

一是自然灾害和意外事故造成的全部或部分损失。这是指"被保险货物在运输途中遭受雷电、火灾或爆炸或由于飞机遭受恶劣气候或其他危难事故而被抛弃,或由于飞机遭受碰撞、倾覆、坠落或失踪意外事故所造成的全部或部分损失"。

条款中提及的失踪意外事故,是指飞机起飞后超过规定时间(一般规定15天)未得到任何行踪消息。

二是施救费用。这是指"被保险人对遭受承保责任内危险的货物采取抢救、防止或减少货损的措施而支付的合理费用,但以不超过被救货物的保险金额为限"。

(2)航空运输一切险。其责任范围与海上货物运输保险的一切险相似,除承保航空运输险的各项责任以外,还负责"被保险货物在运输途中由于外来原因所致的全部或部分损失"。

2. 除外责任。航空运输险和航空运输一切险的除外责任与海上货物运输保险的除外责任完全相同。

3. 责任起讫。航空货物运输保险的责任起讫也采用仓至仓条款,与海上货物运输保险的基本相同。具体的规定是:保险责任"自被保险货物运离保险单所载明的起运地仓库或储存处所开始运输时生效,包括正常运输过程中的运输工具在内,直至该项货物运达保险单所载明目的地收货人的最后仓库或储存处所或被保险人用作分配、分派或非正常运输的其他储存处所为止"。

根据航空运输的特点,航空货物运输保险还另外规定:

一是如果被保险货物"未运抵上述仓库或储存处所(即保险单所载明目的地收货人的最后仓库或储存处所),(保险责任)以被保险货物在最后卸载地卸离飞机后满30天为止。如在上述30天内被保险货物需转送到非保险单所载明的目的地时,则以该项货物开始转运时终止"。

二是保险责任"由于被保险人无法控制的运输延迟、绕道、被迫卸货、重新装载、转载或承运人运用运输契约赋予的权限所作的任何航行上的变更或终止运输契约,致使被保险货物运到非保险单所载目的地时,在被保险人及时将获知的情况通知保险人,并在必要时加交保险费的情况下",仍继续有效。保险责任按下述规定终止:

第一,如果被保险货物在该非保险单所载目的地出售,保险责任至交货时为止。但不论任何情况,保险责任均以被保险货物在卸载地卸离飞机后满30天为止。

第二,如果被保险货物在上述30天期限内继续运往保险单所载原目的地或其他目的地时,保险责任仍按照正常运输情况下的规定终止。

4. 与海上货物运输保险的比较。航空货物运输保险与海上货物运输保险在基本原则和条款上大致相同,但是航空运输的特点决定了航空货物运输保险在某些具体规定上必然不同于海上货物运输保险。

一是承保风险和责任有所不同。航空货物运输保险承保的风险中没有海啸、地震、洪水、浮冰等海上自然灾害,也没有运输工具搁浅、触礁、沉没等海上可能发生的意外事故,却列入了飞机倾覆、坠落或失踪风险。此外,航空货物运输保险把海上货物运输保险承保的共同海损牺牲、分摊和救助费用这一项内容从自己的责任范围内删除。

二是险别多少不一。航空货物运输保险不像海上货物运输保险有三种险别,它只有航空运输险和航空运输一切险两种,没有平安险。

三是责任起讫的差异。航空货物运输保险对被保险货物没有运达收货人的最后仓库或储存处所情况下的保险责任,规定以货物在卸载地卸离飞机后30天为止,这一点与海上货物运输保险对此情况作出的货物卸离船舶后60天为止的规定相比,时间显然要短很多。

(二) 航空货物运输战争险

航空货物运输战争险(Air Transportation Cargo War Risk)是航空货物运输保险的特殊附加险,只有在投保了航空运输险或航空运输一切险的基础上,并经与保险人协商方可加保。

航空货物运输战争险承保被保险货物在航空运输途中"直接由于战争、类似战争行为和敌对行为、武装冲突所致的损失",以及由此"引起的捕获、拘留、扣留、禁制、扣押所造成的损失",还有"各种常规武器,包括炸弹所致的损失"。

航空货物运输战争险的除外责任与海上货物运输战争险的相同。

航空货物运输战争险的责任起讫与海上货物运输战争险的相似,也是以被保险货物置于运输工具即飞机时为限。具体的规定是:保险责任"自被保险货物装上保险单所载起运地的飞机时开始,到卸离保险单所载目的地的飞机为止。如果被保险货物不卸离飞机,保险责任最长期间以飞机到达目的地的当日午夜起算满15天为止"。

此外,还规定:如果被保险货物"在中途港转运,保险责任以飞机到达转运地的当日午夜起算满15天为止",待货物在此期间内装上续运的飞机时再恢复有效。

三、邮包保险

邮包保险条款,包括一般的邮包保险条款和邮包战争险条款。

(一) 邮包保险

邮包保险(Parcel Post Insurance)以通过邮局采用邮政包裹运送的货物为保险标的,承保邮包在运送途中因遭受灾害事故而造成的损失。

1. 险别及其责任范围。邮包运送所使用的运输工具可以是海运的,也可以是陆运的或空运的。各国邮政包裹业务的具体情况不可能相同,因此对邮包保险采用的险别名称也就有异,规定它们的承保责任范围也就不一。比如有的国家依照海上货物运输保险的做法,分设邮包平安险、邮包水渍险和邮包一切险三种险别,也有国家把邮包保险险别分为邮包险和邮包一切险两种。我国制定的邮包保险条款就是采用后一种分法的。这两种险别在承保责任范围上,对不论采用何种运输工具运送的邮包,包括海运、陆运和空运联运的,都予以负责。

(1) 邮包险。其责任范围类似海上货物运输保险的水渍险。概括地说,共有两项。

一是自然灾害和意外事故造成的全部或部分损失。这是指"被保险邮包在运输途中由于恶劣气候、雷电、海啸、地震、洪水自然灾害,或由于运输工具遭受搁浅、触礁、沉没、碰撞、倾覆、出轨、坠落、失踪,或由于失火、爆炸意外事故所造成的全部或部分损失"。

二是施救费用。这是指"被保险人对遭受承保责任内危险的货物采取抢救、防止或减少货损的措施而支付的合理费用,但以不超过该批被救货物的保险金额为限"。

(2)邮包一切险。其责任范围与海上货物运输保险的一切险相似,除承保邮包险的各项责任以外,还负责"被保险邮包在运输途中由于外来原因所致的全部或部分损失"。

2. 除外责任。邮包险和邮包一切险的除外责任与海上货物运输保险的除外责任完全相同。

3. 责任起讫。邮包保险的责任起讫也采用仓至仓条款,与海上货物运输保险的基本相同。

根据邮包运输的特点,具体的规定是:保险责任"自被保险邮包离开保险单所载起运地点寄件人的处所运往邮局时开始生效,直至该项邮包运达保险单所载目的地邮局,自邮局签发到货通知书当日午夜起算满 15 天终止。但在此期限内,邮包一经递交至收件人的处所时,保险责任即行终止"。

4. 与海上货物运输保险的比较。邮包保险与海上货物运输保险在基本原则和条款上基本一致,但也存在一些区别。

一是承保风险和责任范围不一。邮包保险承保的责任范围内既有海上运输中可能遭遇到的灾害事故,也有陆上运输和航空运输中所特有的灾害事故。具体承保的风险得取决于采用何种运输方式。如果运输方式不止一种,涉及海运和其他另外一种,乃至另外两种运输,那么邮包保险承保的风险就要比海上货物运输保险广泛得多。

二是险别有多有少。邮包保险的险别有邮包险和邮包一切险两种,与之相对应的海上货物运输保险的险别是水渍险和一切险。海上货物运输保险的另一种险别即平安险,在我国邮包保险条款中是没有的。

三是责任起讫的差异。邮包保险对被保险邮包在运达目的地邮局后的保险责任,规定以邮局签发到货通知书当日午夜起算满 15 天为限,大大短于海上货物运输保险规定的 60 天扩展期限。

(二)邮包战争险

邮包战争险(Parcel Post War Risk)是邮包保险的特殊附加险,只有在投保了邮包险或邮包一切险的基础上,并经与保险人协商方可加保。

邮包战争险承保被保险邮包在运输过程中"直接由于战争、类似战争行为和敌对行为、武装冲突或海盗行为所致的损失",以及由此而"引起的捕获、拘留、扣留、禁制、扣押所造成的损失",还有"各种常规武器,包括水雷、鱼雷、炸弹所致的损失";此外,还负责所承保责任范围"引起的共同海损牺牲、分摊和救助费用"。

邮包战争险的除外责任与海上货物运输战争险的相同。

邮包战争险对责任起讫的规定是,保险责任"自被保险邮包经邮局收讫后自储存处所开始运送时生效,直至该项邮包运达保险单所载目的地邮局送交收件人为止"。

四、活牲畜、家禽的海上、陆上和航空运输保险

活牲畜、家禽的海上、陆上和航空运输保险(Livestock and Poultry Insurance Clauses by Sea ,Land or Air),是一种以活牲畜、家禽为保险标的的专门保险。

该险种的责任范围有两项。

一是承保活牲畜、家禽"在运输途中的死亡"。

二是赔偿被保险人在活牲畜、家禽遇险后"立即采取的有效抢救、防损措施而支付的合理费用",但赔偿金额以不超过保险金额为限。

该险种的除外责任除了被保险人的故意行为或过失、属于发货人所负责任,以及由于战争、工人罢工或运输延迟以外,对活牲畜、家禽因以下原因造成的死亡也不负责。

一是被保险活牲畜、家禽在保险责任开始时"健康状况不好"。

二是被保险活牲畜、家禽"因怀仔、防疫注射或接种所致的死亡;或因传染病、患病,经管理当局命令屠杀或因缺乏饲料而致的死亡;或由于被禁止进口或出口或检验规格不符所引起的死亡"。

该险种对责任起讫的规定是,保险责任"自被保险活牲畜、家禽装上运输工具时开始,直至目的地卸离运输工具时为止。如果不卸离运输工具,最长的保险责任期间从运输工具抵达目的地当日午夜起算,以15天为限"。

该险种还有以下两项特别规定:

一是要求"在保险有效的整个运输过程中,被保险活牲畜、家禽必须妥善装运,专人管理,否则保险人不负赔偿责任"。

二是规定"被保险活牲畜、家禽运抵保险单所载目的港或目的地以后,被保险人必须及时提货"并做到在发现被保险活牲畜、家禽死亡时,应即向指定的检验、理

赔代理人或当地检验机构申请检验;在发现被保险活牲畜、家禽死亡涉及承运人或有关当局的责任时,应即以书面方式向承运人或有关当局索赔。

思 考 题

1. 我国海上货物运输战争险的承保范围包括哪几项内容？其保险责任起讫采用什么原则？说出与该原则相关的规定。

2. 我国货物运输罢工险的责任范围有哪几项？其除外责任又有哪些？

3. 概述我国海上运输冷藏货物保险和海上运输散装桐油保险这两个专门保险承保的内容及各自的险别。

4. 请从险别、承保风险和责任起讫等方面,对我国陆、空、邮运货物保险的内容进行比较。重点掌握它们在责任起讫规定上的差异。

第十章　英美海上货物运输保险条款

第一节　英国协会货物保险条款

一、协会货物保险条款的产生及其特点

(一)协会货物保险条款的产生

英国自17世纪以来就一直是海上保险的中心,在国际海上贸易、航运和保险业中占有重要的地位。许多国家的海上保险业经营都与英国海上保险市场保持密切的往来联系。曾被英国《1906年海上保险法》列为附件的劳合社S.G.保险单,在相当长的时期内一直是国际海上保险单的范本,而作为S.G.保险单附加条款的《协会货物保险条款》(Institute Cargo Clause,ICC)也长期为世界各国奉为经典。我国1981年版的《海洋运输货物保险条款》就是在参照包括FPA、WA和AR三套条款在内的1963年ICC的基础上修订的。

伦敦保险协会在1982年对1963年ICC进行了修改,并开始使用1982年ICC。随着替代S.G.保险单的英国新的海上保险单在1983年4月1日的推出,与该保险单同时启用的1982年ICC也正式出现在国际海上保险市场上,而且很快为世界各国和地区在业务经营中直接采用。在进入21世纪后,伦敦保险协会又完成了对经过长达20多年实践的1982年ICC的修改,推出了最新的2009年ICC。我国的保险人以往在承保海上货物运输保险业务时,也经常根据被保险人的要求使用1982年ICC,因此它如今的修改或者说2009年ICC的推出自然值得我们关注。我们可以通过对两个版本变化的分析来了解和掌握2009年ICC的内容。

(二)协会货物保险条款的结构体系和特点

在叙述2009年ICC的内容之前,有必要先简单介绍一下ICC的结构体系和特点,因为2009年对1982年ICC的修改不是"伤筋动骨"的大改,而是仅仅涉及对ICC一些具体规定的改动、用词的明确和对易产生歧义的文字的删除等,ICC在

1982年那次修改中所建立的结构体系并没有被触动。

下面我们主要通过险别种类、险别结构和明确承保责任的方式这三方面来概述ICC的结构体系和特点。

1. ICC的险别种类。ICC一共有6种险别,它们是协会货物(A)险条款[Institute Cargo Clauses A, ICC(A)]、协会货物(B)险条款[Institute Cargo Clauses B, ICC(B)]、协会货物(C)险条款[Institute Cargo Clauses C, ICC(C)]、协会货物战争险条款[Institute War Clauses – Cargo, IWC(Cargo)]、协会货物罢工险条款[Institute Strikes Clauses – Cargo, ISC(Cargo)]、恶意损害险条款(Institute Malicious Damage Clause, IMDC)。

ICC(A)、ICC(B)和ICC(C)是基本险别,各自形成独立的保险单。IWC(Cargo)和ISC(Cargo)是特殊附加险,但被保险人在征得保险人同意的前提下也可以根据自己的需要,将它们作为独立险别投保。IMDC则是一种附加险别,由于其承保责任属于ICC(A)的责任范围,被保险人只能在投保ICC(B)或ICC(C)的基础上加保此险。

2. ICC的结构体系。除了IMDC以外,ICC的其余5种险别条款在结构上是统一的,体系是完整的。每种险别条款都由8个部分组成,共19条,另加一个注意事项。8个部分的内容具体是:承保范围(Risks Covered)、除外责任(Exclusions)、保险期间(Duration)、理赔(Claims)、保险权益(Benefit of Insurance)、减少损失(Minimizing Losses)、防止延迟(Avoidance of Delay)、法律与惯例(Law and Practice)。

就8个部分的内容而言,ICC的5种险别在前3个部分即承保范围、除外责任和保险期间的内容上是有区别的,而余下的后5个部分的内容和注意事项则基本相同。至此,我们已不难理解,作为特殊附加险的IWC(Cargo)和ISC(Cargo)之所以被允许独立投保,原因就在于它们同样包括上述8个部分的内容,形成完整的结构体系。

3. ICC明确承保责任的方式。为有利于被保险人了解掌握,方便他们选择投保,ICC对6种险别条款的承保责任规定得十分明确。具体采用的方式有两种:一种是采用"列明承保风险"的方式,即在条款中将所承保的风险和损失一一列明,让人一目了然,强调只有列明的才保。ICC(B)、ICC(C)、IWC(Cargo)和ISC(Cargo)采用的就是"列明承保风险"的方式。另一种则是采用"列明除外责任"的方式,即在条款中将不承保的风险和损失一一列明,同样让人一望而知,强调除了列明的不保,其余都保。ICC(A)采用的正是这种"列明除外责任"的方式。

二、协会货物(A)险

(一)承保范围

承保范围部分共包括三个条款,即风险条款(Clause 1:Risks)、共同海损条款(Clause 2:General Average)和船舶互撞责任条款(Clause 3:"Both to Blame Collision Clause")。它们表明 ICC(A)承保的范围有三项。

1. 所列出除外责任以外的一切风险。这是指"本保险承保除了下述条款4、5、6 和 7 的规定以外的一切风险所造成保险标的物的灭失或损坏"。

2. 除外责任以外原因引起的共同海损和救助费用。这是指"本保险承保因除了下述条款 4、5、6 和 7 的规定以外的任何原因所引起的共同海损和救助费用"。

3. 被保险人根据运输合同条款对船方的赔偿责任。这是指"本保险对于被保险人根据运输合同的船舶互撞责任条款规定而应承担的责任,按照本保险单所承保的风险予以赔偿"。

在 ICC(A)的三项承保范围的规定中,关键的是第 1 项规定(即风险条款的内容)。我们在前面叙述 ICC 的结构体系和特点时已经指出,ICC(A)是采用"列明除外责任"的方式来明确其承保责任的,也就是在条款中将其不承保的风险和损失一一列出,强调除了列出的事项不保,其余都属于它的承保范围。ICC(A)所列出的这些不保事项分别反映在它的条款 4、5、6 和 7 中,所以只要掌握这四个条款的内容,了解它具体列出的有哪些不保事项,我们就可明白减去这些不保事项以后的一切风险都属于它的承保范围。不过,应该把"一切风险"理解为仅指意外风险或外来风险,而那些可以确定的风险、预期的风险、正常的风险,以及战争风险是不能归入其中的。

(二)除外责任

除外责任部分共包括四个条款,即条款 4(Clause 4)、条款 5(Clause 5)、条款 6(Clause 6)和条款 7(Clause 7)。

在讨论具体内容之前,有必要先对这四个条款的名称做些说明:1982 年 ICC 的除外责任部分同样也包括这四个条款,但每个条款后都列有副标题,分别是一般除外责任(General Exclusion)、不适航不适货除外责任(Unseaworthiness and Unfitness Exclusion)、战争除外责任(War Exclusion)和罢工除外责任(Strikes Exclusion)。2009 年的修改将它们的副标题全部删去,而直接用条款 4、条款 5、条款 6 和条款 7 表示。如此处理的理由就在于副标题并不能准确地反映该条款项下所有具体列明的不保事项，反而让人产生名实不副之感。试以条款7为例。该条款7.3和7.4分别列明的事项是"恐怖主义行为"和"出于政治、信仰或宗教目的实施的行为"，如果把罢工除外责任的副标题加上去，硬将这两种行为也视作罢工行为，显然说不通。

1. 条款4列出的不保事项。它们共有7项，具体是：

（1）被保险人的故意行为所造成的损失或费用。

（2）被保险货物的自然渗漏，重量或容量的自然损耗，或自然磨损。

（3）被保险货物由于包装不固或配载不当因而无法承受运输途中发生的通常事故所产生的损失或费用。

（4）被保险货物由于自身的固有缺陷或特性所造成的损失或费用。

（5）因为延迟引起的损失或费用，即使该延迟是由承保风险所引起的。

（6）由于船舶所有人、经理人、承租人或经营人破产或不履行债务所造成的损失或费用。

（7）由于使用任何原子或热核武器或其他类似的放射性物质的武器或设备而直接或间接造成的损失或费用。

对于条款4所列不保事项，我们着重讨论其中的四项。

一是条款4.1列出的仅仅是"被保险人的故意行为"除外，而没有规定其他人的故意行为不保，这表明它对其他人的故意行为所造成的损失或费用还是承保的。因此，对船长船员的恶意行为、沉船、纵火或其他任何形式的破坏行为造成被保险货物的损失，保险人还是负责赔偿的。我们进一步还可以看出，ICC（A）的承保范围中已包含了IMDC所承保的风险。

二是条款4.3列出的是"货物的包装不固或配载不当"除外，但同时对这项不保事项作出一定限制：首先强调判定"不固"和"不当"有一个标准，那就是货物的包装或配载"无法承受运输途中发生的通常事故"；其次明确指出这项不保事项的适用有一个前提，那就是包装或配载"是由被保险人或其雇员""在保险责任开始之前完成的"。我们不难从上述标准和前提的规定中看出ICC（A）将该除外责任限制在一定范围内的意图。

三是条款4.6列出的是"破产或不履行债务"除外，但同样通过规定其适用条件和不适用情况的做法来限制保险人的免责：一方面指出这项不保事项只有在"被保险人在保险标的物装上船时已经知道或者在正常业务经营中应当知道，这种破产或不履行债务将会导致该航程的取消"的情况下才适用；另一方面则明确该除外责任在"保险合同已经转让给已购买或已同意购买这批保险标的物且善意受让该保险合同的另一方的索赔"的情况下是不适用的。

四是条款4.7列出的是"使用核武器或设备"除外,与1982年ICC仅列出"使用核战争武器"除外相比,这项不保事项的范围经2009年的修改有了明显的扩大,指出不管是核武器还是核设备,也不管这些核武器设备是否用于战争,一旦因被使用而造成(既包括直接造成,也包括间接造成)的损失或费用,保险人一律不予负责。

2. 条款5列出的不保事项。它们共有2项,具体是:

(1)由于船舶或驳船不适航或不适货引起的损失和费用,但前提是被保险人在被保险货物装船时已经知道这种不适航或不适货的情况。

(2)由于集装箱或运输工具不适货所引起的损失或费用,但前提是被保险货物在保险责任生效前已经开始装船,或者被保险人或其雇员在被保险货物装船时已经知道这种不适货的情况。

对于条款5所列不保事项,我们着重讨论规定中对它们设下的种种限制。

条款5.1.1和5.1.2分别列出的是"船舶或驳船不适航或不适货"除外和"集装箱或运输工具不适货"除外,为了对这两项不保事项加以限制,条款5不仅明确提出了它们各自的适用前提,还通过条款5.2和5.3来进一步限制保险人的责任豁免。

一是根据条款5.2的规定,"船舶或驳船不适航或不适货"除外不适用于"保险合同已经转让给已购买或已同意购买这批保险标的物且善意受让该保险合同的另一方的索赔",这也就是说,即使发生了该不保事项所造成的损失或费用,面对善意的保单受让人的索赔,保险人依然不能免除自己的责任。

二是根据条款5.3的规定,如果"保险人放弃船舶适航或适货的默示保证",他就不可以违反保证为由不承担责任。我们知道,船舶必须适航是海上货物运输保险合同中一项重要的默示保证,一旦违反,保险人可以自该保证违反之日起取消保险合同,不再承担赔偿责任。然而,船舶适航实质上是承运货物的承运人的义务,作为托运人的被保险人对船舶是否适航的情况一般是不知道的,更无法控制(当然也不能排除被保险人事先知情的现象存在)。为使被保险人作为托运人在船舶不适航情况下对承运人拥有的索赔权不受影响,保险人放弃他可向被保险人提出关于船舶违反适航适货默示保证的权利,依然负责赔偿被保险货物因这项免责事项而遭受的损失。

对照英国《1906年海上保险法》第39条第1项关于"(船舶)航程保险单中含有默示保证,即保证船舶在开航时必须具有完成所承保的特定航程的适航能力"的规定,以及第40条第2项关于"(货物)航程保险单中,应含有如下内容的默示保证,即船舶不仅保证在开航时适航,而且还须保证具备将承运货物运送至保险单所载明的目的港的合理装备"的规定,我们可以了解到船舶在开航时具备适航适货条件的默示保证是必须严格遵守的,只要实际上存在船舶不适航不适货的情况,不论被保险人是否知情,保险人均可以违反保证为由不承担责任。然而,1982 年 ICC 在本项规定中却强调,只有在被保险人已经知道承运人违反船舶适航适货默示保证而保险人放弃了提出这项默示保证权利的情况下,才能将因船舶不适航不适货引起的货损列为除外责任,也就是给保险人的弃权附上被保险人必须不知情的前提条件;而 2009 年的修改则更进一步把这个条件也删去,变附条件的弃权为不附任何条件的弃权,以此表明:在放弃了船舶适航或适货默示保证的情况下,不管被保险人对此知情与否,保险人无权再提出船舶不适航不适货除外作为免责的借口。可见,2009 年 ICC 的这项除外规定与《1906 年海上保险法》的规定相比,大大放宽了对被保险人的要求,显然是有利于被保险人的。

3. 条款 6 列出的不保事项。它们共有 3 项,具体是:

(1)战争、内战、革命、叛乱、颠覆或由此引起的内乱,或来自交战国或针对交战国的敌对行为所造成的损失或费用。

(2)捕获、拘留、扣留、禁制或扣押(海盗行为除外),以及这种行动的后果或这方面的企图所造成的损失或费用。

(3)遗弃的水雷、鱼雷、炸弹或其他遗弃的战争武器所造成的损失或费用。

对于条款 6 所列不保事项,我们只讨论规定中对海盗行为性质的认定。

ICC(A)没有把"海盗行为"作为不保的战争风险来对待,而是从该种风险与战争风险在性质上毕竟不同这一点考虑将其划入了承保范围,这也就是说,ICC(A)对海盗行为所造成被保险货物的损失是负责赔偿的。与此同时,IWC(Cargo)的承保范围却把海盗行为排除在外。

对比我国海上货物运输保险条款将海盗行为放在特殊附加险的海上货物运输战争险项下承保的规定,我们对 ICC(A)承保海盗行为的这项责任应特别加以注意。在实际保险业务中,有些被保险人为取得包括海盗行为在内的各种风险保障而投保海上货物运输保险时,由于不了解 ICC(A)的这项承保责任,在采用我国海洋运输货物保险条款投保基本险别(海盗行为除外不保)的同时,又选用英国协会货物战争险条款(海盗行为同样不属于承保范围)投保战争险,结果一旦发生海盗行为造成的货损,既得不到前一种保险条款的保障,也得不到后一种保险条款的赔偿。

4. 条款 7 列出的不保事项。它们共有 4 项,具体是:

(1)罢工者,被迫停工工人或参与工潮、暴动或民变人员造成的损失或费用。

(2)罢工、被迫停工、工潮、暴动或民变造成的损失或费用。

(3)恐怖主义行为所造成的损失或费用。

(4)任何人出于政治、信仰或宗教目的实施的行为所造成的损失或费用。

对于条款7所列不保事项,我们要讨论的是对恐怖主义行为概念的界定和对恐怖主义行为范围的划定。

ICC(A)将"恐怖主义行为"列为除外不保,那么何谓恐怖主义行为? 其范围如何划定? 由于目前国际上没有一个标准性的定义和明确的范围划定,条款7.3为此对这一概念作出界定,明确提出了恐怖主义行为的三个特征:一是任何个人或组织直接实施;二是旨在推翻或影响政府,不管该政府是否合法成立(即"在法律上被承认或非在法律上被承认");三是使用暴力。条款7.4则对恐怖主义行为的范围进行划定,强调恐怖主义行为的实施并不仅限于行为人的政治动机,也包括行为人的"信仰或宗教目的"。条款7.3还把"与恐怖主义行为相联系"的行为也纳入恐怖主义行为范围。

(三)保险期间

保险期间部分包括三个条款,即运送条款(Clause 8:Transit Clause)、运输合同终止条款(Clause 9:Termination of Contract of Carriage)和航程变更条款(Clause 10:Change of Voyage)。

1. 运送条款。按照条款8.1的规定,保险人对被保险货物所承担的责任"自保险标的物首次从(本保险合同所载明地点的)仓库或储存处所为开始运输而立即装入或装上运输车辆或其他运输工具而移动时生效,包括正常运输过程,直至在下列任何一种情况发生时终止"。这些情况分别是:一是货物"在本保险合同所载明目的地最后仓库或储存处所,从运输车辆或其他运输工具上卸载完毕";二是货物"在本保险合同所载明目的地或之前的,由被保险人或其雇员用作在正常运输过程以外的储存或分配或分派的任何其他仓库或储存处所,并从运输车辆或其他运输工具上卸载完毕";三是货物被储存在由被保险人或其雇员选择"用作在正常运输过程以外储存的""任何运输车辆或其他运输工具或集装箱";四是货物"在最后卸载港全部卸离船舱后满60天"。保险责任的具体终止以四种情况中先发生的一种为准。

条款8.2规定:"如果保险标的物在本保险终止前于最后卸载港卸离船舶,需转运到非保险单载明的其他目的地时,本保险的效力"在依然受到上述有关终止的各项规定的限制同时,"于这批保险标的物开始转运时终止"。

当货物运输过程中出现了非正常运输或发生了客观风险变更的情况时,条款8.3对保险责任的效力及终止作出了如下规定:"在被保险人无法控制的运输延迟、绕道、被迫卸货、重新装载或转运,以及承运人运用运输合同赋予的权限所作的任何航海上的变更的情况下,本保险仍继续有效,"但同时强调被保险人为保持保险合同的效力,仍需按照上述条款8.1有关终止的各项规定和下述条款9(即运输合同终止条款)的规定办理。

只要对以上这些规定仔细加以研读,我们便会发现 2009 年 ICC 对 1982 年 ICC 与我国海上货物运输保险条款有关保险责任起讫的规定作了一定程度的修改,并借以扩展了用传统的"仓至仓"原则所确定的保险责任期间。

先来看对保险责任"起"的时点的修改。根据 2009 年 ICC 的规定,保险责任"起"的时点从原先由 1982 年 ICC 规定的"货物运离保险单载明的仓库开始运输之时"前移为"货物在保险单载明的仓库首次被移动之时"。当然,移动货物的目的在这里只能是"为开始运输而立即装入或装上"运输工具,如果移动货物是为了等候开始运输而装入或装上运输工具的话,则不能被视为保险责任期间的开始。"起"的时点的前移扩展了保险责任期间,被保险人为启运出库的装货过程也被列入承保责任范围。

再来看对保险责任"讫"的时点的修改。根据 2009 年 ICC 的规定,有可能成为保险责任"讫"的时点从原先由 1982 年 ICC 规定的三个增为四个。原先的三个分别是:①货物运抵保险单载明目的地最后仓库或储存处所之时;②货物运抵保险单载明目的地或之前的,由被保险人或其雇员用作在正常运输过程以外的储存或分配或分派的任何其他仓库或储存处所之时;③货物在最后卸载港全部卸离船舶后满 60 天。但是,需要我们注意的是,这三个"讫"的时点,除③未变动外,①②的"讫"的时点通过 2009 年的修改都从原先的货物"运抵之时"后移为货物"卸载完毕之时"。"讫"的时点的后移同样扩展了保险责任期间,有利于被保险人。此外,新增④的"讫"的时点,则是被保险人或其雇员在正常运输过程以外选择任何运输工具或集装箱储存货物之时。之所以将④也列为有可能的保险责任"讫"的时点,主要是为了对付实践中有些被保险人将货物一直储存在运输工具上而选择不再继续运输的现象,从而使保险人不必承担货物在正常运输过程以外的风险。

2. 运输合同终止条款。按照条款 9 的规定,"如果由于被保险人无法控制的原因,运输合同在非保险单载明的目的地港口或处所终止,或者运输过程在保险标的物未能如上述条款 8 的规定卸载完毕之前即已终止,本保险效力也随之终止,除非被保险人在获悉后立即通知保险人并要求继续保险效力及同意加缴保险费,则本保险继续有效,直至在下列任何一种情况发生时终止。"这些情况分别是:一是货物在该港口或处所出售或交付,或者货物自船舶运抵该港口或处所后在无特别约定的情况下届满 60 天,二者以先发生的为准;二是货物在这 60 天内(或同意延长的承保期间内)继续运往保险单载明的目的地或任何其他目的地,保险责任仍按上述条款 8(即正常运输情况下)的规定终止。

2009 年 ICC 未对其运输合同终止条款做什么修改,条款中对非正常运输情况下保险责任终止的各项规定与1982年ICC及我国海上货物运输保险条款的有关规定基本上是相同的。

3. 航程变更条款。按照条款10.1的规定,"本保险生效后,如果被保险人变更目的地,应立即通知保险人,并另行商定保险费率和承保条件。如果在协议达成之前即已发生保险事故损失,本保险只能按照符合合理的市场行情的保险费率和承保条件给予赔偿"。

条款10.2规定:"当保险标的物(依据条款8.1的规定)开始起运时,被保险人或其雇员对载运船舶将驶往其他目的地的情况并不知情,本保险仍旧被视作是在保险标的物开始起运时生效。"

2009年ICC的航程变更条款对被保险人变更航程后要求继续保险效力的有关问题作出了远比以前明确的规定。条款10所提及的航程变更实际上有两种情况:

条款10.1指的是被保险人主动变更(即可以控制)航程的情况。一旦发生了这种情况的航程变更,被保险人只要迅速通知保险人,保险合同可以继续有效,不过保险费率和承保条件得通过双方协商作出调整。对在双方协商过程中发生的货损,保险人是予以负责的,但应以双方是按照符合合理市场行情的费率和条件而达成的承保协议标准给予赔偿。

条款10.2指的是被保险人或其雇员并不知情的航程变更情况。这种情况的产生主要与20世纪70年代末、80年代初曾在国际航运界猖獗一时的"鬼船"有关。所谓鬼船(Phantom Ship),是指一些悬挂方便旗,很难查明船东身份的不值钱的老船,它们先在租船市场上揽货,揽到货后便根据租约去装货,把货装上船却不驶往提单签发的目的港,而是去一个可以将货非法脱手的地方,得逞后又通过改换船名、改挂另一方便旗再现身租船市场行骗。如果是因为遭遇鬼船而发生了航程变更,让本身受骗的无辜的被保险人来担责显失公平。为此,该条款规定只要被保险人或其雇员在开航前不知道船舶(鬼船)将驶往另一个目的地,保险人对货物起运后遭受的风险或损失承担责任。ICC通过2009年的修改而增加的这项规定旨在保护被保险人利益的意图十分明显。

三、协会货物(B)险

(一)承保范围

与ICC(A)一样,ICC(B)的这一部分也包括风险条款、共同海损条款和船舶互撞责任条款三个条款。我们只谈它的风险条款内容。由于ICC(B)对其承保的风险是采用列明承保风险的方式来明确的,所以我们只要看它具体列出哪些风险,即可知道它的承保范围,凡是没有列出的风险则自然被排除在承保范围之外。

ICC(B)列出的承保风险共有10项。

(1)火灾或爆炸。

(2)船舶或驳船搁浅、触礁、沉没或倾覆。

(3)陆上运输工具倾覆或出轨。

(4)船舶、驳船或其他运输工具与除水以外的任何外界物体碰撞或触碰。

(5)在避难港卸货。

(6)地震、火山爆发或雷电。

(7)共同海损牺牲。

(8)抛货或浪击落海。

(9)海水、湖水或河水进入船舶、驳船、其他运输工具、集装箱、托盘或贮存处所。

(10)货物在船舶或驳船装卸时落海或跌落造成整件的全损。

凡上述所列明的任何一种风险引起被保险货物的损失,保险人都予以负责。

在ICC(B)所列明承保的各种风险中,有三种风险应予以注意,因为它们在为ICC(B)所取代的WA(1963年ICC)中是没有被列入承保范围的。这三种风险,一是陆上风险,即"陆上运输工具倾覆或出轨";二是特殊风险,即"地震、火山爆发或雷电";三是水浸风险,即"海水、湖水或河水进入船舶、驳船、其他运输工具、集装箱、托盘或贮存处所"。

此外,还应指出的一点是,我国海上货物运输保险条款是按损失程度来区分险别的,而ICC则通过列明承保风险或列明不保风险的方式来确定各种险别的承保范围。因此,不论是ICC哪一种险别,只要是属于承保范围内的风险所造成的损失,全损也好,部分损失也好,保险人均负责赔偿。然而,仍有一个例外:ICC(B)虽然承保"货物在船舶或驳船装卸时落海或跌落"所造成的损失,但只对货物"整件的全损"予以赔偿,表明它对落海或跌落造成的部分损失是不负责的。

(二)除外责任

ICC(B)的除外责任基本上与ICC(A)的相同,只是在以下两点上有异:

一是在条款4列出的不保事项中,ICC(B)增加了一项,规定对"由于任何个人或数人非法行为、故意损坏或故意破坏全部或部分保险标的物"所造成的损失或费用不负责赔偿。ICC(A)在它的条款4所列不保事项中仅仅列明了被保险人的故意行为所造成的损失或费用除外不保,而未提及被保险人以外的其他人的故意行为,意思很清楚,它对被保险人以外的其他人的故意行为所造成的损失或费用是负责的。与之相比,ICC(B)增加的这一除外事项,明确地把被保险人以外的任何其他人的故意行为所造成的损失也排除在承保范围之外。如果被保险人在投保 ICC(B)的基础上需要获得这方面的保险保障,他可加保 IMDC。

二是在条款 6 列出的不保事项中,ICC(B)规定,对"捕获、拘留、扣留、禁制或扣押,以及这种行动的后果或这方面的企图"所造成的损失或费用不负责赔偿,而 ICC(A)在它的条款 6 所列出的相同的除外规定内却又加上"海盗行为除外"几个字,也就是把海盗行为从这一不保事项中划出。除外的除外,意即不除外,这表明采用列明除外责任方式来明确承保范围的 ICC(A)是把海盗行为作为承保风险的,对海盗行为所造成的损失自然予以负责。与之相比,采用列明承保风险方式来明确承保范围的 ICC(B)既没有在它的风险条款中列入海盗行为,也没有在条款 6 所列不保事项中加上海盗行为除外的字样,从而表明它是不承保海盗行为的,对海盗行为所造成的损失也自然不承担赔偿责任。

(三) 保险期间

ICC(B)的保险期间内容与 ICC(A)的完全一样。

四、协会货物(C)险

(一) 承保范围

ICC(C)的这一部分也包括风险条款、共同海损条款和船舶互撞责任条款三个条款。我们只谈它的风险条款内容,同样看看它具体列出的是哪些风险,以此来了解它的承保范围。

ICC(C)列出的承保风险共有 7 项。

(1) 火灾或爆炸。

(2) 船舶或驳船搁浅、触礁、沉没或倾覆。

(3) 陆上运输工具倾覆或出轨。

(4) 船舶、驳船或其他运输工具与除水以外的任何外界物体碰撞或触碰。

(5) 在避难港卸货。

(6) 共同海损牺牲。

(7) 抛货。

凡上述所列明的任何一种风险引起被保险货物的损失,保险人都予以负责。

ICC(C)的承保范围明显要比 ICC(B)的小,虽然同样列有陆上风险("陆上运输工具倾覆或出轨"),但是既没有列入特殊风险("地震、火山爆发或雷电")和水浸风险("海水、湖水或河水进入船舶、驳船、其他运输工具、集装箱、托盘或贮存处所"),又把浪击落海,以及货物在船舶或驳船装卸时落海或跌落造成整件全损这两种风险排除在外。

(二)除外责任

ICC(C)的除外责任与ICC(B)的完全相同。因此,在ICC(C)项下,被保险人如果需要保险人对其货物由于任何个人或数人的恶意行为而造成的损失提供保障的话,他也必须加保IMDC,原因就在于ICC(C)明确地将这种风险损失列为除外不保;同样,ICC(C)对海盗行为所造成的损失也是不负责的,我们在叙述ICC(B)的除外责任时对不保海盗行为的问题已进行过分析,这里不再赘述。

(三)保险期间

ICC(C)的保险期间内容与ICC(A)的完全一样。

五、协会货物战争险、罢工险和恶意损害险

(一)协会货物战争险

1. 承保范围。IWC(Cargo)的承保范围部分包括风险条款和共同海损条款两个条款。具体地说,该险别承保的风险共有四项。

(1)战争、内战、革命、叛乱、颠覆或由此引起的内乱,或来自交战国或针对交战国的敌对行为所造成的损失或费用。

(2)由于上述承保风险所引起的捕获、拘留、扣留、禁制或扣押,以及这种行动的后果或这方面的企图所造成的损失或费用。

(3)遗弃的水雷、鱼雷、炸弹或其他遗弃的战争武器所造成的损失或费用。

(4)由于所承保风险所导致的共同海损牺牲、分摊和救助费用。

分析IWC(Cargo)的承保范围,有两点需要我们加以注意:

一是没有把海盗行为列为承保风险,这与承保海盗行为的我国海上货物运输战争险是一个很大的区别。事实上,海盗行为已被ICC(A)作为一种风险承保,因为它并未在该基本险别条款6所列出的不保事项中出现。不过,ICC(B)和ICC(C)是仍旧不承保海盗行为的。

二是在指出对水雷、鱼雷、炸弹和其他战争武器造成的损失予以承保时,着重强调它们是"遗弃的",而并非像我国海上货物运输战争险那样,用"常规的"一词

作泛指。之所以用遗弃的，其意是表明不管是在战争年代还是和平时期都存在这类战争武器可能给货物造成损失的风险，而一旦发生了这种风险损失，保险人都承担责任。

2. 除外责任。IWC(Cargo)的除外责任部分包括条款3和条款4两个条款。它们所列出的除外事项与ICC(A)的条款4和条款5所列出的，如被保险人的故意行为、货物自然损耗、货物固有缺陷、延迟、船东破产和核武器等，内容基本上是相同的。但是，IWC(Cargo)的条款3与ICC(A)的条款4相比，还是存在一些差别，我们对此应予以注意：

一是增加了一项"航程受阻"的除外事项，即"任何由于航程或航行受阻引起的索赔"。根据该项除外事项的规定，当航程由于战争原因受阻，尽管被保险货物本身未受损，被保险人却因被迫放弃航程致使这些货物不能运到保险单所载明目的地而遭到损失，保险人对这类间接损失不予负责。

二是对"使用核战争武器"的除外事项稍做更改，变"使用"为"敌对性地使用"，即"由于敌对性地使用任何原子或热核武器或其他类似的放射性物质的战争武器所造成的损失或费用"。根据该项除外事项的规定，IWC(Cargo)只对被保险货物因敌对性地使用核战争武器所造成的灭失或损坏除外不保，如果货物损失是由于非敌对性地使用核战争武器，比方说是进行核战争武器试验而造成的，保险人还是负责赔偿的。

3. 保险期间。IWC(Cargo)对保险期间的规定采用的是"水面负责"原则，而不是"仓至仓"原则。具体规定：在一般情况下，保险责任自被保险货物装上船舶时开始，直至在最后卸载港卸离船舶时终止，或者自船舶到达最后卸载港当日午夜起算满15天终止，二者以先发生者为准。如果船舶到达最后卸载港后未将被保险货物卸下，而是重又起航，只要被保险人立即通知保险人并加付保险费，保险责任继续有效，直至被保险货物在最后卸载港或替代港卸离船舶时终止，或者自船舶到达最后卸载港或替代港当日午夜起算满15天终止，二者以先发生者为准。

此外，还要注意其他两项重要规定。

一是如果被保险货物在中途港卸下并改由其他船舶或飞机续运，或者在避难港被卸离船舶，可在被保险人及时通知保险人和加付保险费的情况下，保险责任继续有效，直至从船舶到达该中途港或该避难港当日午夜起算满15天终止。如果在这15天内，货物装上续运的船舶或飞机，保险责任继续有效，至于终止的时间将取决于续运的是何种运输工具：若是由船舶续运，保险效力终止仍适用IWC(Cargo)的规定；若是由飞机续运，保险效力终止则适用IWC(Air Cargo)即协会航空货物运输战争险条款的规定。

二是如果被保险货物在装载港装船或在卸载港卸船,是用驳船在装载港码头与载货船舶之间或者在载货船舶与卸载港码头之间往来驳运的话,保险人对装在驳船上驳运的货物因遭遇漂浮在水面或浸没在水下的遗弃水雷、鱼雷而造成的损失承担赔偿责任。但除非另有约定,保险责任最长不超过从货物卸离载货船舶后起算的 60 天。

(二) 协会货物罢工险

1. 承保范围。ISC(Cargo)的承保范围部分包括风险条款和共同海损条款两个条款。具体地说,该险别承保的风险共有四项:

(1)罢工者、被迫停工工人或参与工潮、暴动或民变人员造成的损失。

(2)恐怖主义行为,或与恐怖主义行为相联系的行为造成的损失。

(3)任何人出于政治、信仰或宗教目的而采取行动所造成的损失。

(4)因承保风险所引起的共同海损和救助费用。

对于 ISC(Cargo)的承保风险,应予以注意的就是对恐怖主义行为概念的界定及其范围的划定。这些内容我们在叙述 ICC(A)的条款 7 所列不保事项时已进行过分析。

2. 除外责任。ISC(Cargo)的除外责任部分包括条款 3 和条款 4 两个条款。它们所列出的除外事项与 ICC(A)的条款 4 和条款 5 所列出的,内容基本上差不多。但由于 ISC(Cargo)只负责被保险货物因罢工而造成的直接损失,因罢工引起的间接损失或属于 IWC(Cargo)承保范围的风险所引起的损失则是不负责的,所以它还增加了三项不保事项。

一是由于罢工、停工、工潮、暴动或民变引起工人缺勤、缺员或怠工所造成的灭失、损坏或费用。例如,由于罢工而引起工人缺勤、缺员,致使堆放在码头上的货物因未能及时运入仓库或罩盖上防雨的油布,遂遭雨淋而遭受损失。对这种间接损失,保险人是除外不保的。

二是由于罢工造成航程受阻,致使货物未能运到保险单所载明的目的地而引起的间接损失。例如,被保险人在航程受阻后为继续完成货物的运送而支出的续运费用,保险人是不负责的。

三是由于战争、内战、革命、叛乱、颠覆或由此引起的内乱,或来自交战国或针对交战国的敌对行为所造成的损失或费用。这些战争风险引起的损失,保险人自然将它们排除在 ISC(Cargo)的承保范围之外。

此外,ISC(Cargo)对使用核战争武器的除外事项规定也不同于 IWC(Cargo),它不像后者仅将该事项的除外限于"敌对性地使用",而是规定只要货物损失是因使用这些核战争武器造成的,不管是敌对性地使用还是非敌对性地使用,不管是直接造成还是间接造成,一概排除在保险责任范围之外。

3. 保险期间。ISC(Cargo)对保险期间的规定采用的是与 ICC(A)、ICC(B)和 ICC(C)一样的"仓至仓"原则,而不是 IWC(Cargo)所采用的"水面负责"原则。也就是说,保险人对被保险货物承担的责任自发货人仓库开始至收货人仓库终止的整个运输期间。对这一点,我们需加以留意。

(三)协会货物恶意损害险

IMDC 是 ICC(B)或 ICC(C)的附加险别。该附加险别针对这两个基本险别的条款 4 所列明的"由于任何个人或数人非法行为、故意损坏或故意破坏全部或部分保险标的物"所造成的损失或费用不保的规定,在被保险人为获得这方面的保险保障需要而加保的情况下,将该规定删除,并明确承保"由于恶意行为、任意毁坏财产的行为所造成保险标的物的损失"。因为 ICC(A)对被保险人以外的任何其他人的故意行为所造成的损失或费用是负责的,所以在投保了该基本险别以后就没有必要再加保 IMDC。

六、协会货物五种险别的其余部分内容

(一)理赔

理赔部分包括四个条款,即保险利益条款(Clause 11:Insurable Interest)、续运费条款(Clause 12:Forwarding Charges)、推定全损条款(Clause 13:Constructive Total Loss)和增值条款(Clause 14:Increased Value)。

1. 保险利益条款。该条款是根据英国《1906 年海上保险法》的第 6 条规定而制定的。主要内容有两点。

一是在被保险货物发生损失时,被保险人必须对被保险货物具有保险利益,才能获得保险人的赔偿;

二是即使被保险货物在保险合同订立之前已经发生损失,对其具有保险利益的被保险人仍有权向保险人提出索赔要求,除非他在订立合同时知道损失已经发生而保险人并不知情。

2. 续运费条款。该条款是对 ICC(A)、ICC(B)和 ICC(C)都适用的一个共同性条款,主要规定:由于承保风险的发生造成运输航程在非保险单所载明的港口或处所终止,被保险人为卸货、存仓和续运至保险单载明的目的地所支出的适当而合理的额外费用,均由保险人负责赔偿。

不过，保险人负责赔偿的续运费中，不包括共同海损和救助费用。而且，被保险人获得保险人对续运费赔偿的前提条件有三个：一是造成航程终止的原因必须属于承保风险；二是发生的续运费必须适当而合理；三是这些费用必须不是由于被保险人或其雇员的过失、疏忽、破产或不履行债务所引起的。

3. 推定全损条款。有关推定全损的内容，我们应该是很熟悉的。按照该条款规定，被保险人只有在被保险货物的实际全损已经不可避免，或者为恢复、整理及运送被保险货物到承保目的地的费用超过其本身价值并经合理委付的情况下，才能按推定全损索赔。

4. 增值条款。该条款是根据货物贸易的特点，参照船舶保险中的增值条款而制定的。在叙述该条款的内容之前，有必要先对"增值"的含义做一番解释。何谓"增值"？一笔成交的货物，卖方在为其购买海上货物运输保险时与保险人协商约定的保险价值，往往要低于买方期望在将其运达目的地后出售所得到的金额，保险价值与期得金额之间的差额就叫作"增值"（Increased Value）。在这种情况下，买方当然希望将增值部分以与先前卖方投保时的相同条件向保险人投保，以便在货物遭遇海上风险而受损时能获得充分的赔偿。这种先是按货物的保险价值投保后，在保险单上按同样条件再增加一笔保险金额的保险，即为"增值保险"（Increased Value Insurance）。显然，就性质而言，增值保险其实是海上货物运输保险的补充保险，而原来投保的货物运输保险相对于增值保险则可被称为"原始保险"（Primary or Original Insurance）。

ICC 为适应买方的上述需要订入这一增值条款，做出以下两项规定。

一是规定被保险人如果以原始保险项下所承保的货物投保增值保险，这批货物的保险价值应视为等于原始保险的保险金额加上其他所有增值保险的保险金额之和；一旦发生损失索赔，保险人则将两笔保险金额加在一起作为计算赔款的基数，也就是说，保险人在原始保险项下所负的赔偿责任按照该保险金额与保险总金额的比例计算。此外，还要求被保险人在提出索赔时，必须向保险人提供所有其他保险所承保金额的证明。

二是规定被保险人如果以原始保险项下所承保的货物投保增值保险，这批货物的保险价值应视为等于原始保险的保险金额加上其他所有增值保险的保险金额之和；一旦发生损失索赔，保险人则将两笔保险金额加在一起作为计算赔款的基数，也就是说，保险人在增值保险项下所负的赔偿责任按照该保险金额与保险总金额的比例计算。此外，还要求被保险人在提出索赔时，必须向保险人提供所有其他保险所承保金额的证明。

增值条款的法律效力就在于将原始保险与增值保险的保险价值合并为一个保

险价值,使每一份保险单与被保险货物的全部价值相关联,并与每一份保险单的保险金额发生关系。换句话说,原始保险也好,增值保险也好,都只是海上货物运输保险的一部分,二者合而为一才是被保险货物所获得的全部保险。正因为如此,所以当货物出险受损,两份保险单也就应当按各自的比例来分担对货物损失的赔偿。该条款的第一项规定是针对原始保险的,要求保险人按原始保险的保险金额占保险总金额的比例来确定其在该份保险单项下所负的赔偿责任;而第二项规定则是针对增值保险的,要求保险人按增值保险的保险金额占保险总金额的比例来确定其在该份保险单项下所负的赔偿责任。

(二)保险权益

保险权益部分只有一个条款,即条款 15(Clause 15)。

为何条款没有名称?有必要说明一下。1982 年 ICC 在该条款后列有副标题"不得受益"(Not to Inure),而 2009 年的修改将其删去,原因就在于该条款如今除了有关不得受益的规定以外,还增加了涉及扩展保障对象的内容,如果仍用那个副标题有可能会让人产生误解。

该条款规定的内容有两点:一是本保险除了保障被保险人以外,根据保险合同有权提出索赔的人或收货人也是保障对象;二是承运人或其他受托人不得享受本保险的权益。

ICC 订立此条款有两个目的。

首先,是把本保险保障的对象从被保险人扩展到收货人,以及其他根据保险合同有权提出索赔的人。其实,作为在被保险货物到达目的地后凭提单提取货物的收货人,事实上正是海上货物运输保险合同的保障对象,不管他们是不是实际购买了保险。实践中,保险人也是视他们为被保险人并接受他们就货损提出的索赔请求的。2009 年的修改在条款 15 中将收货人明确列出,目的就是不让他们的权益受到损害。

其次,是不让承运人或其他受托人摆脱他们对货损货差或延迟交货等应负的责任。我们知道,国际提单公约明确规定了承运人对其承运的货物应该承担的最低限度责任,但不能否认的是,在海上运输实践中确也存在着以下这样的情况:承运人对货损的发生明明要承担责任,他们却通过事先在海上货物运输合同中订入相关的条款,要求购买了海上货物运输保险的托运人同意让他们享受保险权益,从而使保险人在赔付被保险人的损失以后丧失对他们这些责任人的代位求偿权。可见,约束被保险人以防止保险人的权益受到损害是该条款的另一个目的。

(三) 减少损失

减少损失部分包括两个条款,即被保险人义务条款(Clause 16:Duty of Assured)和放弃条款(Clause 17:Waive)。

1. 被保险人义务条款。该条款规定被保险人及其雇员或代理人对承保损失的发生应承担如下义务:一是采取合理措施,以避免或减少承保损失;二是维护保险人对承运人、受托人或其他第三者追偿的权利。保险人除赔偿所承保的各项损失以外,对被保险人因履行这些义务而支出的任何适当而合理的费用也给予补偿。

ICC 的被保险人义务条款把应承担减少承保损失和维护代位追偿权这些义务的人的范围从被保险人扩大为被保险人、其雇员和代理人,目的是鼓励他们对已发生的货损积极施救和确保保险人对造成货损的有关责任方的追偿权利。

2. 放弃条款。该条款规定:当被保险货物发生损失时,被保险人或保险人为抢救、保护或恢复被保险货物所采取的措施,不应视为放弃或接受委付的表示,或视为影响任何一方的权益。

此项规定明确了当保险双方中的任何一方对受损被保险货物采取抢救或保护等措施,另一方不能因此而认为对方已经放弃保险合同赋予他的固有权利。换句话说,保险人不能把被保险人的施救行为看作是其已决定放弃提出委付的权利的一种表示,被保险人同样不能把保险人作出的旨在减少被保险货物损失的保护措施理解为已准备接受委付,亦即准备放弃以后拒绝接受委付的权利的一种表示。因此,ICC 订入这个条款的意图十分清楚,就是消除被保险人对抢救受损货物会影响自身权利的顾虑,促使他们很好履行自己应积极施救的义务。

(四) 防止延迟

防止延迟部分只有一个条款,即条款 18(Clause 18)。1982 年 ICC 在该条款后列有副标题"合理处置"(Reasonable Despatch),而 2009 年的修改则将其删去。

该条款规定:被保险人对其所投保的货物在发生事故后,必须在其力所能及的情况下,以合理的方式迅速处理。作出这样规定的目的是为了提醒被保险人不能因为购买了保险而故意延迟处置事故。

(五) 法律与惯例

法律与惯例部分就只有一个条款,即条款 19(Clause 19)。1982 年 ICC 在该条款后列有副标题"英国法律与惯例"(English Law and Practice),而 2009 年的修改将其删去。

该条款规定:本保险适用英国法律和惯例。

(六)注意事项

该注意事项的内容是:根据条款9(即运输合同终止条款)的规定,被保险人在该条款所约定的事项发生时有权要求继续保险效力,条件是获知情况后立即通知保险人;同样,根据条款10(即航程变更条款)的规定,被保险人在该条款所约定的事项发生时有权要求变更目的地,条件也是获知情况后立即通知保险人。被保险人能否得到他可享有的这两项权利,就取决于他是否履行上述通知义务。

这一注意事项之所以被放在ICC的最后,不仅是起到一个提醒作用,而且表述了普通法中一条确定的法律规则,那就是"迅速通知"是"继续承保"(Held Cover)的先决条件,目的是防止被保险人在知悉条款所约定事项发生时先是拖延不报,直至货物损失实际发生才向保险人发出通知以寻求被继续承保并逃避支付附加保险费的情况出现。不过,1982年ICC所用的含糊不清的"继续承保的事项"一词在2009年的修改中被删除,而为明确具体的"条款9和条款10所约定事项"所取代。

第二节 美国协会货物保险条款

一、美国协会货物保险条款的产生及其特点

(一)美国协会货物保险条款的产生

美国协会货物保险条款是由创立于1898年的美国海上保险人协会(American Insurance of Marine Underwriters)制定的,不同于英国协会货物保险条款。美国经营海上货物运输保险业务的保险人在英国推出1982年协会货物保险条款以后并未随之跟风,而是坚持使用自己的条款不变。美国协会货物保险条款在应用上因而具有独特性,值得我们加以研究并通过其与英国协会货物保险条款的比较进行分析。

(二)美国协会货物保险条款的特点

《美国协会货物保险条款》(American Institute Cargo Clauses, AICC)最近的一次修订是在2004年。如果将它与英国协会货物保险条款做一番比较,我们可以发现大致有以下一些特点。

1. 结构比较松散自由,各个条款相互独立。与结构统一、严谨的ICC相反,

AICC 在结构上相对显得松散些。它由 13 个条款,外加一个注意事项构成,看来比较简单,不像 ICC 那样有一套包括 6 种险别,各险别(除 IMDC 外)又统一由 8 个部分,共 19 条组成的完整的体系。它的 13 个条款每条都有自己独立的内容,尽管如此,若仔细分析一下,仿照 ICC 划分内容的方式,我们还是能将 AICC 的 13 个条款归纳成以下几个部分。

(1)有关保险期间的部分,有仓至仓/运送条款 1 条。

(2)有关承保范围的部分,有驳船条款、平安险条款、共同海损条款、船舶互撞责任条款和海损保证条款 5 条。

(3)有关理赔的部分,有标签条款、机器条款、推定全损条款和提单条款共 4 条。

(4)有关减少损失的部分,有被保险人义务条款 1 条。

(5)有关保险权益的部分,有承运人条款 1 条。

(6)有关除外责任的部分,有战争、罢工、延迟保证条款 1 条。

由此可见,AICC 的内容框架虽说有些松散,但其脉络还是清晰的,布局结构有其独特性。

2. 个别条款内容庞杂,适用范围既广且多。AICC 的具体条款数少,但有些条款的内容含量相当大,可以说是一条顶几条。例如,仓至仓/运送条款 1 条就几乎把 ICC 的运送条款、运输合同终止条款、航程变更条款和条款 18(即合理处置)4 条内容都包括了进去。前 3 条是涉及保险期间的,而后 1 条是有关防止延迟的,因此仓至仓/运送条款 1 条就相当于 ICC 的两个部分共 4 条。又如,海损保证条款 1 条内,实际上包括了岸上条款,爆炸条款,存仓、续运条款和疏忽条款 4 条,涉及多方面的保险责任内容。

除此以外,AICC 中的某些条款,适用范围也较 ICC 的相应条款广得多。仓至仓/运送条款即为一例,它虽然是保险人对海上运输货物承担保险责任时间的规定,但同样也可用来规定航空货物运输保险的有效期。

3. 突破传统保障范围,承保广泛陆上风险。AICC 通过驳船条款、平安险条款和共同海损条款等,列出了所承保的各种海上风险,不仅如此,它又借助海损条款中的岸上条款,把其承保的陆上风险一一载明。在这些陆上风险中,既有 ICC(B)和 ICC(C)同样予以负责的陆上运输工具倾覆或出轨的风险,还有它们发生碰撞和其他意外事故,以及在陆上运输期间因火灾,雷电,喷淋渗漏,龙卷风,飓风,地震,洪水或船坞、码头倒塌或下陷引起的损失。广泛承保陆上风险,反映了 AICC 并不囿于海上货物运输保险应当承保海上固有风险的旧有概念,而是确定了旨在适应贸易和航运对保险保障实际需要的保险范围。

二、美国协会货物保险条款的内容

(一) 保险期间

保险期间部分只有仓至仓/运送条款(Warehouse to Warehouse/Transit Clause)一条。

该条款的内容包括以下四个方面。

一是规定保险人对被保险货物在正常运输情况下所承担的保险责任。保险责任具体是"从货物运离保险单所载明的仓库或储存处所开始,直至在下述三种情况发生时终止"。这三种情况分别是:①货物交付给保险单所载明的目的地收货人仓库或其他最终仓库或储存处所;②货物运往其他仓库或储存处所被分配、分派或作为正常运输过程以外的储存,或是在抵达目的地之前就在中途某个仓库或储存处所被分配、分派或作为正常运输过程以外的储存;③货物从目的港卸离船舶时起算满60天,或从目的地卸离飞机时起算满30天。以三种情况中先发生的一种为准。

如果由于被保险人无法控制的原因,货物自卸离目的港(地)船舶(或飞机)后满60天(或30天),仍未进入收货人仓库,只要被保险人及时通知保险人并加缴保险费,保险责任可继续延长30天,但无论如何最多只能延长30天。

二是规定保险人对被保险货物在非正常运输情况下所承担的保险责任。当被保险货物因船东或承运人根据运输合同赋予他们的权限变更航程,或绕航、延迟、被迫卸货、重装和转运等而遭受的损失,保险人是负责赔偿的。

如果被保险货物在运抵保险单所载明的目的地之前,由于船东或承运人行使运输合同赋予他们的权限而在其他港口或地点终止运输合同,保险责任也并不因此终止,而是继续有效,直至货物在这些港口或地点出售及交付时为止,或者货物未被出售,仍被转运到保险单所载明的目的地或其他目的地,进入收货人仓库或储存处所为止。

如果在上述非正常运输情况下保险责任继续有效期间,被保险货物在最后卸货港卸离船舶后被重新出售并转运至非保险单所载明的目的地,保险人仍负责在此以前货物在卸货港储存期内的风险,但以货物在该卸货港卸离船舶当日午夜起算的15天为限。

三是规定在发生风险变更时的处理办法。在出现航程变更或漏报、误报被保险货物,漏报、误报载货船舶乃至航程的情况下,只要被保险人加缴保险费,保险责任继续有效。

四是规定被保险人在防止延迟上的义务。要求被保险人除了确实无法控制局面以外,应在其所能控制的一切情况下迅速合理地处置所发生的事项,不让运输中断或终止。

归纳上述这些内容,可以看出仓至仓/运送条款实际上是一条主要涉及货物运输保险责任期间的条款,具体的各项规定与 1982 年 ICC 的大致相同,但包含的内容远比后者中有关保险期间的运送条款、运输合同终止条款和航程变更条款这三条的内容多,如关于正常运输情况下的责任期间规定适用航空运输的内容在 ICC 中是没有的。除此以外,仓至仓/运送条款还包括了类似 ICC 中有关条款 18(即合理处置)的内容。

(二)承保范围

这一部分包括五个条款,即驳船条款(Craft)、平安险条款(FPA)、共同海损条款(General Average)、船舶互撞责任条款(Both to Blame Collision Clause)和海损保证条款(Average Warranty)。

1. 驳船条款。该条款规定,保险人负责被保险货物在用驳船运往或运离船舶的过程中因承保风险的发生而遭受的损失,同时明确每一条驳船应作为一个单独的保险单位,而且并不因为被保险人与驳船方订有任何免责协议而解除保险责任。

就其内容来看,该条款与我国海上货物运输保险条款对平安险所规定的第 1 项承保责任内容,即"被保险货物用驳船运往或运离海轮的,每一驳船所装的货物可视作一个整批"有些类似。这项规定使得每条驳船在驳运时所装的货物被作为一个单独的整体来对待,尽管它们在保险单所承保的全部货物中只是一部分。驳船条款对被保险人的意义在于:一旦一条驳船所装的货物在驳运中受到损失,便可被当作全损而获得保险人的赔偿。

2. 平安险条款。该条款规定了平安险承保的范围,即负责被保险货物因火灾、船舶触礁、沉没、碰撞、与除水以外的任何外界物体的触碰所造成的损失,以及在避难港时由于卸货所引起的损失。

不难看出,AICC 规定的平安险的承保范围,与我国海上货物运输保险条款的平安险承保范围相比较,要小得多。它既不把货物因爆炸所造成的损失,以及在船舶发生意外事故之前或之后又遭遇自然灾害而受到的部分损失列为承保责任,也不承担货物在避难港由于卸载、存仓或转运所产生的特别费用。

3. 共同海损条款。该条款规定,保险人对根据运输合同,或按照美国法律和惯例,或按照外国规则,或按照《约克·安特卫普规则》理算的共同海损和救助费用负责赔偿。

该条款关于负责赔偿因承保风险引起的共同海损和救助费用的规定,与 ICC

的规定是一样的。

4. 船舶互撞责任条款。该条款规定，对被保险人根据运输合同中订有的船舶互撞责任条款规定而应支付给承运人的那部分损失，保险人负责赔偿，但要求被保险人履行通知义务以维护保险人就此项索赔进行抗辩的权利。

该条款与 ICC 中的船舶互撞责任条款毫无区别。

5. 海损保证条款。海损保证条款与仓至仓/运送条款一样，内容含量相当大，一条内具体包括四个条款，它们是岸上条款（Shore），爆炸条款（Explosion），存仓、续运条款（Warehousing and Forwarding），疏忽条款（Inchmaree）。

（1）岸上条款规定，对被保险货物在船坞、码头或海岸上其他地方，或在陆上运输期间因发生运输工具碰撞、出轨、倾覆或其他意外事故，或因遭遇火灾、雷电、喷淋渗漏、龙卷风、飓风、地震、洪水（指航行水域的水位上涨），或船坞码头倒塌、下陷等灾害事故而造成的损失，保险人都予以负责。

把陆上风险列入海上货物运输保险所承保的风险范围并非是 AICC 独有的，ICC（B）和 ICC（C）同样承保陆上运输工具的倾覆或出轨的风险，然而根据 AICC 中的这一岸上条款规定，AICC 承保的陆上风险之广，显然是 ICC 不可企及的。

（2）爆炸条款规定，保险人承保被保险货物在保险期间内任何地点因各种爆炸而造成的损失，但不包括战争险和罢工险保证条款中提及的爆炸。

爆炸作为一种意外事故，ICC 和我国海上货物运输保险条款都将其列为承保风险，而且都是与火灾放在一起，不单独列出。AICC 却专门订立一个爆炸条款来表明保险人对爆炸造成的货损负赔偿责任，这是一种甚为突出的做法。

（3）存仓、续运条款规定，保险人对被保险货物因属于承保范围的原因而卸载、存仓、续运所支出的费用及特别费用负责赔偿，对在装载、转运和卸载过程中发生的一件或数件整件货物的灭失也同样承担赔偿责任。

该条款的内容有点类似我国海上货物运输保险条款中的平安险对货物"在装卸或转运时由于一件或数件整件货物落海造成的全部或部分损失"，以及"运输工具遭遇海难后……在中途港、避难港由于卸货、存仓以及运送货物所产生的特别费用"负责赔偿的规定。但是，我国条款的平安险仅对装卸、转运过程中整件货物落海造成的损失负责，而 AICC 的存仓、续运条款负责任何原因造成的货物灭失，二者一比较，很容易发现后者承保的责任范围明显大于前者。

（4）疏忽条款规定，保险人特别承保被保险货物因锅炉爆炸、桅杆断裂或船壳、机器设备的潜在缺陷，以及因船长、船员、大副、工程技术人员或引水员在航行或管理船舶上的疏忽、过失而造成的损失。

在《海牙规则》规定承运人对其承运的货物可以免责的事项中有两项，即船长、船员在航行和管理船舶上的过失、疏忽,以及恪尽职守仍不能发现(船舶)的潜在缺陷。前一项为过失免责,后一项为特殊免责,它们正是 AICC 的疏忽条款规定由保险人承担责任的内容。这条因 1887 年英国"印区玛瑞号"货轮的索赔案而命名的"疏忽条款"最早在赔案处理后的第二年就被列入英国伦敦保险协会的船舶保险单,至今也仍被英国协会定期船舶保险条款(Institute Time Clause[Hull],ITC)作为承保的内容。① AICC 出于与船舶保险条款中有关规定保持一致的目的,在货物运输保险条款内也列入了疏忽条款。

(三) 理赔

理赔部分包括四个条款,即标签条款(Labels)、机器条款(Machine)、推定全损条款(Constructive Total Loss)和提单条款(Bill of Lading)。

1. 标签条款。该条款规定,保险人对被保险货物的外包装损坏、标签损坏承担赔偿责任,但以包装物、标签本身的置换或修复费用为限,在任何情况下,这方面的赔偿都不能超过受损货物的保险价值。

该条款显然是要表明,保险人只能承担货物外包装和标签本身损坏的直接损失,对由此而引起的种种后果,诸如因标签损坏影响货物使用,包装损坏造成货物难以出售等间接损失,理所当然地拒绝负责。

2. 机器条款。该条款规定,由各个部件组装而成的机器,如果机器中有部分部件发生保险责任范围内的损失,保险人只能按那些受损部件占整台机器保险价值的比例来承担赔偿责任;或者根据被保险人作出的选择,负责赔偿重置或修复那些受损部件的费用,包括施救费用和续运费。但不论哪一种情况,保险人的赔款不能超过整台机器的保险价值。

订立该条款的意图很清楚,是为了使被保险人不能因为机器部件损坏而要求保险人按整台机器的价值赔偿。

3. 推定全损条款。该条款规定,只有在被保险货物的实际全损已不可避免,或者为避免实际全损所支出的费用将超过货物价值的情况下,保险人才能接受被保险人为要求作推定全损赔偿而提出的委付。

该条款与我们已阐述过的推定全损条款内容是一样的。

---

① 1887 年英国一艘叫"印区玛瑞"(Inchmaree)号的货轮按 S. G. 保险单投保了船舶定期保险。由于轮机员在用水泵将水抽进锅炉时,一时疏忽大意,没有将辅机阀门打开,结果水未能进入锅炉而被压入辅助泵的空气室,致使锅炉爆炸。因为这一损失既不属于海难,也无法列入含义很模糊笼统的"一切其他风险"中去,英国海事法院审理此案时就判定保险人不负赔偿责任。自此以后,保险人为了对不可预料的疏忽和内在缺陷发生的损失加以承保,设计了这一条款并以印区玛瑞命名,亦称"疏忽条款"。

4. 提单条款。该条款规定,保险人不能因为提单中的某些规定而剥夺被保险人根据保险合同应享有的正当权益。具体地说,对因不适航造成的货损,因承运人及其雇员的错误或不当行为造成的货损,以及因船舶无引航行驶、拖带他船或被他船拖带,或救助他船所造成的货损,保险人均予以负责。

该条款实际上表达了这样一个意思:被保险人在其货物因承运人及其雇员的过失或错误行为而遭受损失的事实中是无辜者,保险人不能因此推卸自己对货损应负的赔偿责任。为此,有人把此提单条款看作是保险人向被保险人明示的一项承诺保证。

(四) 减少损失

减少损失部分只有被保险人义务条款(Duty of Assured)一条。该条款规定,被保险人及其雇员应采取合理措施来避免或减少损失,并保证保留及行使对承运人、受托人或其他第三者追偿的权利。

该条款与 ICC 中的被保险人义务条款,在规定的内容上完全相同。

(五) 保险权益

保险权益部分只有承运人条款(Carrier)一条。该条款规定,承运人或其他受托人不得直接或间接享受本保险的权益。

该条款与 ICC 中的条款 15(即不得受益)的部分内容相同。

(六) 除外责任

除外责任部分只有战争、罢工、延迟保证条款(War, Strikes and Delay Warranty)一条。该条款由战争不保条款(Free of Capture and Seizure Warranty),罢工、暴动、民变和恶意行为除外条款(Strikes, Riots and Civil Commotions Warranty)及延迟除外条款(Delay Warranty)三个条款组成。

(1) 战争不保条款(亦称捕获和扣押除外条款)具体规定了货物运输保险的战争除外事项,包括:无论是在和平时期或战争时期发生的合法或非法的捕获、扣押、拘留、禁制、扣留、没收、征购、征用或国有化及其后果所造成的损失;不论是在和平时期或战争时期由于使用原子或热核武器,或使用水雷和鱼雷所造成的损失或费用;由于敌对行为或类似战争行为所造成的损失;由于内战、革命、叛乱、颠覆或因此引起的内乱,以及海盗行为所造成的损失。

在上述战争除外事项中,AICC 是把海盗行为作为战争行为来对待的,同样除外不保。这与我国海上货物运输保险条款的规定是一致的,但有别于 ICC,因为

ICC(A)把海盗行为从不保的战争风险中划出而予以负责。在其余的内容上,AICC与ICC基本一样,只是在用词上略有区别。

(2)罢工、暴动、民变和恶意行为除外条款规定,由于罢工、停工、工潮、暴动、民变或参与这类事件或骚乱的个人或数人的行为所造成的损失,不属于保险人承保的范围。

该条款规定大体上也就是ICC中的罢工除外责任的内容。

(3)延迟除外条款规定,凡因延迟引起的市场损失或其他间接费用损失,不论该延迟是承保风险还是非承保风险造成的,保险人都不负责。

该条款规定对因延迟引起的间接损失不承担保险责任,实际上是各国海上货物运输保险条款普遍列入除外不保责任中的一项。

(七)注意事项

注意事项规定,被保险人必须履行下述一项义务,即在获知发生有本保险"继续承保"的事项时应立即通知保险人。该注意事项的内容与ICC的相同,但表述上不如后者具体、明白。

三、美国协会货物战争险和罢工险条款

美国协会制定的货物战争险条款[即AIWC(Cargo)]是依附于货物预约保险单项下的,保险人只有在被保险人采用预约保险方式投保的情况下才承保战争风险。

AIWC(Cargo)承保的基本上是一般战争风险,也就是被AICC在其战争不保条款中所列明的那些内容,除了把海盗行为作为战争行为予以承保这一点以外,其他方面与IWC(Cargo)没有多大区别。然而,AIWC(Cargo)承保的范围中有一项关于保险人对因政府当局为减少环境污染而造成的货损负责赔偿的规定,是我们需要加以注意的。

这项规定的具体内容是:对装载在运输工具上的被保险货物处于水面期间,由于政府当局采取旨在避免或减轻环境污染(主要是指油污)危险的措施而直接遭到的损失,保险人承担赔偿责任,但前提是这些污染危险如果给货物造成了损失也可在本保险单项下获得赔偿。把政府为减轻环境污染而采取强制性措施所致损失当作战争风险来承保,这是AIWC(Cargo)的一个特点,它扩大了IWC(Cargo)承保的范围。由于当前海洋污染事件的增多,以及各国政府对环保的重视,为适应对因政府当局防污治污而可能给运输货物带来的损失提供保险保障的需要,这正是在AIWC(Cargo)中列入上述规定的意义所在。

美国协会没有制定专门的罢工险条款,而是采用批单的方式来满足被保险人这方面的保障需要,也就是说,被保险人可以在货物预约保险单上加贴罢工、暴动、民变和恶意行为险批单来达到投保罢工险的目的。该批单承保的风险基本上是 AICC 在其罢工、暴动、民变和恶意行为除外条款中列明的内容。

思考题

1. 现行的英国协会货物保险条款是在何时推出使用的?请说出它的险别种类和结构体系。

2. ICC(A)是采用什么方式来规定其承保范围的?它总共有哪几类除外责任事项?对保险人放弃船舶适航或适货的默示保证,《1906 年海上保险法》、1982 年 ICC 和 2009 年 ICC 分别作出的规定有什么不同?

3. ICC(A)在其条款 4 所列除外事项中仅强调"被保险人的故意行为"和在其条款 6 所列除外事项中将"海盗行为"排除在捕获、拘留行动之外,分别表明了什么意思?

4. ICC(B)和 ICC(C)所列明承保的各种风险中,有哪几种风险应予以注意?这两种险别在其条款 4 所列除外事项中强调"任何人的故意行为"和在其条款 6 所列的捕获、拘留行动中没有"海盗行为除外"字样,分别表明了什么意思?

5. 2009 年 ICC 将 1982 年 ICC 用传统的"仓至仓"原则所确定的保险期间进行了怎样的扩展?它对保险责任"起"的时点和"讫"的时点分别是如何修改的?

6. 对于海盗行为的承保与否,ICC(A)、ICC(B)、ICC(C)和 IWC(Cargo),以及我国海上货物运输保险和海上货物运输战争险分别是如何规定的?某商人按 CIC 投保了海上货物运输保险,同时为取得对海盗行为的风险保障,又按 ICC 投保了战争险。问该商人能否如愿获得这一风险保障?你认为他可以采用哪些投保方式得到这一风险保障?为什么?

7. IMDC 的内容是什么?它是 ICC 哪些主险的附加险?

8. 美国协会货物条款与英国协会货物条款相比有哪些特点?

第十一章 国际货物运输保险实务

国际货物运输保险是国际贸易的必要组成部分,不论是进口货物还是出口货物,都需要办理货物运输保险。没有国际货物运输保险提供的充分保险保障,贸易双方实际上是不可能顺利地通过国际运输方式完成将交易的货物从卖方手中运送到买方手中这一过程的。国际货物运输保险的实务,主要由投保、承保、索赔和理赔等环节组成。

第一节 国际货物运输保险的投保

投保,即购买保险,被保险人通过购买保险与保险人建立保险合同关系。国际货物运输保险的投保,主要涉及的问题有这样几个:一是由谁来购买,即应由买方还是卖方办理投保手续;二是买哪一种,即选择哪一种险别投保;三是买多少,即如何确定投保金额;四是付多少钱,即如何缴付保险费。

一、何方投保取决于成交的贸易术语

我们已经知道,在国际贸易中,交易货物的价格构成及买卖双方在货物交接过程中有关手续、费用和风险责任的划分,取决于双方在订立贸易合同时采用的是哪一种贸易术语。当贸易术语订明为 FOB 或 FCA 时,应由买方出面购买国际货物运输保险;同样,当贸易术语订明为 CFR 或 CPT 时,投保手续也是由买方办理。买方在这几种术语项下均是为了自身的利益而购买保险,因此在他与保险人订立的保险合同中既是投保人也是被保险人。

然而,当贸易合同中订明的贸易术语为 CIF 或 CIP 时,应由卖方负责办理国际货物运输保险,尽管事实上他并不是为了自身的利益而是为了买方的利益才投保。因此,在卖方与保险人订立的保险合同中,卖方是投保人,而获得保险保障的被保险人则是买方。

在保险实践中也存在这样的情况:买卖双方在贸易合同中虽已订明采用的贸易术语是 FOB(或 FCA)、CFR(或 CPT),按惯例是应由买方自行办理投保手续的,但经双方商定由卖方来办,这纯粹是受委托的代理关系,是完全可以的。实际上,

在贸易合同订明采用的贸易术语是 CIF(或 CIP)的情况下,按惯例应出面办理投保手续的卖方又何尝不是在为买方代办? 正因为由卖方购买国际货物运输保险具有受买方委托代为办理的性质,双方就必须在贸易合同中对卖方给买方代为投保的险别和投保金额加以明确。

二、投保险别选择及影响选择的因素

无论是由买方自行办理投保手续,还是由卖方出面投保或受委托代办,均涉及对投保险别的选择。国际货物运输保险有多种保险条款,每种条款有多个险别(包括基本险别和附加险别),不同的险别所承保的责任范围有大有小,费率相应的有高有低。以我国各种货物运输保险形式的基本险别为例,海上货物运输保险有平安险、水渍险和一切险三种,陆空邮运货物保险则各自分为基本险和一切险。买方应当选择哪一种险别投保呢? 如果按承保范围最大的险别投保,那就必然要承担高额的保险费支出;如果为了节省保险成本而选择承保范围小的险别,则又可能无法获得充分的保障。一般来说,衡量投保险别的选择是否合适,关键是看买方能不能遵循"按需要、视实情"的原则来进行选择。"按需要"就是根据货物在运输途中的实际保障需要,"视实情"就是全面分析货物和运输的条件及其他各种情况,然后在综合考虑需要和实情的基础上作出合理的投保险别选择。

影响投保险别选择的因素很多,这里仅随意提及其中的货物运输方式、货物性质和货物的运输形态,以这三个因素为例做些说明。

选择投保险别时,首先要考虑货物的运输方式。国际贸易货物为了完成买卖双方之间的交接而采用不同的运输方式,运输方式的不同决定了货物投保所适用的货物运输保险条款和具体险别自然也就各异。采用海洋运输的,应在海上货物运输保险条款中选择适用的险别;采用陆上运输或航空运输的,适用的险别则必须根据陆上或航空货物运输保险条款进行选择。

其次要考虑货物的性质。不同性质的国际贸易货物在运输途中可能遭遇的风险事故及因此而发生的损失往往会有很大的差别。例如,具有较强吸湿性的棉、麻、毛、丝等纺织品,以及茶叶、烟叶和谷物,在运输途中吸湿后易发霉变质,因此选择投保海上货物运输保险的一切险或者在投保海上货物运输保险的水渍险的基础上加保受潮受热险就比较合适;又如,具有脆性的陶瓷、玻璃制品,在运输途中极易因受到碰、撞、摔和重压而损坏,因此有必要在投保海上货物运输保险的平安险的基础上加保碰损破碎险。

还要考虑货物在运输中的形态。国际贸易货物在运输中一般有散装、裸装和包装三种形态,应根据不同的运输形态选择适当的险别。例如,大宗的、廉价的煤炭、矿砂、食盐、粮食等散装货在装卸过程中比较容易发生短量,选择投保海上货物运输保险的水渍险加保短量险应被认为是合理的;而低值、裸装的钢块、木材等,可在投保平安险的基础上加保相关的附加险。至于包装货,则需要根据它们的包装材料和包装方式及有可能发生的损失来具体考虑。

除此以外,货物的运输路线、运输季节,以及运输工具停靠港口的条件等,都是在选择投保险别时必须考虑的因素。

三、CIF(或 CIP)价及其保险金额的计算

投保险别选择好以后,买方就应以货物的保险价值为基础来考虑保险金额。因为国际货物运输保险一般采用定值保险方式,保险金额是根据保险价值来确定的。按照我国《海商法》第 219 条的规定,货物的保险价值由保险人与被保险人在订立保险合同时约定;如果没有约定保险价值的,保险价值则依照"保险责任开始时货物在起运地的发票价格或者非贸易商品在起运地的实际价值以及运费和保险费的总和"计算,即相当于 CIF 价(或 CIP 价),不包括预期利润。保险金额原则上应当与保险价值相等,但它实际上常常与保险价值不一致,这也就是说,被保险人完全可以不按照他与保险人在订立保险合同时约定的或者按照法定计算的保险价值来确定保险金额。如果被保险人投保的金额与货物的保险价值一致,即为足额保险;如果被保险人投保的金额仅为货物的保险价值一部分,则为不足额保险。具体投保的金额由被保险人与保险人协商约定。但是,保险金额超过保险价值的超额保险是不允许的。我国《海商法》第 220 条对此规定得十分明确:"保险金额由保险人与被保险人约定。保险金额不得超过保险价值;超过保险价值的,超过部分无效。"

国际货物运输保险的保险金额,一般而言,可以按两种方式计算确定:一种是按 CIF(或 CIP)计算;另一种则是按 CIF(或 CIP)加一成计算。之所以这么规定,主要是为了使买方对即将为其所有的货物的保险利益能够获得充分的保障。因为买卖双方不论采用哪一种贸易术语成交,买方对货物在运输过程中的保险利益是相同的,都是货物的成本、货物的运输费用和投保货物运输保险所支付的保险费,或者再加上他在正常情况下经营这批货物所可获得的预期利润。一旦货物在运输途中遭遇到灾害事故,他所受到的损失不仅是货物的发票价格,还包括他已支付的运费和保险费,他的预期利润自然也就落空。允许他按 CIF(或 CIP)发票金额或在发票金额基础上加一成确定投保金额,正是为了让他在货物发生损失时获得保险人对上述各项经营费用的补偿。

有关按 CIF(或 CIP)加一成计算保险金额的规定,是由《2010 年通则》和《跟单

信用证统一惯例(2007年修订本)》(国际商会600号出版物,以下简称《惯例》)作出的。根据《2010年通则》和《惯例》的规定,凡采用CIF(或CIP)贸易术语订立的贸易合同,合同中应对所需投保货物运输保险的险别和保险金额加以明确。如果合同对此未作规定,卖方有义务按英国《协会货物保险条款》或其他类似货物运输保险条款中最低责任的险别投保,并按合同规定的CIF(或CIP)发票金额另加10%作为最低保险金额。在贸易合同采用的是FOB(或FCA)、CFR(或CPT)术语的情况下,由于保险手续是由买方自己办理,买方可先将合同规定的价格折算成CIF(或CIP),再加成确定保险金额。

规定加成投保的成数(亦称加成率)为一成(10%),这是根据国际贸易和国际保险市场的习惯做法,但并不局限于一成。如果买方要求加二成或三成投保,即将加成率提高为20%或30%,只要确实属于业务需要,是符合当地实际情况的,而买方的资信也没有问题,保险人经考虑和审核后通常会予以接受。若是采用CIF(或CIP)贸易术语成交,应由卖方出面投保的话,卖方也完全可以照办,不过由此而增加的保险费须由买方承担。当然,如果买方要求将加成率提高到30%以上,保险人在承保时固然要更为审慎,卖方同样不能贸然接受,要警惕道德风险的存在。须知过高的加成率导致保险金额过大,而高保额的背后常常隐藏着被保险人骗赔的歹念。

在CIF(或CIP)贸易术语项下,买方可以要求卖方按CIF(或CIP)不加成投保,也可以要求卖方按CIF(或CIP)加成投保,但卖方在这两种不同情况下向买方所报的CIF(或CIP)的计算公式是不一样的。由于报价计算公式不同,卖方为买方代为投保的金额计算公式也就有区别。

先谈不加成投保的CIF(或CIP)及其保险金额的计算公式。所谓不加成投保,就是买方只要求卖方按CIF(或CIP)的实足发票金额投保。在已知货物成本C和运费F,也就是已确定CFR(或CPT),以及已知保险费率R(Rate)的基础上,CIF(或CIP)的计算公式为:

$$CIF(或CIP) = CFR(或CPT)/(1 - R)$$

保险金额的计算公式为:

$$保额 = CIF(或CIP)$$

举个例子说明:一批出口货物按CIF术语成交,货物的发票价格为\$1 000 000,运杂费为\$25 000。买方要求卖方投保海上货物运输保险的水渍险,费率为1.04%,在买方未提出加成投保要求的情况下,问卖方应如何按CIF报价并确定保险金额?

因为已知C和F,R亦已知,即可运用上述公式,代入数字计算:

$$CIF = CFR/(1-R)$$
$$= (\$1\,000\,000 + \$25\,000)/(1-1.04\%)$$
$$= \$1\,035\,772$$
$$保额 = CIF$$
$$= \$1\,035\,772$$

现在谈加成投保的 CIF(或 CIP)及其保险金额的计算公式。如果买方根据国际惯例要求卖方按 CIF(或 CIP)的发票金额加 10% 投保,在这种情况下,CIF(或 CIP)的计算公式为:

$$CIF(或 CIP) = CFR(或 CPT)/[1-(1+加成率) \times R]$$

保险金额的计算公式为:

$$保额 = CIF(或 CIP) \times (1+加成率)$$

在上例中,如果买方向卖方提出加一成即 10% 投保的要求,卖方按 CIF 报价及其投保的金额则计算如下:

$$CIF = CFR/[1-(1+加成率) \times R]$$
$$= (\$1\,000\,000 + \$25\,000)/[1-(1+10\%) \times 1.04\%]$$
$$= \$1\,036\,861.6$$
$$保额 = CIF \times (1+加成率)$$
$$= \$1\,036\,861.6 \times (1+10\%)$$
$$= \$1\,140\,547.7$$

四、办理投保手续和计算应缴保险费

在进出口业务中,贸易合同采用的术语决定了货物运输保险的投保手续应由何方办理。如果双方以 CIF(或 CIP)术语成交,应由卖方即出口商出面投保;如果合同中采用的术语是 FOB(或 FCA)、CFR(或 CPT),则应由买方即进口商自行办理保险。无论是卖方或是买方购买保险,都必须向保险人书面提出投保申请,即填写投保单,并在保险人作出承保决定以后缴付保险费,投保手续便告完成。

货物运输保险的投保单是作为投保人的买方或卖方向保险人申请订立货物运输保险合同的依据,也是保险人签发保险单的凭证。货物运输保险投保单上具体列明的各项内容主要有:被保险人名称,被保险货物类别、名称、数量、包装及标志,保险金额,运输工具及名称,起讫日期,投保险别等。投保人必须按规定格式逐项填写投保单并送交保险人,保险人若接受承保后签发的保险单即以投保人在投保单上填写的内容为准。

缴付保险费是投保人的义务,也是货物运输保险合同生效的条件。保险费缴多少,取决于保险金额大小和保险费率高低。保险金额是由投保人以货物的保险

价值为基础计算确定的,而保险费率由保险人在其事先制订的《保险费率表》上做了规定。保险费的计算公式为:

$$保险费 = 保额 \times 费率$$

在 CIF(或 CIP)贸易术语项下,买方如果要求卖方按 CIF(或 CIP)不加成投保或按 CIF(或 CIP)加成投保,我们便可以改换它们的保险费计算公式。

不加成投保情况下,上述保险费计算公式可改为:

$$保险费 = CIF(或 CIP) \times R$$

加成投保情况下,上述保险费计算公式则改为:

$$保险费 = CIF(或 CIP) \times (1 + 加成率) \times R$$

当然,不管是加成投保还是不加成投保,我们还可以用另一种公式计算保险费:

$$保险费 = CIF - CFR(或 CIP - CPT)$$

举个例子说明:一批出口货物按 CIF 贸易术语成交,货物的 CFR 价为 £3 200 000。买方要求卖方投保海上货物运输保险的一切险,加保交货不到险、战争险,总费率为 6%,在买方未提出加成投保要求的情况下,问卖方作为投保人应缴付多少保险费?

因为已知 CFR,R 亦已知,先求出 CIF,然后运用上述公式,代入数字计算保险费:

$$\begin{aligned} CIF &= CFR/(1-R) \\ &= £3\,200\,000/(1-6\%) \\ &= £3\,404\,255.3 \end{aligned}$$

$$\begin{aligned} 保险费 &= CIF \times R \\ &= £3\,404\,255.3 \times 6\% \\ &= £204\,255.31 \end{aligned}$$

如果用另一种算法,得出的数字是一样的:

$$\begin{aligned} 保险费 &= CIF - CFR \\ &= £3\,404\,255.3 - £3\,200\,000 \\ &= £204\,255.3 \end{aligned}$$

在上例中,如果买方向卖方提出加一成即 10% 投保的要求,卖方应缴付的保险费则计算如下:

$$\begin{aligned} CIF &= CFR/[1-(1+加成率) \times R] \\ &= £3\,200\,000/[1-(1+10\%) \times 6\%] \\ &= £3\,426\,124.1 \end{aligned}$$

$$\begin{aligned} 保险费 &= CIF \times (1+加成率) \times R \\ &= £3\,426\,124.1 \times (1+10\%) \times 6\% \\ &= £226\,124.1 \end{aligned}$$

如果用另一种算法，得出的数字是一样的：

$$\text{保险费} = \text{CIF} - \text{CFR}$$
$$= £\ 3\ 426\ 124.1 - £\ 3\ 200\ 000$$
$$= £\ 226\ 124.1$$

在我国的外贸实践中，还可使用我国保险人制定的《保险费率常数表》迅速计算出 CFR 改报 CIF 应缴付的保险费，其计算公式为：

$$\text{保险费} = \text{CFR} \times (\text{费率常数} - 1)$$

仍以上例中的数字计算：因为货物的 CFR 价为 £ 3 200 000，费率 R 为 6‰，在不加成投保的情况下，应在用于按实足发票金额计算的常数表中查出常数 1.063 830，而后运用上述公式，代入数字计算：

$$\text{保险费} = \text{CFR} \times (\text{费率常数} - 1)$$
$$= £\ 3\ 200\ 000 \times (1.063\ 830 - 1)$$
$$= £\ 204\ 256$$

在加一成投保的情况下，则应在按发票金额加 10% 计算的常数表中查出常数 1.070 664，而后运用公式，代入数字计算：

$$\text{保险费} = \text{CFR} \times (\text{费率常数} - 1)$$
$$= £\ 3\ 200\ 000 \times (1.070\ 664 - 1)$$
$$= £\ 226\ 124.8$$

使用《保险费率常数表》计算所得出的两个数字（£ 204 256 和 £ 226 124.8）与按前述的两种公式所计算出的两个数字（£ 204 255.3 和 £ 226 124.1）基本相同，仅是尾数稍有出入而已。

第二节　国际货物运输保险的承保

承保，即同意购买保险，保险人对愿意购买保险的投保人所提出的投保申请进行审核后，作出同意接受购买的决定。国际货物运输保险的承保，主要的环节有：核保、接受投保、拟订费率、签发保险单、出具批单、收取保险费和安排分保等。我们只讨论其中有关拟订费率和签发保险单的内容。

一、国际货物运输保险的费率及费率构成

保险费率即保险价格，是保险人为承担约定的保险赔偿责任而向被保险人收取保险费的标准。保险费率的厘定，必须建立在科学而合理的基础之上，不能偏高或偏低。如果费率定得过高，势必会加重被保险人的经济负担，损害被保险人的利益，进而令潜在的保险客户望而却步，使保险业务发展受到影响。如果费率定得偏

低,固然对保险客户有一定的吸引力,但不利于保险基金的积累,削弱保险人对灾害事故的补偿能力,影响保险业务的正常进行,最终还是使被保险人得不到充分保障。与厘定其他任何险种的费率一样,我国进出口货物运输保险的费率是以承保的标的即货物的损失率和保险赔付率为基础制订的;此外,考虑到货物运输保险的国际性的特点,在制订时还应参照国际保险市场的费率水平。

(一)影响国际货物运输保险费率厘定的因素

1. 基本因素。在准确、合理确定保险损失率的前提下,影响国际货物运输保险费率高低的基本因素主要有以下几个。

一是货物的性质。被保险货物的性质不同,保险人承保的责任也就不同,因此费率自然会有高有低。对一些容易丢失或损坏的货物,以及冷藏货物、危险品等特种货物,保险人厘定的费率不言而喻要高于一般货物。

二是运输方式。被保险货物的运输方式有海洋运输、陆上运输和航空运输等数种。货物在运输途中可能遭遇到的风险状况和发生损失的程度因采用的运输方式不同而必定会有所差别。不仅如此,即使是同一种运输方式,也会由于采用直达、转船或联运等不同的货运组织方式而使货物遭受的风险损失情况不一。不同的运输方式和货运组织方式适用于不同的保险条款和保险对象,它们的费率也就不会相同。

三是投保险别。若按我国的海上货物运输保险条款投保,在三个基本险别中,平安险承保的范围最小、责任最轻,因此费率也最低;水渍险承保的范围略大于平安险,费率也要较前者高一些;一切险承保的范围最广、责任最重,费率也相应最高。按英国协会货物保险条款投保的被保险人面临的三种基本险别选择则是ICC(A)、ICC(B)和ICC(C),承保范围自A险的最大至C险的最小,它们的费率同样由高及低。

四是航程和装卸港口。航程距离远近以及承保期间长短,与费率的高低均密切相关。比方说,就航程而言,同一类货物运往加拿大温哥华的费率要比运往菲律宾马尼拉的高;而从时间来看,承保一年期间的费率要比承保半年期间的高。此外,装卸港口的条件差、设备不好、装卸不安全或管理混乱无序也是使保险人提高承保费率的因素。

五是船龄和船舶吨位。载运货物的船舶按建造年份来确定船龄,船龄在15年以上的视为老船,保险人对用老船载运的货物要按加费费率计收保险费;同样,用小吨位船舶载运的货物投保,也需另行加费。老船、小吨位船出险的概率大,货物受损的可能性当然也大,这是保险人规定加费的理由。

2. 国际因素。国际货物运输保险与国际贸易经营活动密切相关,具有明显的国际性质,因此费率厘定,包括纯费率和附加费率的计算,都要结合国际保险市场的情况来考虑。不仅如此,由于国际货物运输保险的风险转嫁或承保往往超越一国的范围,保险人为了保证其业务经营的稳定性,对承保风险的平衡和控制必然要与国际保险市场结合起来,通过运用再保险手段把自己承保的一部分或大部分风险责任转嫁给国际再保险人。国际货物运输保险的再保险业务基本上都是在国际再保险市场上进行交换的,对每一个保险人来说,既有分出的也有分入的业务。在这种情况下厘定费率,如果不考虑、不研究国际再保险市场的因素和费率的行情,就不可避免地会造成向国际保险市场分出业务的困难,从而影响风险分散。

因此,国际货物运输保险的费率厘定,除了要遵循国内保险一般所要求的适度性原则、合理性原则和公平性原则以外,还必须做到以下两点:一是使费率水平能适应国际市场的行情,以增强自身在国际市场上的竞争能力;二是使费率水平能为国际再保险人所接受,以顺利安排所承保风险在国际范围内的分散。

英国的劳合社,由于它的历史地位,遍及世界各大港口的情报系统和国际范围内的精确的保险统计数据,它所厘定的货物运输保险费率,在国际保险市场上享有权威性,不但能为保险经纪人、再保险分入人等所接受,而且因其有很高的参考价值而被各国保险人广为采用。尤其在货物运输战争险这类特别的险种方面,劳合社凭借其能及时获得可靠情报,迅速掌握各种统计数据等有利条件所厘定出来的费率,在国际保险市场上更是起着主导作用。

(二)我国进出口货物运输保险费率的构成

我国的进出口货物运输保险费率是按照不同货物、不同目的地、不同运输方式和不同险别分别制订的。

1. 出口货物运输保险费率的构成。目前,我国出口货物运输保险费率大体上分为四项。

(1)一般货物费率。一般货物费率适用于所有出口货物。凡投保基本险别且未被列入"指明货物加费费率表"中的出口货物,全部归属一般货物费率的范围。

一般货物费率按不同运输方式,分海运、陆运、空运和邮运四种。海运的一般货物费率按险别分为平安险、水渍险和一切险三种。陆运、空运和邮运的一般货物费率按险别各分为基本险(即陆运险、航空运输险和邮包险)和一切险(即陆运一切险、航空运输一切险和邮包一切险)两种。此外,投保同一种运输方式和险别的一般货物费率,又按货物运抵目的地所在洲、国家和港口的不同而有所区别。目的地除港澳台地区外均为国家名称,对内陆国家包括该国的任何一个城市,对有海岸的国家均指该国各港口。

所有自我国出口至世界各地货物的费率,均按一般货物费率表计算,但如在指明货物加费费率表中列明的货物,投保一切险时还须加上指明货物加费费率计算保险费,有特殊规定的按特殊规定计收。

(2)指明货物加费费率。指明货物加费费率是针对某些易损货物加收保险费的一种附加费率。这些货物损失率较高,在运输途中非常容易因外来风险发生而造成短少、破损或腐烂等损失,所以将它们单独列出并称之为指明货物。指明货物分别属于按大类划分的 8 种货物类别,即粮油食品及土畜产类、轻工品类、纺织品类、五金矿产类、工艺品类、机械设备类、化工品类和危险品类。

凡在指明货物加费费率表中列明的货物或与此同类货物投保一切险时,不论使用何种运输工具,也不论在国内哪个省、市发货,都应在一般货物费率表的基础上再按指明货物加费费率表规定加计保险费。如有特殊承保规定,费率另议。

(3)货物运输战争、罢工险费率。货物运输战争险费率,不区分海运、陆运、空运和邮运,即无论是海运从我国口岸至世界各口岸,或是陆运、空运和邮运从我国到世界各地,均按 0.03% 计收。罢工险如果与战争险一起加保,只按战争险费率计费,不另加收;如果单加保罢工险,也按战争险费率计费。不过,在货物的航程所经过地区,战争或罢工形势一旦发生变化,保险人有权随时调整原规定的战争、罢工险费率。

(4)其他加费规定。这是根据货物特性、航程和附加险别等一些具体的、特殊的情况所制订的另行加费规定。主要有下面几种。

①一般附加险加费。一般附加险不能单独投保,必须在平安险或水渍险的基础上加保。加费费率按一切险费率另外计收,但具体计收多少,要看加保的附加险是不是所承保货物的主要危险而有所区别:如果是所承保货物在运输途中的主要危险,按一切险费率的 10%～50%(包括一般货物费率和指明货物加费费率)收费;如果不是所承保货物在运输途中的主要危险,则按一切险费率的 10%～30% 收费。但是,对损失严重的港口,保险人可按 100% 收费。

②特别附加险加费。投保一切险范围以外的特别附加险,须另行加费。加费多少根据具体加保的特别附加险别有不同的标准,但加费幅度除了明确规定的情况以外,最少不能低于一切险费率的 20%。明确规定加费幅度的情况如下:加保进口关税险,按投保基本险别费率的 10%～30% 收费;加保卖方利益险,按投保基本险别费率的 5%～20% 收费;加保拒收险,根据目的港拒收情况、商品的特性及国际保险市场的行情议定,一般掌握在每百元 3～6 元;加保交货不到险,根据投保当时的情况议定,一般掌握在每百元 2 元左右;加保黄曲霉毒素险,按不少于投保

基本险别费率的15%加费。

③舱面货物险加费。舱面货物只能在平安险或水渍险的基础上加保舱面货物险,费率按这两种基本险别费率另外加收10%~30%。如被保险人要求在一切险基础上加保舱面货物险,经保险人同意承保,但须按一切险费率另加收100%。从广东省装船运往港澳装载于舱面的货物不另加费;从广东省以外的国内港口装船运往港澳装载于舱面的货物,若在平安险或水渍险的基础上加保舱面货物险,费率另加收10%,若在一切险基础上加保,则按一切险费率另加收20%~30%。

④国内外内陆运输加费。凡有海岸的国家,被保险货物的起运地或目的地在港口以外的内地时,投保一切险须按不同国家内陆的不同情况加费0.10%~0.20%,投保平安险或水渍险的均不加费。

⑤延长保险期间加费。在保险单规定的保险期间内还需要求延长时间的,平安险或水渍险每月按相同标准加费;一切险每月则按较高标准加费,不满一个月的按一个月计算。

⑥转运计费。海运中途转船、陆运中途转车、空运中途换飞机,一般不加费。但如果中转地损失情况严重的,可酌情另行加收0.10%。

⑦联运计费。被保险货物在运输过程中如采用两种以上运输方式联运,其保险费应以全航程中费率较高一档运输方式的费率计算。投保一切险的,除需按指明货物加费费率表的规定加费外,还要另收联运加费0.15%。

⑧降低或增加免赔率的加减费。凡指明货物加费费率表对其表内所列明的货物规定有免赔率的,如果被保险人要求调整免赔率,应酌情调整费率,但最低不能低于一般货物的一切险费率。

除上面提及的几种情况以外,其他加费规定中还有贵重商品加费和国内运输加费等规定。

因此,在计算出口货物运输保险费率时,必须把四项费率都考虑进去。计算公式如下:

总费率 = 一般货物费率 + 指明货物加费费率 + 战争险费率 + 其他规定的加费标准

举个实际例子说明:有一批灯具采用海运方式出口到西班牙的巴塞罗那,投保一切险加罢工险,最后目的地为马德里。在计算费率时,首先在海运一般货物费率表上查出欧洲栏西班牙的一切险费率为0.50%;由于灯具在指明货物加费费率表上被列为轻工品类的指明货物,须按表内的规定加收2.00%;接着,加上海运战争、罢工险费率0.03%;最后,因为还要从巴塞罗那港转运到马德里,故按转运内陆加费规定另外加收0.15%。结果,这批出口灯具的总费率应为2.68%(即0.50% + 2.00% + 0.03% + 0.15%)。

2. 进口货物运输保险费率的构成。我国进口货物运输保险费率同样分为四项。

（1）一般货物费率。一般货物费率适用于一切进口货物，但如果在指明货物加费费率表中列明的货物，投保一切险时还须加上指明货物加费费率计算保险费，有特殊规定的则按特殊规定计收。进口货物的一般货物费率按不同运输方式，分海运、陆运、空运和邮运四种。海运按险别分为平安险、水渍险和一切险三种。陆运、空运和邮运按险别各分为基本险（即陆运险、航空运输险和邮包险）和一切险（即陆运一切险、航空运输一切险和邮包一切险）两种。此外，投保同一种运输方式和险别的一般货物费率，又按货物起运地所在洲、国家和地区的不同而有所区别。

一般货物费率表中还规定，各种散装货物以及化肥、糖、粮谷、木材、油（包括油料）、活牲畜、新鲜果菜，其保险责任均至卸货港口仓库或场地时终止。上述这些货物如果需要从港口转运到内地，则还须按转运内地加费的规定加费。

（2）指明货物加费费率。指明货物加费费率虽不像出口货物运输保险那样按大类划分货物类别，但亦具体列明需加费的货物。凡属于表中列明的货物或与此同类货物投保一切险时，都要在一般货物费率的基础上再按指明货物加费费率表的规定另行加费。采用海运与采用别的运输方式（陆运、空运和邮运之间不分）的，规定的加费标准有所不同。如有特殊承保规定，加费费率另议。

（3）其他加费规定。其他加费规定同样是为解决进口货物一些特殊承保条件的加费而制定的。主要有：

①一般附加险加费。一般附加险须在平安险或水渍险基础上加保，加费费率按一切险费率另外计收，但具体计收多少，要看加保的附加险是不是所承保货物的主要危险而有所区别。

②特别附加险加费。投保一切险范围以外的特别附加险，须另行加费。加费多少根据具体加保的特别附加险别有不同的标准。

③舱面货物险加费。舱面货物险一般只能在平安险或水渍险的基础上加保，费率按原基本险别费率另外加收；若经申请被同意在一切险基础上加保，则按一切险费率另外加收。

④国内运输加费。如果被保险人在货物运抵我国港口被卸下并在卸货港仓库或场地终止保险责任以后，提出投保我国内一段的运输保险的要求时，经保险人同意，根据不同的货物另外加费，投保一切险的与投保平安险或水渍险的加费标准不同。

除上面提及的几种情况以外，其他加费规定中还有扩展责任加费和贵重商品加费等规定。要注意的是,按照我国的进口货物运输保险费率表规定,凡进口货物所投保的基本险别内均包括战争险,在正常情况下就不另加费;若航程经过战争区域,费率另议。但基本险内不包括罢工险,若加保,则须另外加费。

(4)老船加费费率。老船加费费率是针对用船龄在 15 年以上的老船所载运的进口货物而制定的,规定凡以 CFR 贸易术语进口并用老船载运的货物,须按老船加费费率表所定的标准加费。加费多少取决于船龄长短。

计算进口货物运输保险费率,同样要把上述四项费率包括进去。计算公式如下:

总费率＝一般货物费率＋指明货物加费费率＋其他规定的加费标准＋老船加费费率

二、国际货物运输保险的保险单和其他单证

签发保险单是国际货物运输保险承保的一项重要内容,它表明保险人已接受了投保人的投保申请,保险双方的权利义务关系已由正式的书面合同形式确定下来,保险人将依据这份承保的证明文件承担保险责任。

在国际保险市场上,各国保险人经营货物运输保险所采用的保险单都有自己的标准格式,其中影响最大的标准保险单当属英国船货保险单(即 S. G. 保险单)和现今已取代它的英国新的海上保险单。除了标准保险单以外,国际上还有一些格式与做法不尽相同的保险单和保险凭证。我们在这里仅对我国和英国的一些货物运输保险单格式作一介绍。

(一)我国货物运输保险单证

我国货物运输保险单证主要有保险单、保险凭证、联合凭证和预约保单等。

1. 保险单。保险单是保险人接受投保人的投保申请后表示同意承保而按照法律规定签发的,用以作为货物运输保险合同正式订立的书面凭证。保险单签发后,正本交由被保险人收执,副本由保险人持有,它即成为货物运输保险合同存在的重要凭证,是合同双方当事人享有权利并承担义务的最重要的依据。保险单由保险人事先印就,有投保单上的全部内容和保险条款。被保险人可以把他在填写投保单时遗漏的内容在保险单上补上,也可在上面注明他对保险条款的补充或更改。

2. 保险凭证。保险凭证实际上是一种简化的保险单。它上面所列的内容与保险单上的一样,只是没有载明保险条款,但具有与保险单同样的法律效力,所以保险凭证也是货物运输保险合同订立的证明。例如,在以预约保险方式承保的海上货物运输保险单项下,为被保险人已申报出运的每批货物出具的就是保险凭证。

在处理保险凭证与保险单的关系时,须掌握两点:一是保险凭证上未记载的事项,应以保险单的条款为准;二是当它们的内容有不一致的情况时,应以保险凭证的内容为准。

3. 联合凭证。联合凭证,又称联合发票,是附印在我国出口公司的商业发票上,只注明保险人承保的险别、保险金额、检验和理赔代理人名称、地址等,其他项目均以发票上所列内容为准的一种更为简化的保险凭证。实际上,这是一种发票与保险单的联合凭证,使用它的目的是为了简化投保手续,加快出口货物运输单据流转,有利于及时办理出口结汇。由于联合凭证的内容十分简单,只有熟悉我国保险条款的商人才愿意接受,因此曾经使用于对我国香港、澳门地区的出口货物运输保险业务。

4. 预约保单。预约保单,又称开口保单,这是为了适应经常有大量同类型货物陆续分批装运的被保险人的需要,保险人以一次签约的方式,在一定期间内或不约定期间,对属于约定范围内的且没有保险总金额限制的货物统一进行承保的协议。使用预约保单的目的,在于简化投保手续,避免逐笔商议。在预约保险这种承保方式下,保险双方约定承保货物的范围、每批发运货物的最高保险金额、运输区域、费率和保险费结算办法等。凡属合同约定的货物一经起运,即在合同有效期内自动承保。被保险人在获悉每批货物装运时,应当填写起运通知书,把该批发运货物的名称、价值、包装、数量、起讫地点、船名或其他运输工具名称、起运日期和保险金额等及时向保险人申报,而保险人则按约定条件对被保险人所申报的货物承担责任。

预约保险最主要的一个特点是,被保险人如果迟延填写起运通知书,甚至因疏漏而未填写,保险人允许被保险人补办,哪怕补办时发运的这批货物已经受损,保险人仍予负责赔偿。同样,当保险人事后发现被保险人疏漏通知,即使发现时发运的货物已经平安地运抵目的地,仍要求被保险人如数缴付保险费。

在实际业务中,预约保单适用于我国外贸企业与国外客商以 FOB(或 FCA)和 CFR(或 CPT)贸易术语成交的进口货物。由于按这几种术语成交的保险惯例是应由买方负责投保的,有时卖方将货物装运后未立即向买方发出装运通知,致使买方未及申报,而货物却已装上运输工具并起运,若一旦在买方填写起运通知书之前遭到损失,就自然不能得到保险人的赔偿。允许疏漏通知补报的预约保险使作为被保险人的买方避免了在上述场合得不到保险保障的情况出现。预约保单的这些特点深受我国从事进出口业务的被保险人的欢迎,因而被广泛采用。但保险人常常选择物资流通集中、财务管理严格、运输条件较好、相关单证齐全、信誉良好的企业单位作为货物运输保险预约业务的承保对象。

(二) 英国货物运输保险单证

我们只介绍曾在国际保险市场上使用长达两个世纪之久的 S. G. 保险单和英国新的海上保险单。

1. S. G. 保险单。S. G. 保险单(The S. G. Form of Marine Insurance Policy),是英国最早制定的保险单格式,是劳合社自成立后的 1779 年起就一直使用的标准海上保险单。S 表示船舶(Ship),G 表示货物(Goods),所以该保险单是一种船舶保险和货物运输保险共同使用的保险单,又称船货保险单,既适用于承保货物,也适用于承保船舶。由于 S. G. 保险单产生和使用的时间很长,加上英国《1906 年海上保险法》又把它正式列为附件,作为英国法定的标准格式的海上保险单推行,它在国际海上保险市场上因此有广泛的影响,进而成为国际海上保险单的范本,许多国家以它的格式为基础制定自己的海上保险单。

S. G. 保险单在长达 200 多年的使用过程中,直至其被正式取代之前,只字都未改动一下。由于不能适应现代国际贸易和海上运输发展的需要,英国伦敦保险协会于 1982 年正式对 S. G. 保险单及其附加的船舶、货物保险条款进行"大手术",先后制定新的 ICC 和 ITC,并于 1983 年 3 月 31 日停止使用 S. G. 保险单。虽然 S. G. 保险单早已退出历史舞台,但它对国际海上保险市场的影响和所起到的作用是不应当被忽视的。

2. 英国新的海上保险单。英国新的海上保险单,其正式名称是伦敦保险协会公司海上保险单(The Institute of London Underwriters Companies Marine Policy)。这是一种空白格式的保险单,内容简洁、明确,包括被保险人姓名、船名、保险航次或期间、保险标的、保险价值、保险金额和保险费等项内容,没有具体的承保条款。有关承保责任、除外责任、被保险人义务和索赔事项等实质性内容都在 ICC 内载明。二者合在一起,也就是把 ICC 附贴在上面,表明保险单的适用条款为 ICC,就此构成一份完整而独立的海上货物运输保险单。英国新的海上保险单作为 S. G. 保险单的替代,自 1983 年 4 月 1 日问世后,很快在国际海上保险市场上被广泛使用。

第三节 国际货物运输保险的索赔和理赔

索赔和理赔,即要求赔偿和处理赔偿,在保险标的因承保风险发生而受损后,被保险人向保险人提出索赔请求,保险人则对被保险人的赔偿要求进行处理。国际货物运输保险的索赔和理赔,是保险补偿职能在国际货物运输保险业务经营中的具体体现。被保险人的索赔手续大致包括损失通知、申请检验、向有关责任方索赔、采取施救措施、提供索赔单证等；而保险人的理赔程序则是立案受理、查勘检验、要求提供索赔单证、审定责任、计算赔款和支付赔款，以及责任追偿等。我们择要讨论这些手续和程序。

一、开展理赔工作应遵循的理赔原则

保险理赔是一项技术要求很高、过程较为复杂的工作。为保证合同双方行使权利与履行义务，国际货物运输保险的理赔应遵循以下四项原则。

（一）恪守信用原则

恪守信用，即重合同、守信用，这是保险人在理赔过程中应遵循的首要原则。国际货物运输保险的理赔必须以保险合同为依据，严格按照合同中的条款规定来办。理赔工作的内容很多，环节不少，每宗赔案的情况也不可能一样，但归结到最后一点上，其实就是确定赔还是不赔的问题。赔也好，不赔也好，实际上在保险合同中都做了明确的原则规定。国际货物运输保险合同中既载有保险人的承保责任和除外责任的规定，也列明被保险人义务的条款，所以从原则上说，凡发生的事故损失是属于保险责任范围内的就该赔，属于除外责任或虽属于保险责任，被保险人却未履行有关义务的就不赔。保险人只要严格遵照国际货物运输保险合同中的条款规定处理赔案，不滥赔，也不惜赔，恪守商业信用，理赔工作便能够做好。

（二）公平合理原则

公平合理，即主动、迅速、准确、合理，这是要求保险人在法律规定和保险合同约定的时间内及时处理、迅速赔偿，以提高保险服务水平为宗旨的重要原则。一宗国际货物运输保险赔案发生以后，被保险人根据保险合同中有关条款规定提出赔偿要求，保险人根据保险合同中有关条款规定着手处理赔案。索赔与理赔，从表面上看，似乎是两个合同当事人从各自角度来对待的同一回事，其实是有区别的。因为任何一宗保险赔案都是由保险人在接到被保险人的损失通知之后才予以建立的；立案以后，一系列具体的理赔工作基本上也是由保险人来办的，被保险人在办妥有关索赔手续和履行了所规定的义务之后就只能等候结案。可见，赔案处理的主动权是在保险人手里。保险人如若不抓紧理赔工作，要被保险人催着理、催着赔，是不会令被保险人满意的，不仅影响保险人在被保险人心目中的声誉，进而影响、抑制被保险人今后的投保行为，甚至造成不良的社会影响和后果。

所谓主动迅速，是指保险人在处理赔案时应积极主动、不拖延并及时深入事故现场进行查勘，及时理算损失金额，对属于责任范围内的事故所造成的损失迅速赔偿。所谓准确合理,是指保险人在处理赔案时应准确找出致损原因,合理估计损失,科学确定赔付与否及赔付额度。对不属于保险责任的案件,应及时发出拒赔通知书,并说明不予赔付的理由。

(三) 实事求是原则

实事求是,即在严格遵循条款规定的同时做到合情合理、灵活处理,这是要求保险人从实际出发,以科学的态度处理复杂赔案的重要原则。保险人对国际货物运输保险赔案的处理,最终结果不外乎是赔或者不赔。该赔的要赔得正确,拒赔的要拒得有理,都要以保险合同条款规定为主要依据。但是,合同条款只是对保险赔偿责任作了原则的规定,实践中的索赔案件形形色色,案发原因也错综复杂,对于某些损失原因交织在一起的赔案,有时根据合同条款很难作出是否属于保险责任的明确判断。这就要求保险人不能机械地死抠、硬搬合同条款,而应当合情合理地对具体情况进行具体分析,在奉行条款精神的同时也表现出一定的灵活性,这才是实事求是的科学态度。

实事求是原则还体现在保险人的通融赔付方面。所谓通融赔付,是指对有些按照合同条款规定可赔可不赔的损失,由于考虑到某些因素,保险人给予了全部或部分的赔偿。通融赔付绝对不是无原则的随意赔付,而是对保险补偿原则的灵活运用。保险人作出通融赔付,应该从有利于业务的稳定与发展、有利于维护自身信誉和在保险市场竞争中的地位等角度来考虑。比方说,被保险货物在运输途中发生损失,根据合同要求,被保险人必须及时报损和申请检验,但有时由于被保险人不了解有关手续,或者是出现了一些他们无法控制的缘由,一直到货物已运入收货人仓库,保险责任已告终止之后才提出货损检验申请。对此,保险人就可以做得通融些,仍应予以受理。又如,为了巩固与国外老保户的业务关系和有利于争取潜在保户,承保出口货物的保险人在处理国外一些信誉好、保额高、赔款少的老保户所提出的索赔时,也可以适当采取通融赔付的做法。这完全是合理的,并不违反原则。

(四) 循"法"尊"例"原则

首先要说明的是,该原则中的"法"是指国际有关法规和公约,"例"是指国际惯例。

国际货物运输保险保障的对象是国际贸易货物,国际贸易是在国际范围内进行的,货物运输也是在两个或两个以上国家之间进行的国际航运,因此一旦发生货损,处理货损赔案时不可避免地要涉及国际有关法规和公约;当遇到无国际法规和公约可依的情况时,则需要尊重国际惯例,用国际惯例来处理解决问题。

我国《民法通则》第142条第3款规定:"中华人民共和国法律或中华人民共和国缔结或参加的国际条约没有规定的,可以适用国际惯例。"因此,对托运人、承运人和保险人之间在货损责任上产生的纠纷,须按照国际公约《海牙规则》等来处理解决;对船方、货方,以及它们各自的保险人之间进行的共同海损理算,须尊重包括《约克·安特卫普规则》在内的国际惯例。

二、办妥索赔手续是进行理赔的前提

保险人对被保险货物发生损失赔案的处理是在被保险人提出索赔之后才开始的。如果被保险人不报损,保险人也就无法建立赔案,如果被保险人未能办妥有关索赔手续和履行所规定的义务,保险人也就可以拒绝受理,所以被保险人提出索赔和办妥索赔手续是保险人着手理赔工作的前提。一般情况下,国际货物运输保险的索赔过程包括报损、申检、施救、索赔和协追五个步骤。

(一) 报损

报损,即损失通知。被保险人在获知或发现自己所投保的货物受损以后,应将事故发生的时间、地点、原因及其他有关情况,还有保险单证号码,以最快的方式向保险人报告。

被保险人获知货损一般有两种情况:一是货物在运输途中因运输工具遭遇到灾害事故,如船舶触礁或搁浅等而受损。在这种情况下发生的货损往往比较严重,被保险人通常在事发当时很快就能得知。二是货物在起运前后,由于各种原因而受损。这一种情况下发生的货损与前一种情况相比,损失程度大都相对较轻一些,因此不易立即察觉,直至货物运抵目的地,被保险人在提货时,或者进入他的最后仓库以后方才发现。但是,被保险人不论在哪一种情况下得知自己的货物受损,都必须根据保险合同中的有关条款规定,立即向保险人发出损失通知。

损失通知是被保险人必须履行的义务。出口货物的损失通知或索赔一般是由收货人向保险人的海外代理人提出的,而进口货物出险受损后,被保险人及案件相关人员可向保险人或其在出险当地或邻近地区的分支机构报案。损失通知的方式可以是口头的直接上门报案或电话报案,也可以是书面的信函、电报报案等,但随后均应及时地书面填写正式的损失通知。

(二) 申检

申检,即申请检验。被保险人在发出损失通知的同时,也应立即向保险人或其代理人提出货损检验申请。货损检验是保险人开始理赔后必须要做的第一项工作,对查明损因、审定责任是极其重要的,因此申请检验绝对不能拖拉。延迟检验,不但会使保险人难以确定货损是否发生在保险有效期内,而且很可能导致损因由于货损现场变动而无法查明,从而引起双方争议,影响索赔。特别是在被保险人于货物运抵目的地他的最后仓库,保险责任已告终止之后才发现货损的情况下,更应尽快地向保险人申请检验。

被保险人在提出货损检验申请过程中,须注意这么几个问题。

一是向谁申请检验。如果是出口货物在运输途中受损,收货人应立即向保险单载明的检验、理赔代理人申请检验。若当地没有保险人指定的代理人,可就近找有资格的检验人进行检验定损。如果是进口货物在运抵目的地后被发现损失,收货人则应会同当地保险人或其代理人进行联合检验。联检之前,收货人应尽可能保留现场,保存受损货物的原有状态。

二是在什么情况下可以不申请检验。对整件短少的货物,如果短少是于货物在目的港卸船时发现的,被保险人应向承运人索取货物短卸证明;如果是在货物卸离船舶以后提货以前发现的,被保险人应向卸货港口当局或装卸公司索取短卸证明。只要取得这些短缺证明,便可以不申请检验。对损失金额很小的货损,由于申请检验的费用很可能超过损失本身的金额,保险人为此常常不要求被保险人申请检验,而就直接按实际损失赔偿。这种小额损失免予检验的规定,有的在保险单上载明,有的由保险人授权其检验、理赔代理人掌握。按国际上的习惯做法,国外代理人一般还出具不检验损失报告,予以证明。因此,在这种情况下被保险人也可视情况不申请检验。

三是检验费用由谁支付。货损检验费用通常规定由收货人先垫付。检验结束后,如果经保险人审定损失是属于保险责任范围的,检验费用就由保险人在赔偿货损时一并偿还给被保险人;如果保险人审定损失不属于保险责任,检验费用原则上由被保险人自负。

四是检验报告起什么作用。对货损的检验结束后,被保险人应从检验人那儿取得检验报告。出口货物损失的检验报告,由保险人在国外的代理人或其他公证、检验机构出具;进口货物损失的检验报告,由保险人会同被保险人联合编制。检验报告是被保险人据以向保险人索赔的重要单证,但我们应当正确认识它对理赔的作用。实质上,它只是由检验人对货损情况作出客观鉴定的证书,是一种公证文件,并不能最后决定货损是否属于保险责任,也不能决定保险人是否赔偿货损。为此,检验人在检验报告上往往注明"本检验报告并不影响保险人的权利"的话,意思就是说,对货物是否赔偿和负责赔偿多少最终要由保险人根据保险合同条款决定。

（三）施救

施救，即施救整理。被保险人在获悉货物受损后，必须迅速采取施救、整理措施以防止货损扩大。对残损货物进行施救整理是被保险人或收货人应尽的义务。检验人员要督促收货人根据具体情况来采取有效施救措施，如对残损货物应尽速与完好货物分隔，对包装破裂的应及时修补或以备用袋装包，对散松捆的要重新加固或捆扎，对虫蛀的要熏蒸杀虫等。之所以要求被保险人对受损货物进行施救，既是为了减少货损程度，防止货损扩大，于保险双方均有利，也是为了不让被保险人产生"反正投了保，无论货物遭受多大损失，一概由保险人负责赔偿"的错误想法。事实上，被保险人对自己所投保货物的性能、用途、市场行情等要比保险人了解和熟悉，一旦受损，处理起来自然及时，成效也好得多。因为被保险人未能很好尽到施救义务而使受损货物扩大损失，影响到保险人的利益时，保险人有权拒赔，或者对扩大了的损失部分不承担赔偿责任。

（四）索赔

索赔，即备妥索赔单证。被保险人必须在法定的索赔时效内，向保险人提出索赔，并提供各种必备的索赔单证。

1. 索赔时效。根据我国《海洋运输货物保险条款》（2009年版）的规定，被保险人向保险人要求保险赔偿的请求权，时效期间为二年，即从保险事故发生之日起算，最多不超过二年。被保险人逾期提出索赔，保险人有权拒绝受理。

2. 索赔单证。被保险人提出索赔时所需提交的单证，按照我国各种货物运输保险条款的规定，基本上包括以下一些：

（1）保险单正本（Original Policy）。这是被保险人向保险人索赔的基本证件，是证明保险人承保责任范围的依据。被保险人提供的保险单必须是第一正本，若无第一正本，被保险人须签立保单遗失保证书。如果保险人当时出具给被保险人的是保险凭证，被保险人则提交保险凭证正本作为向保险人索赔的基本证件。

（2）提单（Bill of Lading）或运单（Road Waybill，Railroad Waybill）。这是证明被保险货物在交付承运人运输时状况的依据。由于这些运输凭证是承运人在接受货物并装上运输工具以后出立给作为托运人的被保险人的，运输凭证上所填写的各项内容，对保险人在理赔中审核受损货物是否为承保标的，以及了解货物在保险责任开始以前是否就已经受损，是具有重要的参考价值的。

（3）发票（Invoice）。这是保险人计算保险赔款金额的依据。保险人还能通过核对发票与保险单和提单（或运单）三者内容是否相符来审核被保险人的保险利益。

（4）装箱单（Packing List）、磅码单（Weight Memo）。这是证明被保险货物在装运时的数量和重量的依据，保险人凭以核实货物在数量和重量上的损失。

（5）货损货差证明（Certificate of Loss or Damage）。这是在承运人所签发的是清洁提单（或运单）而所交付给收货人的货物却有残损或短少的情况下，被保险人要求承运人、受托人、港口、车站、码头或装卸公司等出具的证明，如短卸证明、残损证明等。这些由承运人等签字签认的货损货差证明，既是被保险人据以向保险人提出索赔的证明，在货损货差是由于承运人或其他有关责任方的责任所造成的情况下，也是日后向这些责任方进行追偿的依据。

（6）检验报告（Survey Report）。这是确定保险责任和赔款金额的主要依据。检验报告是经过检验后，对受损货物的损失原因、损失金额、损余价值和处理损余经过等的证明材料。检验报告的内容关系到保险人的利益，因此很受保险人重视。

（7）海事报告（Sea Protest）。这是在海上货物运输保险的理赔过程中证明货损是与海难有关的依据。保险人在处理一些损失较严重的赔案时，常常会遇到该类货损是否因其载运船舶遭遇恶劣气候或其他海事而直接引起的问题。为了确定海事责任，被保险人就得向保险人提供海事报告摘录、货物积载图和航海日志等。众所周知，船舶出航以后，船长就要天天记航海日志，把途中遭遇的海事一一记录下来。如果发生货损，承运人根据托运人即被保险人的要求，可以在海事日志内摘录有关内容交给对方，也可以向对方出具海事声明书，以表明船方不对因海事而发生的货损承担责任。保险人根据海事报告摘录或海事声明书来审定自己对这类货损的责任。

（8）索赔清单（Statement of Claim）。这是被保险人提交给保险人并要求后者据以赔偿的详细清单。清单上主要列明索赔的金额和计算依据，以及有关费用的项目和用途等。

（9）向责任方追偿的有关函电及其他必要单证和文件（Documents Relative to Pursuing of Recovery from Such Party）。当货损货差的发生是与承运人、港口、车站、码头或装卸公司等某个第三者的责任有关时，被保险人就需要将这些单证交给保险人。这些单证一般是指被保险人向责任方索赔的往来函电存根。被保险人把它们提交给保险人，表明自己已确实以书面方式向这些责任方提出了索赔，维护了保险人今后向责任方追偿的权利。

（五）协追

协追，即协助追偿。在被保险货物的损失是由于承运人、港口、车站、码头或装卸公司等第三者的责任所引起的情况下,被保险人应及时向他们提出索赔,并保留追偿权利,必要时还要向对方提出延长索赔时效的申请。因为根据提单条款的规定,收货人一般应于提货前或提货当时向承运人发出货损书面通知;若损坏不明显,货损通知则应在3天内提交。如果收货人不在当时提出索赔,就表明他承认货物在提货时是完好的,事后当然不能再提出索赔。保险人对被保险人因未向有关责任方提出索赔要求而丧失追偿权利部分的货损,有权拒绝赔偿。除了向第三者责任方提出索赔,维护保险人对他们的追偿权利以外,被保险人还应在保险人向第三者责任方行使代位请求赔偿权利时向保险人提供必要的文件和其所知道的有关情况,协助保险人进行追偿。

三、审核索赔请求并按程序完成理赔

保险人在接到被保险人的损失通知以后,就应立即开始理赔工作,通过现场的查勘检验和调查研究,了解事故情况,分析损失原因,确定损失程度,在明确货损责任归属的基础上最终认定索赔案件属于保险责任,而后计算赔偿金额和支付赔款,完成理赔的整个过程。可以把国际货物运输保险的理赔程序归纳为验险、调研、定损、定责、定赔和追偿六个环节。

(一)验险

验险,即查勘检验。保险人一接到被保险人的报损,即对损失通知的事项予以登记,并查抄单底,确认保险单证无误之后立案,开始正式的理赔工作。首先要办的就是根据保险事故的性质特点,迅即派员赶赴现场着手查勘检验。由于出口货物的损失往往发生在国外,且已运抵目的地后才被发现的情况居多,通常就由保险人在目的地的检验、理赔代理人就地进行查勘检验。在遇到案情严重或损失巨大的赔案时,保险人还派遣专家去现场与代理人一起查验货损。查勘检验具体要做的工作有三项。

一是了解事故发生的前后经过,包括事故发生的时间、地点,以及事故发生当时的气候、周围环境和运输工具运行状况等。查找货物致损的原因,通过分析确定造成货损的直接的、有决定性意义的原因,并鉴定货损的性质和程度。努力收集第一手现场资料以供以后审定损失责任时用。

二是在承运人或被保险人已采取防止损失扩大的措施,初步对受损货物进行了施救的基础上,根据需要,继续安排和组织施救,协助被保险人做好受损货物的保护和整理工作。

三是如果货损与承运人或其他第三者的责任有关,就得收集有关证件,并采取

必要措施,保证索赔时效,为日后向责任方的追偿作好准备。例如,在海上货物运输保险中,对由于承运人的责任而引起的严重货损,应要求承运人提供担保,必要时甚至可采取保全措施,即在港口实施扣船。

(二) 调研

调研,即调查研究。仅仅依靠现场查勘检验,保险人通常很难获得审定保险责任所需要的全部材料。检验人在查勘检验后出具的检验报告,只能供保险人了解损失情况、损失原因和损失后果等,但不能作为保险人最后据以确定保险责任的文件。保险人必须继续进行调查研究。调查研究工作的内容主要有三项。

一是对被保险人的索赔和检验人提供的检验报告,通过向有关方面的咨询和调查,加以核实;必要时还可作补充检验。

二是随着理赔工作的进展,对造成货损的原因和责任归属进一步向有关方面做深入了解,取得足够的证据,必要时可请专家鉴定和委托律师查证。

三是通过各种途径,了解第三者责任方的资信,探寻第三者责任方对被保险人向其提出索赔所抱的态度,并对他们可能会作出的反应考虑如何采取相应对策。

(三) 定损

定损,即致损因素分析。货物在运输过程中发生残损、短少是经常的现象,但是致损的原因却是多种多样的。以海洋运输为例,在海上运输中常见的致损因素有:一是装卸作业中的因素,包括装卸作业人员违章操作、搬运装卸不慎、使用装卸工具不当而造成货物的碰损、钩损及破碎等;二是配载不当的因素,包括承运人对承运货物未能尽职地进行合理配载、隔垫而造成的碰损、破碎、污染、串味等;三是货舱条件不良的因素,包括承运人没有使货舱、冷藏舱和该船装载货物的其他部位具备装货条件而造成货物受潮、沾污、变质等;四是货物包装不固和标志不清的因素,包括托运人选用包装材料不当,或是未按要求包装货物,或是未按合同或国际惯例规定刷唛,或是注意标志或危险标志模糊不清,由此造成货物混票而错发、错运或发生装卸事故损失;五是运送过程中的因素,包括船舶在装货完毕,封舱开航后,在航行中遇到自然灾害或意外事故而造成货物损失;六是货物自身特性的因素,包括货物的自然损耗,或是货物的本质缺陷或性质造成的损失。

分析致损因素是确定损失责任归属的基础和依据。检验人员在检验过程中必须随时随地留意查看并充分掌握证据,以实事求是的态度,结合货物的特性、损失情况,以及装卸、配载、仓储、运输、包装等进行综合分析,合情合理地作出判断并借以最终明确应由谁来承担责任。货损的责任归属一般可做如下划分。

1. 原残。原残是指货物在付运前已经存在的残损,应由发货人承担责任。发货人没有按照贸易合同所要求的质量交货,由此造成的残损理当由作为卖方的发货人承担责任。原残包括:

(1)在生产、制造、加工、装配、整理和包装过程中造成的货损。

(2)在起运前堆存、转运过程中造成的货损,即在提单(或运单)、舱单上已作批注的残损。

(3)虽是清洁提单(或运单),但发货人向承运人开具保证函,申明货物的短少与承运人无关的这部分损失。

(4)起运地理货人出具的残损记录上注明的短少损失。

(5)货物品质、包装和标志不符合合同规定或国际惯例,以及不适合国际长途运输造成的残损。

对于各种原残,收货人应要求检验人鉴定后出证,并据以向发货人索赔。国际货物运输保险对货物的原残是不负责赔偿的,它们属于保险的除外责任。

2. 工残。工残是指货物由于装卸工作引起的残损,应由负责装卸货物的港口、码头等有关方承担责任。港口、车站、码头方或其他第三者未按装卸、仓储等有关合同规定装卸、堆放和管理货物,由此造成的残损理应由作为合同当事人一方的港口、车站、码头方承担责任。工残包括:

(1)装卸作业工人明显违章操作、装卸不慎、粗暴搬运、野蛮装卸、使用工具不当等造成的货损。

(2)在码头、仓库、堆场,由于运输、堆存和保管不善造成的货损或短提(即收货人在提货时,出现实提数小于应提数的差额)。

对于各种工残,收货人必须取得有关责任方出具的货运记录、交货单等,以作为向其索赔的凭证。国际货物运输保险是负责赔偿货物的工残的,只要它们发生在承保期间内,保险人赔偿后取得收货人转让的权益,向有关责任方追偿。

3. 属于承运人责任的货物残损(如果承运人是船方,常称为船残)。承运人未按照货物运输合同的规定履行自己对承运货物的职责,由此造成的残损理应由承运人承担责任。属于承运人责任的货物残损包括:

(1)运输工具如船舶不适航、船舶设备不良或船舱设备条件不适宜载货等直接造成的货损。

(2)承运人对承运货物未能恪尽职守进行合理的配载、积载、捆扎、垫隔而造成的货损。

(3)承运人已签发清洁提单(或运单),但在卸货港或卸货地由理货人出示的货物残损单上签认的残损。

(4)承运人已签发清洁提单(或运单),但在卸货港或卸货地由理货人出示的货物溢短单上签认的货物整件短少。

对于属于承运人责任的货物残损,收货人应要求检验人鉴定后出证,并据以向承运人索赔。在海上货物运输保险中,如果属于承运人责任的货物残损严重,涉及金额很大,除及时取得作为承运人的船方签证以外,还要求船方提供银行或船东保赔协会担保。若船方拒绝提供这种担保,收货人就可向当地法院申请扣船,采取诉前保全措施。国际货物运输保险是负责赔偿属于承运人责任的货物残损的,只要它们发生在承保期间内,保险人赔偿后获得收货人转让的权益,向船方追偿。

4. 属于保险责任的货物残损。承运人所承运的货物在运输过程中因遭遇自然灾害、意外事故或外来风险而受损,这些致损因素大都属于《海牙规则》《国际货协》《华沙公约》等国际货物运输公约给予承运人享受的免责事项,承运人可以无须承担责任。但这些风险事故却属于国际货物运输保险的责任范围,只要货损发生在保险有效期内,就由保险人负责。属于保险责任的货物残损包括:

(1)由于非承运人和其他责任方过失的灾害事故所造成的货损。

(2)由于承运人过失所造成的按有关国际货物运输公约规定却可免责的货损,如《海牙规则》规定承运人对其航行或管理船舶过失所造成的货损可以免责,《华沙公约》规定承运人能证明他已采取了一切可能措施而无法避免事故发生所造成的货损可以免责。

对于属于保险责任的货物残损,保险人经检验并审定后负责赔偿。

(四)定责

定责,即审定责任。保险人根据从现场查勘检验、调查研究所得的资料和被保险人提供的索赔单证,经过致损因素分析和损失责任划分以后,接着要做的就是结合案情,对照合同规定,审核索赔案件是否属于保险责任,以及承担责任的范围。保险人审定保险责任的具体内容主要有四项。

一是审核造成货损的原因和后果是否属于承保范围。例如,淡水水渍损失不属于海上货物运输保险的水渍险所承保的责任;外来原因造成货物的损失不属于陆上货物运输保险的陆运险所承保的责任;货物因市价跌落、运输延迟所引起的损失,为各种货物运输保险都不保的除外责任等。

二是审核货损是否发生在保险有效期内。例如,在航空货物运输保险中,货损发生在进入目的地收货人最后仓库之前,但却超过了货物在最后卸载地卸离飞机后的 30 天,保险责任已告终止。在审定保险期间时,特别要注意保险期间有效与否与保险利益是否存在的关系。例如,在海上货物运输保险中,由买方根据以 FOB

术语成交的贸易合同规定投保的一批货物在离开起运地发货人仓库运往港口码头途中受损,保险人应审定货损发生在保险有效期开始之前,因为作为被保险人的买方一直要到货物装船以后方才对货物拥有保险利益,保险责任也是从那时才开始,所以保险人对货损不予负责。

三是审核索赔人有无索赔资格。例如,索赔人所提供的提单(或运单)、发票上的货物与保险单所载明的货物不符,即表明他对受损的被保险货物并不具有保险利益。

四是审核被保险人是否履行了保险条款规定的责任和义务。例如,被保险人没有在货物运抵目的地后及时提货,或者在提货时发现货损后没有立即报损和申请检验,或者没有就涉及承运人、受托人或负责装卸工作的港口或码头等第三者责任的货损货差向有关责任方提出索赔,或者没有及时对受损货物采取必要的施救措施等。对被保险人没有履行以上有关责任和义务的行为,保险人可采取不同方式对待,有的拒赔,有的要在赔款中扣除因未履行义务而使损失扩大的部分。

(五) 定赔

定赔,即计算确定赔偿的金额。货损经过审核,确定属于保险责任后,即可进入具体计算赔偿金额的阶段。计算赔款方法根据案情的不同而有多种,大致可分为全损、部分损失、有关费用、共同海损和损余价值计算等。

1. 全损的赔款计算。在计算货物遭受全损的赔偿金额时,先得查明保险单对保险金额的确定是以定值抑或不定值为基础。

如果以定值为基础,对被保险货物发生保险责任范围内的全损,包括实际全损和推定全损,保险人均按保险金额如数赔偿,而不管发生损失当时货物的实际价值是高于还是低于约定价值亦即保险金额。不过,如有残值,应折归保险人所有。

如果以不定值为基础,对被保险货物发生保险责任范围内的全损,包括实际全损和推定全损,保险人须按实际价值作为赔款计算的依据。如果发生损失当时的货物实际价值高于保险金额,保险人按保险金额赔偿;如果发生损失当时的货物实际价值低于保险金额,保险人则以实际价值作为赔偿依据。

2. 部分损失的赔款计算。货物遭受的部分损失有数量损失、重量损失、质量损失等多种情况,因此在计算货物遭受部分损失的赔偿金额时,要根据货物的不同种类和不同的损失性质,采用相应的计算方法。主要有以下几种。

(1) 单价相同货物的数量损失计算公式:

$$赔款 = 保额 \times 受损货物件数(或重量)/承保货物总件数(或总重量)$$

【例1】有罐头食品500箱出口,每箱24听,每听单价相同。货主按我国海上

货物运输保险条款投保平安险,加保短量险,保额为 10 000 英镑。运抵目的地后短少 96 听,赔偿金额计算如下:

$$赔款 = 10\ 000 \times 96/500 \times 24 = 80(英镑)$$

【例2】出口大米 10 000 包,每包净重 50 公斤,投保一切险,保额为 200 000 美元。运至目的地后发现短少 2 700 公斤,赔偿金额计算如下:

$$赔款 = 200\ 000 \times 2\ 700/10\ 000 \times 50 = 1\ 080(美元)$$

(2)单价不同货物的数量损失计算公式:

$$赔款 = 保额 \times 按发票价计算的损失金额/发票金额$$

【例3】一批单价不同的呢绒 200 匹出口,发票金额为 300 000 元,投保一切险,保额为 330 000 元。运至目的地后发现短少 20 匹高档呢绒。这 20 匹按发票价计算的损失金额为 40 000 元,赔偿金额计算如下:

$$赔款 = 330\ 000 \times 40\ 000/300\ 000 = 44\ 000(元)$$

该公式的特点是,因货物的单价不同,所受到的损失只能按发票价计算,而保险金额高于发票金额,所以也适用于加成投保的赔款计算。

(3)质量损失的计算公式:

$$赔款 = 保额 \times (货物完好价值 - 货物未受损部分价值)/货物完好价值$$

【例4】一批抽纱制品出口,投保水渍险,保额为 400 000 欧元。货物抵达目的地后发现海水水渍斑损,目的地的完好价值为 450 000 欧元,未受损部分价值 90 000 欧元,赔偿金额计算如下:

$$赔款 = 400\ 000 \times (450\ 000 - 90\ 000)/450\ 000 = 320\ 000(欧元)$$

使用这个公式时,应注意先要确定货物在目的地的完好市价,以及通过检验损失确定其未受损部分价值,以计算出损失率来。如果受损货物在中途处理(如将其削价出售)而不再运往目的地,它的完好价值和未受损部分价值则以处理当地的市价为准;若一时难以确定当地市价,经保险双方协商也可按发票价计算损失金额,即采用上述单价不同货物的数量损失计算公式。

(4)扣除免赔率的计算方法。免赔率是指保险人对某些易耗、易损和易碎的货物承保附加的碰损破碎险或短量险时,在保险单上规定的当货物发生责任范围内的损失时可以免赔的一定比例。之所以要规定免赔率,是因为这类货物在运输途中发生短量或破碎损失几乎是不可避免的。免赔率可分为绝对免赔率与相对免赔率,在国际保险市场上一般使用绝对免赔率。

我国进出口货物运输保险费率表在它的指明货物加费费率表上对一些易损、易碎货物,根据它们的性质分别规定不同免赔率。例如,对散装、袋装大米,谷物,豆类,玉米等,扣短量免赔率 0.5%;对易碎的玻璃器皿类、陶瓷卫生洁具等,扣破碎免赔率5%。

也有些国际货物运输保险合同对承保的货物不规定免赔率,这叫不计免赔率(Irrespective of Percentage,IOP)。如果规定不计免赔率,那么承保货物受损后,不论损失程度如何,保险人均给予赔偿,但要从被保险人那儿加收保险费。在货物出口业务中,有时会遇到国外来证注有"IOP",即买方要求取消免赔率的情况,保险人可以加收保险费为条件予以同意。我国进出口货物运输保险规定,凡指明货物加费费率表上规定有免赔率的,若被保险人要求降低免赔率,每降低1%免赔率,保险费率增加0.5%。

规定有免赔率的货物发生损失时,计算赔款的步骤和公式如下所示。

首先,求出货物的免赔重量(或数量):

免赔重量(或数量) = 受损货物件数 × 每件原装重量(或数量) × 免赔率

接着,求出赔偿重量(或数量):

赔偿重量(或数量) = 损失重量(或数量) — 免赔重量(或数量)

最后,求出赔偿金额:

赔款 = 保额 × 赔偿重量(或数量)/承保货物总重量(或总数量)

【例5】有2 000袋玉米出口,净重104 000公斤,货主投保一切险,保额500 000元。在运输途中因发生保险事故,200袋玉米跌落海中,被海浪卷走;350袋发生破损,短重1 656公斤,按保险单上规定,要扣短量的绝对免赔率0.5%。赔偿金额计算如下:

第一步,求出350袋的免赔重量。

因为每袋原装重量为货物总重量/总袋数,即104 000/2 000 = 52(公斤),所以:

免赔重量 = 350 × 52 × 0.5% = 91(公斤)

第二步,求出对货物损失的赔偿重量。

因为赔偿重量包括350袋的赔偿重量和200袋的赔偿重量,其中350袋的赔偿重量为1 656 - 91 = 1 565(公斤),而200袋的赔偿重量为200 × 52 = 10 400(公斤),因为200袋的落海损失属于一张保险单所承保的一部分货物全损,所以:

赔偿总重量 = 1 565 + 10 400 = 11 965(公斤)

第三步,求出赔偿金额。

赔款 = 500 000 × 11 965/104 000 = 57 524(元)

3. 有关费用的赔偿计算。有关费用包括施救费用、救助费用、处理受损货物所支出的出售费用、确定保险事故性质和程度而支出的检验费用和估价费用,以及为执行保险人的特别通知而支出的费用等。

保险人对施救费用的赔偿,是在对货物本身损失赔偿的保险金额之外,以另一个保险金额单独计算;而对救助费用及其他有关费用的赔偿,则是将它们与货物本身的损失额加在一起,在保险金额限度内给予赔偿。

要注意的一点是:在海上货物运输保险中,如果被保险人要求赔偿的救助费用是被列入共同海损费用项目的话,保险人只负责赔偿应由被保险人分摊的那部分救助费用。

4. 共同海损的赔偿。对共同海损的赔偿只有在海上货物运输保险中才会出现。保险人在海上货物运输保险合同下承保共同海损责任,具体体现为负责对共同海损牺牲和费用以及共同海损分摊的赔偿。在海上货物运输保险合同下,共同海损牺牲是指因采取共同海损行为而使被保险货物遭到的损坏或灭失,由保险人按实际损失直接予以赔偿,然后参与共同海损的分摊,摊回部分归保险人所有。共同海损费用是指因采取共同海损措施引起的费用或由共同海损行为直接后果产生的费用,保险人对被保险人名下应承担责任的那部分予以负责。共同海损分摊是指在共同海损行为中产生的牺牲和费用,应由因共同海损措施而受益的各方按各自受益财产价值的比例分摊,保险人对作为受益一方的被保险人应承担的分摊金额给予赔偿。

参与共同海损分摊的船方、货方和运费方各方对共同海损承担的分摊金额,在不考虑理算费、垫付利息等因素的情况下,可按以下步骤和公式计算。

第一步,算出共同海损分摊率。将船舶、货物和运费的共同海损牺牲和费用的总额,去除以它们三方的共同海损分摊价值的总额,即可求得分摊率。其公式为:

$$共同海损分摊率 = \frac{船舶、货物和运费的共同海损牺牲和费用总额}{船舶、货物和运费的共同海损分摊价值总额}$$

第二步,分别计算出各方的分摊金额。将共同海损分摊率,分别乘以船舶、货物和运费的分摊价值,即可求得各方的分摊金额。其公式为:

$$船舶的分摊金额 = 船舶分摊价值 \times 分摊率$$
$$货物的分摊金额 = 货物分摊价值 \times 分摊率$$
$$运费的分摊金额 = 运费分摊价值 \times 分摊率$$

试举一个简单的例子加以说明:有一艘满载货物的船舶在海上航行,途中,A货舱内突然失火。因船长及时下令采取措施,火势未蔓延开来,很快被扑灭,并未殃及船舶,船上的 B 和 C 两个货舱内的货物也完好无损,只有 A 货舱内的货物除了被焚毁的损失 70 万元以外,在灌水灭火过程中遭水损 230 万元。假定 A 舱货物的分摊价值为 250 万元、B 舱货物的分摊价值 380 万元、C 舱货物的分摊价值 185 万元,另有船舶的分摊价值 1 000 万元和运费的分摊价值 25 万元。在不考虑其他

因素的情况下,各受益方对 A 舱货物的共同海损 230 万元应承担的分摊金额计算如下:

$$共同海损分摊率 = 230/(1\,000 + 250 + 380 + 185 + 25)$$
$$= 12.5\%$$
$$船舶的分摊金额 = 1\,000 \times 12.5\% = 125(万元)$$
$$A\text{ 舱货物的分摊金额} = 250 \times 12.5\% = 31.25(万元)$$
$$B\text{ 舱货物的分摊金额} = 380 \times 12.5\% = 47.5(万元)$$
$$C\text{ 舱货物的分摊金额} = 185 \times 12.5\% = 23.125(万元)$$
$$运费的分摊金额 = 25 \times 12.5\% = 3.125(万元)$$

在上例中,承保 A 舱货物的保险人对被保险人所遭受货损的赔偿有两项:一是赔偿货物的单独海损 70 万元;二是赔偿货物的共同海损牺牲 230 万元。在共同海损理算完毕,参与共同海损分摊的各受益方对共同海损承担的分摊金额确定以后,A 舱货物的货主从其他受益方所摊回的 198.75 万元归保险人所有,保险人实际赔偿作为被保险人的 A 舱货物货主应承担的分摊金额 31.25 万元。

必须指出的是,保险人对共同海损分摊金额的赔偿以货物的分摊价值作为计算基础。根据我国《海商法》第 241 条规定,如果货物的保险金额高于或等于共同海损分摊价值的,保险人对共同海损分摊金额予以全部赔偿;如果货物的保险金额低于共同海损分摊价值的,保险人应当按照保险金额与分摊价值的比例赔偿共同海损分摊。

5. 残值的确定。所谓残值,亦称之为损余,是指已经保险人赔偿的受损货物,其尚具有一定价值的残余,包括按全损赔付被保险货物的残存部分及其包装,以及按部分损失赔付经配置或修理后换下的被保险货物的部件等。残值应按处理当地、当时的市场情况和市场价值来计算确定。计算残值时参考的因素一般有货物的性质、完好价格、受损程度、损余状态、市场供求情况,以及以往处理同类货物的经验等,通过分析研究,必要时还可委请公估拍卖来确定残值。

残值确定以后,保险人或者在赔偿被保险人之后将残值归自己所有,或者在赔偿之前先将残值折价归被保险人,而后把从确定的赔款中扣除残值后的余额支付给被保险人。

（六）追偿

对那些属于保险责任范围内的,实际上却是由于承运人或其他第三者责任所造成的货损,保险人在完成赔款计算并将赔款汇付给被保险人时,通过要求后者出具一份代位书(Subrogation Form)而取得代位追偿权利,然后即可据此和按照有关合同规定，向有关责任方索回其应承担的赔款。这就是理赔工作的最后一个重要环节——追偿。当然，也有些国家的保险人根据追偿工作的特点，将它独立于理赔工作之外，另成系统。但是，追偿不管是作为理赔的程序之一或是作为一项独立的工作，目的是一样的：一方面是为了维护保险人自身的经济利益，另一方面则是为了促使有关责任方认真履约，承担其对货损应负的责任。

由于国际货物运输保险业务的国际性，追偿往往会涉及国外当事人，所以这项工作大都就委托国外代理人代办。这种代理人有两类：一类是保险人委托的国外理赔代理人，保险人与他们都签有代理合同，他们按照合同授予的权限代保险人进行追偿；另一类是保险人临时委请的追偿代理人，他们由保险人逐案委托聘请，按照与保险人商定的要求行事。有些代位追偿案件由于情况复杂，保险人甚至委托律师和专家代为追偿。自然也有保险人自己出面追偿的。不论采取哪一种途径，都应从能有效进行追偿的角度来考虑，因此委请一些既熟悉被追对象所在国当地的社会关系，了解该国该地的法律、法规和惯例，又掌握有关国际公约并在当地较有影响的个人或法人来代位追偿，常常是保险人选择的追偿途径。例如，世界各港口、码头对货损货差的负责情况不一样，如果不依靠当地代理人来对发生在这些港口、码头的货损进行追偿，保险人要想追偿成功不用说是很困难的。

保险人或其理赔、追偿代理人在获得和使用代位追偿权的过程中，应注意以下一些问题。

一要注意不能让被保险人损害保险人的权利，因丧失追偿时效而无法追偿。例如，根据《海牙规则》和提单条款规定，货主作为托运人就海上运输中的货损向承运人要求赔偿的请求权，时效为一年，自承运人交付或应交付货物之日起计算。这就是说，他们向承运人的索赔必须在卸货后一年之内提出，如果是在一年后才向承运人提出赔偿请求，这就使保险人丧失了对承运人的追偿时效，损害了保险人的权利。

二要注意代位书的签发日期尽量争取在有效期间一年之内，以使保险人在法律上自动取得代位追偿权，并避免日后在向船方要求延长诉讼期间的问题上遇到麻烦。

三要注意即使是在一年有效期间内签发了代位书，如果碰上货物损失金额较大，案情无法很快调查清楚或单证不全，因而尚未向被保险人赔付，但时间紧迫，需向船方提出延长诉讼期间要求的情况，保险人应让被保险人直接向船方申请延期。这样做，要比由保险人直接出面向船方申请延期有利，因为在还未对被保险人履行赔付责任的情况下，保险人直接与船方打交道，且不说船方一般是否会同意，而且即使同意延期，事实上也无法律效力。

四要注意不能让被保险人双重获赔。有时被保险人会就其货物发生的残损同时向地方船代理和保险人提出索赔,而且获得了双方支付的赔款。在这种情况下,保险人或者仍旧向地方船代理所代理的承运人进行追偿,要承运人将赔付或准备赔付的款项归还,或者直接要求被保险人归还从承运人那儿获得的赔款。

思考题

1. 在选择投保的险别时,通常应考虑哪几方面的因素?

2. 掌握在不加成投保或加成投保的情况下 CIF 价及其保险金额、保险费的计算公式。一批出口货物按 CIF 术语成交,其发票价格为 $9 100 000,运杂费为 $119 000,买方要求卖方投保海上货物运输保险的一切险,加保战争险,总费率为 4.05%。请分别计算出在不加成投保或加一成投保情况下的卖方投保金额和缴付的保险费。

3. 影响国际货物运输保险费率厘定的因素主要有哪些?我国的出口和进口货物运输保险费率分别由哪几部分构成?什么叫指明货物加费费率?说出我国按大类划分的 8 类指明货物。

4. 我国货物运输保险单证主要有哪些?请解释联合凭证和预约保单。

5. 保险理赔工作应遵循哪些理赔原则?什么叫通融赔付?保险人应从哪些角度来考虑通融赔付?

6. 国际货物运输保险的索赔过程包括哪几个步骤?被保险人在申请货损检验时应注意哪些问题?说出我国海上货物运输保险的索赔时效和被保险人所需提供的各种索赔单证。

7. 国际货物运输保险的理赔程序包括哪几个环节?如何划分货物在运输过程中所发生残损的责任归属?保险人在审定保险责任时主要审核哪几项内容?

8. 解释在海上货物运输保险合同项下共同海损牺牲、共同海损费用和共同海损分摊的含义。

附录一 我国《海洋运输货物保险条款》
（2009 年版）

一、责任范围

本保险分为平安险、水渍险及一切险三种。被保险货物遭受损失时，本保险按照保险单上订明承保险别的条款规定，负赔偿责任。

（一）平安险

本保险负责赔偿：

1. 被保险货物在运输途中由于恶劣气候、雷电、海啸、地震、洪水自然灾害造成整批货物的全部损失或推定全损。当被保险人要求赔付推定全损时，须将受损货物及其权利委付给保险人。被保险货物用驳船运往或运离海轮的，每一驳船所装的货物可视作一个整批。

推定全损是指被保险货物的实际全损已经不可避免，或者恢复、修复受损货物以及运送货物到原定目的地的费用超过该目的地的货物价值。

2. 由于运输工具遭受搁浅、触礁、沉没、互撞、与流冰或其他物体碰撞以及失火、爆炸意外事故造成货物的全部或部分损失。

3. 在运输工具已经发生搁浅、触礁、沉没、焚毁意外事故的情况下，货物在此前后又在海上遭受恶劣气候、雷电、海啸等自然灾害所造成的部分损失。

4. 在装卸或转运时由于一件或数件整件货物落海造成的全部或部分损失。

5. 被保险人对遭受承保责任内危险的货物采取抢救、防止或减少货损的措施而支付的合理费用，但以不超过该批被救货物的保险金额为限。

6. 运输工具遭遇海难后，在避难港由于卸货所引起的损失以及在中途港、避难港由于卸货、存仓以及运送货物所产生的特别费用。

7. 共同海损的牺牲、分摊或救助费用。

8. 运输契约订有"船舶互撞责任"条款，根据该条款规定应由货方偿还船方的损失。

（二）水渍险

除包括上列平安险的各项责任外，本保险还负责被保险货物由于恶劣气候、雷电、海啸、地震、洪水自然灾害所造成的部分损失。

（三）一切险

除包括上列平安险和水渍险的各项责任外，本保险还负责被保险货物在运输途中由于外来原因所致的全部或部分损失。

二、除外责任

本保险对下列损失不负赔偿责任：

（一）被保险人的故意行为或过失所造成的损失。

（二）属于发货人责任所引起的损失。

（三）在保险责任开始前，被保险货物已存在的品质不良或数量短差所造成的损失。

（四）被保险货物的自然损耗、本质缺陷、特性以及市价跌落、运输延迟所引起的损失或费用。

（五）海洋运输货物战争险条款和货物运输罢工险条款规定责任范围和除外责任。

三、责任起讫

（一）本保险负"仓至仓"责任，自被保险货物运离保险单所载明的起运地仓库或储存处所开始运输时生效，包括正常运输过程中的海上、陆上、内河和驳船运输在内，直至该项货物到达保险单所载明的目的地收货人的最后仓库或储存处所或被保险人用作分配、分派或非正常运输的其他储存处所为止。如未抵达上述仓库或储存处所，则以被保险货物在最后卸载港全部卸离海轮后满六十天为止。如在上述六十天内被保险货物需转运到非保险单所载明的目的地时，则以该项货物开始转运时终止。

（二）由于被保险人无法控制的运输延迟、绕道、被迫卸货、重新装载、转载或承运人运用运输契约赋予的权限所作的任何航海上的变更或终止运输契约，致使被保险货物运到非保险单所载明的目的地时，在被保险人及时将获知的情况通知保险人，并在必要时加交保险费的情况下，本保险仍继续有效。保险责任按下列规定终止：

1. 被保险货物如在非保险单所载明的目的地出售，保险责任至交货时为止，但不论任何情况，均以被保险货物在卸载港全部卸离海轮后满六十天为止。

2. 被保险货物如在上述六十天期限内继续运往保险单所载原目的地或其他目的地时，保险责任仍按上述第（一）款的规定终止。

四、被保险人的义务

被保险人应按照以下规定的应尽义务办理有关事项。

（一）当被保险货物运抵保险单所载明的目的港（地）以后，被保险人应及时提货，当发现被保险货物遭受任何损失，应即向保险单上所载明的检验、理赔代理人申请检验，如发现被保险货物整件短少或有明显残损痕迹应即向承运人、受托人或有关当局（海关、港务当局等）索取货损货差证明。如果货损货差是由于承运人、受托人或其他有关方面的责任所造成，并应以书面方式向他们提出索赔，必要时还须取得延长时效的认证。如未履行上述规定义务，保险人对有关损失不负赔偿责任。

（二）对遭受承保责任内危险的货物，被保险人和保险人都可迅速采取合理的抢救措施，防止或减少货物的损失。被保险人采取此项措施，不应视为放弃委付的表示，保险人采取此项措施，也不得视为接受委付的表示。

对由于被保险人未履行上述义务造成的扩大的损失，保险人不负赔偿责任。

（三）如遇航程变更或发现保险单所载明的货物、船名或航程有遗漏或错误时，被保险人应在获悉后立即通知保险人并在必要时加交保险费，本保险才继续有效。

（四）在向保险人索赔时，必须提供下列单证：保险单正本、提单、发票、装箱单、磅码单、货损货差证明、检验报告及索赔清单。如涉及第三者责任，还须提供向责任方追偿的有关函电及其他必要单证或文件。

被保险人未履行前款约定的单证提供义务，导致保险人无法核实损失情况的，保险人对无法核实的部分不承担赔偿责任。

（五）在获悉有关运输契约中"船舶互撞责任"条款的实际责任后，应及时通知保险人。否则，保险人对有关损失不负赔偿责任。

五、赔偿处理

保险人收到被保险人的赔偿请求后，应当及时就是否属于保险责任作出核定，并将核定结果通知被保险人。情形复杂的，保险人在收到被保险人的赔偿请求并提供理赔所需资料后三十日内未能核定保险责任的，保险人与被保险人根据实际情形商议合理期间，保险人在商定的期间内作出核定结果并通知被保险人。对属于保险责任的，在与被保险人达成有关赔偿金额的协议后十日内，履行赔偿义务。

六、索赔期限

本保险索赔时效，从保险事故发生之日起算，最多不超过二年。

附录二 我国《海洋运输货物战争险条款》
(2009年版)

一、责任范围

本保险负责赔偿:
(一)直接由于战争、类似战争行为和敌对行为、武装冲突或海盗行为所致的损失。
(二)由于上述第(一)款引起的捕获、拘留、扣留、禁制、扣押所造成的损失。
(三)各种常规武器,包括水雷、鱼雷、炸弹所致的损失。
(四)本条款责任范围引起的共同海损的牺牲、分摊和救助费用。

二、除外责任

本保险对下列各项,不负赔偿责任:
(一)由于敌对行为使用原子或热核制造的武器所致的损失和费用。
(二)根据执政者、当权者,或其他武装集团的扣押、拘留引起的承保航程的丧失和挫折而提出的任何索赔。

三、责任起讫

(一)本保险责任自被保险货物装上保险单所载明的起运港的海轮或驳船时开始,到卸离保险单所载明的目的港的海轮或驳船时为止。如果被保险货物不卸离海轮或驳船,本保险责任最长期限以海轮到达目的港当日午夜起算满十五天为限,海轮到达上述目的港是指海轮在该港区内一个泊位或地点抛锚、停泊或系缆,如果没有这种泊位或地点,则指海轮在原卸货港或地点或附近第一次抛锚、停泊或系缆。
(二)如在中途港转船,不论货物在当地卸载与否,保险责任以海轮到达该港或卸货地点的当日午夜起算满十五天为止,俟再装上续运海轮时恢复有效。
(三)如运输契约在保险单所载明目的地以外的地点终止时,该地即视为本保险目的地,仍照前述第(一)款的规定终止责任,如需运往原目的地或其他目的地时,在被保险人于续运前通知保险人并加交保险费的情况下,可自装上续运的海轮时重新有效。

（四）如运输发生绕道、改变航程或承运人运用运输契约赋予的权限所作的任何航海上的改变,在被保险人及时将获知情况通知保险人,在必要时加交保险费的情况下,本保险仍继续有效。

注:本条款系海洋运输货物保险条款(2009年版)(以下简称"主险条款")的附加条款,本条款与主险条款中的任何条文有抵触时,均以本条款为准;本条款未尽事宜,以主险条款为准。

附录三　我国《货物运输罢工险条款》
（2009年版）

一、责任范围

在保险单注明承保罢工险时，本保险对被保险货物由于罢工者，被迫停工工人或参加工潮、暴动、民众斗争的人员的行动，或任何人的恶意行为所造成的直接损失或上述行动或行为所引起的共同海损的牺牲、分摊和救助费用负赔偿责任。

二、除外责任

本保险对下列各项，不负赔偿责任：

在罢工期间由于劳动力短缺或不能履行正常职责所致的被保险货物的损失，包括因此而引起的动力或燃料缺乏使冷藏机停止工作所致的冷藏货物的损失。

注：本条款系各种货物运输保险条款（以下简称"主险条款"）的附加条款。本条款与主险条款中的任何条文有抵触时，均以本条款为准；本条款未尽事宜，以主险条款为准。

附录四　英国《协会货物保险条款》

（2009 年 1 月 1 日）

协会货物 A 险条款

一、承保范围

1　风险条款

本保险承保除了下述条款 4、5、6 和 7 的规定以外的一切风险所造成保险标的物的灭失或损坏。

2　共同海损条款

本保险承保因除了下述条款 4、5、6 和 7 的规定以外的任何原因所引起的共同海损和救助费用，其理算或确定应根据运输合同或有关的法律和惯例来进行。

3　船舶互撞责任条款

本保险对于被保险人根据运输合同的船舶互撞责任条款规定而应承担的责任，按照本保险单所承保的风险予以赔偿。当承运人依据上述条款要求赔偿时，被保险人应通知保险人，保险人有权自负费用为被保险人就此项赔偿要求进行抗辩。

二、除外责任

4

本保险不承保下列各项损失和费用：

4.1　被保险人的故意行为所造成的损失或费用。

4.2　保险标的物的自然渗漏、重量或容量的自然损耗，或自然磨损。

4.3　保险标的物由于包装不固或配载不当因而无法承受运输途中发生的通常事故所产生的损失或费用，但仅适用于该项包装或配载是由被保险人或其雇员完成的，而且是在本保险责任开始前完成的(本款所称的"包装"，包括集装箱内的积载；本款所称的"雇员"，不包括独立合同人)。

4.4　保险标的物由于自身的固有缺陷或特性所造成的损失或费用。

4.5　因为延迟引起的损失或费用，即使该延迟是由承保风险所引起的(但上述条款 2 项下可以支付的费用除外)。

4.6 由于船舶所有人、经理人、承租人或经营人破产或不履行债务所造成的损失或费用,但仅适用于被保险人在保险标的物装上船时已经知道或者在正常业务经营中应当知道,这种破产或不履行债务将会导致该航程的取消。

本款不适用于保险合同已经转让给已购买或已同意购买这批保险标的物且善意受让该保险合同的另一方的索赔。

4.7 由于使用任何原子或热核武器或其他类似的放射性物质的武器或设备而直接或间接造成的损失或费用。

5

5.1 本保险在任何情况下不承保下列事项所引起的损失和费用:

5.1.1 由于被保险人在保险标的物装船时已经知道船舶或驳船不适航,或船舶或驳船不适货所引起的损失或费用。

5.1.2 由于集装箱或运输工具不适货所引起的损失或费用,但仅适用于保险标的物在本保险合同生效前已经开始装船,或者被保险人或其雇员在保险标的物装船时已经知道这种不适货的情况。

5.2 上述条款 5.1 的规定不适用于该保险合同已经转让给已购买或已同意购买这批保险标的物且善意受让该保险合同的另一方的索赔。

5.3 保险人放弃船舶适航或适货的默示保证。

6

本保险在任何情况下不负责下列事项所引起的损失和费用:

6.1 战争、内战、革命、叛乱、颠覆或由此引起的内乱,或来自交战国或针对交战国的敌对行为。

6.2 捕获、拘留、扣留、禁制或扣押(海盗行为除外),以及这种行动的后果或这方面的企图。

6.3 遗弃的水雷、鱼雷、炸弹或其他遗弃的战争武器。

7

本保险在任何情况下不负责下列事项所引起的损失和费用:

7.1 罢工者,被迫停工工人或参与工潮、暴动或民变人员。

7.2 罢工、被迫停工、工潮、暴动或民变。

7.3 恐怖主义行为,或与恐怖主义行为相联系,任何组织通过暴力直接实施的旨在推翻或影响法律上承认的或非法律上承认的政府的行为。

7.4 任何人出于政治、信仰或宗教目的实施的行为。

三、保险期间

8　运送条款

8.1　除了下述条款11另有规定以外,本保险自保险标的物首次从(本保险合同所载明地点的)仓库或储存处所为开始运输而立即装入或装上运输车辆或其他运输工具而移动时生效,包括正常运输过程,直至在下列任何一种情况发生时终止:

8.1.1　在本保险合同所载明目的地最后仓库或储存处所,从运输车辆或其他运输工具上卸载完毕。

8.1.2　在本保险合同所载明目的地或之前的,由被保险人或其雇员用作在正常运输过程以外的储存或分配或分派的任何其他仓库或储存处所,并从运输车辆或其他运输工具上卸载完毕。

8.1.3　被保险人或其雇员选择任何运输车辆或其他运输工具或集装箱用作在正常运输过程以外的储存。

8.1.4　保险标的物在最后卸载港全部卸离船舶后满60天。

以上述四种情况中先发生者为准。

8.2　如果保险标的物在本保险终止前于最后卸载港卸离船舶,需转运到非保险单载明的其他目的地时,本保险的效力在依然受到条款8.1.1至条款8.1.4有关终止的各项规定的限制同时,于这批保险标的物开始转运时终止。

8.3　在被保险人无法控制的运输延迟、绕道、被迫卸货、重新装载或转运,以及承运人运用运输合同赋予的权限所作的任何航海上的变更的情况下,本保险仍继续有效(但需受条款8.1.1至条款8.1.4有关终止的各项规定和下述条款9的规定的限制)。

9　运输合同终止条款

如果由于被保险人无法控制的原因,运输合同在非保险单载明的目的地港口或处所终止,或者运输过程在保险标的物未能如上述条款8的规定卸载完毕之前即已终止,本保险效力也随之终止,除非被保险人在获悉后立即通知保险人并要求继续保险效力及同意加缴保险费,则本保险继续有效,直至在下列任何一种情况发生时终止:

9.1　保险标的物在该港口或处所出售或交付,或者保险标的物自船舶运抵该港口或处所后在无特别约定的情况下届满60天,二者以先发生者为准。

9.2　如果保险标的物在上述60天期间内(或同意延长的承保期间内)继续运往保险单载明的目的地或任何其他目的地,本保险效力仍按上述条款8的规定终止。

10 航程变更条款

10.1 本保险生效后,如果被保险人变更目的地,应立即通知保险人,并另行商定保险费率和承保条件。如果在协议达成之前即已发生保险事故损失,本保险只能按照符合合理的市场行情的保险费率和承保条件给予赔偿。

10.2 当保险标的物(依据条款 8.1 的规定)开始起运时,被保险人或其雇员对载运船舶将驶往其他目的地的情况并不知情,本保险仍旧被视作是在保险标的物开始起运时生效。

四、理赔

11 保险利益条款

11.1 被保险人在保险标的物发生损失时必须对其具有保险利益,才能获得本保险的赔偿。

11.2 被保险人有权根据上述条款 11.1 的规定,对保险期间内发生的承保损失要求获得赔偿,即使损失发生在保险合同订立之前,他也有权提出索赔要求,除非他在订立合同时知道损失已经发生而保险人并不知情。

12 续运费条款

由于本保险承保的风险发生造成运输航程在非保险单载明的港口或处所终止,保险人对被保险人为卸货、存仓和续运至保险单载明的目的地所支出的适当而合理的额外费用给予补偿。

本条的规定不适用于共同海损或救助费用,并需受上述条款 4、5、6 和 7 除外规定的限制,而且也不包括由于被保险人及其雇员的过失、疏忽、破产或不履行债务所引起的费用。

13 推定全损条款

除非保险标的物实际全损已经不可避免,或者为恢复、整理及运送保险标的物到承保目的地的费用将超过其本身价值并经合理的委付,被保险人不得按推定全损索赔。

14 增值条款

14.1 如果被保险人以本保险项下承保的保险标的物投保增值保险,则该保险标的物的约定价值应视为等于本保险的保险金额加上其他所有增值保险的保险金额之和,而本保险项下的责任将按本保险的保险金额占保险总金额的比例来定。

被保险人在提出索赔时,必须向保险人提供所有其他保险所承保金额的证明。

14.2 如果本保险为增值保险时,必须适用下列条款:

保险标的物的约定价值应视为等于原有保险的保险金额加上其他所有由被保险人安排的增值保险的保险金额之和，而本保险项下的责任将按本保险的保险金额占保险总金额的比例来定。

被保险人在提出索赔时，必须向保险人提供所有其他保险所承保金额的证明。

五、保险权益

15　本保险

15.1　保障被保险人，包括根据保险合同有权提出索赔的人或收货人。

15.2　承运人或其他受托人不得享受本保险的权益。

六、减少损失

16　被保险人义务条款

被保险人及其雇员或代理人对本保险所承保损失的发生应承担如下义务：

16.1　采取合理措施，以避免或减少这种损失。

16.2　保证适当地保留和行使对承运人、受托人或其他第三者追偿的一切权利。

保险人除赔偿本保险所承保的各项损失以外，还应对被保险人为履行上述义务而支出的任何适当而合理的费用给予补偿。

17　放弃条款

被保险人或保险人为施救、保护或恢复保险标的物所采取的措施，不应视为放弃或接受委付的表示，或视为影响任何一方的利益。

七、防止延误

18

被保险人在其力所能及的任何情况下应迅速合理地处理发生的事故，是本保险的必要条件之一。

八、法律与惯例

19

本保险适用英国法律与惯例。

九、注意事项

被保险人在条款9所规定的事项发生时可以要求继续承保，或在条款10所规定的事项发生时可以要求变更目的地,但他在获知上述这些事项发生时应立即通知保险人。被保险人能否得到他可享有的权利就取决于他是否履行上述通知义务。

协会货物 B 险条款(节录)

(说明:除节录部分以外,其余的内容与 A 险条款完全相同。)

一、承保范围

1 风险条款
除了下述条款 4、5、6 和 7 的规定以外,本保险承保:
1.1 保险标的物的灭失或损坏可合理归因于下列风险:
1.1.1 火灾或爆炸;
1.1.2 船舶或驳船搁浅、触礁、沉没或倾覆;
1.1.3 陆上运输工具倾覆或出轨;
1.1.4 船舶、驳船或其他运输工具与除水以外的任何外界物体碰撞或触碰;
1.1.5 在避难港卸货;
1.1.6 地震、火山爆发或雷电。
1.2 由于下列原因引起保险标的物的灭失或损坏:
1.2.1 共同海损牺牲;
1.2.2 抛货或浪击落海;
1.2.3 海水、湖水或河水进入船舶、驳船、其他运输工具、集装箱、托盘或贮存处所。
1.3 货物在船舶或驳船装卸时落海或跌落造成整件的全损。
2 共同海损条款
3 船舶互撞责任条款

二、除外责任

4
4.7 由于任何个人或数人非法行为、故意损坏或故意破坏全部或部分保险标的物。
6
6.2 捕获、拘留、扣留、禁制或扣押,以及这种行动的后果或这方面的企图。

协会货物C险条款(节录)

(说明:除节录部分以外,其余的内容与A险条款完全相同。)

一、承保范围

1 风险条款

除了下述条款 4、5、6 和 7 的规定以外,本保险承保:

1.1 保险标的物的灭失或损坏可合理归因于下列风险:

1.1.1 火灾或爆炸;

1.1.2 船舶或驳船搁浅、触礁、沉没或倾覆;

1.1.3 陆上运输工具倾覆或出轨;

1.1.4 船舶、驳船或其他运输工具与除水以外的任何外界物体碰撞或触碰;

1.1.5 在避难港卸货。

1.2 由于下列原因引起保险标的物的灭失或损坏:

1.2.1 共同海损牺牲;

1.2.2 抛货。

2 共同海损条款

3 船舶互撞责任条款

二、除外责任

4

4.7 由于任何个人或数人非法行为、故意损坏或故意破坏全部或部分保险标的物。

6

6.2 捕获、拘留、扣留、禁制或扣押,以及这种行动的后果或这方面的企图。

协会货物战争险条款(节录)

(说明:除节录部分以外,其余的内容与A险条款完全相同。)

一、承保范围

1 风险条款

除了下述条款 3 和 4 的规定以外,本保险承保保险标的物由于下列风险引起的灭失或损坏:

1.1　战争、内战、革命、叛乱、颠覆或由此引起的内乱,或来自交战国或针对交战国的敌对行为。

1.2　由上述条款 1.1. 所承保风险引起的捕获、拘留、扣留、禁制或扣押,以及这种行动的后果或这方面的企图。

1.3　遗弃的水雷、鱼雷、炸弹或其他遗弃的战争武器。

2　共同海损条款

本保险承保根据运输合同或有关的法律和惯例来理算或确定的共同海损和救助费用,它们的产生是为了避免本保险承保风险所造成的损失或与避免这些损失有关。

二、除外责任

3

3.7　任何由于航程或航行受阻引起的索赔。

3.8　由于敌对性地使用任何原子或热核武器或其他类似的放射性物质的战争武器所造成的损失或费用。

三、保险期间

5　运送条款

5.1　本保险的效力

5.1.1　自全部或部分保险标的物装上船舶时开始。

5.1.2　除了发生下述条款 5.2 和 5.3 规定的情况以外,直至全部或部分保险标的物在最后卸载港或卸载地卸离船舶时终止,或者自船舶到达最后卸载港或卸载地当日午夜起算满 15 天终止。二者以先发生者为准。

当发生下述情况时,只要被保险人立即通知保险人并加付保险费,本保险

5.1.3　在保险标的物未在最后卸载港或卸载地卸下,船舶又从该卸载港或卸载地起航的情况下继续有效。

5.1.4　除了发生下述条款 5.2 和 5.3 规定的情况以外,直至全部或部分保险标的物在最后卸载港(或替代港)或卸载地卸离船舶时终止,或者自船舶重新到达最后卸载港或卸载地或替代港当日午夜起算满 15 天终止。二者以先发生者为准。

5.2　如果在承保的航程期间,船舶到达某中途港或中途地卸下保险标的物而由其他船舶或飞机续运,或者保险标的物在避难港或避难地被卸离船舶,被保险人只要根据下述条款 5.3 的规定办理并加付保险费,本保险的效力可保持到船舶到达该中途港或避难港当日午夜起算满 15 天为止。若在这 15 天内,保险标的物装

上续运的船舶或飞机,本保险继续有效。

5.2.1 在由船舶续运的情况下,本保险的效力按本条的规定终止。

5.2.2 在由飞机续运的情况下,本保险的效力终止将适用现行的协会航空货物运输战争险条款(邮包运输除外)的规定。

5.3 如果运输合同的航程因故在非保险单载明的目的地港口或地点终止,则该港口或地点即被视为最后卸载港或卸载地,本保险的效力根据条款5.1.2的规定终止。如果保险标的物在以后又重新装运至原目的地或其他目的地,只要被保险人在续运前通知了保险人并加付保险费,本保险继续有效。

5.3.1 在保险标的物已经被卸下的情况下,本保险的效力自全部或部分保险标的物装上续运的船舶驶往原目的地时开始。

5.3.2 在保险标的物并未被卸下的情况下,本保险的效力自船舶从该被视为最后卸载港的港口起航时开始。

本保险的效力按条款5.1.4的规定终止。

5.4 在承保遗弃的水雷、鱼雷或炸弹,不管它们是漂浮在水面还是浸没在水下,有可能给保险标的物造成损失的风险时,本保险对装在驳船上进行驳运的全部或部分保险标的物所负的责任可扩展至它们在被运往或运离船舶之后。但除非另有约定,本保险的效力最长不超过从保险标的物卸离船舶后起算的60天。

5.5 在由于船东或船舶承租人运用运输合同赋予的权限所作的绕航或变更航程的情况下,如果被保险人及时通知了保险人并加付保险费,本保险将按本条的各项规定继续有效。

本条中的"到达",是指船舶已经在由港口当局管辖的停泊地抛锚、系缆或安全地停泊。如果没有这种停泊地,则船舶在可能的卸载港或卸载地第一次抛锚、系缆或安全地停泊,将被视为已经到达。

本条中的"船舶",是指装运着保险标的物从某个港口或地点经海上航程航行至另一个港口或地点的船舶。

协会货物罢工险条款(节录)

(说明:除节录部分以外,其余的内容与A险条款完全相同。)

一、承保范围

1 风险条款

除了下述条款3和4的规定以外,本保险承保保险标的物由于下列风险引起的灭失或损坏：
1.1 罢工者,被迫停工工人或参与工潮、暴动或民变人员。
1.2 恐怖主义行为,或与恐怖主义行为相联系,任何组织通过暴力直接实施的旨在推翻或影响法律上承认的或非法律上承认的政府的行为。
1.3 任何人出于政治、信仰或宗教目的实施的行为。
2 共同海损条款
本保险承保为避免承保风险所致损失而引起的共同海损和救助费用,其理算或确定应根据运输合同或有关的法律和惯例来进行。

二、除外责任

3

3.7 由于罢工、停工、工潮、暴动或民变引起的工人缺勤、缺员或怠工所造成的灭失、损坏或费用。

3.8 任何由于航程或航行受阻引起的索赔。

3.9 由于使用任何原子或热核武器或其他类似的放射性物质的战争武器所直接或间接造成的损失或费用。

3.10 战争、内战、革命、叛乱、颠覆或由此引起的内乱,或来自交战国或针对交战国的敌对行为所造成的损失或费用。

三、保险期间

5 运送条款

6 运输合同终止条款

协会货物恶意损害险条款

兹经双方同意,鉴于被保险人已缴付了附加的保险费,本保险中"由于任何个人或数人非法行为、故意损坏或故意破坏全部或部分保险标的物"所造成的灭失或损坏的除外责任被删除,并进一步承保由于恶意行为、任意毁坏财产的行为所造成保险标的物的损失,但仍须受本保险其他除外责任的限制。